EMPLOYING BUREAUCRACY

Revised Edition

Employing Bureaucracy

雇用官僚制［増補改訂版］

アメリカの内部労働市場と〝良い仕事〟の生成史

S. M. ジャコービィ 著

荒又重雄・木下 順・平尾武久・森 杲 訳

Managers, Unions, and the
Transformation of Work
in the 20th Century

Sanford M. Jacoby

北海道大学図書刊行会

Revised Edition

EMPLOYING BUREAUCRACY

Managers, Unions, and the Transformation of Work
in the 20th Century

Sanford M. Jacoby

謝　辞

多くの友人、同僚からいただいた教示と協力に、深甚なる感謝を申しあげる。デイヴィッド・ブロディ、クレア・ブラウン、エリス・ホーリー、ダイアン・リンドストロム、マイケル・ライヒ、ジョージ・ストラウス、ロイド・ウルマンの諸氏は、本書が完成するまでのそれぞれ異なった段階で、原稿全体に目を通してくださった。ウォルター・フォーゲル、ジョーン・ハノン、ダニール・ミッチェル、ジョセフ・プラット、ピーター・シークサスの諸氏は、原稿の一部についての貴重な助言をくださった。アブラハム・アッカーマン、デイヴィッド・アーセン、シーン・フラハティ、キャンディス・ハウズ、チャールス・ジェスゼック、レベッカ・モラルス、ステーシー・オリカー、グレグ・トパキアンの諸氏には、研究途上のさまざまな困難に助けをいただいた。

ＵＣＬＡ（カリフォルニア大学ロスアンゼルス校）のファカルティ・リサーチ・コミティおよびエレノア・ルーズベルト・インスティチュートから、研究資金の援助を、ＵＣＬＡのインスティチュート・オブ・インダストリアル・リレーションズからは調査補助員のための資金援助をいただいた。

本書には、すでに発表した二つの論稿 "Industrial Labor Mobility in Historical Perspective" *Industrial Relations* (Spring 1983) pp. 261-282 および "The Origins of Internal Labor Markets in American Manufacturing Firms" in Paul Osterman, editor, *Internal Labor Markets*, MIT Press, 1984 の収録をお許しいただいた。

出版にあたってのローラ・ケントの助力、ヴィッキー・ビーン、ウィルマ・ダニールス、ロリ・ラミレッツ、パト・マクナリー諸氏によるタイプ浄書にも、厚くお礼を申しあげる。

最後に、私の家族および妻スーザン・バーソロミューの励ましと愛に感謝する。

S・M・J

雇用官僚制——目　次

謝辞

雇用慣行の日米比較——日本語版読者への序文

北海道大学図書刊行会から、本書の旧版に続いて増補改訂版の日本語訳が刊行されることを、たいへん光栄に存じます。私はバークレイの大学院生だったときから、日本の雇用制度の歴史的展開に非常な興味を持つようになりました。しかし、当時は学位をとるのに汲々としていて、日本語を勉強する時間がとれず、そのため日本についていては、残念ながら英語で書かれたか英訳された文献しか読めませんでした。日本の歴史に関する重要な書物や論文の多くが英訳で入手できないのですから、私の知識もまことに心許ないものでした。こうしたハンディキャップ(今なおそれを埋める途中なのですが)にもかかわらず、私は日本の雇用制度の発展についての勉強から、まことに多くを学びました。現代の日本への認識が深まったばかりでなく、本書の叙述を含めてアメリカの生産現場の実際を理解するのにも大いに役立ったのでした。

社会科学者にとって、比較研究と歴史分析は必携の道具であります。しかし多くの研究者がこの道具を使い損ねて、その挙句、じつは特定の場所や時代にのみ該当する社会理論、経済理論を一般理論として構築するのです。私の本の日本語訳が、そんな間違いを避けたいと願う(そして英語に堪能する時間のない!)歴史、社会科学の研究者に役立てていただければ、まことに幸甚です。それぞれの社会の発展と所業を学ぶことは、理論や調査を研磨するばかりでなく、両国間の理解と尊敬を深めるもとにもなりましょう。このことを申しあげたうえで、日本の雇用慣行の歴史的展開を合衆国と比較して以下に述べてみようと思います。大まかな私見であって、精緻な理論というようなものではありませんが、本書を日本で読んでくださる皆さんに、なにがしかの助けにもなるのではないかと考える次第です。

1　内部労働市場

一九五〇、六〇年代を通じて、日本の労働現場に関するアメリカでの著述は、日本的労使関係制度の特定起源説が有力でした。古来の日本文化が、労働現場と労働市場の諸制度を含む現代社会制度の中心的な規定要因と見なされました。今日の労使関係を説明するのに徳川時代のイエや封建的商家の家父長制が引き合いに出され、往往にしてその類似性だけで説明が足りるかのように扱われたのです。論者による多少の違いはあれ、このアプローチは日本の制度について、封建制の起源さらには儒教的起源を過度に強調したものでした。封建制から近代に至る道程にあった不連続の面を日本には認めず、そうすることによって無意識のうちに、アメリカと日本の雇用慣行とその起源に内在する類似性を隠蔽してしまったのでした(Abegglen 1958; Levine 1958)。

こうした特殊性論《パティキュラリズム》に対して太平洋の両側から起こった批判は、まず終身雇用が日本の昔からのしきたりだったとする見方に集中的に向けられました。批判者は、一九〇〇―一〇年代における高い労働異動率と労働者の移動性の証拠を示して、終身雇用の慣行が封建時代から連続しているとする主張に疑問を投げかけたのです。この時期の高い労働異動率がそうした慣行の欠如を意味するのであれば、二〇世紀のいつか、近代的状況のなかにその後の終身雇用制の起源が求められなければなりません。経済学者と一部の社会学者の間で、特殊性論に替わるものとして最も広く受け入れられたのは、人的資本理論から生まれた説でした。これは、日本的雇用制度が、大企業によって主に採用された新技術に基づく急速な工業化の結果として、一九一〇年以降発展したという考えです。そうした企業固有の(あるいは特異《イディオクラティック》性をもつ)技術のために、日本の雇主は企業内労働者訓練を必要とした、そしてその訓練費用を回収するために雇主たちは年功や終身雇用のような非移動的人事政策を通じて労働者を企業内にとどめようと図ったのだ、というわけです。ですからこの見地において、日本的雇用制度は、純粋に経済的な動機から(私企業および公企業の)雇主によってつくり出されたことになります。封建的なイデオロギーや習慣は、この雇主が新しい慣行を正当化するために伝統のなかから意図的に借用した、その範囲でだけ制度にかかわるものだというのでした(Taira 1970; Doeringer & Piore 1971; Dore 1973; Sumiya 1973)

この説明は、特殊性論と比べてより普遍性を重んじています。つまり、近代産業に随伴する訓練集約的でかつ特異性ある技術体系の導入があれば、それがいつであれどの国であっても、日本型の雇用慣行がそこに見られるはずだというのです。合衆国、日本の研究者がこうして両国の雇用制度における差異ではなくて類似性のほうに着目するようになってきたのは、そんなに古いことではありません。最初、彼らは日本の特徴だと考えてきた慣行が合衆国でも用いられている事実に注目しはじめました。年功による賃金や昇進制が、労働組合のあるなしにかかわらず合衆国で広く採用されていることを、一連の研究が明らかにしました。別の研究はまた、合衆国における中年層(三〇歳以上)の従事する職務が実に安定的で、彼らの約四〇%が二〇年以上現在の職に就いてきたこと、それはあたかも終身雇用制とも見なしうる現象であることを発見したのでした(Abraham & Medoff 1982; Hall 1982)。

次いで両国の研究者は、大企業における人事政策の施行と経済的ロジックを分析する枠組みとして、「内部労働市場」という共通の概念を用いはじめました。一九七〇年代に内部労働市場に関する理論的な業績が増大するにつれて、この概念は、かつてもっぱら文化や伝統のせいにしてきた行動の諸特性を包含するものとなったのです。

たとえば、特異性相互の交換によって創出された双方独占は機会主義《オポチュニズム》を生み出すが、その機会主義は、労使間の協同と信頼を促すような政策を通じて弱めることができるというようなことがいわれました。この地点から、日本の雇主・労働者・労働組合間の高い信頼度が、国民性の発露などというより、むしろ特異的交換に対する有効な対応だったのだという理解に至るまでの距離は、ほんの一、二歩にすぎませんでした。しかし、そうだとすると今度は、なぜ合衆国の雇用関係が日本よりも敵対的、猜疑的にとどまっているのか、別の言い方をすると、なぜ合衆国の雇主と労働組合は特異的交換の重圧を軽減する政策を日本ほど有効に適用できなかったのか、という疑問が起こってくるのです(Sumiya 1977；Williamson 1985)。

この疑問が示唆するように、内部労働市場の経済理論は日米間の類似性に有力な説明を与えてくれるが、なお問題がなくはない、と私は考えております。そのひとつは、歴史にかかわる問題です。本書でも述べておりますが、今日の技術というもの(ウイリアムソンが強調する組織的特異性を含む広義の意味での)は、昔ほどに企業特有の性格を持っていないのが普通です。機械その他の生産システムは、一九世紀、二〇世紀初頭のように企業ごとに設計され、つくられなくとも、全国規模の業者から購入できるものです。現代の官僚制組織に雇われた労働者の立場からすると(これは大学も自動車会社も同じですが)、規則、手続きなどのもろもろが五〇年前よりはるかに所属する産業ごとに似通ったものになっております。五〇年前の企業では、オーナーと経営者が同一人で、日常作業は標準化されておらず、従業員は、作業場ごとの専制君主として振る舞う多数の職長、親方の得手勝手に翻弄されていたのでした。技術・組織の共通化過程について確たる立証がないのは事実ですが、しかし右の特異性論者もまた、特異性の歴史的趨勢に関する直接証拠を持っていないのです。そのこと自体、奇妙だといわねばなりません。企業ごとに特定の人的資本が重要だったのだとしたら、ではなぜ雇主たちは、そうした観念に相応する言葉をもって、それを測ることに心を砕かなかったのでしょうか、それを議論さえしなかったのでしょうか。

そこでこの理論に見られる三つ目の問題点は、特異性なるものを、企業ごとの設備面の特異性として狭義に規定しようと(Doeringer & Piore 1971)、過程と情報の特異性――同僚とうまくやるとか、企業の運営手続きや規則を身につける面での特異性――を含んで広義に規定しようと(Williamson 1975)、現実の経験に照らして曖昧さを持っていることです。実のところ、ほとんどの職務がある種の特異性を伴っております。日本でも合衆国でも、レストランの仕事は非組織的な労働市場(内部労働市場を欠くもの)の代表例ですが、ところがこの仕事にも、組織的労働市場の典型と目される自動車産業の半熟練の生産労働と同程度のユニークさや、レストランごとに工夫をこらした仕事の流れ、チームづくり、情報などの特異性が伴っているのです。ですから、たとえばウイリアムソンの内部労働市場論(1975, p. 58)をパラフレーズする者は、主たる論拠を特異性におくことができないはずなのです。もし特異性が雇用関係を一般的に特徴づけているとするなら、組織的(内部的)と非組織的(反復的)の労働市場の共存をどう説明するのでしょうか。

さらに別の問題点として、この理論のなかにある単一原因論をあげなければなりません(これは通常むしろ長所と見なされて、「エレガンス」とか簡潔と呼ばれてきたのでした。私としては、レオンチェフがエレガンスは仕立て屋の条件であって社会科学者の条件ではないといったことを想起せざるをえません)。この理論のなかではすべてのことが、職務の特異性から生ずる効率という誘因に従って雇主によって執り行われるのです。しかし合衆国の内部労働市場の歴史に立ち入ってみると、雇主に内部労働市場をつくり出させた力として、効率の誘因だけが強かったわけでも明瞭だったわけでもないことがわかります。本書で論ずるように、合衆国の内部労働市場は、経済的誘因のみならず、労働組合の台頭、雇用に関する新しい社会的規範といった、社会のさまざまな発展によっても惹起されたのでした。雇主は、雇用政策を構造化の程度の低いものから高いものに変えていくことを渋り、ためらったのでした。しばしば彼らは、企業外からの圧力を被ったときにだけ、それを行ったのであって、新しい政策の効率性に対する自覚を持っていたわけではないのです。そうした自覚はもっと後にやってきたのでした。

日本における発展についても同様のことがいえましょう。近代日本の雇用システムの成長は、合衆国におけると同じく、主として雇主が社会の安定と労働平和の代償に職務保障を提供した危機の時代に、一挙に現出したのでした。日本の場合それは、一九一七―二一年と、もうひとつ、特に第二次世界大戦直後の――アンドルー・ゴードン(1985, p. 386)によれば――「労働運動の絶頂期に一部企業からもぎとった職務保障の約束」の所産だったのです。合衆国におけると同じく、産業労働者たちは少なくとも部分的に、同じ会社のホワイトカラー労働者とのステータスの差を縮めてほしいという強い願望、あるいはまた「公正な扱いを」とか、「社会的にも会社内でもまともな成員として扱ってほしい」といった多様な願望によって、衝き動かされたと思われます(p. 423)。合衆国と同じように日本でも、企業規模、技術、効率性といった純経済的な要因を内部労働市場政策の唯一あるいは主要な推進力だったと見なすことは、軽信であり史実の一面的誇張というべきであります。内部労働市場を推し進めた諸政策はむしろ、合衆国におけると同じ役者たち、すなわち雇主、中間階級を母胎とする改革家、労働組合、労働者、国家など――ただし日本では、合衆国よりも改革家の役割が小さく国家の役割が大きかったでしょうが――のさまざまな対抗・抗争の所産だったのでした。本書第一章で述べるように、経済決定論に満足しないでより普遍的な、なおかつ歴史的にも正確な理論で補足ないし置き換えることを望むならば、答えのひとつは、カール・ポランニーの「二重運動《ダブル・ムーヴメント》」のような概念の内に見ることができます。つまりそこでは、工業国における市場システムの拡張(生活水準というコンテキストのなかでの)が、市場に対する介入と規制――ここでは労働市場に対するものですが――という反対方向の運動を同時に惹起したのでした。

先ほど述べましたように、内部労働市場に関する経済理論は、雇用慣行の国ごとの違いを説明する際の難点を抱えております。経済学者は、歴史、政治、文化の多様な相違にかかわりなく同様な誘因が同様な制度的構造を生起せしめるという理論をつくる願望が強いために、この相違から目をそらし、また相違の意義を否定する傾向があります(そうした多様性はそれなりに面白い問題だが、究極的には理論の核心にかかわらぬことだとするわけです)。ともあれ相違は実際に存在するのでありまして、その意義を知る手がかりとして、ポール・オスターマンの最新の労作(Osterman 1988)が有益と思われます。彼は、賃金、雇用、仕事規則(労働過程といいかえることも可)の三要素の組み合わせによって、異なる二種の内部労働市場モデルの存在を提示しております。どちらのモデルも各々、「弾力性」(市場と技術の変動に対応して経営者がひとつまたはそれ以上の要素を自由に調整できる、その度合いを意味する)を、他の要素における「硬直性」(要素に随伴するさまざまの不確定性から労働力を保護するための措置と考えるのが最も理解しやすい)と秤量し、あるいは使い分けるものとされています。

第一の、「サラリーマン型」内部労働市場モデルにおいて、企業は(特別の場合を除いて)変動に応じた労働者のレイオフを行いません。むしろその変動は、相対的に弾力的な補償制度(利潤分配制、割増給、支払いカットなど)と弾力的な仕事規則(最小限の職務等級区分、ルースな人員配置規則)とによって吸収されるのです。合衆国においてこのサラリーマン型モデルは、伝統的に、ホワイトカラー従業員とりわけエリート層と、一部の大規模な労働組合未組織会社のブルーカラー労働者に適用されてきました(もちろん後者は普通、時間給で支払われました。もっともこれは大規模組合未組織会社の一部で変わりつつあります)。一九六〇年以降、このモデルはそうした組合未組織会社のますます多くのほか、労働組合を持つ一部会社でも(喧伝されたゼネラル・モーターズのサターン実験などを含めて)適用されてきています。それでも合衆国におけるサラリーマン型モデルの普及は、これが大企業の体系化された労働の標準形態にまでなっている日本にとても及ぶものではありません。

第二の、「ブルーカラー型」内部労働市場モデルでは、労働者がある種の硬直性とりわけ名目賃金の下方硬直、厳格な職務等級、その他の仕事規則などによって保護され、またレイオフされた労働者が必要な時と場合に再雇用される約束があるのですが、とはいえ、ここで企業は、労働者をレイオフするという手段によって景気下降に対する調節をしているわけです。これこそ、大多数のアメリカ人労働者にとっての雇用モデルなのであり、また本書がその発展の軌跡を詳述しているモデルでもあります。日本人が主としてサラリーマン型モデルに依拠し、アメリカ人がブルーカラー型モデルに依拠することこそ、賃金の硬直性、労働異動、産出量・雇用量の弾性などに関する両国の総計データの大きな差異のもとになっているものです(Gordon 1982；Galenson 1976；Shimada 1977)。

どちらのモデルが他より優れているというのではありません。サラリーマン型モデルに比べるとブルーカラー型モデルは、労使間の結びつきが弱く、労働市場の高い移動性が維持されます。労働者からすると雇主への依存がより小さいわけですが、一方、それは企業にとっても経済の構造転換期に自らを刈り込む(「労働者放出」)ことを容易にするものです。日本の、繊維、造船など停滞産業の雇主は、疑いもなくアメリカ企業の雇用削減の容易さに羨望を抱くことでありましょう。一方アメリカの、とりわけ労働組合のある企業の雇主は、日本企業が新しい技術の導入と労働者の企業内シフトが容易なことに――通常、彼らは日本でこのことを可能にさせている交換条件にはとんと無理解なのですが――賛嘆の念を禁じえないのです。かくして、いずれのモデルもイデオロギー上の徳性と罪科とをはらんでいるのです。アメリカ的なブルーカラー型モデルでは、従業員の独立性は高まるけれども、その負の側面として敵対性や相互不信が指摘されています。日本的なサラリーマン型モデルでは、労使間の信頼と協力が打ち立てられるけれども、それが支配と抑圧に退化していく危険性もまた見逃しがたい、ということになります。

2 相違の淵源

なぜ、日米両国の企業の雇用慣行は、このように異なるモデルを志向するに至ったのでしょうか。ロナルド・ドーア(Dore 1973)はその点で、決して古くからではない近年の発展を強調しようとします。私もその視点が重要だと考えますが、しかし、さらにもう一歩踏み込んで、この時代に生起した決定的諸事件の時点と経過とが両国の制度的構造の相違を規定したことを強調したいのです(Bendix 1967 ; Stinchcombe 1965)。ここで決定的諸事件とは労働組合運動の発生、大量生産に伴う技術と組織の変化、企業内における人事管理機能の発展などであります。この内容をさらに明確かつ豊富にするために、以下、第三の比較材料としてイギリスを加えることにいたします。

時点

イギリスは、世界最初の工業国であるのみならず、労働組合運動の発祥国でもありました。その労働組合は、工業がまだ、企業の高い移動性、相対的に規模の小さな工場、官僚制的な経営の不在、労働過程における職人的技能への高い依存、などの特徴を保持していた時代に成長したのです。さらにそれが自由放任を掲げる契約主義のイデオロギーの最盛期に育ったことから、イギリス労働組合の様相と習慣もまた、このイデオロギーを濃くまとうものとなったのでした。そこで彼らは、徒弟制とクローズドショップをもってする労働市場への支配、人員配置その他さまざまの仕事規則をもってする労働過程の支配、を追求することによって、組合の力を構築し、組合員の保護手段を見いだしたのです。しかしながら、そうした保護手段への模索のなかで、イギリス労働組合は、企業に対するよりも市場に対する対応性を強めることになり、そのために、彼らは企業レベルのレイオフや解雇への厳格な介入に基づく職務所有権《ジョブ・オーナーシップ》制をついに設けることがなかったのです。

企業規模の巨大化、大量生産技術の採用、体系的な人事管理などを伴う第二次産業革命が到来したときに、イギリス企業は、労働組合が強く規制する既存の制度にどう適応するかという課題を負ったのでした。そこでの会社の雇用政策の選択は、イギリスの労働組合運動の市場志向性によって規定された度合いが強く、その結果として、内部労働市場が決してほかの工業国のように周密なものとはなりえませんでした。労働者を企業に結びつけようとする政策は総じて弱く、雇用管理の公式の手続きも緩やかにしか採用されませんでした。そして最後に、労働過程への組合規制の浸透のゆえに、イギリス資本にとって欧米の競争国のような急速な大規模企業、大量生産企業の創出もまた困難だったのでした。こうして市場志向《マーケット・オリエンテーション》性と企業志向《エンタプライズ・オリエンテーション》性(この表現はドーアのものです)とを両端においた連続線の上で、イギリスの企業と労働組合はスペクトルの一方の端に寄り集まるということになったわけであります(Zeitlin 1987；Haydu 1984；Jacoby 1982；Meyers 1964)。

この連続線のどこか中間に、かつての合衆国があり、そして今もあるといえましょう。労働組合は大量生産工業の出現以前から存在しておりましたけれども、まだ微弱で、経済の新しく成長する分野にはほとんど見られませんでした。そのためイギリスに比べるとアメリカの経営者は、新技術と科学的管理との導入によって労働過程を革新するための時間的余裕を持ちえたのです。時代をリードする新興産業において労働組合が弱いために、雇主は会社の雇用実務に対する自由な裁量権を持ち、そこでまた、イギリスに比べて人事管理者が重要な役割を演ずることになって、そのための専門職に高い権限と地位が付与されたのでした。しかしながら、本書で論ずるように、人事管理はただ円滑に発展したわけでも、労働組合の圧力に順応する努力なしに発展したわけでもなかったのです。

新興の産業群のなかでの労働組合は技術革新と組織変革の過程に相対的に遅れて出現しましたが、とはいえ、そこに組合による規制の楔を打ち込むのに遅きに失したというほどではありませんでした。しかしこれらの組合は概して、かつての職人的労働者の市場戦略を踏襲しようとするほどの技能水準を持たない労働者を代表していましたから、彼らは、一方で労働市場の既存の縄張りを支配し続けるという市場戦略をとりながら、それを企業内の内部労働市場に適用していったのです。これはいわば職務ならびに企業志向的な労働組合主義でありまして、企業の内部労働市場の共同管理に携わることを求め、また技術変化を阻止するかわりに、昇進、レイオフ、解雇などに関する企業ごとの協約を通じて技術変化の影響を制御する道を選んだのでした。そうすることで組合は、技術変化と科学的管理から生まれた新しい分業に向けて、彼らの政策を立て、実行しました。そのうえ、第一次世界大戦、一九三〇年代など特定の段階には、基幹産業のなかで労働組合運動と人事管理の双方の発展がありましたから、その双方でさまざまな模倣や適用が試みられることになりました。人事管理者がすでに労働組合のつくり出した原理や慣行のストックから何かを借用すると、労働組合のほうも人事部と科学的管理が設けた現行制度に適合しようとしたわけです。こうして、双方がそれぞれに他方のうちにある企業志向性を補強する役割を果たしたのです。しかしそれでも、(若干の重要な例外を除いて)企業内組合がこの新しい産業群に根づくことにはなりませんでした。以前からの全国職能別労働組合《ナショナルクラフトユニオン》の遺産を継ぐことによって(その一部は新しい産業別組合を組織しました)、アメリカ的な規範はむしろ、全国組合《ナショナル・ユニオン》の地方支部が結ぶ企業ごとの協約——企業という枠のなかで結ばれるが、同時にその枠は一産業規模の結束によって緩められている——のかたちをとることになったのでした。

これと対照的に日本では、全国的な職能別労働組合は著しく弱く、第二次大戦後に噴出した諸組合にその遺産を伝えることがほとんどありませんでした。全国組合の規制力はむしろゲームに遅れて、巨大企業、人事管理、福利厚生、現代大量生産技術などが発展した後に生まれたのです。戦後の日本では経営側が技術と内部労働市場の管理を一手に握り、労働組合は労働過程と企業内での人員配置にかかわる管轄権を放棄しました。人員配置の計画段階から発言力を持っているアメリカの労働組合と違って、戦後日本の組合は、既定事実を上から与えられてそれに順応することを迫られたのです。そこで組合は個別企業から最大限の雇用保障を得るために会社組合《カンパニー・ユニオン》を用いるというかたちで、企業に対して彼らの組織構造と戦略とを構築しました。それは現実的な対応だったというべきでしょう。なぜなら雇主は、アメリカには欠けていた終身雇用の硬直性と弾力性との比較考量ができる立場にいたからです(Cole 1979；Moore 1983；Shirai 1983)。

こうした柔軟な選択を可能にした要因のひとつは、今述べたように産業の寡占体制ができあがった後に労働組合が生まれた結果として、人員配置や技術採用の意思決定に、日本の経営者が不可侵の特権を有したことでした。

そしてもうひとつの要因が、賃金制度であろうと思われます。日本ではボーナスと利潤分配制が、賃金制度をして雇用制度以上に、不況その他のショックの当初の打撃を緩和する役割を果たしたからです。日本における臨時的給与《コンティンジェンシー・ペイ》が純粋に偶発的かつ予定の外にあるものだったということは、たしかにそのとおりなのかもしれません。しかしまた、次のような視角からの説明も可能でしょう。アメリカの労働組合と雇主とが雇用保障(終身にわたるような)より、むしろ所得保障(年間賃金保証のような)を選びとったのは、ケインズ主義とニューディールの所産である賃金への特別の誘因のせいでもありました。そのひとつは全国復興局(NRA)が賃金と物価の場に強調点をおいたことであり、もうひとつは社会保障その他の給付を労働者の名目賃金額にリンクさせたことであります(Mitchell 1986)。この種の誘因が日本で生まれなかったひとつの理由として、日本の巨大企業がより公然と価格の協定や固定化をなしえ、そのため賃金面からの追加的支援や規律を必要としなかったという事情があげられましょう。

柔軟性の第三の源泉は、経済の後発性と急速な発展とが招来した日本経済の二重構造です。後発性の面でいうと、日本の産業は、大規模化と集中(特に銀行業)に好都合な国の政策に促されて、二〇世紀初頭に時代を風靡した大規模=資本集約的生産の分野で世界市場に乗り出しました。また急速な発展という面では、消費のパターンが産業構造の高度化のペースについていけなかったところから、大量の伝統的な小企業・小工場の残存をもたらしました。合衆国と比べて日本では、企業の規模別構成における裾野部分の広がりが大きく、またその裾野の集中度が低くなっています(Caves 1976; Broadbridge 1966; Bain 1966)。そのことは産業構造の周辺部において、資本市場と労働市場との格差から生ずるコストを抑える役を果たしました。こうしたことすべての結果として、日本の大企業は、リスクを外部化する刺激、周辺企業を傘下において景気変動に対処する刺激を強く受け、そこからまた、終身雇用による経営硬直性への代償としての柔軟性要因を与えられたのでした(Averitt 1968; Berger & Piore 1980)。

国　家

ニューディール以前の合衆国は、西欧世界で最弱の政府しか持っていませんでした。相対的に小さく、連邦制であるがゆえに統一性を欠き、全国的な経済・社会発展に直接、力を及ぼすことも希だったのです。この特質は、封建制とそれに対応する強力な君主制を欠いたこの国の歴史に由来するものです。一方、イギリスの歴史はこの両方を持っていますが、しかし世界のどこよりも早く工業化されたために、国民経済の発展に国が深くかかわる必要を免れたのでした。つまり、イギリスは先頭にあり、合衆国は封建制を持たなかったがゆえに、どちらも日本のように国家主導的、キャッチアップ型の工業化を経験することがなかったわけです。近代日本国家が演じた直接的役割からの多様な結果のなかには、学校制度の合理化――全国統一カリキュラム、テストと記録の標準化、高い就学率(一九〇〇年、すでにイギリスおよび若干のアメリカ諸州より高かった)など――ということも含まれるでしょう。アメリカでも一九一〇年代に効率性への熱狂が教育界をとらえたのですが、そのインパクトはこの国の教育管理の甚だしい分散的メカニズムによって切り刻まれ、結局、能力より階級に重きをおくアメリカ的制度の傾向を助長したのでした。日本の学校教育は品質管理という大変な仕事を全国の雇主のためにやってのけ、おかげで雇主は、最も有能な卒業生たちに恒久の雇用を提供することを理にかなっていると確信できたのです。一方、合衆国の雇主にとって、慎重かつ長時間にわたる選別なしに生涯的関係を結ぶなどは、思いもよらぬことでした。アメリカ的制度の下では、レイオフと解雇とが、学校による不完全な選別を埋め合わせる一種の品質管理制度としても機能したのでした(Allinson 1975; Landes & Solmon 1972; Callahan 1962)。

日本の国家が演じた指導的役割は、サラリーマン型労働市場の出現を促すうえでまた別の刺激と機会をつくり出しました。政府は自ら投資し統制することを通じて、大企業の台頭と重工業、銀行業におけるカルテルの結成を助長したのです。この環境のなかで、日本の企業は、価格統制力を備えるのに賃金制度に頼らなくてもよかったのです。彼らは合衆国にはない、価格安定のための協調という手段を持っていました。合衆国の大企業は、時に有効性を欠くものだったとはいえ、間断ない反トラストの訴訟や規制に脅かされてきたのです。このほかにも、日本政府の産業政策が、経済の二重構造を推進する役割を果たし、ここでも終身雇用への刺激を生み出したと思われます。

文　化

総じて経済学者は、国の文化や国民性の違いを根拠におく論説に懐疑的なものですが、私はおそらく、そうした要因が経済制度のしくみ、とりわけ労働市場のしくみを決定し補強するのにひとつの役割を演じたことを認める一部の経済学者の、さらに上を行くと自認しております。コールが説くように(Cole 1979, p. 245)、依存志向(「甘え」)は日本文化の構成要因であり、それが労働者と管理者と企業との高い一体性を増強したと思われます。「日本の大企業労働者は、賃金や労働条件にとどまらず……住宅や、余暇の過ごし方等々まで含む諸々の恩恵を彼らの使用者に頼っている」。この依存性は、一人の使用者の下に終身雇用されるよう図られた雇用政策に「適合的」であります。対照的にアメリカの文化は、個人主義、達成といった価値に重きをおくとされており、これは封建制と君主制の文化的遺産を継承することなしに合衆国の資本主義が成立した史実に淵源するといえましょう。自分の雇主への依存を含め、依存するということがさげすまれ、斥けられてきたのでした。この文化的伝統と、(本書第二章で論ずる)一九二〇年代以前のアメリカ労働力の不安定性とを併せて考えるとき、アメリカが日本ほど「べったりした」雇用関係をつくらなかった——終身の職務より再雇用を伴うレイオフ制を選び、年功賃金も日本ほど上昇カーブのきつくないものを選んだ——のは、驚くにはあたらないのです(Koike 1983；また Lipset 1961 も参照)。

ここからまた、雇主と従業員との間の信頼(同じく雇主と労働組合との協同)という問題も出てきます。アラン

・フォックス(Fox 1974)はイギリス企業のなかにこれが不足していることに着眼し、また一部の労働運動家は、合衆国におけるそれの欠如こそが対決色強いアメリカ労使関係制度の長所なのだと説いております。雇用関係における信頼度で合衆国とイギリスのどちらが上かを決めるのは難しいとしても、日本がこのレースの外にいることを否定する人は少ないでしょう。疑いぶかい者は依存性が日本では信頼という外皮で装っているのだといい、一方、共鳴する者はこれが労使双方にとっての「合理的な契約」なのだ(Dore 1987; Williamson 1985)と称揚します。どちらをとるにせよ、このことが日本と合衆国の内部労働市場の創設に異なる道程をとらせた結果につながっていることは、疑いえないのであります。

臨時的給与制度(利潤分配制、ボーナス、等々)は、従業員が雇主に不信感を持っているときには、設定も運用もはるかに難しくなります。懐疑的社会における懐疑的労働者は(とりわけその懐疑が敵対的労働組合主義の教義によって制度化されている場合)、雇主が本当に賃金切り下げを作業時間の短縮によってやらざるをえないほどの需要減退に遭遇しているのか、それとも賃金切り下げ前と同じ値段で同じ量を売っていながら賃金の節約分を自分のポケットに入れているのではないか、ということを絶えず疑っています。アーサー・オクンがいったように(Okun 1981)、雇主に不信を持つ労働者にとっては、確実に生産と販売の減退を企業に強いるレイオフを要求するほうがましだということになります。ところが信頼の度が強いと、労働者は、生産量/雇用の変動、でなしに価格/賃金の変動をもってする調整に対して——経営者が真っ先に自分の俸給をカットしたりすればなおさらのこと(日本では実際、しばしばそうするわけですが)——懐疑的になりにくいでしょう。そしてそれが、次のような価値あるサイクルをつくり出します。企業に対する労働者の忠誠心が、業績不振の痛みを明確に全員で分け持つことによって一層深まる。賃金切り下げだけでは十分でないときにも経営者は、それ以上のレイオフとか安い労働力への切り替えを避けるためにあらゆる労苦を惜しまない。こうしてアラン・フォックスがいうように、信頼が次の信頼を生んでいくのです。

3　合衆国におけるサラリーマン型モデル

もちろん、すべてのアメリカ企業がブルーカラー・モデルを採用しているわけではありません。ＩＢＭやイーストマン・コダック社など、組合不在の大企業のうちにはかつて、日本によく似たサラリーマン型内部労働市場を持つものもありました。たとえばコダック社では、マリソン・フォルソムが一九二〇年代に、雇用の季節変動を極力抑え、企業にレイオフを避けるための特別の手続きを踏ませる雇用制度を企画しました。コダック社はこれを実際に、ロチェスター・プランが設定された一九三〇年代初頭に実行したのです。近年、マイケル・ピオーリとチャールズ・サベール(Piore & Sabel 1984, p. 124-132)が次のように主張しております。一九二〇年代にアメリカ産業のなかに発展してきた会社組合、労働力配置の柔軟なアプローチ、雇用の安定化、福利厚生の諸プログラムと諸給付などの制度的連鎖、すなわち「アメリカン・プラン」の構成は、もし大恐慌と産業別組合主義の台頭によって消散することがなかったとしたら、今日の合衆国ははるかにもっと日本的な様相をとっていたかもしれない、というのです。しかしながら、右のような諸プログラムが当時まだ(本書第六章で示すように)少数のエリート企業で達成されたにすぎない――全産業労働者の二〇%が人事部を持つ企業に雇用されていたにすぎず、一〇―一五%が年金プランや健康保険などの福利厚生プログラムを持つ企業に雇用されていただけであり、そして会社組合がある企業で働く労働者はわずか五―一〇%だった――という事実を心に留める必要があります。二〇年代の雇用安定化なるものが今日までずいぶん書きたてられてきましたが、データの示すところによれば、当時多くの産業で雇用は不安定度を減らすどころか逆に増しつつあったのであり、同じくまた、人事管理者によるよりも職長によって決着がつけられる傾向を強めていたのでした。ですから、大恐慌やニューディールがなかったら大多数の企業がサラリーマン型モデルの軌道に乗ったろうとは考えにくいのです。

このモデルの普及に関するピオーリ＝サベールの見解を斥けるとして、しかしなお、モデルの起源と波及については、次の問題が残っています。すなわち、それが一部の企業だったとしても、なぜ彼らはアメリカ的組織形態の特性であるブルーカラー型内部労働市場を避けてサラリーマン型モデルを選好したのでしょうか？

主たる要因は三つあると思います。第一は、そのような企業には労働組合がなかったため、利潤分配制のような臨時的給与の設定が容易だったことです。労働組合はこの種の制度に懐疑的で、それを労働者の結束を弱める方策、雇主の財務操作で結局、賃金支払いを切り詰める方策、と見なしてきました（これは前述の、組合がある職場における不信と敵対性という論点につながるものです）。コダック、シアーズのような組合不在企業で利潤分配制は、労働時間と賃金率のカット以前に支払い総額の削減による対処を可能にして、組合を持つ企業にはない柔軟な手段を企業に付加しました。コダック社は、株主も従業員も会社の平等の構成要員であることを示す意図をもって、この利潤分配制を株式の配当という形式で行いました。同社ではそういう支払いが一九四〇、五〇年代に平均して労働者収入の約七％を占めました。しかし、企業の業績が不振の年にはその水準を下げることができましたし、また実際に下がったのでした（Czarnecki 1969；Emmet & Jeuck 1950；Wood 1942）。

労働組合の不在という第一の要因が生んだもうひとつの結果は、特に一九三〇年代以降、これらの企業が組合のある企業よりも人員配置と労働過程との厳格性を欠く傾向があったということです。第八章で論ずるように、先任権制がより狭く柔軟に適用され（一九五〇年の数字でいうと、先任権に従ったレイオフと昇進を認める組合不在企業は、組合のある企業の七分の一にすぎませんでした）、そのため組合不在企業はレイオフよりもワークシェアリングを追求することが容易になったのです。一九三〇年代末にはまだ、最初の景気対応策にレイオフをもってくる点において、組合不在企業のほうが組合のある企業をむしろ若干上回っていたのですが、一九五〇年代初期までにそれは逆転しました。今日では、企業の給与総額の削減が必要になったときレイオフに頼る比率は、組合のある企業のほうが倍以上に高くなっております。わずか一五年の間にこれだけ劇的な変化をもたらしたものは、組合のある企業における先任権の制度化にほかならず、そしてまたこの先任権の制度化は、いわゆる中位にある労働者が組合政策にこうした方向を求めた結果でもあったのです[1]。

人員配置に関するその他のしきたり――詳細な職務等級づけ、職務給と結びつく職務評価など――も、組合のある企業のほうが厳格かつ細目にわたっていました。とはいえ、このような統制のしくみの全部あるいは多くを労働組合のせいに帰するのは誤っています。一九一〇年代にさかのぼる職務分析と職務評価の、制度の導入を行ったのは経営側であったからです(第五章参照)。むしろ、これは労働組合が従前からあったものを利用していったケースのひとつといえましょう。しかし、組合はそうすることでこれらの制度を団体交渉事項に組み込み、彼らの職務統制《ジョブ・コントロール》の機構をつくり上げることによって、制度を経営側任せの場合よりも厳格なものに仕向けたのでした。

要因の第二として、合衆国でサラリーマン型モデルをとった企業は、ブルーカラー型モデルの企業よりもホワイトカラー従業員の比率が高かった(今も高い)ということがあげられます。合衆国における(イギリスもそうですが)ホワイトカラー従業員は、伝統的になっぱ服の労働者にないさまざまの特権、たとえば短い労働時間、夜間勤務の免除、有給休暇、諸給付金、職務保障、等々を享受してきました。サラリーマン従業員は、不況期のレイオフや使用者の恣意による解雇もされにくい立場にありました。仕事の出来が悪く余分と見られるサラリーマン従業員の場合でさえ、解雇は最初ではなく最後の手段だったのです。仕事の出来が悪ければ閑職に移し、余分であれば何とかして別の職務や部門に就けようとしたのでした。サラリーマン従業員の企業内配転が比較的容易だったということは、企業がいかにして彼らに終身雇用を提供しえたかの説明のひとつになります。ＩＢＭ社の「社内で栄転《アイヴ・ビーン・ムーヴド》」というスローガンそのままに、サラリーマン従業員は永年勤続の保障を手に入れるために、一定の場所で一定の勤務をする確実性のほうを手放したのです。

このことが信頼性の問題ともつながります。ホワイトカラー労働者は、雇用保障および仕事の自律性と引き換えに、忠誠心を使用者に与えました。信頼関係が強まった結果として、サラリーマン従業員の給与のある部分が会社の業績次第で変動するような可能性も増大します。一九六四年に組合員資格を持つ(下級)ホワイトカラー従業員は、ブルーカラー従業員に比べて二倍近く、利潤分配制の下にありました。この開きがもっと上級のホワイトカラー層にいくほど大きくなることは、疑いえません(Jacoby 1986)。ですからある程度まで、サラリーマン従業員の職務安定性は、従来よりも大きな職務保障を給与や職場配置の可変性と交換したという、雇用条件の取引を反映しているのです。と同時に、ホワイトカラーとブルーカラーとのこうした相違には、それを規定する技術的条件があったし、今もそれがあります。サラリーマン従業員は製品需要の変動に左右されることの少ない仕事に従事しています。商品の生産がどんなに落ち込んだところで、手紙を書いたり手形を落としたりする仕事は同じようにやらなければなりません。そこで、商品と対照的に小切手や送り状の「製造」への需要が安定的であるという条件の下で、そうした労働者に安定雇用を提供することが可能になっているのです。

このことからまた、合衆国におけるサラリーマン型モデルの第三の規定要因が導かれてきます。すなわちこのモデルは、季節や景気による需要の変動があまり敏感でない、サーヴィス業、小売業、また製造業のなかでは非耐久消費財部門(石鹸、薬品、調理用具、等々)などの産業に広がる傾向がありました。一九二〇年代に時間決め労働者に雇用保証を行った一握りの製造工業企業、プロクター・ギャンブル、コロンビア・コンヴァース、イーストマン・コダック、SCジョンソン、ダッジス・ブリーチェリーなどは、この種の産業に属するものでした。これらの多くがまた進歩的な人事管理の主導的企業でもあり、あるものは積極的な会社組合づくりのプランさえ持っていたことは、驚くにあたりません。製品需要の安定性が従業員への年間雇用保証を実行可能にし、また会社組合のような政策をとる基盤を提供したのです(2)。

これらの会社が景気に敏感な産業における会社に比べて大恐慌の惨害から守られたこと、そしてまた進歩的な人事政策を持っていたことは、一九三〇、四〇年代の全国組合の組織化攻勢を全面的あるいは部分的にかわしえた企業が彼らのなかに多くいた理由をなしていると思われます。ですから、デイヴィッド・ブロディ(Brody 1980)の、福祉資本主義の終焉とそれに続くアメリカ産業における労働組合運動の成功という周知の仮説に対しては、これまで述べた一連の論点――一九二〇年代にサラリーマン型モデルという枠組みで福祉資本主義を実践した雇主は総じて安定度の高い産業に見いだされる、この安定性が恐慌の最悪の惨害からこれらの産業を救った、そのことが進歩的かつ会社主義的な人事政策と結びついたとき彼らは労働組合組織を回避する高いチャンスを得た、ということ――が加えられるべきであります。そのような歴史的起源にとどまらず、彼らの多くが今日まで、労働組合主導によらない「サラリーマン型」内部労働市場の主導者であり続けています。たとえばシアーズとコダックの両社は、一九三〇年代前半に大規模なレイオフを避けて、諸給付プログラムの大部分を堅持しました。彼らの利潤分配制に基づく支払いは急速に落ち込みましたが、制度そのものは維持され続けたのでした(3)。

4 新しいサラリーマン型モデル

本書旧版の「日本語版読者への序文」(一九八八年三月)で私は、「過去一五年ほどのうちに、合衆国のブルーカラー型内部労働市場が日本の労働市場との相似性を深めたのにつれて、日本と合衆国との間にひとつの収斂過程が進行してきたように見えます」と書きました。イギリスに比べていうと、合衆国の内部労働市場はより精巧にできており、また労働組合は(EEPTU*には失礼ながら)企業という単位により強くかかわって活動していて、ですから「日本化」の過程も合衆国ではイギリスほどの長旅を要しなかったのです。イギリス、合衆国ともに変化への起動力、ブルーカラー型の内部労働市場に対するさまざまの圧力からきています。たとえば急速な技術変化が労働過程の弾力性を助長し、また国際競争の激化が従来の寡占体制を破り価格の（したがってまた給与支払いの）弾力化を生んでいます。こうした圧力に適合する試みのなかで、合衆国のブルーカラー型モデル企業は（労働組合のあるなしにかかわらず）サラリーマン型モデルに自ら接近しつつあるのです。すなわち、右手に賃金と労働過程との弾力性、左手に雇用保証と臨時的給与制度（利潤分配制や従業員持株制）を持って、その両方を秤量するようになってきているのです。そしてさまざまの「会社主義」政策がこの移行に並行しています。たとえば賃金という範疇をやめて全員に俸給《サラリー》を支払うとか、食堂や駐車場の職階による区別をやめて一緒にする、等々の施策を通じて職場の不愉快な差別を減らす意識的な努力が行われるようになっています[4]（Arthurs 1988）。

しかしながら、需要が相対的に不安定な企業にサラリーマン型モデルを適用する際、典型的なサラリーマン型モデル企業におけるよりも大きな「緩衝器」を必要とすることに、経営者は気づきつつあります。一九七〇年代になって多数の本採用でない被雇用者（臨時・パート雇用、個人や集団の下請契約）が出現した理由の一端が、このことにあるでしょう。新しいサラリーマン型企業は今、次第に「永続」雇用者とそうでない労働者との懸隔を形成しつつあるのです。合衆国はそもそも昔から生産物市場と労働市場とに二重構造的な要素を持っていましたが、サラリーマン型モデルへの移行は、その二重構造性の度合いを一層強めつつあるといえましょう。その意味で、内部労働市場のみならず外部労働市場もまた、日本型特性への接近を示しているわけであります（Tilly 1987；Bluestone & Harrison 1982）。

そしてこのことが、労働組合にとってきわめて困難な状況を生み出しております。この新しい「緩衝役」労働者たちのなかにも、特に彼らが一個所の職場に貼り付いた場合など、今後、組織化への豊富な機会があるだろうことは疑いえません。しかしながら、それ以上に悪い条件として、労働組合は未組織のサラリーマン型モデル企業に入り込むことが、昔からのこの型の企業にであれ最近転換してきた企業にであれ、非常に苦手なのです。その理由のうちには、そうした企業の雇主が全国組合に対してとる強硬姿勢という面もありますが、しかしまたそれはサラリーマン型モデルが生み出す従業員の忠誠度の高まりのゆえでもあり、あるいはまた、労働組合がサラリーマン型モデルの職場が持つ緩やかな特性——厳格な就業規律を排するような——に適応する能力を欠いているゆえでもあるのです(Jacoby 1986)。サラリーマン型モデルへの移行がすでに労働組合のある企業で行われたときでさえ、このモデルが持つ平等、協同の前提が肩怒らせた団体交渉に馴染まないために、組合はその対応に甚だ苦慮しております(Kochan, Katz & Mower 1984 ; Kochan, Katz & McKersie 1986)。

合衆国においてわれわれが遠からず日本的基調に沿って設けられた職場委員会や企業内組合の出現を見るというのは、ありうることです。それは、未組織の、サラリーマン型モデル従業員の集団的利益を守りかつ代表するような組織形態を模索している人々からの熱い視線を浴びております。会社組合は(日米両国ともに)サラリーマン型モデルと起源を共有しており、したがってサラリーマン型モデルの諸前提によりよく合致するものです。会社組合は未組織のアメリカ労働者に対して、組合不在企業の最も進歩的なものさえ及ばぬ自治権と規制力を提供します。もちろん全国組合も同じものをもたらすわけですが、しかし合衆国において全国組合は、その三〇年に及ぶ組織化失敗の記録が示すように、そう簡単にサラリーマン型従業員への代替策を講ずるわけにはいかないでしょう。

会社組合は明らかに、アメリカ労働運動の現在の組織構造にきちんと織り込まれるような制度的形態のものではないのです。とはいえアメリカ労働運動の長所は、状況の変化に合致する新しい戦略や組織を開発することについての、昔から変わらぬ能力であります。ひとつの選択として、職場委員会や会社組合を促進するために、これを利潤分配制と従業員持株制に租税特別措置を認めるような法律と結びつけていく立法行為が考えられるかもしれません。また別の選択として、全国組合傘下の単位組合ではなく、むしろＡＦＬ＝ＣＩＯ自身が、会社組合を組織するメカニズムを開発しようとすることも考えられます。こうした予想をたてることが総じて突飛に聞こえない程度まで事態は進行しているのですが、とはいっても、雇主、全国組合いずれの側からも職場委員会や会社組合を取り込もうとするブームが起きるようなことは、まずありえないでしょう。ともあれ、公共政策あるいは全国組合の政策がこれからも会社組合を受容するほうへ移行し続けるとするならば、それは一九五〇年代末の近代化論者が思い浮かべた収斂と全く同じものではないにしろ、アメリカ内部労働市場の「日本化」に向けてのさらなる一歩となることが十分にありうると思われます。

5　今立っている地点

本書旧版の序文を書いた一九八〇年代末から今日まで、雇用関係は日本、合衆国ともに市場志向を一貫して強める方向に動いてきました。その移行は特に合衆国において甚だしく、今、内部労働市場の広がりは二〇年前よりも衰えています。この増補改訂版で新たに書き足した第九章で論じたように、合衆国の大企業は、事業活動の変動からブルーカラー、ホワイトカラー両方の従業員を守るということに、以前ほど熱心でありません。企業は、需要が落ち込むとすぐに長期勤続者まで含めて従業員を永久解雇しようとする姿勢を強めています。そうした現象は、ブルーカラー労働者を抱える製造業で大規模なダウンサイジングが行われた一九八〇年代に始まり、やがて管理者階層まで含んでホワイトカラー従業員がレイオフされた一九九〇年代へと引き継がれました。シリコンヴァレーのようなところに生まれた新会社は、もはや雇用保障などは過去のもので、従業員は役に立つ間だけ雇われるものだという観念をもとに創設された感があります。ほかのところでも総じて雇主は今日、従業員のためにリスクを昔ほど背負おうとしません。給与は以前よりもっと事業の達成度に依存し、企業は時を問わない「安定した」給与パッケージを嫌がるようになってきました。年金や健康保険のような付加給付も、二〇年前に比べて普及度が後退しています。

それでも一九八〇年代末にはまだ、労働組合が「サラリーマン」の内部労働市場の出現に対応できるのではないかという望みがあったのでしたが、今やそんな望みは色あせています。第一に、サラリーマン型モデルの従業員たちは組合の組織化に強く抵抗することが実証されました。第二に、すでに指摘したように内部労働市場はサラリーマン型・ブルーカラー型を問わず以前より後退しています。第三に、合衆国における労働運動は持続的に落ち込み、今では民間部門労働力のわずか八%を代表するにすぎません。組織化の対象とすべき資源がなかなか見当たらないのです。低賃金のサーヴィス職務に就いている労働者を組織しようと試みていますが、そういうところには内部労働市場ができていません。

日本における雇用関係も同様に、市場志向を強める方向で動いてきたと思われます。一九九〇年代の長い経済沈滞が、第二次大戦後の雇用保障、年功給、企業内組合といった例の「三本柱」を揺さぶることになりました。合衆国並みの大量レイオフはないにしても、今日の日本における雇用保障は一九七〇年代ほどのものではありません。企業は高給のブルーカラー職務をアジア大陸に移転し、他方で臨時雇い・パートタイムの労働者を急速に増やしています。給与額が勤続とその他の内部要因に依存する度合いも以前より小さくなりました。最後に、労働組合の組織率は一九七〇年代の三五%台から今日の二〇%台まで低下してきています。日本の新興企業はしばしばもはや企業内組合をつくることに関心を持たず、むしろシリコンヴァレー型の会社組織に大きな魅力を感じているようです(または、少なくともそのシリコンヴァレー・モデルが合衆国株式市場の破綻と技術職のアウトソーシングで散々な目にあうまで、そうだったでしょう)。

日本と合衆国の雇用関係がともに市場志向を強めつつあるとはいっても、市場を基盤にして組織をつくる動きは、合衆国のほうがはるかに顕著です(Jacoby 2005)。それにはいくつかの理由があります。第一のそして最も重要な理由は、合衆国社会および合衆国企業内部における株主の発言力の増大——顧客、サプライヤー、従業員といったほかのステークホールダーと対照的な——です。合衆国の証券所有者は甚だ気まぐれな集団で、株式の回転率も非常に高いのですが、その証券所有者が一九八〇年代に会社に対して、より高い配当を生み出すためにより大きなリスクを負うことを要求しました。その結果、会社のほかのステークホールダー、特に従業員に従来より大きなリスクを背負わせることになりました。この移転は一九八〇年代以来続いており、二〇〇一年に株価暴落とエンロン、ティコなど会社スキャンダルが露呈した後も、やんではいません。株式市場の魅惑が増したということは、会社の財務機能が前面に引き出され、そのぶん今日人的資源《ヒューマン・リソース》と呼ばれる人事の機能が後ろに追いやられてきたことを意味しています。

しかし日本では、コーポレート・ガヴァナンスを論ずる際のステークホールダー・モデルは昔からそう変わってはいないと思われます。日本では依然として、企業は株主だけでなく従業員やほかのステークホールダーの利益のためにも存在すると見られているようです。外国人投資家や日本政府が、(言動や会社法の改正をもって)合衆国型のコーポレート・ガヴァナンスに向かうよういくら企業に圧力をかけても、日本の企業は合衆国企業ほどには株主志向を強めようとも、財務面最重視になびこうともしません。そのことのひとつの理由は、今なお株式のかなり大きな部分が「持続的な」投資家——系列企業やその他事業法人、メインバンク、保険会社、従業員持株基金等々——の手にあるという、単純な事実にあるでしょう。そのために日本のトップ経営者に対して投資家が、会社の資源の流れをもっと配当や株価を押し上げる方向に移すよう圧力をかけるのが難しいのです。しかもそうした投資家たちは、相対的に長期の視野に立っています。一方、日本のトップ経営者たちも、合衆国に比べて単一の企業で働く年月がはるかに長い(そしてかつてその企業内労働組合のメンバーだった)のが普通です。ですから今の従業員との結びつきが強いのです。

両国のもうひとつの違いは、事業戦略にかかわるものでしょう。日本企業は目下モノづくりの仕事を着々アジア大陸に移しつつありますが、それでもなお合衆国企業に比べて、人的資源を含め日本国内で得られる独自の競争力を重視した戦略展開を行っています。従業員養成の水準が合衆国より高いのと、それに、人的資本を精確に測るのは難しいとはいえ、日本では合衆国より個別企業ごとの人的資本(人的資源への投資戦略)があることは明らかです。その結果として日本企業は、許容できるかぎりにおいて、雇用保障とか企業内組合とかいった彼らの人的資本投資への見返りを高めるような雇用政策を選好することになるのだと思われます。

対照的に合衆国では、事業戦略は標準化、単純化といった政策を通じて企業固有の熟練への依存を減ずる道が探られてきました。知識が中核をなすような組織でさえ、それを組織内で養成するよりオープン・マーケットで適格者を探すことのほうが好まれる傾向があります。これはおそらく、人々が日本より倍以上も住居を変える性行がある(Jacoby & Finkin 2004)社会における、合理的な順応なのでしょう。ですから合衆国は、(フレデリック・テイラーの考えがそうであったように)企業固有の熟練への依存を最小限にする理念に立った産業の設計を長い伝統にしてもきました。そのうえ二〇世紀に日本が何度か直面した資本不足という問題――日本ではそのことが相対的に人的資本への依存を高め固定資本支出を節約しようという戦略を導いたとも考えられます――が、ありませんでした。事業戦略の選好の違いは別様にも説けるかもしれませんが、ともかく結果として合衆国では内部労働市場がより弱い経済的基盤しか与えられませんでした。ただしここで留意しなければならないのは、それがあくまで相対的なものであって、両国の絶対的な相違ではないということです。

内部労働市場の経済合理性はいつでも明らかだというわけでないので、本書が強調したようにその形成は部分的に非経済的な諸力――「良い」雇主の条件と見なされる社会規範から人事管理の専門家の価値観に至るすべてのこと――に依存しています。ですから日本と合衆国が今日、市場志向性を強めた雇用関係に移動しつつあるそのスピードの違いを理解するためには、いかに両国の社会規範が会社の意思決定に作用したかという説明が必要です。集団主義《グループ・アイデンティフイケーション》、コミュニティ優先主義《コミュニタリアニズム》、平等主義《エガリタリアニズム》といった組織志向性の強い雇用慣行を支持する社会規範が、日本において依然として合衆国より強い――日本で個人主義が中根知枝の『日本社会論』(Nakane 1970)が書かれたころより進んでいるのは明らかだとはいえ――ということは、否定できないでしょう。

合衆国が市場に向けて舵を切った――それによって二〇世紀初頭以来ついぞなかった不平等の格差をもたらした――最新の出来事は、アメリカ労働市場の多くの部分でキャリア・タイプの雇用慣行がなお普通に残っている事実を隠蔽するものとはなっていません。それらの企業のなかで、働く場所は一〇〇年前とは甚だしく異なっています。さらにまた、ポランニーの説く二重運動が機能し続けています。近年の市場の増強とともに、その衝撃を緩和するほうの試みも増強されているのです。一九九〇年以来、連邦レベルと州レベルの両方で、従業員年金の保護、会社乗っ取りの制限、コーポレート・ガヴァナンスの見直し、「生活賃金」の要求、家族介護有給休暇制等々の新しい法律が生まれています。ごく最近の議会提案のなかには、雇主の強制拠出健康保険制や公正解雇規則なども含まれています。

従業員代表制は、いろいろな調査が職場での代表制に関してかなり大きなまだ満たされていない要求があることを示唆してはいますが(Freeman & Rogers 1999)、そう楽観できる見通しはないようです。会社における参加という満たされざる願望が将来それ自体としてどのように表明されるかは、実際今のところわかりません。おそらくそれは、「達成度の高い」労働組織というものの原理が拡張されることを通じて、表に出てくるのではないでしょうか。おそらくそれは、取締役会への従業員代表の参加というかたちから興るでしょう。いずれにしても、合衆国のような民主的な社会、教育水準が高度化した社会において、職場の意思決定が一〇〇年前のようにもっぱら所有者や経営者の手に残されることはありえないでしょう。

二〇〇四年七月、ロスアンゼルスにて

(1) この論旨は、Freeman & Maoff (1984) の、労働者代表制に関する中位労働者および下限労働者のモデルに従っている。
(2) これは、Piore & Sabel (1984) が一九二〇年代における「アメリカン・プラン」という代替物を論じたとき念頭においたものである。もっとも彼らは、各産業の技術的要因がその受容に演じた役割を述べておらず、また、この代替物が決して産業組合主義の台頭によって減退したわけでないことの意義を、十分につかんでいない。

（3）　こうしたプランに対する組合の疑念は全く根拠のないものではなかった(Czarnecki 1969)。シアーズ社の管理者は、それが「従業員と会社は一体で、企業所有者とそこで働く者との間に重要な利害の対立は存在しない」ことを示すシンボルとして価値があるということを自覚していた。

（4）　サラリーマン型モデルのほうもまた、今日、変化にさらされている。競争の圧力がコダック社のような旧来からのサラリーマン型モデル企業の上にのしかかり、同社は一九八〇年代初頭に大量の解雇者を出すことを余儀なくされた。サラリーマン従業員のレイオフは、雇主の非組合員労働者に対する一方的な解雇の特権に挑戦する近年の訴訟の増加に拍車をかけている。しかしサラリーマン型モデルは、決してコダック型の企業で消滅しつつあるのではない。むしろ「コア」の労働者を保持するためのクッションとして「緩衝役」労働力――臨時雇用者など――を増やす方向をとらせているのである。

＊［訳注］　ＥＥＰＴＵは、イギリス電気・電子・電気通信・配管業労働組合。ＴＵＣの反対にあいながら、進出日本企業との間で、日本的労使関係(この場合は企業別単一組織とストなし協定)をパッケージした協定を結んだ。

参考文献

Abegglen, James C. *The Japanese Factory : Aspects of Its Social Organization* (Glencoe, 1958).

Abraham, Katherine and James Medoff. "Length of Service and the Operation of Internal Labor Markets," *Industrial Relations Research Association, Proceedings of the Thirty Fifth Annual Meeting*, December 1982, New York, 308-318.

Allinson, Gary. *Japanese Urbanism : Industry and Politics in Kariya, 1872-1972* (Berkeley, 1975).

Arthurs, Alan. "Toward an Undivided Workforce : The Convergence of Blue- and White-Collar Employment Relations," Unpublished paper, School of Management, University of Bath, 1988.

Averitt, Robert. *The Dual Economy : The Dynamics of American Industry Structure* (New York, 1968).

Bain, Joe S. *International Differences in Industrial Structure* (New Haven, 1966).

Bendix, Reinhard. "Tradition and Modernity Reconsidered," *Comparative Studies in Society and History*, 9 (April 1967), 292-346.

Berger, Suzanne and Michael J. Piore. *Dualism and Discontinuity in Industrial Societies* (Cambridge, 1980).

Bluestone, Barry and Bennett Harrison. *The Deindustrialization of America* (New York, 1982).

Broadbridge, Seymour. *Industrial Dualism in Japan* (Chicago, 1966).

Brody, David. "The Rise and Decline of Welfare Capitalism" in Brody, *Workers in Industrial America* (New York, 1980).

Callahan, Raymond. *Education and the Cult of Efficiency* (Chicago, 1962).

Caves, Richard E. "Industrial Organization" in Hugh Patrick and Henry Rosovsky (eds.), *Asia's New Giant : How the Japanese*

Economy Works (Washington, D.C., 1976).
Cole, Robert E. *Japanese Blue Collar : The Changing Tradition* (Berkeley, 1971).
—— *Work, Mobility & Participation* (Berkeley, 1979).
Czarnecki, Edgar. "Profit Sharing and Union Organizing," *Monthly Labor Review*, 92 (December 1969), 61-62.
Doeringer, Peter and Michael J. Piore. *Internal Labor Markets and Manpower Analysis* (Lexington, 1971).
Dore, Ronald P. *British Factory/Japanese Factory : The Origins of National Diversity in Industrial Relations* (Berkeley 1973).
—— *Taking Japan Seriously : A Confucian Perspective on Leading Economic Issues* (Stanford, 1987).
Emmet, Boris and John Jeuck. *Catalogues and Counters : A History of Sears Roebuck* (Chicago, 1950).
Fox, Alan. *Beyond Contract* (London, 1974).
Freeman, Richard and James Medoff. *What Do Unions Do ?* (New York, 1984).
Freeman, Richard and Joel Rogers. *What Workers Want* (Ithaca, 1999).
Galenson, Walter and Konosuke Odaka. "The Japanese Labor Market" in Patrick and Rosovsky (eds.), *Asia's New Giant* (Washington D.C., 1976).
Gordon, Andrew. *The Evolution of Labor Relations in Japan : Heavy Industry, 1853-1955* (Cambridge, 1985).
Gordon, Robert J. "Why U.S. Wage and Employment Behavior Differs from that in Japan," *Economic Journal*, 92 (March 1982), 13-44.
Hall, Robert. "The Importance of Lifetime Jobs in the U.S. Economy," *American Economic Review*, 72 (September 1982), 716-724.
Haydu, Jeffrey M. "Factory Politics in the British and American Metal Trades, 1890-1922," Ph. D. dissertation in sociology, University of California, Berkeley, 1984.
Jacoby, Sanford M. "The Duration of Indefinite Employment Contracts in the U.S. and England : A Historical Analysis," *Comparative Labor Law*, 5 (Winter 1982), 85-128.
—— "Progressive Discipline in American Industry : Its Origins, Development, and Consequences" in David Lipsky and David Lewin (eds.), *Advances in Industrial & Labor Relations*, vol. 3 (Greenwich, 1986).
—— *The Embedded Corporation : Corporate Governance and Employment Relations in Japan and the United States* (Princeton and Tokyo, 2005).
Jacoby, Sanford M. and Matthew Finkin. "Labor Mobility in a Federal System : The United States in Comparative Perspective," *Working paper*, 2004.
Kochan, Thomas, Harry Katz and Nancy Mower. *Worker Participation and American Unions : Threat or Opportunity ?* (Kalamazoo, 1984).
Kochan, Thomas, Harry Katz and Robert McKersie. *The Transformation of American Industrial Relations* (New York, 1986).
Koike, Kazuo. "Internal Labor Markets : Workers in Large Firms" in Taishiro Shirai (ed.), *Contemporary Industrial Relations in Japan* (Madison, 1983).

Landes, William and Lewis Solmon. "Compulsory Schooling Legislation in the 19th Century," *Journal of Economic History*, 32 (March 1972), 54-91.

Levine, Solomon B. *Industrial Relations in Postwar Japan* (Urbana 1958).

Lipset, Seymour M. "Trade Unions and Social Structure," *Industrial Relations*, 1 (October 1961), 75-112.

Meyers, Frederic. *Ownership of Jobs : A comparative Study* (Los Angeles, 1964)

Mitchell, Daniel J. B. "Inflation, Unemployment, and the Wagner Act : A Critical Reappraisal," *Stanford Law Review*, 38 (April 1986), 1065-1095.

Moore, Joe. *Japanese Workers and the Struggle for Power, 1945-47* (Madison, 1983).

Nakane, Chie. *Japanese Society* (Berkeley, 1970).

Okun, Arthur. *Prices & Quantities : A Macroeconomic Analysis* (Washington D.C., 1981).

Osterman, Paul. *Employment Futures* (New York, 1988).

Piore, Michael and Charles Sabel. *The Second Industrial Divide* (New York, 1984).

Shimada, Haruo. "The Japanese Labor Market After the Oil Crisis," Paper presented at the OECD Experts' Meeting, March 1977.

Shirai, Taishiro. "A Theory of Enterprise Unionism" in Shirai (ed.), *Contemporary Industrial Relations in Japan* (Madison, 1983).

Stinchcombe, Arthur L. "Social Structure and Organizations" in James G. March (ed.), *Handbook of Organizations* (Chicago, 1965).

Sumiya, Mikio. "The Emergence of Modern Japan" in Kazuo Okochi, Bernard Karsh, and Solomon Levine (eds.), *Workers and Employers in Japan* (Princeton, 1973).

—— "Japanese Industrial Relations Revisited," *Japanese Economic Studies*, 5 (1977), 3-47.

Taira, Koji. *Economic Development and the Labor Market in Japan* (New York, 1970).

Tilly, Chris. "More Part-Time Jobs : Workers Don't Want Them So Why Are Firms Creating Them ?" Unpublished paper, Economics Department, MIT, 1987.

Williamson, Oliver. *Markets and Hierarchies* (New York, 1975).

—— *The Economic Institutions of Capitalism* (New York, 1985).

Wood, Richard H. "The Principles and Practices of Profit Sharing," Unpublished Ph. D. dissertation, Princeton University, 1942.

Zeitlin, Jonathan. "From Labor History to the History of Industrial Relations," *Economic History Review*, 40 (May 1987), 159-184.

序　章

一九七二年、センセーショナルなストライキが、オハイオ州ローズタウンのゼネラル・モーターズ組立工場で起こった。参加者の多くが結構な学歴の青年たちで、彼らは工場での労働条件に抗議して職場を離脱したのである。高賃金や年金、雇用保障だけでない何かを自分の仕事から得たい、というのが彼らの言い分だった。若い労働者の一人は、「自分の頭を使う機会」、「高校で習ったことが少しは役に立つ仕事」が欲しいと述べた。(1)

このストライキは全国に広い関心を呼び、職務満足、労働倫理、労働生活の質などに関する本や論文の氾濫を生むきっかけになった。執筆者たちはそこで、ひとつの共通した論調を展開した。すなわち、興味が持てず、無意味で、個人に成長の機会を与えない職務に、労働者は満足していないのだ、と。リベラルな企業経営者からマルクス主義的な労働過程研究者にいたるまで、さまざまの立場の人々がこの見解を共有したが、その状態を改善するためにどうすればよいかの合意は、ほとんどなかった。作業改善の専門家が職務充実や経営参加の拡充といった治療法を示すと、(2)ラディカル派の学者は、そんな処方はせいぜい傷口にバンドエイドを貼るようなもので、大方の仕事から本来の内容を意図的に枯渇させてきた雇主が今さらそれを元に戻す気などあるはずがない、と説いたのである。(3)

しかし、後で考えてみると、また全国調査のデータから窺えることでもあるのだが、ローズタウンの事例は典型的なものではなかった。一九七〇年代の論調は仕事の環境のいわゆる「外部的」な特性、つまり賃金その他の経済的給付、雇用保障、昇進機会などに適切な注意を払わなかった。態度調査は、これらの要因が依然としてブルーカラー労働者にとってきわめて重要であることを示している。たとえば、自分の収入を相応のものだと思い雇用不安も感じていない労働者が、仕事に十分に満足だと答える割合は、収入がわずかで雇用が不安定だと感じている労働者の同じ答えの五倍にも達する。[4] 満足していないと答えた労働者は、「労働そのもの」といった内部的要因よりも、労働時間、収入、雇用不安、会社の政策といった外部的要因により多く不満を持っている。[5]

内面的な報酬が重要でないとか、職務充実がとるに足らないとかいうのではない。この調査が示しているのは、ブルーカラー労働者にとっての「良い仕事」の定義が、総じて至極普通の事項に行き着くということなのである。良い仕事とは、給料がよく雇用が安定して昇進機会もあり、恣意的な懲戒や解雇から保護されている仕事にほかならないのである。

本書の旧版が出版された一九八五年ころには多くのブルーカラー職種がこの条件を満たしていたが、その後「良い」仕事は続々と姿を消した。とはいっても、そのことについて過度に悲観的になってはいけないし、七〇年前の産業の雇用状況にまで退行したわけでないのを知っておく必要がある。七〇年前の労働者は、労働市場の浮き沈みからほとんど守られていなかった。賃金、雇用水準ともに安定しておらず、在職保障《テニュア》もなかった。職長は粗雑な規律を専断的に押しつけてきた。大多数の雇主は労働者をぐうたらな子供か役畜のように見なして、それ相応に扱っていた。[6] 今日の労働者がいう良い仕事など寥々たる高嶺の花でしかなかったのである。

本書の研究は、産業における労働がどのように変わってきたかを探り、良い仕事がつくられた歴史を跡づけようというひとつの試みである。それゆえに本書はまた、雇用の官僚制化を細説している。というのは、良い仕事という規定に含まれる多くのもの、つまり雇用安定、内部昇進、規則に基づく手続きで個人の恣意を排することなどは、官僚制組織の特徴をなすものだからである。

官僚制という言葉は簡単明瞭ではない。この言葉は、いろいろ違った意味で用いられる。現代組織論者にとって、雇用の官僚制的特性は巨大で複合的な組織の技術的必要に基づく不可避かつ当然の結果である。タルコット・パーソンズがいうには、「小規模で単純な組織ほど、強い仲間内主義で典型的に運営しうる。……だが、決定の場所と執行の場所との距離が大きくなっていったとき、統括と調整は高度の形式化によってのみ獲得されうる」(7)。近年のラディカル派の労働過程の発展に関する研究はこれに異議を唱え、精緻な規則や職階制といった官僚制的装置を、労働力に対する雇主の支配のメカニズムと見なしている。この見地に立つと、官僚制は決して中立的なものではなく、雇主の利益に役立つよう合理的につくられていることになる(8)。

今度の研究を始めるにあたって、私はこの両方の見解を検討せねばならなかった。そして結局、どちらも合衆国における歴史的発展に満足のいく説明をしてくれないことを知った。たとえば、たしかに規模の要因は重要だが、現代組織論者の主張のように、会社の大きさと雇用システムの組織化とは決して緊密に対応して一歩ずつ進むものでないことがわかった。巨大製造企業の存在は一八九〇年までに産業界の一般的事象となったが、その巨大企業の多くにおいて、その後四、五〇年はブルーカラーの雇用に官僚制的特質などなかったのである。しかも、しばしば(労働者数一〇〇〇人未満といった)中規模企業のほうが、工場労務管理の伝統的システムを先駆的に乗り越えた。そうした企業の経営者は規模とあまり関係がないさまざまな問題の解決のために、官僚制を導入したのである。

また、官僚制を利用しそこから利益を引き出したのは、経営側だけではない。労働者のほうも、交渉力を高めるため、激しい競争から身を守るため、経営側の一貫性と公正を確保するために、組合活動を通じて官僚制的な雇用関係を求めたのだった。実際、従業員が官僚制化を進めようとしたのに、経営者がこれに抵抗し、さぼった会社もある。この経営者たちは、組織構造や規則が自分の裁量を制約せぬかと心配したのである。だがその彼らも、より大きな害悪と見た労働組合活動を阻止するためには、しばしば組織構造や規則を喜んで自らに課した。こうした事態は、ラディカル派の理論家が、官僚制は雇主が支配強化のため「系統的自覚的」に考案した、と説くところとはかなり様子が違っている。[9]

つまり、二つの学派が共有する問題点は、官僚制をまるごとひとつの意図として見ようとしているところにある。[10] 彼らの筆にかかると、官僚制の全体像がひとつの支配的原理――組織論者にとっては規模と効率性からの必要、ラディカル派にとっては統制の論理――から説きつくされる。そのことからまた、どちらの理論も、技術や市場の変化あるいは労働者の新たな抵抗の仕方に対して、雇用構造を合理的に適合させるための組織変更を行うのはすべて経営者であるかのように描き出している。

本書は異なる接近をしている。官僚制的な雇用慣行を、市場志向の雇用システムが生み出した不安定と不公平を克服する長期にわたる闘争の所産として扱っている。この闘争は、経営側内部と、経営者対他集団という二つの分野で繰り広げられた。その帰結は決して不可避的なものではなかった。より高い次元でいうと、この闘争は、カール・ポランニーが社会における二つの組織原理の「二重運動」と呼んだものの一環をなす。ひとつはレセ・フェールを標榜し、そのために契約を用いる経済的自由主義であり、もうひとつは保護立法、制限的団体、そのほか市場介入の手段に依拠する社会的保護の原理である。[11]

世界の大工業国は、いずれも現代社会への転換――その道程に、企業家的事業から巨大株式会社へ、旧中産階級から新中産階級へ、労働者の局地的抵抗から全国組合および政党へといった、さまざまの劇的な推移を印した――の一環としてこの闘争を経験した。各国が異なる時期に異なる速度で現代化の道を歩んだにもかかわらず、この転換は一八五〇年から後の一世紀間に起こっている。この転換に包摂される諸変化の時期や道筋も国によって異なっていた。たとえば、イギリスでは現代化への道で非常に早くから労働組合が強力だったが、これは日本に当てはまらないことのひとつである。こうした非相似性の結果として、両国はポランニーのいう二重運動を遂行した経済的・社会的・政治的諸力の布陣に甚だしい違いを見せているのである。[12]

ほとんどの国で、労働市場の規制と安定化は、労働組合に組織された労働者の交渉によるか、中間層の社会改良家と労働者政党に支持された立法によって達成された。このことは合衆国にもある程度当てはまるが、影響力ある労働者政党のなかった合衆国では、中産階級の改良運動が特に重要な役割を演じた。加えて、一九三〇年代までは政府規制と労働組合運動が相対的に弱かったという条件の下で、アメリカの経営者は他と比べて自主的規制への強い志向を貫いてきたのだった。だが実は、こうした諸力の関係はもっと入り組んでいる。労働組合の活動範囲が狭かったので、アメリカの経営者には、第一次大戦時のように労働者の交渉力が強くなりそうだと感ずると、すぐ先手を打つ余地があった。結果として、コモンズが看取したように、合衆国では「労働者が公正な競争を図って自由競争の上におく制約が、雇主にそっくり引き取られ、労務管理者によって実施され[13]」たのである。

合衆国と他の国との相違は、またある程度までアメリカ産業労働力における移民の割合の大きさに起因する。言語の壁、民族的異質性に伴う緊張、移民労働者の高い移動性などが、職場その他の組織化に不利に作用した。この地にルーツを持たぬ新入りたち、彼らの頻繁な地域間移動が、アメリカの都市や職場の不安定をつくり出し、同様に不安定な市場志向的雇用システムの持続を許したのである。

経済的自由主義者にとって、自由な労働市場の創出は、一九世紀の偉大な成果のひとつである。雇用契約によって労働者と雇主とは互いの関係を、国家や伝統的権威に邪魔されず意のままに結び、あれこれ設定し、解消することができるようになった。これによって、相互的義務に縛られた高度に個人的な一八世紀の雇用関係から、対等の契約に基づく非人格的で自由な関係への移行が促進された。しかしながら、自由主義的様式には幾多の欠陥があった。コモンズや当時の批判家たちがそのいくつかを指摘している。第一に、巨大株式会社と個々の労働者とでは、特に労働者にほかの雇われ口がないとき、契約に際して対等な交渉力があったなどと、とても考えられない。第二に契約を受け入れると、労働者は雇主(あるいはその代理人や職長)の権威を受容し、結局、ある種の支配従属関係に戻ってしまった。第三に、思いのままに契約を解消したり仕事の割り当てを統制したりする雇主の力が労働者に及ぼす結果の深刻度は、労働者の離職という対抗の権利が雇主に及ぼすものより、はるかに大きかった。[14]

コモンズは、合衆国において、労働者保護法や労働組合が、労働力売買の平等や公正にそれなりの基準を持ち込みつつあると考えた。だがまた、この基準が、かつての規制団体からアメリカの雇主が受け継ぎ、自分自身に課した拘束や「仕事規則」を通じてできたものだとも見ている。これらの仕事規則は、使用者、職長、労働者がそれぞれどう振る舞うべきかの手続きや決まりを、契約条項の空白部分に書き込み、そうやって次第に契約を命令から合意へと変えていったのである。コモンズがいうには、「強制」から合法性への、「権利・義務・自由」の法秩序確立への道がここから拓かれた。そのうえ、これらの仕事規則は、従業員が「継続事業体」という永続的な関係の一部だとする意味づけを含んでいた。たとえば、レイオフや解雇を決めた規則は、雇用契約につきものだった随時性を一部減じ、労働者の職を保護する「新しい衡平」をつくり出した。こうした身近な法的しくみのなかで、産業労働者の職務が、権利・義務、それを失わぬための保護条項などで枠づけられたひとつの「地位」へと変貌し、雇用は契約から身分《ステータス》へと逆戻りしていったのだった。[15]

一九〇〇年から四五年にかけての時代に、一方は現状を肯定し他方は変更を求める二つの力が、アメリカ製造工業企業の内部で渡り合っていた。一方の側には職長、生産管理者、工場長たち、つまり経済的理由と考え方の双方から現存雇用システムにコミットしている人々がいた。生産志向である彼らの圧倒的関心は、生産をできるかぎり迅速かつ安価に行うことであった。雇用管理には、速やかな結果と最大限の柔軟性を求めた。労働力は技術の変化と産出量の変動に適合さるべきものであり、それ以外であってはならなかった。このことから彼らは、労働者には厳格な規律を、自分には規則や拘束からの自由を望んだ。また彼らは、労働者というものは怠け者で欲深で当てにならず、自分たちはそのときの賃率で支払ってやる以上の責任はないのだという、ひとつのイデオロギー、一連の信念を共有していた。自由とか保障とかは労働の倫理を腐敗させるものだと考えていた。このイデオロギーは、彼らの生産志向性やそこから湧出する政策と絡みあいながら、互いに強めあう諸理念の構造を、ひとつの世界観を、つくり出していたのである。

もう一方の側にいたのは、労働組合活動家、社会改良家、人事管理者といった、本来、共通性のないグループである。彼らはそれぞれ、雇用関係をより規則的で安定的なものにしようとしていたが、理由は同じではなかった。労働組合は産業労働になにがしかの保障、権威、ホワイトカラーの職業にあるような身分権を与えるよう求めていた。つまり、筋肉労働の雇用に新しい社会的規範をつくることを望んでいた。社会改良家は、ヒューマニズムの観点と下からのよりラディカルな変革への恐れとから、(組織労働に対しては常にとはいえないが)こうした目標に同情を示した。彼らは産業の雇用慣行を遅れた野蛮な浪費的なものとして批判したが、産業資本主義に敵対したのではなく、むしろ、産業資本主義をより合理的で健全なものにしたいと望んだのであった。とはいえ、これら中間階級の専門職業家《プロフェッショナル》にも独自の利害がなかったわけではない。彼らは権力の単なる従者以上のものであった。彼らは公共と民間の諸領域における、より大きな指導的役割を担う見通しの下に、官僚制の普及と上からの改良を推進しようとしたのである。

雇用への伝統的対応と官僚制的対応との摩擦は、経営内部では、企業の製造部門と、一九一〇年以降設立されはじめた新しい人事部との衝突に集約された。人事部門が会社の位階組織のなかで持つ機能などからいっても、人事管理者の見地はライン系の多くの管理者と違っていた。人事部の創設は、雇用政策が今や製造部門の目的に対する手段ではなくそれ自体ひとつの目的となったことの合図であった。人事管理者の主要任務のひとつは労働関係を安定させること、つまり短期の生産能率を労働者の長期にわたる高いモラールで置き換えていく仕事だった。それは事実上、労働組合の雇用政策の多くを先取りしたものであり、ライン管理者、とりわけ職長に厳しい制約を課すことを意味した。製造の責任者たちは事態のこうした転換を歓迎せず、良い雇用関係が高い生産性に寄与するなどという人事管理者の主張には特に懐疑的だった。彼らのほとんどが、まさに反対のことを信じていたからである。

しかし、人事管理は会社の位階組織のなかの新しい場席以上のものだった。マーケティングや財務と異なり、企業外部の発展、たとえば産業の雇用に対する社会の受けとめ方や規範の変化などに深く影響されたのである。人事管理はさまざまな進歩的社会改良運動に源を持っていたので、教育者、ソーシャルワーカー、時には元社会主義者まで隊列に引きつけた。人事管理は市場メカニズムへの介入の必要性、合理的管理の有益性、社会的抗争を調停・緩和する知的専門家の力、などについての新中間階級の信念に影響されていた。初期の人事管理者の多くが、自分は中立的専門家で、労使の利害対立を調整し、雇用慣行をもっと科学的人道的にすることが仕事なのだ、と考えていた。

人事管理および雇用への新しい官僚制的対応は、長期にわたって徐々に着実に多くの企業に浸透していったのではない。むしろ、第一次大戦時および大恐慌時という伝統的雇用制度の二大変革期に一挙に進展したのである。この二つの時期は、労働組合が強化され、社会的実験が普及し、政府が労働市場に介入した時代であった。進展のこうした断続からも窺えるように、多くの会社は官僚制的雇用制度にすぐに大きな価値を見たわけではなかった。企業の最高管理者は普通、(そんなに重要とは思えない)雇用問題にさして関心を払わないか、生産管理者の世界観とイデオロギーを共有するかのいずれかであった。伝統的な雇用慣行から脱皮するには、政府や労働組合など外部からの圧力とともに、経営者の価値観の変更が必要であった。

これは現代経営史家がとっている見方といささか異なる。たとえばアルフレッド・D・チャンドラー・ジュニアは、経営者資本主義の台頭がほとんど全く経済的現象であって、「労働組合も政府も現代企業の基本的な機能の遂行に関与したことはなかった」[16]といい切っている。チャンドラーのこの主張は、マーケティングや生産のように最高管理者が企業に不可欠と考えた機能については正しいが、雇用の分野では事実と異なる。雇用の分野に市場の力が関与したのは事実だが、市場がすべてだったのではない。チャンドラーは、雇用は会社にとって明らかに第二義的機能でしかないと見るアメリカ経営者的偏見を受け入れたため、この点で過ちを犯した。この偏見のため、彼の包括的研究のなかで、人事・労働関係だけは一切検討の外におかれている。現代の企業が社会的規範や拘束に強く影響されたことはなく、また影響されうるようなものではないと見る誤った描写は、人事・労働関係の検討を排除したことからきているのである。

　一九四五年から一九七〇年代までは、雇用の官僚制はほぼ従来どおり維持された。しかしながら一九八〇年代以降、再びポランニーの二重運動の胎動が感じられるようになった。今回は、動きを牽引しているのは経済的リベラリズムの諸力であって、その下で、政治的には規制緩和と民営化が強化され、証券市場では株主主権の強力な形態が改めて主張され、労働市場では労働組合の低落、雇用保障の退行、そして雇主が従業員をリスクから守る気風の減退が生じている。だがそうした雇用関係の変化にもかかわらず、二〇世紀のもっと早い時代に構築されたしくみの多くが、依然として維持されてもいる。過去一〇〇年にわたってわれわれは契約《コントラクト》から地位《ステータス》にそして再び戻って契約の世界に移った——基盤のしっかりした官僚制などはもはや雲霧のごとく消散した——と説くのが最近のはやりのようだが、歴史的な事実と現在の状況との綿密な観察によって、二〇〇四年から見て一九〇四年がどんなに違うかを思い返さなくてはならない。過去は決してそのまま繰り返さない。人々の情感や期待が開放された市場に対するかつての反動から形成されがちなのは事実だが、あくまでわれわれは別の時代に生きているのである。

前置き

本書の概要を述べるに先立ち、構成および焦点に関する若干の特徴に触れておきたい。第一に、本書はしばしば、経済学者が官僚制的雇用慣行を分析する際に用いる概念構造である「内部労働市場」に言及する。内部労働市場においては、企業は賃金設定や労働配分を、企業外の労働市場に頼らずに管理的メカニズムによって行う。一九四〇、五〇年代に制度学派の労働経済学者たちが初めて内部労働市場を研究した。それは、古典的な労働市場、伝統的な雇用慣行の終焉に見合った経済理論をつくり上げようとする研究の一環であった[17]。彼らは、この内部労働市場を一企業を基礎とする雇用制度として描き、企業内部からの採用、雇用保障、意思決定の規則網などに注目した。やがて一九六〇―七〇年代になると、新しい経済学研究者の一団が登場して、制度学派が記述した諸事実を経済理論的に根拠づけようとしはじめた。すなわち、内部労働市場は、その企業に独自あるいは特異な技能に労働者を訓練することに結びついている、(選抜、異動、技能の伝達などの)企業の費用を削減する方法だというのである[18]。

この新しい理論は、内部労働市場の存在の説明として、多少風変わりではあれ、なかなかエレガントである。しかしこの理論は、大戦後にアメリカの慣行となった事実を事後的に合理化しようとするものである。内部労働市場がそんなに効率的なものなら、なぜ常時存在しなかったのか、その特徴が工業諸国間でなぜこれほど違うのかを、彼らは説明してくれない[19]。そのうえこの理論は、雇主がいつでも複数の効果的な組織形態のなかから一つを選べるということ、しかしまた実際のその選択は社会的文化的な要件や、さらには政治的配慮からさえ制約を受ける可能性を否定してしまう。こうした理論上の問題点のいくつかは、内部労働市場に関する近年の研究が歴史的洞察を欠くところから生じたものである。本書はこうした欠落を埋め、労働経済学と経済史学との間にもう一度、架橋しようという試みである。

本書の第二の特徴は、製造工業企業の雇用慣行に焦点を当てていることである。多くの経済学者が、経済活動のなかで製造工業をほかよりも重要なものとして扱う。マルクス主義者にとってはそれは生産的労働の場であり、ポスト・ケインジアンにとっては技術変化の源泉である。[20] しかし、私が製造工業企業を選んだのはそういう理由からではない。私の選択は、産業の雇用方法に関して入手できる歴史的データがここに最も豊富であり、ほかの分野では少ないという事情に由来する。そしてこの選択のひとつの結果として、本書は、製造工業労働力の小部分を占めるにすぎぬ婦人労働力について比較的わずかしか言及していない。

最後に、この研究はさまざまの産業が実際に経験したことを土台とし、かつ何百という企業の実態について報告した調査資料を利用したものである。そうした接近方法のおかげで、さまざまな時点で何が中心的流れであったのかについて、広範な一般化をなしえたように思う。しかし、これには欠陥もある。詳細なケース・スタディによって初めて引き出しうるミクロ・レベルの変数について豊富な情報を提供しえていない。私はすでに他人が研究したことのあるいくつかの会社について、資料を検討してみた。しかし、雇用慣行についての情報をほとんどあるいは全く含まないものを除いて、新たな会社文書を入手することはできなかった。

概　要

前半の諸章では、一八七五—一九一五年の期間に産業全般に見られた伝統的な雇用制度について述べる。職長、労働市場、それらに対する労働者の対応が第一章の焦点である。この伝統的制度は利益を生むものではあったが、また雇主、社会のいずれにとっても費用なしに済むものでなかった。その費用を減らす方法の模索、企業と労働市場とそれを取り巻く社会のなかに秩序をつくり出すための広範な努力が、一八九〇年ころまでには始まっていた。[21] この模索の先頭に立ったのが、大学教育を受けた専門家たちのさまざまなグループである。すなわち、産業技師や雇主に雇われた福利厚生担当者たちであり（第二章）、あるいはまた、雇用制度改革に関心を抱くようになった職業指導運動の活動家たちだった（第三章）。一連の問題群、すなわち労働疎外、失業、労働異動、労働不安を前にして、これらのグループは合流した。彼らが第一次大戦前の一〇年間に互いの連携を強め、人事管理という新しい職業をつくり出したのは、こうした問題群の解決を担う者としてであった(第四章)。

はじめ人事管理の受け入れに気乗り薄だった雇主たちも、一九一六—二〇年の間にみるみるうちに変化に対して受容的になっていった。この大戦期には、人事管理職の突発的な急成長と企業内へのその影響の増大が見られた。第五章はこの急成長にあずかった諸要因の検討と伝統的雇用制度への影響の考察に当てられる。一九二〇年以後になると戦時の緊急性が衰えて、雇用制度改革の歩みは遅滞した。人事管理制度は官僚制的雇用手続きと並んで二〇年代にも普及していったが、大戦時に見られた制度的な躍動は失われてしまった(第六章)。

大恐慌初期には、それまでの一五年間に定着していた多くの政策の解消が見られた。だがその後退は一九三三年で終わり、会社は労働組合運動の高揚と民間雇用慣行への公的監視の強化に適応しはじめた。一九三三—三五年における人事部門の急成長と、会社位階組織のなかでのその地位の上昇ぶりは、尋常一様のものではなかった(第七章)。にもかかわらず制度改革のこの第二の波は、労働組合主義の伝播を食い止めるには小さすぎ、かつ遅すぎた。一九三五年以降、イニシャティヴは経営者から労働組合のほうに移る。その展開を論じた第八章は、大戦時に労働市場への政府介入が空前の広がりに達し、産業の新しい官僚制的雇用制度が確立したことの検討をもって閉じられた。そしてこの増補改訂版で新たに書き加えた第九章は、一九四五年から現在に至る後日談である。そこでは一九五〇、六〇年代の官僚制度が高みをきわめた黄金時代と、それが侵食されるそれから以降の時代とが検証されている。

第一章　それが以前のやり方だった――一九一五年までの工場労働

一九世紀初めの合衆国では、ほとんどの財貨が職人の仕事場か家庭内でつくられていた。熟練職人、たとえば大工、靴屋、陶工たちが、商人や親方職人所有の小さな仕事場で製品を仕上げていた。仕事場はまだ、それほど機械の影響を受けていない。家庭内でつくられた品物は、普通、そこで消費された。ただ都市地域では、問屋制家内生産が普及していた。すなわち、商人が家内労働者に原料と道具を配り、労働者の織った布や、つくった靴を受け取って、配分・販売する制度である。しかし一九世紀末までに、事態はすっかり変わった。ほとんどの財貨が、機械と人の巨大な集合体である工場で製造されるようになった。

アメリカ最初の工場であるニューイングランドの紡績工場は、一七九〇―一八四〇年代に家内生産方式に取って替わった。この初期の紡績工場はすでに、工場制度というものをほかの生産方法から区別する多くの特徴を備えていた。動力による機械の運転、異なる生産工程の一つの場所への統合、精密な分業など。そして監督や職長に依拠する新しい管理方法もそのひとつだった。

監督は、ニューイングランドの紡績工場の鍵をなす存在である。大きな工場は多数の監督を雇っており、監督はそれぞれ機械と労働者を詰め込んだ一部屋を受け持っていた。工場所有者の意思を体した支配人もおかれていたが、機械と人間の秩序を維持する仕事のほとんどを監督が握っていた。彼らは、機械の監視に加えて、労働者を選び、仕事をあてがい、よく働かせるところまで受け持ったのである。いうまでもなく、紡績工場の優位性のひとつは、従来より効果的に労働者を指揮しえたところにあった。問屋制の下では商人にできるのは支払い単価を操ることだけで、努力の程は労働者の意思の下にある。労働者は、二日から二週間くらいの間に製品を差し出せばよかった。ところが工場になると、労働者は仕事のペースも方法も自分で決めにくくなった。一八〇九年にロードアイランドの一商人が書いているように、「われわれは今、数百もの製品を外で織らせているが、家庭のなかにある一〇〇台の織機は一人の労働者が直接見張りについて常時稼働している一〇台の織機よりも多くの布を織り出すことはないだろう(1)」。

一八四〇年代に工場制度はまだ主として繊維工業に限られていたが、一八八〇年までにはほとんどの製造工業の支配的生産方法になっていた。キャロル・D・ライトは一八八〇年の製造工業センサスの解題で次のような観察を記している。

わが国の機械制工業に雇用されたほぼ三〇〇万人のうち少なくとも五分の四は工場制度のなかで働いている。[繊維産業以外で]この制度を採用している顕著な例を、靴、時計、楽器、衣服、農機具、金属製品一般、小銃、馬車・荷馬車、木工品、ゴム製商品さらには豚の屠殺にまで見ることができる。これらの産業のほとんどは、過去三〇年間に工場制度に組み込まれた。

この急速な成長にもかかわらず、工場は直ちに古い組織形態に取って替わりはしなかった。鉄鋼産業では一八六〇―七〇年代を通じて、田舎の鍛冶屋や小規模な鋳造所が、一〇〇〇人以上の労働者を擁する巨大レール工場と共存していた。五〇年代に蒸気機関導入が工場制の成立を促した製靴業でも、ある種の婦人靴や上履きは、世紀末に至るまで依然として問屋制手工業によって製造されていた(2)。

古い方法はほかの面でも続いた。一八五〇年以降に工場制度に移行した産業のなかには、以前からの技術に拠り続けたものも少なくない。それは工場とはいっても、機械化や規模拡大が進んできた職人の仕事場の寄せ集めの域を越えなかった。依然として常に手先の技能の発揮が求められていた。標準化されていない製品を小単位《バッジ》でつくる工場の場合、特にそうであった。その結果、これら産業の所有者たちは生産の段取り決定のほとんどを職長や熟練労働者に任せて満足していたのである(3)。

この慣行は、一方の極では内部請負制の形態をとった。これは、生産管理制度というよりは、管理的統制を請負人に譲り渡すものであった。請負人は高度の熟練を持った職長で、所有者との間で、どれだけの時間内にどれだけの費用で生産物を引き渡すかを決める。所有者は請負人に道具、材料、資金を渡し、生産の一切を任せる。請負人は一群の熟練労働者を雇って指図し、場合によってはこの熟練労働者がさらに自分で不熟練の助手を雇うこともあった。この制度が最も広がっていたのは、許容誤差のごく小さい部品をつくるミシン、車両、銃器など、高度の技能を必要とした金属加工業である(4)。

もう一方の極には、職長や請負人なしで、熟練労働者に生産の決定を全面的に任せた産業があった。たとえば、一八七〇年代初頭のコロンバス製鉄所では、企業が圧延の仕事を受注する都度、労働者は所有者との間でトン当たり賃率契約を結んだ。組《ギャング》のメンバーは、どのように自分たちに賃金を払うか、どのように仕事を割り当てるか、誰を雇い、助手をどのように訓練するかを、自分たちの集団で決定した。内部請負制とは違い、これは高度に平等主義的な生産管理の方法で、熟練労働者と企業主の間に介在するものは誰もいなかった(5)。

だが、圧延工場労働者のサンジカリズムにせよ、また内部請負制にせよ、さほど一般的だったわけではない。むしろ一九世紀の大多数の工場では、俸給制の職長と賃金を受け取る熟練労働者とが生産をとりしきる責任を分け持っていたのである。俸給職長は、内部請負親方ほどではなかったが、それでも作業方法、技術的工程、作業組織を含めて、生産活動をどのように遂行するかのほとんどを決定する権限を持っていた。

職長は自分の権限を、熟練労働者たちによって設定された限度の範囲内で行使した。熟練労働者たちは、職場組織のあり方を支配する多くの職場規則と、ある歴史家が職人の「道徳律」と呼んだものとを通じて、生産における彼らの自治を守っていたのである。この道徳律は、働き過ぎから自身を守るために労働者たちが設定した生産割り当てと、伝統的な職場の決まりを破ろうとする職長に断固として挑戦する倫理とを含んでいた。[6]

職長も自分の道徳律を持ってはいたが、その多くを熟練労働者の職場文化に負っていた。彼らは横柄、高慢、かつ保守的で、熟練と知識をもってはい上がったその地位に強くこだわっていた。彼らはしばしばワイシャツを着込んで仕事に就き、仕事場の真ん中に高くしつらえたデスクにそっくり返っていた。前身は熟練労働者だったにもかかわらず、職長の大部分が猛烈な組合ぎらいだった。彼らは自分の権威が過去の経歴との断絶によって成り立っていることをよく知っていた。ある観察によれば、「彼らは自分が昇ってきたはしご段を蹴飛ばしている」のであった。[7]

一八八〇年代までに、変化の波が生産管理への職長や熟練労働者の力を侵食しはじめた。電機、化学といった新興産業は、もはや職人的な技能との継承性がほとんどない技術を基礎としていた。鉄鋼のような旧来の産業のほうも、職人の熟練が生産にとって必須でないところにまで機械化が進んでしまった。鋼の連続生産方式が導入されると、職長に残された権限は全くわずかなものになった。生産に関する決定の大部分が、今や技術者や冶金学者のものになってしまったのである。かつて、「自分が不可欠だということで傲慢なまでに権勢をふるった」製鋼熟練工の「あの強い独立意識は消え失せた」。紡績業のように機械がペースを決めている産業では、監督は、増え続ける自分と同等ないしそれ以上の格の専門技術者——主任技師、主任電気技師、配管・くず庫監視者——と権限を分けあわなくてはならなかった。時折の修繕とか品質の検査とかを除くと、生産に対する監督の責任は刻々と小さくなっていった。繊維産業でも、製鋼その他の産業と同様、職長の任務のほとんどは労働者を雇い監督することだったが、こちらのほうは一八五〇年代の方法がさほどの修正なしに踏襲されていた。[8]

1　職長による統制――一八八〇―一九一五年

生産に対する職長の統制力の程度は産業によってまちまちだったが、雇用の業務で持つ権限についてはどの産業にも共通していた。機械職場であろうと組立工程であろうと、労働者を雇い、これに支払い、これを監督する自由な裁量が職長に与えられていたのである。労働者に対して職長は、自分がいいと思うように雇用政策をつくり解釈する、めったに仁政など敷かぬ専制君主であった。職長の権力を制約するものは何にしろ、工場所有者からではなく、彼らが監督している労働者たちから出たのである。

募集と雇い入れ

職長の雇用支配は、文字どおり工場の門に始まる。工場の外に吊り下げた看板や新聞広告、あるいは口コミで求人を知らせると、朝、群衆が工場の前に集まる。そして職長が、適当と思われる労働者あるいは前列近くをどうやら確保していた労働者を選び出す。フィラデルフィアのある工場では、職長がリンゴを群衆のなかに放り込み、それをつかんだ者が職にありついた。勝手気ままさをもう少し抑えることもできた。たとえば彼らはしばしば自分の友人、すでに雇われている者の親戚、時には自分の親戚を雇い入れた。「しばしば彼［職長］は自分の配下の者と血がつながっており、また、どんなにそうならないように努めても、以前からの友情を考えて動揺せざるをえないだろう」。一八八〇年代にローレンスのある紡績工場で起こったように、新しい職長が自分の友人や親戚を入れるために、それまでの労働者を首にすることもありえた。監督たちは「自分に任せられた部門のなかで全く自由に首をすげ替えた。その結果、数カ月の間に、ここの仕事は全然あてにならないという雰囲気が職工の間に充満した」[9]。

血のつながりに加えて、職長は、誰が職を手に入れるか、どの職を彼らにあてがうかを決めるときに、民族のレッテルに頼った。アイルランド人とドイツ人は良い熟練労働者と見なされ、一方、ポーランド人と「ハンガリー野郎」は重労働向きだと考えられた。ユダヤ人は抜け目なく、ルーマニア人は嘘つきで、スロヴァキア人は生まれつきの馬鹿、イタリア人は「異性に夢中になるので、満足に雇ってもらえない」。ある調査員が製鋼工場の高炉作業のことを質問すると、「その職に就くのはハンガリー野郎だけだ。白人が働くには汚なすぎるし暑すぎる」と聞かされた[10]。

労働者は仕事を得るためにしばしば職長にウイスキー、たばこ、現金など賄賂を贈った。ある研究によると、この行為はオハイオ州の工場で「全く普通のことである」。この研究のなかに記載された供述によると、一人の移民労働者がある工場で職を得るために職長に五ドルの賄賂を贈った。何日かして職長がその男を呼び、あと五ドルすぐによこさなければ首だ、と告げた。同じ仕事に誰かが一〇ドル払ったところだ、というのだ[11]。

仕事の割り当てはかなりの程度、贔屓や民族的先入観で決まったのである。職長は従業員の以前の労働経験にあまり関心も知識も持たない。もし新しく雇った労働者に満足できなければ、すぐほかの人間に置き換えるだけのことである。部門内の昇進はあったが、昇進の道筋が(熟練労働を除いて)限られていたので、部門間の配転や昇進は希であった。職長は工場の狭い範囲にしか目が届かず、自分のところの最良の労働者をほかの職長のために手放すなど喜ぶはずがなかった。

一九〇〇年以前には、詳細な雇用記録をつけていた会社はごく一部に限られる。職長だけが、自分の職場にどれだけの労働者がいて、いくら支払われているかを、ある程度正確に知っていた。大きな企業のなかでは、ある労働者が午前に自分から仕事を離れ、午後にほかの部門の職長から仕事をもらっていることもありえた。一九一五年になってさえ、ある大きな靴下製造企業の最高経営者たちが、自分の企業で毎週何人の労働者を雇い入れ何人を解雇しているかよく知らない、と答えている。[12]

こうした情報不足へのひとつの例外は、オープンショップの経営者のために熟練労働者を選抜することを専門にした事務局である。キャデラック自動車会社の創始者ヘンリー・リーランドは、デトロイトをオープンショップの都市として存続させるために、一八九七年にデトロイト雇主協会を発足させた。この組織は会員企業で働いてきた全個人の記録を保管し、「扇動者」と組合支持者のブラック・リストをつくった。会員企業で職を得るためには、労働者はこの雇主協会を通じて応募しなければならなかった。一九一一年までに、同協会雇用局の名簿には、デトロイトの労働力の九〇%ちかくに相当する一六万人の労働者の名が記載されるに至った。このほか全国金属産業協会、全国鋳造業協会などといった雇主の組織も、ラディカル派や組合活動家のブラック・リストをつくり、仕事を求めている「良い男たち」の名前を教えたりする、同様な地域的機関を設立していた。[13]

一九世紀を通じて企業の直接募集も普通にあったが、それは通常、職長によってなされたのではない。そうではなく、雇主がお抱えの募集係をニューヨークの波止場に派遣して移民労働者を確保したり、あるいはアメリカ移民会社のような、いくつかの外国の港に移民労働者募集のための手配師を持っている私的機関に頼ったりしたのである。しかし一八九〇年以降、移民の流入が十分に大きくなり、産業の需要に合わせて敏感に変動するようになったので、直接募集は、建設業や鉄道のように労働が季節的で特定のプロジェクトに何千という労働者を使うことのある産業以外では希になった。[14]

大量移民の全盛期には、雇主たちは移民たち自身のインフォーマルなネットワークを通じて募集を行った。アメリカへの新来者たちは、自分と同じ国の、時にはヨーロッパの同じ村の出身者たちが先に仕事を見つけた地域へと流れ込んだ。ある国籍の男たちが増えてくると、互助組織がつくられ、牧師が現れ、女房子供が呼び寄せられる。そうしてその地域に新しい民族共同体が育っていった。会社が人手を求めているというニュースは故国の友人や親戚に伝えられ、時には切符が送られる。仕事の不足を警告する手紙もあったかもしれない。[15]

賃金と達成度

職長はまた、出来高仕事であれ日雇仕事であれ、自分が雇い入れた労働者の賃金の決定にかなりの権限を持っていた。その結果、全く同じ仕事をしている個々人がしばしば非常に違った賃率で支払われた。最高管理者は労働費用を監視してはいたが、賃金決定過程の監視はしなかったから、職長はできるだけ安く労働者を雇おうとするインセンティヴを持つことになった。「応募者がこれだけ欲しいと述べたてる賃金から、面接者がここまでなら呑むだろうと信ずる最低限まで値切る」のが、職長にとって当たり前のことだった。そのうえ賃金率と生産記録が秘密にされていたから、職長は日当を変えたり出来高賃率の曖昧な仕事に労働者を配置したりして、えこ贔屓ができた。それぞれの職長が職場を勝手に切り回すのだから、部門間の賃金率の差異も普通のことになる。フレイとコモンズはストーヴ産業についての報告のなかで、「鋳造工の［出来高］賃金は、同じ職場、同じ地方であっても、類似の作業について同じというには程遠い」といっている。(16)

職長に賃金決定の裁量を任せたとはいえ、あるいは多分それだからこそ、企業主は職長に労働コストの切り下げを期待した。これはかくかくの職に「現行率」より大きくはない賃金を支払うことを意味するが、また、製品単位当たりのコストを減らすために達成水準を上げていくことを意味することになる。現行率が上がるようなときには、達成度が職長によって操作される決定的変数になった。

職長が達成水準を維持し上昇させるために用いた諸方法は、「駆り立て方式《ドライヴ・システム》」という総称で知られていた。つきっきりの監視、酷使、怒鳴りつけ、威嚇などである。休憩時間をおくような作業行為を封じる非公式な規則が、独断的に乱暴に実施された。もっと早く動け、もっと精出して働けと、労働者は絶え間なくせきたてられた。サムナー・スリクターは駆り立て方式を、「報酬によらず、仕事に興味を持たせることによってではなく、……産出高を上げるよう労働者に圧力をかけることによって、効率を得ようとする政策」と定義している。「駆り立て政策の支配的特質は、労働者に、経営者への畏敬と恐れを吹き込み、恐れをさらにつのらせて、それを利用することである」[17]。

駆り立ては、達成度当たりの賃金が明瞭でない日当作業に多く用いられた。しかし職長が労働者側からの生産制限を阻止しようというときには、はっきりした出来高作業においても起こった。機械工組合のある役員は「多くの場合、出来高作業や類似の制度の下で労働者たちが駆り立て《ドライヴ》られている早さは、職工を気違い病院に送り込む《ドライヴ》やり方である」と非難している。一八九〇年以後に現れる割増賃金制度の下でも、賃金は産出に比例して上昇はしなかった。そうして、生産が増すごとに単位労働コストは低下し、労働者を一層酷使するよう職長を刺激し、これら新しい「科学的」支払い方法への組合の怒りを引き起こした[18]。

駆り立て方式はつまるところ、職長への服従を確保するために、失業の恐怖に依拠していたのである。第一次大戦前にしばしばそうだったように、仕事が希少なとき、労働者はより従順であった。失業の苦難を和らげる蓄えのある労働者はめったにおらず、救済はお涙程度しかもらえなかったのだから、解雇は普通、破滅を意味した。他方、労働力不足は職長の権威を弱らせがちであり、規律を維持するためにますます解雇に頼らざるをえなくさせた。ある金属加工工場のデータがこの点を明らかにしている。不況の一九一四年にこの工場は二二五名を解雇し、その多くの理由が「不適格」、「仕事が遅い」というものだった。標準を維持できない者が、苦境時に解雇されたことを意味する。経済が好転し労働者が強気になれた一九一六年、解雇数は四六七名に増え、かなり多数が「不服従」、「トラブルメイカー」、「意図的規則違反」のゆえに首を切られた。ともあれ好況にせよ不況にせよ、職長はそう思えば誰でも首にできたし、解雇は日常的だった。この制度の批判者による次のような話がある。職場を巡回していたある副工場長がいった、「ビル、今日この職場で首になったのがいるかね」。「いいえ」、職長がおずおず答えた。「よし、じゃ今すぐに二、三人放り出すんだ」と副工場長は持ち前のどら声でほえたてた。「奴らの心臓に神への恐れをぶち込んでやれ[19]」。

雇用保障

雇用の不安定には高い解雇率以外の要因もある。景気的失業と季節的失業が労働者階級の大きな部分を定期的に脅かしていた。一八五四―一九一四年をとってみると、景気の後退や不況が三、四年ごとに起こり、この六〇年間のうち約二五年間が収縮期であった。マサチューセッツ州では、一九〇〇―〇六年のような相対的好況期でさえ失業率は高く、製造工業の労働者の五人に一人が年間のある時期、失業を味わった。総じて熟練労働者からなるマサチューセッツの労働組合員でさえ失職を免れなかった。一八九〇―一九一六年を平均して、彼らの二九%が毎年ある期間、失職していた。失業のうちに過ぎた時間は膨大なものである。一八九〇年に、さらにもう一度一九〇〇年に、全国の失業者の四割以上が四カ月以上、失職しているという事態が生じた。[20]

好況時でさえ失業は、解雇と季節的不安定の双方から、労働者たちを広く覆っていたのである。著名な労働経済学者ポール・H・ダグラスの推定によると、一八九六年以後の三〇年間に発生した失業の三分の二は、景気循環ではなく、季節的および慢性的理由によるものだった。季節変動の激しい紳士服、硝子容器、織布などの労働者は一九〇〇年代を通じて、完全労働年の約四分の三程度の日数しか雇用されていない。消費財産業のうち流行の変化にあまり左右されぬ種類の製品分野で、雇用はより安定的な傾向を示したが、最も安定度の高いパン・菓子製造業でさえ、一九〇九年の月間雇用水準は最高月と最低月とで七%に及ぶ変動幅を示していた。この年の全産業平均の変動幅は一四%であるが、自動車産業では四五%に上っている。雇用の不安定性は駆り立て方式の存続につながる。企業に注文がどっと殺到する繁忙シーズンには、駆り立て方式は狂乱状態を呈した。設備稼働率や雇用水準が、今日では考えられない震度で跳ね上がった。フォールリバーのある繊維労働者が産業繁忙期のことを次のように語っている。「重役会が所長を駆り立て、所長が工場長を駆り立て、工場長が監督を駆り立て、監督が熟練工を駆り立てる。熟練工が俺たちを駆り立て、俺たちは互いに駆り立てるというわけさ[21]」。

しかしながら広範な失業の存在は、それだけでは雇用関係が非永続的だった証明にはならない。レイオフされた労働者が必要なとき呼び戻されると考えられるなら、周期的な失業もその都度、関係が切れたと見なくてよかったはずである。しかし、レイオフされた労働者の再雇用を系統的に追求した企業はほとんどなかった。一例として、新規雇用と再雇用とを区別して記載したシカゴのある大金属加工工場の統計をみると、一九〇八―一〇年の雇い入れ総数のうち一九〇七年からの不況時にレイオフされた労働者の再雇用はわずか八％を占めるにすぎない。全産業平均の再雇用率はもっと低かったであろう。もちろん、レイオフとその継続期間が予見しやすい季節的産業では、再雇用はより一般的である。しかし、そこにおいてさえ、再雇用は決して保証されてはいなかった。被服製造業七事業所に関する政府調査によると、春の繁忙期に雇用されていた労働者の三二％から七五％が、夏の閑散期の後に再雇用された(22)。

再雇用に加えて、景気下降期に雇用関係を持ちこたえるメカニズムには、雇用保証《ギャランティ》プランやワークシェアリングが含まれる。雇用保証プランがあったのは一九二〇年にわずか一五企業にすぎない。ワークシェアリング・プランのほうはそれよりは普及していたが、これは通常、労働組合を受け入れた雇主の協力の下に組合が主導してつくり出したものである。労働組合を認めない企業の雇主は、ワークシェアリングを面倒で効率の悪いものだと見る態度を維持していた(23)。

自分の職に何か公平らしさを持ちえた労働者は全くわずかだった。レイオフに際して、職長に労働力を系統だてて減らすよう命ずる雇主は希だった。雇用保《セキュリティ》障は雇い入れのときと同じく、専断的な基準で決められたのである。賄賂は雇用の保障を得るために普通のことだった。今世紀に入ってすぐのころだが、ゴム工場のリトアニア人労働者グループは、一種の失業保険として、賃金の一定割合を職長に貢がされていた。『エンジニアリング・マガジン』誌の記事によると、ほかの職場でも各人が「職長に何か貢物を出さねばならなかった(24)」。通常は現金かサーヴィスだったが、なかには公刊の誌面では活字にできない事例もあった。

要するに、第一次大戦前、製造業労働者の大部分にとって、雇用は不安定で見通しが立たず、しばしば公正を欠いていた。労働者の経済的成功や職務満足は職長との甚だ個人的な関係に依存しており、経営者や「会社」はより小さい役割を演じたにとどまる。一九二〇年にインタビューを受けたある職長は、「戦争前、労働者ってもんは、会社があったからというより、職長がいたから、そこで働いてたんだ。奴らにとっては職長が会社のカオだった。だから労働者は酒場や溜まり場で、あれこれの会社のことでなく、自分たちのついている職長のことばかり話したもんだ」と述べている。ここにはかくれた雇用制度があったが、それは官僚制的なものではなかった。職長たちは、自分が好意を持つ者や友情を金で買った者を取り立てたのである。後の改革者たちは、駆り立て方式を湧出させる閉鎖性や野蛮性を忌み嫌ったけれども、当時は個人的紐帯や忠誠が重きをなしたのである。こうした雇用慣行をより合理的、安定的、公平なものにする変更は、経営革新によってではなく、むしろ下から強いられて始まるのである。[25]

2　労働組合の対応

労働組合運動は、職長の勝手気ままな権力行使への抑止を助け、熟練労働者が自分の雇用条件に多少の意思を通す力のもとになった。労働組合が、厳格な規則や公正な手続きで仕事の配分を律する道を拓いたのである。ごく一部の労働者が組合に加入していたにすぎないが、組合の存在は、雇主の権威や彼の配下の権威が集団行動で限界づけられることを、絶えず思い出させていた。[26]

一八八〇年代以前に、いくつかの地方労働組合が、組合員の賃金と労働条件を制する仕事規則や「立法」を一方的に自分たちの側だけで採択していた。その効力の程度は、組合員が——組合による処罰を恐れて——組合のつくった規則に反する命令に従うことを拒否するかどうかにかかっていた。一八八〇年代以降は労働組合とその全国組織がもっと強くなり、それにつれてこれらの規則は、労働者側の一方的取り決めから、雇主や職長に対する契約的、交渉的な規制へと位置づけが変わった。これらの契約は、厳密に規定された作業方法と達成基準、さらには徒弟標準や賃金率などの事項に及ぶ広範な文書となった。ホームステッド製鉄所における合同鉄鋼錫労働組合の一八八九年の合意覚書は、組合員のための仕事規則を規定した五八頁もの「脚注」を持っていた[27]。

雇い入れ

ある職種への参入機会を制御することは労働組合の力の基本的要素であり、また徒弟修業の標準を守らせることが、この制御を効果的にする重要な方法だった。徒弟の数を制限することにより、あるいは一人前の職工《ジャーニーメン》になるのに要する年限を延長することにより、組合はその職種に人が供給過剰にならないように努め、また組合員が慣れ親しんでいる生活水準が悪化しないようにした。さらに、訓練の過程にも目をくばって、その職種に入った者が組合活動の徳に触れ、組合の道徳律を身につけるように仕向けたのである。

ところが世紀の交替期になると、絶えず細分化の進む分業のために職業の全「秘密」を知る万能熟練工への需要が減退した多くの職種において、徒弟制度は色あせていった。製造工業の雇用総数に対する徒弟数の割合は一八六〇年の三三対一から一九〇〇年の八八対一まで低下した。サミュエル・ゴンパーズは一九〇一年に下院で次のように証言している。「徒弟制度は今では以前のようにどこにでも見当たるものではありません。新しい機械の導入と……労働の大小さまざまな細分化が、どんな仕事でもこなす労働者の高度熟練を（特別な部門における最高度の熟練への需要は別として）もうほとんど必要なくしているのです[28]」。

とはいえ、労働組合は自分たちの統制力を支える別の方法も持っていた。ひとつの重要な機構はクローズドショップまたは組合員優先《プリファレンシャル》ショップであって、採用に関する職長の裁量を制限し、組合員労働者への需要を高めさせた。これは雇用差別から組合員を守り、さらには欠員を組合員で埋めることを保証した。ある職種では、クローズドショップは、もっときめの細かい組合同意の政策に到達していて、そこでは今後生ずる欠員のそれぞれ決まった数を組合員の小グループに配当することになっていた。いくつかの組合は職長に、労働者が必要なときには組合の職業紹介所に申し込むよう要求した。このやり方は組合に、自分の選択で労働者に仕事を分け与えることを可能にする。こうした取り決めはまた組合が古い組合員に雇用を用意し、試験その他の気に食わないふるい分けの使用を禁じることも可能にした。しかし基本的には、それらは、職長に対する忠誠よりも、組合に対する忠誠によってこそ君の幸福は実現されるという、労働者への強力な示威なのだった。(29)

賃金と達成度

賃金決定に対する労働組合の態度は、賃金の絶対水準だけでなく相対的達成度賃金の保護をも目指すものであった。この態度からして中心におかれたのは、すべての組合員が受けるものと想定するいわゆる標準賃率であった。標準賃率は、同一労働同一賃金原則を楯にとって、収入が産出や達成度に見合って増加しないすべての刺激賃金制度を否定し、同様に労働者の「格付け」つまり貢献、能力、時には先任など何らかの基準で労働者の等級づけをするすべての支払い制度を否定した(ある組合は先任権のことを「第一級賃金を得ていない労働者から第一級のサービス」を得ることを雇主に許すものだといっている)。組合が標準賃率に特に力点をおいたのは、職長は常に個々人を扱いたがるものだ、格付けは分割し支配するための最も確かなやり方だ、という前提に立っていたからである。

組合が格付けに反対した根拠はほかにもあった。第一に、組合は徒弟制による標準化で、どの職工も同じ能力を持っているのだから、格付けは不必要だと主張した。第二に、組合は労働者の能力別グループ分けが標準賃金を押し下げ、高い賃金をもらっていた人をより低賃金の労働者で置き換える動きを不可避的に生むだろうと恐れとになると信じた。第三に、組合は格付けが職種の内部に職能分化を生み、万能熟練工への需要をなくし、賃金を低下させることになると信じた。最後に、組合は、職階給やその他の業績主義的賃金決定方式が、組合員の平等主義と職業的自治の主張とを踏みづけにするものだと見た。一八八七年に雇主協会のひとつである印刷業連合会が格付け賃金制度を提案したとき、印刷工組合は次のように返答した。「考えるだに気の遠くなるような精巧、詳細な試験制度によらぬかぎり、満足な格付けなど不可能だといわざるをえない(30)」。

とはいっても、実際には一つの職種内での種々の段階に、またとりわけ熟練や危険度の高い作業に、異なる賃率を適用することを組合は容認していた。機械工や鋳造工の間では、徒弟期間を終えたばかりの職人には標準賃金以下しか支払われぬことが多かった。ほかの組合も、段階相互の代替ができない場合に限って、熟練度による格付けを容認した。写真製版工たちは、網版腐食銅板工が線画製版工より高く支払われることを認めたが、その場合、いかに能力があっても後者が前者の仕事をすることを認めなかった(31)。

標準賃率はまともな生活水準、つまり組合員がその程度の暮らしの権利があると考えそのために闘ってきた生活水準、を反映していた。それゆえ組織労働者は賃金切り下げを自分たちの生活水準を侵す脅威と受けとめ、標準賃率防衛のためにストライキを構える姿勢をとった。そこで早くも一八七〇年、フォールリバーの紡績業者たち、次いでオハイオ州ホッキング・バーリーの炭鉱主たちは、結果として起こる紛争で組合を潰すことを目論んで、故意に組合加入者の賃金を切り下げ、ストライキを挑発した(32)。

組合はまた、賃金のために組合員がどれほど精出して働かなければならないかにも関心を持っていた。職長の駆り立てを食い止め、達成度に見合った賃金を守るために、熟練労働者たちは適宜、生産の意図的制限を意味する「スティント」を行使した。組合が職種内協定のなかに特定の産出限度を設定し、収入がこれを超える出来高払い労働者に罰金を科した例も少なくない。しかし、典型的なのは組合員が自らを律するやり方だった。産出を制限している熟練労働者たちは、自分のことをラダイツとは考えず、むしろ「非利己的な兄弟愛」をスティントによって天下に表明した「分別と頼りがいのある一人前の職工」だと考えていたのである。[33]

スティントは、職長が出来高給の仕事の配分にえこ贔屓するのをやめさせるためにも使われたが、えこ贔屓防止に組合は別の手段をも採用した。たとえば一八九六年に鋳造工たちは、職長が同一労働に異なる賃率で支払うことのないよう、賃金台帳に出来高賃率を列挙するよう要求した。あるストーヴ製造職場では、この賃金台帳を入れたロッカーの鍵を、職長と組合代表が持っていた。シカゴの精肉工業では、牛精肉工は、仕事配分のえこ贔屓を防ぎ、組合員の間に公平感を培うことを意図して、先任権に基づく昇進ラインの詳細なシステムをつくり上げた。職長やその他の管理者たちは、そうしたやり方に強く反対した。「これらの昇進規則は工場長たちに好意を持たれていない。彼らは押し付けられた昇進制がよくやっている男をその仕事から引き離す、と主張している」。これは、ジョン・R・コモンズの観察である。[34]

ほかの場所では、昇進ラインは、職場で今働いている労働者に展望を与えることを主眼にして計画された。一八七〇年代を通じて鉄鋼業の不熟練の助手たちは、熟練職位が欠員になったとき外部の者より自分たちを優先せよ、と要求していた。一八八〇年代末までに、鉄鋼労働組合は、先任権に基づく昇進ラインを求める規則を採択していた。組合はいう、「われらは、下級の地位で働くことなく熟練工の地位の訓練を受ける人々を阻止するよう努める。もし彼らに熟練職務の訓練を認めるならば、それは必ず下位の地位にある者が昇進の機会を持ちえなくなることを意味するであろう[35]」。

保障

労働組合は失業を減らそうとする努力のなかで、人員配置と労働時間の規制、および一人当たり産出量を規制する規則を採択した。建設業のような季節産業の労働者は、閑散期が近づくにつれて仕事のペースを落とすよう奨励された。そういう拘束が組合員の労働への需要をなにがしか安定化したかもしれないが、周期的な失業の発生を防止はできなかった。レイオフに脅かされると、組合はワークシェアリングと先任権規則によって失業の衝撃を弱めようとしたのである。

ワークシェアリングは縫製工、製靴労働者、機械工、炭鉱夫など、さまざまな労働組合によって多様な形態で実施された。いくつかのグループに分かれた労働者が一週間あるいはそれ以下の期間ごとに交互に働くものがあった。そうではなく、毎週一、二日だけ早じまいや休業をしてしまう組合占有職場《ユニオンショップ》もあった。醸造業のような産業ではワークシェアリングについて雇主たちが組合と仕事の割り当てに関して合同協定を結んだ。ほかの職種では組合が一方的に一週間に何日か組合員を引き揚げた。(36)

レイオフを先任の逆順で行うことを求める規則で景気下降に対処した労働組合も、わずかながらある。これがワークシェアリングほど一般的でなかった理由の一端は、多くの産業で雇用があまりに気まぐれで、先任権規則は組合を、安定して職にある者のグループとそうでない者とのグループに二分してしまいがちだったところにある。そのうえ先任によるレイオフは、労働者が長期にわたって一人の雇主の下にあることの少ない、伝統的に流動性の高い職種には不向きであった。だから、先任権によるレイオフを早くから採用した組合といえば、鉄道とか新聞印刷とか、雇用が比較的安定的で、労働者が職種に帰属するよりは雇主に帰属している産業に見られた。レイオフの要因に先任権を認めた最初の文書協定は、一八七五年に鉄道労働者たちによって署名されている。一五年たって活版印刷工が、レイオフに厳格な先任権の適用を要求する有名な「優先順位原則」を採択した。(37)

失業のショックに対するもうひとつのクッションは、レイオフが迫ったときの事前予告要求である。この規則は実効がなかったらしく、雇主は予告の義務を負わなかったし、心の準備なしの労働者がしばしば首を切られた。ボルチモア・オハイオ鉄道の職工が回想している。「俺たちのボスはお前らにレイオフがあるぞ、というのがいつも怖くってな。俺はマクスウィニーがチョークでドアに〝明日は仕事なし〟と書きつけているのを見たもんだ。奴はあまり長くぐずぐずして、皆に触れて回る時間がなくなったんだ(38)」。

労働組合が先任権とワークシェアリングのどちらを選ぶにせよ、彼らの規制は、職長が駆り立て方式の下で持っていた主な特権のひとつ、レイオフの仕方を決める特権を揺るがした。どちらの方式も、職長が組合員を差別したり、労働者たちを互いに職の確保で争わせるのを許さなかったのである。事実、印刷と鉄道の組合は、この両産業が情実や縁故、とりわけ組合員差別を経験していたその時期に、先任権に基礎をおくレイオフに関心を持つようになったのだった(39)。

不公正な扱いに対抗して労働組合がとった最強の防衛策は、懲戒と解雇に関する職長の権力に組合が加えた規制である。この規制には二つのタイプがあった。いくつかの産業では、組合が懲戒や解雇に関して規則を一方的に提示する、職人仲間の伝統を踏襲していた。すなわち組合が行動の基準を定め、基準以下の組合員に罰金や追放を科し、それに対する内部の苦情処理手続きを準備したのである。こうした制度の運営にはクローズドショップが決定的だった。組合員であることが雇用の必要条件であるときにのみ、組合はその規則に人々を従わせることができたからである。たとえば牛乳運搬車の運転手組合は、「酩酊、不誠実、無資格、就労中の喫煙飲酒」などの科が明らかな組合員すべてに罰金を科すか、または就労停止させる契約に合意していた。そのうえ、これが鍵なのだが、会社は組合を追放された者は誰であろうと解雇することに同意していた。かくて組合員の職務保障は、特定の雇主や職長との関係よりは、クローズドショップを通じて今後の雇用機会を掌握している組合における彼の立場に依存していたのである(40)。

第二のタイプの規制は、雇主に基準の設定と懲戒運用の権利を与えた労働協約に見られる。とはいえこうした協約は、雇主が「公正かつ十分な理由」を持つときにかぎり懲戒を科すことを要求していた。これらの理由はたまには明示されたが、通常は裁定機関、つまり第三者仲裁人、組合と経営者をそれぞれ代表する同数のメンバーからなる合同委員会、あるいは単純に、感情的でない決定をするように職場次元から十分に離れた誰か上層部の管理者が、「科なし」、「妥当な権利」といった言葉の意味を決定したのである。もし労働者が「審理」や「聴聞」

で科のないことが判明すれば、彼は失った時間への支払いを受け、以前の職場に復帰することも可能だった。[41]

多くの労働組合は決定をめぐる抗争を位階構造に委ねていた。たとえば一九〇〇年代、無煙炭産業の労働者は、自分の不平をまず職長に持ち込むべきこととされていた。もしそこで調整がつかないと鉱区委員会と鉱長に持ち込むことになる。次いで苦情は地域和解委員会に移され、和解に失敗すると仲裁者に移されるのである。第一次大戦前には、仲裁を終点とするよく発達した苦情処理制度は石炭、鉄道、縫製業など、ごくわずかの産業に見られたにすぎない。ほかでは手続きの段階はもっと少なく、普通、組合役員と雇主との会談を頂点としていた。[42]

これらの懲戒条項は、クローズドショップや先任権規則といっしょになって、駆り立て方式の基本的前提、すなわち雇用は雇主の意思次第で終わりになる不定期の関係であるという前提、を掘り崩した。組合は、雇用は組合(一群の労働者)と雇主(一群の仕事口)との永続的関係である、という別の考え方を保持していた。建設業では、この一群の仕事は業界全部を覆っており、鉄道、印刷、金属加工、縫製では、これらの仕事口は単一の企業の内部にあった。いずれにしろ、組合はあたかも自分がこの一群の仕事口を所有しているかに振る舞った。クローズドショップでは組合員だけが仕事に就くことができるし、ワークシェアリングでは仕事口をなくしてしまうことはできない。組合のさまざまな保障機構は、欠員を埋めるために雇主がオープンマーケットに向かうのを妨げていた。そのうえ組合は、配置、賃金、解雇の慣行を通じて、雇用関係に非人格的で公平な規則の網を張りめぐらしていた。本当に、一九一五年までに組合は、大部分が熟練職だったその組合員のために、官僚制的雇用制度をつくり上げる寸前のところまできていたのである。

3　熟練度の低い者たち

不熟練労働者は、自分の仕事に不満があっても、どうしようもなかった。上の職員に不平をいうことができたとしても、職員はどんな紛争であろうと必ず職長を支持した。エリー鉄道社長ダニエル・マッカラムは、「職長の配下に対して上級職員が直接命令を下し干渉するようなことでは、忠誠・服従は成り立たない」と断言して、この慣行を正当化している。ここには軍隊モデルの産業への適用以上のことが含まれていた。ある経済学者がいみじくも喝破したように、少しでも寛大さを示すと、「労働者は、自分たちの権利と、それを自覚させまいとする経営側の願望について、誇大な考えを抱くようになる」と、経営者たちは恐れていたのだ。一九〇〇年代の初め、一九人の不熟練ゴム労働者がまとまって、これまで仕事を失いたくないばかりに職長からいかに賄賂を強制されてきたかを述べた署名入り供述文を、雇主に提出した。二週間たたずして一九人の全員が解雇された。[43]

時には、不熟練労働者も自分たちの職場組織を設けて、職能別組合と同じやり方で雇用を規制することができた。一八八〇年代に労働騎士団は、賃上げの圧力をかけ職長の専横から自身を守るために結束した熟練度の低い者たちからなる地方支部組織を傘下に収めていた。いくつかの地方支部は、クローズドショップと先任権に基づくレイオフ制度をさえ勝ち取った。しかし、不熟練労働者の交渉力は相対的に弱く、ある程度の規模の安定的な組織を維持することは、まず難しかった。

組織がなかったからといって、彼らが戦闘的な行動をとらなかったということではない。たとえば鉄鋼業では、一八九九年にクリーヴランド、一九〇五年にシカゴ東部、〇九年マッキース・ロックス、一〇年ベスレヘムで、片や不熟練の移民労働者軍、こなた州兵と警察という会戦があった。とりわけ暴力化したマッキース・ロックスのストライキは、会社の職長による賃金支払いの慣行や手数料徴収に抗議した労働者グループを、会社が解雇したときに勃発したのだった。しかし、これらのストライキは人目を引くものではあったが、散発的でめったに成功しなかった。(44)

生産制限のほうが職長を牽制する手段として今少し効果的だった。『産出の規則と制限』と題された労働局長官の一九〇四年報告は、スティントとスロウダウンが「組合のない事業所でも遂行され」、「すべての賃金労働者の間に」広く受け入れられていることを見いだしている。しかし、組合による懲戒の規律を欠き、協力を妨げる民族間の悶着や言語の障壁に分断されて、不熟練労働者は、労働騎士団の支部に属している者でさえも、この方法では熟練労働者のようには成功しなかった。(45)

彼らの行動は効果的でなかったので、より高い賃金や良い労働条件を探し求める不熟練労働者には、普通、自発的に離職するよりほかに道がなかった。一九〇〇年代と一〇年代のデータは、特に熟練度の低い労働者の間で、現代の水準からみると異常に高い労働異動率《ターンオーバー》を示している。多くの会社が一〇%を超える月間離職率を経験している。典型例のひとつ、ミルウォーキーのある蒸気機関製作所では、工具・木型部門の不熟練・半熟練労働者の一九一二年の離職率が、熟練労働者のそれの三倍であった。ある政府職員は労働異動を「個人的ストライキ」と名づけた。これは、景気回復期の間に、熟練職種の組合員たちによるストライキ件数が増大するに合わせて、低熟練の者たちの自発的離職数が増大したのを指してのことであった。(46)

高い労働異動率は不熟練労働者が移民だった背景をも反映している。一八七〇―一九一〇年に合衆国に渡来した移民のほぼ三分の二が不熟練労働者で、彼らが製造業の基幹労働力となったのである。労働力の四分の一ちかくが外国生まれであった世紀の変わり目、彼らは製造工業の不熟練労働者のほぼ半分を占めた。外国生まれ労働者は、鉄鋼業で全労働者の五八%、精肉業六一%、瀝青炭鉱業六二%、紡績業では六九%を占めていた。(47)

移民の流入が大規模でかつ景気循環に敏感であったことはよく知られているが、移民の流出も同じ様相を呈したことはそれほど知られていない。一八七〇年から一九一四年の間、三人が到着するごとに一人が合衆国を後にしていたのである。好況年には流出は減り流入が増えたが、流入に対する流出の割合が二〇%を割ることはなかった。不況年には、新しい移入民が真っ先に職を失って帰国を決意し、そうして移出民が増えた。イリノイ州のある製鋼工場で不熟練労働力の大部分を占めていたブルガリア人の九〇%が、一九〇八年の不況の終わりまでに町を去ってしまった。その年は移入民が減って、全国で流出は流入の七五%にまで上昇した。それでもまだ立ち去る者よりとどまる者のほうが多かったわけであるが、しかしこの大きな引き波は、不熟練労働力の不安定性と高い労働異動率を強めたのであった。(48)

移民たちはしばしば、ここに永住しようなどと思わずに合衆国にやってきた。多くは単身か、家族を家に残してきた男たちだった。一九〇五年にバッファローに住んでいたイタリア人不熟練労働者の半分、あるいはわが国の移民鉄鋼労働者の五分の四がそういう人々だった。この男たちは、ヨーロッパに戻って土地を買い、店を開き、借金を返すことを企てて、「元手」をつくろうとやってきた。移民労働力の浮動性は、古くからのヨーロッパにおける小農民の高い移動性の一部をなすものである。イタリアでは、土地なし日雇労務者が、しばしば何週間も何カ月も家を離れ、仕事を求めて各地を転々とさまよった。スロヴァキア人はある季節に自分の持畑で働き、それから行商人になって追加収入を得た。ポーランド農民はドイツに働きに出た。多くの移民労働者が合衆国での滞在を一時的のものと見ていたことは、労働組合への彼らの組織化を困難にした。ストライキは人が家と家族から離れている時間を引き伸ばすものであり、一方、家に帰るのだという期待は、貧困をより我慢できるものにしたのだった。(49)

最後に、自発的離職が、工場生活の辛苦への抵抗の一形態であった。ここでは、初期のニューイングランド織維労働者、そのフランス系カナダ人とアイルランド人への置き換え、そして一八八〇年以後に工場を埋めた南ヨーロッパ人へと、経験が引き継がれた。これらどの集団も、季節とか移住性に調子を合わせ産業的規律には同調しない前産業的労働倫理を工場に持ち込んだのである。エレン・コーリンは一八四〇年代に、「私たちをたくさんの生きた機械みたいに見て、ガンガン鳴る鐘に従うこと」に不平を鳴らしながら、ロウレルの工場を自分から辞めた。ニューイングランド繊維工場の経営者たちは一八七〇年代を通じて、欠勤や離職のせいで真夏の暑い日日の稼働が困難だ、とこぼしていた。ある製造業者は七八年に、「うちの工場の職工はまるでよその人間のようで、工場に居着かず遊びや訪問のためにしょっちゅう休みをとる」といっている。四〇年を経た一九一五年、コネチカットの絹工場で夏場の自発的離職率はさらに四倍になった。こういうことを背景にして、それぞれの集団が、相次いで工場規律を内部化する道を進んでいった。工場規律は一九二〇年以前の高い労働異動に対処する小道具のひとつだったのである[50]。

熟練労働者のほうも、相対的に移動性《モビリティ》は低いとはいえ、遍歴の伝統を持っていた。その遍歴は、職人的な労働習慣と仕事を覚えるための必要性とが重なってつくられたものである。そして職能の諸制度とりわけ職能別組合と、同種の伝統を繰り返し合衆国に持ち込む移民職人の波とによって支えられていた。

産業化の途上にある社会におなじみの気ままな職人は、職業の秘密を獲得しつつ仕事場から仕事場へと渡り歩く。雇主たちもしばしばこの種の移動を是認していた。一九〇七年にナショナル金銭登録機の労務管理者が書いている。熟練労働者にとって「幾人かの雇主に仕えてきたことは値打ちこそあれ、きずにはならない。彼らは職業を学んでいるのだ」と。男らしさと独立性を強調する労働倫理が、この移動性を増長した。労働条件の低下を甘受すること、あるいは長い在職保障さえ、この倫理に抵触することになった。ある組合代表者は次のように記している。多くの熟練労働者たちにとって「仕事があらゆる面で満足がいき、よそで見つかるはずの仕事と全く同じ良いものであるとして、それでも彼はひとつ所に長くとどまることを望まぬがゆえに仕事場を去るだろう。……それは独立性を失うこと、特定の仕事の保持に不当な重きをおく心境に囚われることへの、恐れに基づいている[51]」。

職能別組合は熟練労働者の移動への性向を助けた。初期全国組合の憲章は地方書記たちに、地域における職業の状態についての報告を作成し、遍歴する組合員の仕事探しに助力せよと求めている。一部の組合は、故郷の近くに仕事を見つけてやれなかったとき、仕事探しの費用にする金を組合員に貸し付けた。しかし、この貸付制度は、「鋳造工の場合のように、それが無給休暇をカバーする資金として使われたという理由」も一部あって、今世紀の初めまでに衰退した。(52)

4　流動する市場

雇用関係は、雇い雇われるどちらの側からみても弱い結びつきでしかなかったから、一九一五年以前の産業労働市場は高い移動率で特徴づけられる流動の市場だった。実際、少数ながら利用できる会社資料は、第一次大戦前の一貫して高い労働異動率の型を提示している。最も早い時期の労働異動資料は、一八三〇、四〇年代のニューイングランド繊維産業のものであるが、それらは工場で働く若いヤンキー婦人がいかに不安定な労働力であったかを見せている。たいていは未婚で、もし仕事が嫌になったり仕事がなくなってきたら、両親の農場に戻ることができたのである。しかし一八五〇年代にアメリカ生まれの労働者に取って替わりはじめた移民たちも、高い異動率を示した。五三年にライマン工場が募集した一五一名のスコットランド人織布工についての研究は、八〇%ちかくの婦人が三年以内に工場を去ったことを見いだしている。(53)

ほかの会社とりわけ男を比較的多く雇用している会社でも、状況は同様である。紡績機械を製造していたマサチューセッツのある会社では一八六〇年から九〇年にかけて大量のフランス系カナダ人を採用した。しかし「異動はきわめて早く」、三人雇えば一人しか会社に残らなかった。この残存率はボストン・マニュファクチュアリング社でも非常に低くて、一八五〇―六五年を五年ずつの三期に分けていうと、期末にも働いていたのは期首に雇った男子労働者のわずか一〇―一二%にすぎなかった。[54]

一九世紀の雇主たちは時折、彼らの一人が「雇い人の遊牧方式」と呼んだものに不平をこぼしている。彼らはしばしば、ストライキ防止に使ったと同じく、事前予告なしに去る者の賃金を差し止めることで、高い自発的離職率に対応した。あるマサチューセッツ繊維工場主は、一八七〇年代にこうした賃金没収の釈明を求められて、「工場が労働者たちの賃金を押さえておかなければ、朝、目が覚めたら人手が全部いなくなっていたということにもなったでしょう」と答えている。[55]

二〇世紀の最初の二〇年間については、利用できるもっと良い記録が、製造業部門全体にわたる一貫して高い労働異動を示している。しかし、全体のデータというものがごく断片的にしか得られず、とりわけ一九世紀についてはそうなので、労働異動の水準を測るためには、いくつかの別の情報源が必要になる。

地理的移動

労働異動を測る間接的な方法のひとつは、地理的移動率、一定時間内でのある場所における流出入量を検討することである。この尺度は不完全なものである。というのは、離職は同一地域内での転職を含み、移動は労働力以外の人々によってもつくり出されるからである。正確な見積もりのためには地理的移動を伴う離職の割合(今日では約四〇%)と離職につながる地理的移動の割合(今日では六〇%以上)についての知識が必要である。遺憾ながらわれわれには、こうした割合が一九世紀以来、変わったかどうか、変わったとすればどのくらいかを知る術がない。この傾向を打ち消したり促進したりする諸力の純効果を知らないからである。たとえば、持ち家の普及と経済的機会の地域的均等化は、移動を引き起こす離職の割合を低下させるよう作用した。他方、安価な運賃と遠方の労働市場についてのより良い情報は、反対の効果を持ったのである。にもかかわらず、地理的移動と職の移動との関係は、前者が後者における大きな変化を跡づけるのに有効であることを示唆している。[56]

長年にわたり地理的移動性の標準的尺度になったのは、一つの市、州、地方における人口純移入の水準であった。これは移入と移出との流れの差し引きを表すけれども、それらの絶対量をなんら示すものではない。近年、都市史研究者が市の住民名簿、選挙人登録簿、財産税帳簿を使って、人口流出入総量の推計を始めている。結果は驚くべきものである。

たとえば、一八八〇年以後一〇年のボストン市の人口純流入は合計六万五一七九人だが、人口の流れの総量は一五〇万人ちかい。しかも一八八〇年代は、移動率が特別に高かったのではなく、むしろボストン市の一八三〇年から一九二〇年にわたる一〇年ごとの移動率でみて最も低かったときなのだ。一八八〇年にボストン市に住んでいた成年男子の六四％は、一〇年後にもそこに住んでいた。ところが、ほかの時期の一〇年ごとの定着率は平均して約四〇％にしかならないのである。[57]

ボストンの事例は特別ではない。たいがいのほかの都市域での定着率は、一八三〇―一九二〇年間のボストンと全く同じくらい低い。一八世紀の終わりから一九世紀の初めの期間、男たちの移動性はもっと低かったという証拠がある。しかし一八三〇年以後、合衆国全域で地理的移動性が高まり、少なくとも一九二〇年に至るまで高い水準のままだったのである。アメリカ諸都市における間断ない人口流出入は、第一次大戦以前、産業の労働異動率は一貫して高かったという推定を裏づけるものである。[58]

この推定は、一八八〇―一九二〇年間に、地理的移動性は職業的地位が低いほど高いという調査結果によって、さらに補強される。手工労働者は、熟練・不熟練を問わずホワイトカラー労働者よりも低い定着率を示した。換言すれば、この時期にアメリカの都市に何か安定性があったとすれば、それは大部分、専門職、商人、教師、事務員といった人々の相対的な非移動性によるものなのである。これは、なぜ中産階級が安定性を徳目とするかの説明にもなるであろう。[59]

この長年にわたる外延的な移動性は雇用関係というものの希薄さ、労働市場の流動性の指標である。だが、この間断なき空間的な雇主間移動は労働者たちの経済的状態を改善したのだろうか。サムナー・スリクターはそうだと考えた。大戦前の労働市場を彼は、「人々の行動が機会という観念によって支配されているような市場、――より良い仕事を得る望みから、今の仕事を捨てる気があるかなりの数の人々がいるような市場」として記述している。一九四〇年代に書かれたスリクターのこの評は、彼の時代の労働者たちが、あまりに保障に関心を持ちすぎて個人の創意性や労働市場の効率を損なっている、という彼の思いを反映している。別の方面からこの問題に接近したステファン・サーンストロムの場合には、移動による経済的利益にもっと懐疑的だった。「アメリカ労働者階級、とりわけ最も熟練度の低い労働者たちの異常な浮動性は、常に移動し、空間的移動性の結果としての経済的利益を獲得することのめったにない人々よりなる永続的浮動プロレタリアートの現存［一九二〇年以前］を指示してはいないだろうか」と彼は問うている(60)。

いずれの解釈が正しいにせよ、駆り立て方式下の雇用が、人間的つながりの希薄な社会関係であったことは疑いえない。この関係の双方の側が、一九世紀の初めに得られた、意のままに離職しあるいは解雇する合法的権利の利益を享受したのである。事実、これはその当時、法廷で絶えず確認された唯一の労働者の権利だったし、その実行にたいがいの経営者はほとんど邪魔だてしなかった。一九〇九年のマッキース・ロックス争議の際、ストライキ攻撃を受けた社長は、ストライキ労働者に関して、ずばりこういった。「不満ならば、辞めていく権利があるのだ(61)」。

第二章　体系的管理と福利厚生事業

雇主たちは分権的な駆り立て方式の御利益に満足していた。移民労働力が豊富だったから、雇用方法の改善には無頓着だった。労働者を間抜けで従順もしくは頼りにならぬものと見る傾向があったから、彼らは雇用条件の改善によって労働者の協力を勝ち取る試みなどは、無駄だと信じていた。「締めつけなければ労働者はつけこんでくるだけだ(1)」。

しかし、駆り立て方式に失費がなかったわけではない。まず第一に、より官僚制的な調整・統制の手法をとれば削減できるはずの管理費用がかかった。一八八〇年あたりから雇主たちは、専門職業の技師に助力を求めて、巨大化しつつある企業組織の改編に乗り出した。これら産業技師《インダストリアル・エンジニア》たちは、合理的な製造システムを設計し、また彼らの経営技能の照準を職長の自治領域に合わせて、その専門性を生産の諸問題に適用していった。

第二の部類の費用は、頻発する労働不安、気まぐれな労働習慣、急進的政治感情といった、駆り立て方式への労働者の反応である。一九世紀を通じて、雇主たちはストライキ破りと解雇をもってこの問題に対処してきた。だが今や、労働者の協力と忠誠を得ていたらもっと積極的に何歩か踏み出せたはずだと信ずる者が、次第に数を増してきた。キリスト教的温情、先見により労働運動の機先を制しようとの願望、世論への配慮、あるいは差し迫った社会不安への恐れなど、その動機は何であろうと、一九〇〇年以後の時期の雇主の側に、労働者をより勤勉に、真面目に、忠実にしようと編み出された一連の温情主義的技法の意欲的試みが生まれたのである。

ＩＥ（インダストリアル・エンジニアリング）と福利厚生《ウェルフェア・ワーク》とが、アメリカ産業が雇用政策を遂行し労働問題を考える方法に、大きな衝撃を与えることになった。どの方向から問題に近づいたかという点で、両者は見事に違っていたが、いずれもが大戦時の人事部門急増の素地をつくったのである。本章（および続く二つの章）は、職長の駆り立て方式の威光を部分日食のように遮っていった、その理念と出来事を検討する。

1　体系的管理

アメリカの製造工業は、一九世紀末から二〇世紀初頭にかけて目を見張る拡張を遂げた。製造工業雇用は一八八〇―一九〇〇年にほぼ倍増し、一九〇〇―二〇年に再びほぼ倍増した。この増大に合わせて事業所の規模も拡大した。鉄鋼業の一事業所当たり労働者数は、一八六〇年の六五人から、七〇年一〇三人になり、一九〇〇年には三三三人になった。電機、自動車といった新興産業が、ほどなく事業所規模で鉄鋼・繊維と競いはじめた。(2)

人間労働が動力機や作業機で置き換えられるにつれて、規模のみならず製造工程のスピードも増大した。製品単位当たり加工時間の短縮は、生産量の増大とあいまって、単位当たり費用の着実な逓減を意味した。その結果、製造工業企業は手元で発生した現金を、自分の製品の原料や代替品を生産している他会社の買収に向けることができた。(3)

製造工業企業の空前の規模と複雑性とが、管理上の多大の困難を生み出した。大部分の企業主が生産管理を職長や高級熟練工に任せて満足していたことは見てきたとおりだが、急成長がこの分権システムを圧迫した。企業内における諸部門間の調整の欠如が、生産の流れを妨げた。費用に関するデータはとっていないか、あっても不規則で、さまざまな部門単位の実績を比較することは困難だった。生産速度を速めようとすれば、より一層の調整と体系化が求められたのだった。

　雇主たちは次第に、こうした問題の解決を助ける専門職業技師に目を向けるようになった。技師の数が七〇〇〇人から一三万五〇〇〇人に増えた一八八〇年から一九二〇年までの年月は、アメリカの工業技術専門家の「黄金時代」と呼ばれている。この増加の一部は、化学や電機のように、科学に基礎をおき、技師が新しい生産物や工程を設計する産業の勃興によるものである。しかし、技術的な仕事の達成に加えて、技師たちは組織や管理の新しい方法の開発にも責任を担ったのである。この時期、工場管理や原価計算の議論は、主に技術系出版物のなかに見られる。これらの主題に関する先駆的業績の多くは、科学に基礎をおく新産業の技師によってではなく、分業が高度に発達して作業の広範な調整が必要となった古い金属加工業の機械技師たちによって書かれた。そのうえ、これら旧来の産業は既存の生産管理システムを持っていた。成長を持続させるには、職長や熟練労働者から、生産への支配力を奪いとらねばならなかった(4)。

　一八八〇年以降、生産管理に関する論文が、アメリカ機械技師協会の「会報」や『エンジニアリング・マガジン』のような商業誌に前より頻繁に現れるようになる。それらの論文の骨子は、機械工場やその他の金属加工企業の急成長が工場内の無秩序を招いており、生産速度を上げるには、さらなる調整や体系化が必要だ、ということにあった。機械技師のジョン・トレゴーイングは『工場管理論』(一八九一年)のなかで、次のように観察している。

> 今日の多くの大工場が何よりまず必要としているものは、仕事そのものではなく、事業全体を管理し命令する機構の徹底的改編である。頭脳の不足でも大規模で複雑な計画を立案することの困難でもなく、また会社の出費がかさむようなことでもない。それは単にやり方《メソッド》の問題であり、わずかの単純な規則の適用であり、

「秩序は世界の最初の法である」という不易の原理を尊重することである。われわれがそこへ近づけば近づくほど、仕事の編成は調和的になるだろう。

トレゴーイングのような技師が感じとった、メソッドの欠如という事態は、製造工業企業における諸部門間の調整が破壊され、工場全体の生産の横の流れが阻害されたことから起こったのだった。加えて、下級管理職のポストの急増は、最高経営者が効果的な意思決定に必要な情報を集めること、そして職長その他管理者の統制を続けることを、困難にした。経営史家ジョセフ・A・リッテラーは、こうした破壊を、「組織のほころび」と呼んでいる。このほころびを修復しようとする技師たちの試みが、リッテラーが「体系的管理運動」と名づけたものを導き出したのである。(5)

体系的管理はは
じめ、機械工場で発見された無駄や混乱の改善策の寄せ集め以上のものでなかった。技師たちは、生産単位間の整合性を一層展開する必要性、経営のさまざまなレベルの間により強い関連をつける必要性を強調した。似通ったものとして、軍隊の位階制度とか、人間の身体が引き合いに出された。企業の最高経営者は(技師とともに)頭脳になぞらえられた。工場を、すべての部品が高速、円滑な稼働のためにかみ合っていなければならない一個の巨大な機械、として描く者もあった。

生産の調整を促進するために、技師たちは、書式、記録、手続き基準、および指導票などの助言をした。エール・アンド・タウン・ロック製造会社の技師でもあり社長でもあったヘンリー・タウンは、自分の企業で利用している工場管理システムの概要を、何編かの論文に書いて反響を呼んだ。そこでは、注文を受けると本社で番号と付箋をつけて、しかるべき製造部長に回される。次にそれが適当な職長に与えられ、職長は別の特定の用紙にその注文品の完成予定日を記して部長に送り返す。陸軍兵器部が運用するいくつかの大兵器廠で部長として働いてきたヘンリー・メトカーフは、手順伝票の使用を導入した。この伝票は本社で用意され、ある注文品が通過する諸部門の範囲と、それぞれの部門で遂行さるべき作業とを指示していた。(6)

多数の技師がこうした技法に熱をあげるようになり、その後二〇年間、とりわけ『システム』誌のようにそのとりこになった技術系出版物には、組織形態の新しいタイプに関する論文が満載された。時として企業の最高経営者は、増えていく書類の扱いできりきり舞いさせられた。一九〇七年、ヘンリー・フォードと彼の右腕だったチャールズ・ソレンソンは「ある日曜日の午前を、工場の原価制度であるカードや伝票類を引き出しから全部取り出して、工場の記録事務室の床に広げて過ごした」。それでも、標準の書式と指導票の使用は産業の至るところに普及し、結局それは、記録の保持とほかの職長との協力で職長の失敗をチェックできるようにし、生産を指定どおり正確に遂行するために、優れた経営にはなくてはならぬものと見なされるようになった。カーネギーの諸製鋼工場で使用中の製造記録システムについて、一八九六年にチャールズ・シュワブは、「ほかのどんな管理よりも、全部門にわたる厳格な監督が、大きな節約を達成する」と述べている。(7)

もうひとつの大きな革新は、詳細な原価計算制度の発展であった。一八八〇年以前には原価に関するデータは保持されていないか、集められていても不規則だった。一八八五年になっても、鉄鋼業の同業者団体は——連邦関税の検討に必要な情報を得られなかったもので——、多くの企業が「十分に詳細な記録を保持していない」とこぼしている。原価のデータが細部にわたって頻繁に集められるようになったのは、大部分、技師たちのおかげである。間接費や労務費を含め原価についての正確な情報が増えた結果、経営者はそれぞれの生産単位の実績を比較し、企業内の問題領域を摘発することができるようになった。一九〇一年、USスチール会社は、全工場に統一的会計制度を実施し、各工場はさまざまな作業の原価の詳細な報告を毎月ニューヨーク本社に送った。高炉に関する書式だけでも八千余の項目を備えていた。(8)

体系的管理の文献は、また、職長の職責の一部を日常業務化し、スタッフ従業員に分与することを推奨していた。かくして、作業時間係、原価計算係といった新しい事務的ホワイトカラーの職位が、生産の進行を保つためにつくり出された。そのほか、原材料を集めたり、道具や半製品をそろえ保管する職長の伝統的権限も、専門の事務員たちの責任になった。

これら新しい生産管理システムの下でも、職長はある種の不可欠の機能をなお維持していた。彼らは原価データの収集を助け、記録を作成提出し、部品や材料の指図書を書いた。にもかかわらず、技師たちによって導入された革新は、職長の自治を大幅に削減したのであった。彼は、製造すべき製品ユニット、用いるべき方法、作業を進める際の順序を指示された。要するに、彼の指揮し構想するという職務権限は、職場から遠く離れた人々に取り上げられてしまった。職長は、支配や特権の喪失を唯々諾々と受け入れたのではなかった。ある能率技師によれば、職長たちは、「自分では鋳物の流し込みも機械の運転もしない、きざな柔らかい手をした学卒の男から指示を受けることに憤慨していた」。しかし、体系的管理運動は、生産における職長の役割を減少させたとはいえ、彼の支配下にあったほかの大きな領域、すなわち雇用には比較的手を触れぬままにしていたのである。[9]

刺激賃金

雇用が、体系的管理の文献のなかで、生産に比べてずっとわずかの注目しか浴びていないからといって、それが雇用問題への懸念や関心の欠如を示すと解してはならない。むしろそれは、雇用と労働関係に関する問題の大部分は適切に工夫された刺激賃金制の採用で解決されうるという、技師たちのやや短絡的な信念を表しているのである。アメリカの産業で最初に利用された刺激賃金制は単純出来高賃金で、一八八〇年以後次第に普及した。ただが技師たちは、労働者が伝統的な産出基準を超過するのを拒むこと、合衆国と競争相手のイギリスおよびドイツとの労働費用の差が一八九〇年代に広がっていることを指摘して、出来高制が生産性向上を達成できるかどうかに疑念を表明した。[10]
アメリカの技師たちは一層洗練された刺激賃金制の実験を開始した。たとえば、一八九一年にアメリカ機械技師協会(ASME)に提出されたフレデリック・A・ハルセーの割増賃金制は、(技師によって設定される)最低水準以上を産出した部分に対してボーナスを与える。だが何といっても、当時の新しい刺激賃金制のなかで最も有名なのは、フレデリック・W・テイラーが一八九五年、ASMEに提出した論文に述べられた差別出来高賃金制である。最低賃率の基礎に慣習的達成水準をおいたハルセーの方式と異なり、テイラーの差別出来高賃金制は、一つの課業を構成要素に分解し、これらの要素の時間を決め、「不必要な動作」を除去し、そして課業を達成するための最短時間に到達するというようにして、「科学的に」設定された。この賃金制の名声のもとは、第一に、公正な一日の作業量を決定する科学的手法と課業達成の「唯一最良の方法」を発見したというテイラーの主張に、第二に、この方式を「労働問題の部分的解決へ向かっての一歩」だとする彼自身の特徴づけにあった。(11)

テイラーは、この方式が、従来の出来高作業が持っていた問題のひとつ、すなわち労働者が生産を増やしてもっと高い収入を得ると雇主が出来高賃率を切り下げようとする傾向、をなくするがゆえに、労働不安を減少させうると主張した。テイラーの方式は、労働者の産出増からより多い収益を雇主に保証することによって、賃金切り下げを起こりにくくさせる。これは、おそらくストライキを防止し、労働者をより大きな収入の魅力のほうに向かわせる。適切に設計された刺激賃金制があれば、「双方ともに剰余の分配から目を離し、やがて、どのように分配するかで争う必要もないほど、この剰余が大きくなる」と、テイラーはいっていた。

テイラーは熟練労働者を、主として経済的利得への願望によって駆り立てられる無骨な個々人と見なしながら、彼らを賛美していた。しかし彼らの労働組合に対しては、テイラーはこれを「繁栄への妨害物」として描き、敵対した。自分の刺激賃金制が「労働者個々人の価値に応じて支払うことによって個々人の野心を」刺激し、その「野心ある」熟練労働者への労働組合の掌握力を弱め、かくして労働組合を弱めるだろう、とテイラーは考えた。実際、彼の方式は個人主義の真髄を示していた。職務の全等級に賃率を確立するかわりに、各々の職務に違った刺激賃率を設定することによって、賃金決定の労働組合的取り組みの核心である標準賃金率に打撃を与えたのだった。(12)

たいがいの組合は出来高払い制を喜んで受け入れたが、テイラー的な刺激賃金制には激しく反対した。組合はそれが伝統的な達成基準を傷つけ、職種を単純な職務に分解して安価にしてしまうだろうことを恐れたのである。しかし、より深い懸念は、この方式が集団的賃金交渉を不可能でないまでも困難にし、結局、賃金交渉を労働者と雇主との個人的事柄に変えてしまうだろうことにあった。ジョン・R・コモンズが観察していたように、「組合活動家の恐れは、彼の組織が企業側のスケジュールから生まれる無数の小さなヴァリエーション、あるいはそのスケジュールが予期していないヴァリエーションに対処していけないのではないか、との恐れである」。結果として、組合化された職場における時間研究と生産標準の導入は、しばしばストライキを誘発し、そのうちいくつかはかなり華々しいものになった。組合は、政府の兵器廠および造船所におけるストップウオッチ使用を禁止する連邦法規制を求め、それを勝ち取った。テイラーは、組合が突ついて開かせた議会聴聞会で、二度まで自分の刺激賃金制の弁護に立たなければならなかった。[13]

科学的管理

テイラーは、「科学的管理」の制度によって最もよく知られるが、この制度は、当時ほかの機械技師たちによって提案されていた種々の体系的管理の手法を総合したものであった。彼の名声は、何か特定の革新というよりは、伝統的管理法に対する断固たる態度、商売と科学と道徳的原理をブレンドして宣伝する手腕によるものであった。生を終えた一九一五年ころまでにテイラーは国民的人物になっており、科学的管理は、工場現場から遠く離れた社会的文化的領域にも浸透していた。

体系的管理を掲げたほかの改革もそうだったが、テイラー・システムは、生産における職長の役割を完全に変えた。テイラーは、職長の生産責任を「企画部」と一グループの「機能的職長」に配分するよう提案した。企画部は、費用分析、時間研究、工程革新、標準化に関する一連のスタッフ的地位を集めて、企業の生産統制センターとして構想されていた。もし職長が行っている「頭脳作業」のすべてが企画部の「頭脳労働者」に移管されるならば、製造原価は激減するだろう、とテイラーは主張した。機能的職長の考え方のほうはもっと独創的だったが、こちらはほとんど採用されなかった。これは、職長の「全般的」義務を八つの特定職務に分割し、各職務をそれぞれ一人の職長に割り当てるというもので、そのような分業は常により効率的であるとの仮定に彼は立っていた。(14)

科学的管理が導入されたいくつかの工場では、職長が、テイラーの革新に熟練労働者と同様の憤りを示し、とりわけ厳密な体系化と自分の特権の喪失に反対した。テイラーがフィラデルフィアのミッドヴェイル・スチールに起用されたとき、彼は工場内のさまざまな機械に次の仕事割当を特定の仕様書を用いて指示する職場掲示板を考え出した。この掲示板は、職長が仕様書を引きちぎってしまわないように、厚いガラスで覆わねばならなかった。一八九七年にテイラーをコンサルタントとして雇ったサイモンズ・ローラー・ベアリング機械会社では、テイラーが企画室を設置したとき、職長が全員退職した。ウオータータウン兵器廠では、テイラー・システムの採用が一九一一年に熟練機械工の集団職場放棄を引き起こしたとき、その兵器廠の多数の職長がストライキ労働者を支援した。(15)

人事管理

体系的および科学的管理の主眼は産業の生産方法を再編することにあったから、テイラーもほかの技師たちも、賃金決定に関することを除けば職長の雇用権限について多くを語っていない。実際、学者たちのなかには、能率技師が近代的な雇用管理方法の発展にさして貢献しなかった、と主張する者もある。しかし、技師たちが募集、昇進、解雇など人事管理の内容に沈黙していたとしても、専門化したスタッフ部門という人事管理の形態の組織的根拠を設定したのは、やはり彼らだったのである。(16)

技師たちを生産管理に接近させた要素のあるもの――秩序だった手続き、正確な記録、慣行化された機能の部門分けなど――は、二〇世紀最初の一〇年、若干の先見的企業によって人事部が設置されるとともに作動しはじめた。そのひとつで一九〇〇年にグッドイヤー・タイヤ・ゴム会社が創設した部門は、新採用の秩序だった手続きと雇用および賃金記録の作成保管に携わった。これらは本質的に事務的機能だったが、スタッフ人事部をつくろうという考えは時代の空気になりはじめ、その課題を技師たちが負ったのだった。[17]

たまに技師たちが専門化した雇用部の設立を明確に求めたこともあった。テイラーの著書『工場管理』は企画部に一七の機能を掲げているが、そのうち勤労課(employment bureau)、工賃課(pay unit)、工場取締係(shop disciplinarian)の三つが、一九一〇年以降に形成された人事部の活動の中核をなすものだった。合衆国の最初の人事部のいくつかが、テイラーと強いつながりを持つ企業におかれた。たとえばヘンリー・ケンドールのプリムトン印刷会社は一九一〇年に人事部を設立したが、このときテイラーの仲間数人がこの会社と契約関係にあった。人事部長は雇い入れの全部と従業員の記録管理に責任を持ち、そのために特別のカードを使用した。[18]

より一般的な次元でいえば、一九一〇年以降に人事管理がたどった道は、生産管理がたどった道と並行している。職長の雇用権限はスタッフ部門に移管された。賃率、職務内容といった、以前は職長の知識の「秘密」の蓄えの一部と見なされてきた情報が、人事管理者によりふさわしいものとされたのは、生産の秘密が技師にふさわしいものとされたのと(技師たちが「熟練と知識の移管」と呼んだ過程と)、ちょうど同じである。人事管理者は、技師たちが職長を攻撃したときに用いたのと全く同じ言い回しを用いた。いわく、彼らは専門家ではない、彼らは忙しすぎる、彼らのやり方は科学的ではない。[19]

しかしながら、技師たちが人事部の組織の先例をつくったことに留意しながらも、雇用事項に関して彼らの書いたものが豊富な内容を欠いていたことを指摘しないわけにいかない。工場取締係や勤労課についてのテイラーの記述は片々、漠たるものにすぎず、テイラーの弟子たちが書いた一九一二年の特別報告書も、労働については刺激賃金の議論以上の言及が見られない。賃金刺激へのこの一途な思い入れのゆえに、技師たちは科学的管理への批判者から、「社会科学への無邪気なまでの無知」を咎められたのである。シカゴ大学のロバート・F・ホキシーはいう。「彼らは、会社の生産性が増大し、労働者たちがこの目的のため自分の役割を十分果たすよう誘導されれば、労働問題は、……満足すべき解決に至ると、素朴に想定する気味がある」。ホキシーは、科学的管理をなにがしか取り入れた三五会社に関する一九一四年の調査で、雇用方法には「ほとんど統一性がない」ことを発見し、「せいぜい独立の労務部が設立されている程度だ」と述べている。

このように、人事管理はＩＥだけからではない、広範な諸源泉を持っているのである。テイラー信徒を多数擁したプリムトン印刷の人事部でさえ、その性格は、科学的管理より福利厚生活動の哲学に多く負っていたのである。ヘンリー・ケンドールの言によれば、そこの人事管理者は、労働者が「自分の現在の雇用に関する助言、職場外での教育や訓練に関する示唆を求めて訪れる」ことのできるような人であり、「労働者に同情を持ち、労働者が安んじて苦情をいえるような人」であった。労働者のカウンセラー、信頼に足る友であろうとしていたこの種の人事管理者は、テイラーが説いた企画部職員や工場取締係とは非常にかけ離れたものであった。[20]

2　福利厚生事業

労働不安の時代、一八八六—八九年に、四〇ほどの会社が従業員のための利潤分配制を発足させ、それと同時に食堂や庭園などのようなさまざまな居住環境改善にも配慮しはじめた。これがアメリカの福利厚生運動の第一歩を印した。福利厚生《ウェルフェア・ワーク》という言葉で示される活動はきわめて多彩なもので、一九一六年の政府調査はこの言葉を、「産業の必要でも法による要求でもなく、賃金の支払いに加えて、従業員の知的、社会的な快適さと向上とを目指すもの」と定義している。[21]

科学的管理と同じく福利厚生も、ストライキを防止し生産を増進しようとしていた。ただ、その方法がこちらはもっと間接的で、道具を置き職場を離れた労働者に焦点を当てていた。それは、労働者の不摂生や怠惰、移民の無知、急進的妙薬の餌食というように、労働者自身が労働不安、社会的緊張、労働倫理の衰退に直接に責任があるとの信念に基づいていた。そうした風潮に抗して、企業は節約クラブ、強制的宗教礼拝、市民教育から、社宅、ピクニック、コンテストに及ぶ事業や行事を試みた。その理念は、企業が労働者を向上させ、改善し、家庭生活をもっと健全にし、つまり中産階級の鋳型で矯正することができるはずだ、というにあった。

福利厚生は、青少年矯正、家政学、セツルメント活動、そのほか労働者階級の家族を再建しようとする善意が温情主義的な試みの時代に花開いた。それは、専門家の助力なしにやっていける能力が労働者家族にあるかどうかに疑問を持ちつつも、なお労働者階級の家族を産業社会の重圧から保護しようとしていた、ソーシャルワーカー、セツルメントワーカー、教育家といった「専門救護職」の実践家と評論家を引きつけたのだった。[22]

福利厚生ワーカーは、従業員たちの欠点の多くは不適切な家庭生活にまでたどることができると信じて、家族に大きな注意を振り向けた。諸会社は、工場の構内に鉢植えの植物を置き、敷地に造園し、窓にカーテンを吊すまでして、仕事場を理想的中産家庭の複製に仕立てようとした。ある自動車工場は、東洋風絨毯、レースのカーテン、シダ植物、蓄音機などを配した休憩室を持っていた。別の工場は女工たちが衛生や乳児の世話を学ぶ「ママさんクラブ」を組織した。多くの会社が、男の従業員に「家族給」と呼ばれる割増賃金を払った。そうすれば彼らの妻たちが働かなくてもよくなるだろうと想定された。この政策を信奉した会社ホワイト・モーターは「快適な家に住み、健全な考え方をする家族は、……革命的宣伝の温床とはならない」と公言して、既婚男子を優先的に雇用した。[23]

別の面では、福利厚生は企業自体の内部に家族生活の感覚を盛り込もうと努めた。雇主たちは、企業が大きくまた非人格的になりすぎたと見て、一九世紀の仕事場のあの緊密な人間的紐帯を再建しようと試みたのである。この郷愁は、企業の所有者が全従業員の顔と名前を知っていたときの企業家的な事業では労使関係がそれほど敵対的ではなかった、という信念から生まれた。一九〇一年にナショナル金銭登録機会社の福利厚生担当重役は、「今日の紛争の大部分」を、この「個人的関係と共存共栄感情との欠如」に帰着させ、「大会社のこの時代、雇主に自分の労働者との接触がない。これが無数の害悪を生んでいることは疑う余地がない」と述べている。(24)

福利厚生ワーカーが企業一家のイメージを促進し、「チーム精神」を推進するために用いた方法のなかには、会社ピクニック、会社アスレチック、社歌、社内コンテスト、それにこうした活動のささいなゴシップを満載した社内報などもあった。社内報の名前には「幸せな大家族」というイメージが押し出されている。いわく、「アメリカン・シュガー家族」「ミニット家族」「われら自身」「われら」、ある石鹸会社では「洗濯家族」。(25)

家族的な温もりと友達の親愛の感覚をつくり出すために、福利厚生ワーカーは、従業員との間に個人的な親密なつながりを打ち立てようと努めた。クリーヴランド・ハードウエア社の福利厚生担当役員は、全労働者の家を採用一週間後に訪問し、その後も年に最低一度は訪問した。ジョセフ・アンド・フェイス社の福利厚生担当役員だったメアリー・B・ギルソンは、生活状態、家族関係、疾病を点検するために、定期的に労働者の家庭に出向いた。「知的」な雇主は、欠勤や頭痛の原因まで点検することによって、「自分が、より良い労働者、より良い市民、そしてより健全で着実に成長する従業員集団の形成を助けている」ことを知っている、と彼女は説いている。福利厚生ワーカーは、ほかの点では人間味のない会社というところから友情の手を差し伸べる、従業員の心の友なのだった。(26)

福利厚生ワーカーの役割は、ソーシャルワーカーのそれと同じく、思いやりと養育という婦人に関する通念を地で行くものであった。だから福利厚生ワーカーのかなりの部分を婦人たちが占め、彼女らの多くが以前ソーシャルワーカーだったことは驚くにあたらない。実際、技法としての家庭訪問は、著名なソーシャルワーカー、メアリー・リッチモンドによって普及されたものである。「友好的訪問」はソーシャルワーカーが「低所得の人々との真の関係を取り戻す」方法である、とリッチモンドは語っている。ソーシャルワーカーたちは、自分の世話している人々を彼らの家庭に訪ね、生活について適切な助言をするために、ヴィダ・スカッダーが「経験したことのないにおい」と呼んだものに挑戦して、彼らと親しくなるよう奨励されていたのである。[27]

しかし、家庭訪問はしばしば保護者づらしたお説教の機会ともなった。メアリー・B・ギルソンは従業員の結婚相手、家具調度、また身繕いにまで口を出した。たとえば彼女は、「ごてごてした着物や宝石や白粉や口紅が、働く少女の性格と能力を蝕むことは議論の余地がありません」と語っている。ギルソンは自伝のなかで、「暮らしのいろいろな場面で、私たちが手をつけなかったものはない」と回想している。福利厚生ワーカーは、従業員と頻繁に接触したために、労働者たちの組合気質や生活慣習についての情報のパイプ役も果たしえた。一九一五年に調査された一群の企業の半分以上が、従業員の「仮病」を探し出すために看護婦や福利厚生ワーカーを使っている、と答えている。[28]

家族主義の構想は、温情主義的な義務の感覚と、大きな富は大きな責任を伴うという信念から、キリスト教的福利厚生を支持していた雇主にも広がった。敬虔なバプチストであったジョン・D・ロックフェラー・ジュニアは、ラドローの虐殺の恐怖と彼の見かけの冷淡さへの世論の非難に懲りていた。彼は福利厚生を世話役精神の一種と見て、これの熱心な擁護者となった。「人々が働き暮らす条件を改善するために全力を尽くすことは、産業の指導を任されたすべての人の義務である」。[29]

雇主たちが自分の女子従業員に特別の義務感を持ったせいで、福利厚生は多くの婦人を雇用している食品加工、衣服、通信、および小売の業種に普及した。たとえば、インタナショナル・ハーヴェスター社は一九〇一年、ほとんどが女工である同社の撚糸工の「待遇改善」プログラムのために著名な社会改良家ガートルード・ビークスを採用し、ここから同社の福利厚生が始まった。ビークスはこの婦人たちの一種の寮母となって、彼女たちの抱える問題を聞いてやり、彼女たちのためにサマーキャンプを組織し、また化粧室に鏡を備えるなどの改善をしてやった。福利厚生の先導企業のひとつ、ピッツバーグのH・J・ハインツ社は、包装工場で働く一二〇〇人の女工を扱うソーシャルセクレタリーとしてアギー・ダンを雇った。「マザー」ダンは婦人たちの勤務を見守り、悩みのある従業員のカウンセラーとして働いた。

福利厚生は婦人たちのなかにある組合気質をさりげなく除去するのにも役立った。インタナショナル・ハーヴェスター社がディーアリング社とマコーミック社を合併した後の一九〇三年に、ディーアリングの撚糸工場の女工たちがその会社の男子機械工への同情ストライキに入った。ところが、おそらくガートルード・ビークスが彼女らのために努力してきたおかげで、マコーミック工場の撚糸女工は職場放棄に参加しなかった。また、ビークスは福利厚生プログラムの研究のためにH・J・ハインツ社を訪れた際、同社成功の秘密は「独身の組合員」を雇用しないところにあると教えられた(30)。

町の熟練工と田舎の製材工

福利厚生のもうひとつの別の狙いは、産業の熟練労働者たちを、利潤分配、年金、持ち家プランなど、準金銭的刺激によって労働組合から遠ざけようとするところにあった。これらのプランは労働者が戦闘的な時期に広がった。ストライキが近いと見られたときに、よく導入され、それは給付を会社に忠誠だった者に制限する条項を通常含んでいた。たとえばUSスチールがストライキと労働不安の広がった一九〇三年に始めたボーナス株制度は、そのボーナスが会社の「繁栄と発展に適切な関心を示して」きた従業員にだけ支払われることを規定した。製鋼労働者にとって、そのいわんとするところは明白であった。いわく、争議に巻き込まれるな、さもなくばずっしりしたボーナスをふいにする覚悟をしろ。同様に、一九〇二年に同社の傘下企業のひとつが年金計画を公示したが、その年金は雇主の裁量で与えられるものとされ、不始末、不服従、あるいは実のところほかのどんな理由をつけても、不許可にできるものであった。この種の年金プランの効果は「従業員のなかの［組合］活動防止」であると、一九一五年の政府調査が述べている。(31)

こうした金銭的福利厚生プログラムは、これほど露骨でないレベルでも、労働者の自助的発展への集団的努力を切り崩した。病気や死亡の際に保険を提供することは、一九世紀に活躍した労働組合と友愛組合の重要な機能であった。ところが会社の福利厚生プログラムは、互助主義によってではなく雇主たちの利益に身を捧げることで自分の利益を守るようにと個々人を誘導した。そのうえ、労働組合の給付基金と異なり、会社プログラムの潜在的受益者は、ほとんど全くそれの管理に発言権を持たなかった。

これらのプランはストライキと組合活動――つまりいずれも通常、不熟練労働者を含まない出来事――の抑制を意図したから、その大部分は不熟練労働者を、直接にか、あるいはこのプランの下で資金を積み立てる長期勤続者に資格制限を設けるとかして、排除したのであった。しかし熟練労働者に関心をしぼったことは、別の動機すなわち熟練労働力を保持しようとする動機をも反映していた。移民が堰を切って流入した時期、不熟練労働者は十分に得られたが、熟練職人を見つけて引きとめるのは、しばしば困難だったのである。(32)

住宅プログラムは、雇主がどのようにこの両方の問題を同時に取り扱ったかの好例を提供している。ある大企業の福利厚生担当役員は、「［労働者たちが］自分の貯蓄を家に投資して家を所有するように仕向けなさい。そうすれば彼らは逃げ出さず、ストライキにも走らない。それは彼らを繋ぎとめ彼らもわれわれの繁栄にかかわりを持つことになる」と、他社に助言している。鉄鋼業における持ち家プロジェクトは、一八九二年のホームステッド・ストライキの後、熟練労働者たちがかなりの割引価格で家を入手できるようになったのに始まる。家を持つ見通しはたいがいの労働者を魅了し、彼らは、安い価格で家を持てるようにしてくれる会社を、自分から見捨てようとはしなくなった。そのうえ、職を失う労働者は家も失うかもしれなかった。この配慮が、組合活動を強く抑制した。ホームステッドでの効力を見極めたうえで、ＵＳスチール社はいつも労働不安の時期に、工場をほかの地域に移すぞと脅しをかけたものである。

ほかの会社の持ち家プランも似たように構想されていた。社宅の建設を専門にするアバーゾウ建設会社の経営者の一人は、一九一七年に、当時わが国で建設されていた社宅の「ほとんど全部」が熟練労働者向けである、といっている。この排他性が、一部の観察者を憂慮させた。『アイアン・エイジ』誌の一九一四年の論説は記している。「熟練労働者の部隊を維持する問題は雇主それぞれに自覚されており、高給労働者が職場の外にいるときの福祉にも、多くの注意が払われている。……ところが仕事場や鋳造所の不熟練労働者にはわずかの注意しか払われていない」(33)。

福利厚生は、鉱業、製材業、紡績業のような、地理的に孤立した産業にも普及した。会社町がつくられ、雇主が住宅から学校、教会、さらに娯楽施設に至るまで、労働者に必要なものすべてを用意した。こういうコミュニティにおける福利厚生プログラムは、未開発地域に労働者を引きつける経済上の必要から生まれたのである。しかし会社町は社会的統制の一形態としても機能した。会社が町を所有して町の法律をつくったのだから、大きな示威行為などは非合法が普通であり、組合オルグもその地域から強制的に追い立てられた(34)。

このようにして産業の福利厚生プログラムは、労働力のほとんどの階層に影響を及ぼした。正確なデータは得られないけれども、福利厚生に関する一九一六年の政府調査の結果が、こうしたプログラムの分布に関するなにがしかの実感を与えてくれる。その調査対象に含まれた四三一会社のうち三七%は女子労働力優勢な産業に属し、二八%が男子優勢産業に、一〇%は普通、孤立した地域に立地する産業に属していた(35)。福利厚生が広がりばかりではなく、深さをも持ったことを示唆する別の数値もある。一九一四年、全国市民連盟は、何らかのかたちの労務改善に取り組んでいる二千五百余りの会社を列挙した。このような浸透を見せながら、しかし福利厚生は、また大きな議論を生み出してきたのであった(36)。

反対勢力

福利厚生に対する強い反対の一翼をなしたのが、フレデリック・W・テイラーのような産業技師で、テイラーは、利潤分配制やその他の福利厚生プログラムを「ほんのお遊び」であり、刺激賃金制に比して「まったく副次的意義」しか持たぬものと決めつけた。テイラーは福利厚生を、報酬との「縁の薄さ」ゆえに批判した。個人的野心こそが「一般的福祉への願望などより力強い努力への刺激である」と彼は信じた。この論理の基礎をなしたのは、労働者を、精を出して働く直接的な経済的刺激を与えればストライキやスティントをやらない合理的実利主義者だ、と見る理解である。粗削りではあったが、テイラーの心理的モデルは、熟練労働者の男らしさや抜け目ない経済主義を前提するところから発していた。長いことテイラーはある種の職人文化に入れ込んでいた。彼は野卑な職場言葉を使ってハーヴァード出の聴衆を動揺させて喜び、そして、福利厚生活動のような行儀のよい社会関係を女々しすぎると考えた。同じような観点で、福利厚生活動が母性的にすぎると反対した者は、ほかにもいた。有力なシーリアル製造業者だったチャールズ・W・ポストは次のようにいう。

成人した男女を保護し、甘やかすことは、われらすべてを統べる万能の神の御意にかなうところでない。……人類が奉仕の結果、しかもしばしば苛酷な奉仕の結果、「幸せ」を得ることこそ、創造主の望まれるものである。人が受け入れるからといって、銀の匙で食べさせたり、食べている間、顎を支えてやったりしてはならない。(37)

実のところ、労働者自身もしばしば福利厚生プログラムを高賃金の貧弱な代替物、個人生活への愚劣な押しつけだと批判した。メイン州のある紡績工場では怒った女工の一団が、「清潔ジェーン」とあだ名している福利厚生担当者に向かって、自分たちは彼女と同じくらい清潔で、これ以上の衛生検査はまっぴらだと告げた。労働組合員は、福利厚生を特に疑惑の目で見ていた。それがしばしば、「組合の生活向上運動が持つ、心情に訴える力をすべて破壊したい」雇主の願望により動機づけられている、と認識したからである。そして福利厚生ワーカーは、自分たちのプログラムが敵対と怨恨を生んだことに驚きかつ傷ついた。ある福利厚生ワーカーは、仲間との会議の席で次のように語っている。

私はほかの会社が福利厚生の線に沿ってどんなことをやっているかがわかるように、福利厚生のパンフレットの立派なコレクションをこしらえました。翌日、私は一人の女性が呼びかけた集会に出席して、そこで彼女が福利厚生を「地獄フェア」と呼んでいるのを聞きました。私はそのコレクションを持っていったのですが、それを集めたときのようにはパンフレットに信頼をおかなくなりました。(38)

会社はこうした批判にいくつかの仕方で応えた。第一に、多くの会社が福利厚生部門の名前を「インダストリアル・サーヴィス」部とか「従業員サーヴィス」部と変えた。ある福利厚生担当者が説明しているように、「慈善を受けることを好まぬ者も、友人から提供されるサーヴィスならば受けるだろう」からである。第二に、福利厚生プログラムは経済的合理性を欠くという非難、「従業員が自分にふさわしいと思っているように扱ってやるには、ドルやセントで支払うことだ」とある鉄鋼製造業者がいったような非難への反証として、批判者である技師たちの効率性基準そのものを適用した。ある大きな印刷会社の福利厚生担当者は、彼のサーヴィス部門は「ほかのすべての部門の運営と同じく、経済的路線に沿って運営」されており、「そこで支出された一ドルごとに一〇〇セントの見返りがなくてはならないのだ」と主張している。第三に、諸会社は、直接に雇主が提供すると労働者が憤慨しかねない福利厚生プログラムの運営を、次第に外部の組織に委ねるようになった。(39)

ＹＭＣＡ

青年キリスト者協会(ＹＭＣＡ)は、一八七〇年代に鉄道労働者のなかでの宗教活動を通じて福利厚生に関与するようになった。雇主の許可を得てＹＭＣＡは、全国あちこちの鉄道の主要駅一九カ所に礼拝と聖書講読を開催するための特別室を設けた。こうした活動の初期の支援者だった鉄道王コーネリウス・ヴァンダビルトは、ＹＭ

CAが彼の従業員のためにつくったプログラムを実施する場所として、大きな建物を建てた。建物が完成する一八八八年までにはこの活動は一層、世俗化されていたので、そこにはゲーム室、図書室、食堂、診療所、ボウリング場、体育館も入った。この構想は急速に広がり、一九〇一年までに九〇ほどの鉄道交友会館が建設されるに至った。それぞれの会館はYMCAの全国鉄道部によって任命された「事務長《セクレタリー》」の指揮の下におかれた。鉄道YMCAが最も伸長した一八九〇―一九一一年間にこの部門を率いたのはクラレンス・J・ヒックスであった。彼は後にコロラド・フュエル・アイアン社、ニュージャージー・スタンダード石油などを含む多くのロックフェラー関連企業の福利厚生プログラムを管理することになる。(40)

鉄道での活動の基金はすべて私的な雇主の拠出によっていたから、YMCAは、真面目で信心深い労働者がそれだけよく働き忠実であることを納得させる実例をつくらなくてはならなかった。あるYMCA事務長は、YMCAに属している労働者が「酒場や低俗な盛り場から仕事に出かける男」よりも精出して働くと主張した。彼がいうには、YMCAの活動が「道徳面と経済面との両方で素晴らしい成果を生み出し、すべての賢明な鉄道幹部が、この活動は投資家にとっても大きなことであると学びつつある」。YMCAは、不熟練労働者よりプロテスタントになりやすく、それゆえ事業目的に適した熟練労働者をプログラムの対象にした。だが熟練労働者は労働組合員にもなりやすかったのであり、そしてこの時期は鉄道業におけるかなりの労働不安の時期でもあった。雇主の道具だという非難をそらすために、YMCAはいかなる労働争議にも厳正に中立を守る「合意領域」政策をとった。しかしこの「中立性」はどう見ても眉唾ものだった。YMCAは雇主たちとは定期的に接触していながら、組合代表者との会合を一度たりと開きはしなかった。一八九五年にYMCAの雑誌が訓諭しているように、「鉄道YMCAマンたるものは主な支援を会社から受けていることを決して忘れてはならな」かったのである。(41)

YMCAはやがて鉄道での仕事から手を広げて、都市で、また僻地の製材集落、鉱山集落、紡績町などで産業労働者のために福利厚生活動を組織しはじめ、そうしたプログラムを管理するために一九〇二年に産業部を設立した。同年書かれた報告書のなかで、初代部長のＣ・Ｃ・ミッチェナーはＹＭＣＡの独自の役割を規定している。雇主が運営する福利厚生は「もっぱら会社の事柄であり、会社がすべてを企画し金を払う」ので、「望ましい結果を生まなかった」と指摘しつつ、ＹＭＣＡは福利厚生を雇主の手から受け継ぐことでより良い結果を得るであろうと主張したのだった。(42)

都市部の産業労働者に接触するために、さまざまな戦略が適用された。たとえば一部の会社で、ＹＭＣＡは工場のなかで昼食時間や交替時間に合唱、講演、寸劇などを含むプログラムを実施した。工場の楽隊が組織され、携帯オルガンが作業場の真ん中にでんと置かれた。また別の戦略として近隣の工場の雇主たちから寄付を募って、ＹＭＣＡの建物をつくるというのもあった。南サンフランシスコでは四つの地方精肉会社がＹＭＣＡ会館の建設に拠金し、この会館をそれらの会社の従業員が独占的に利用した。また、自分たちの労働者の利用するＹＭＣＡ会館の建設および維持の全費用を負担する会社もあった。そうした例は、シカゴのシアーズ・ローバックＹＭＣＡのように大都市にもあったし、インディアナ州のゲイリー、ペンシルヴェニア州のウィルマーディングといった会社町に見られた。一九二〇年には一五四のＹＭＣＡ産業会館が存在しており、シカゴだけでもＹＭＣＡの産業サーヴィス活動は一三〇社以上に及んでいた。ＹＭＣＡはさまざまなプログラムを提供するばかりでなく、それを実施するための福利厚生担当者をも提供した。産業「Ｙ」は「レクリエーション設備、娯楽呼び物、売店、親睦会、職長会議、……有色労働者のための特別活動、映画、道徳・宗教活動、外国人のための英語教室と市民教養教室の、社会的中枢」であった。(43)

地理的に孤立した地域では、ＹＭＣＡは酒場を閉めさせて講演会、音楽サークル、スポーツ、卓上遊戯、聖書教室といった、もっと健全な気晴らしの場を提供するための活動を行った。こうした努力は酒好き労働者の恨みを買ったことだろうが、雇主たちはＹＭＣＡが禁酒と同様に労働平和を促進したと証言している。ウェストヴァージニアの炭鉱経営者は「われわれのＹＭＣＡに対するわずかの投資の結果は信じがたいほどである。かつての飲んだくれが正気になり、人手を得るのに苦労したところに今では求職者リストができている。地域ストライキはすでになく、善意があふれている」と語った。(44)

中立性をうたってはいても、ＹＭＣＡの産業プログラムはスポンサー企業のためになろうとし、スポンサー企業に支配されていた。雇主たちはＹＭＣＡ地方理事会の理事となり、資金を援助し、支出にも目を光らせていた。ＹＭＣＡは決して公然とは組合を攻撃しなかったけれども、労働者急進主義の危険について頻繁に警告を発していた。Ｃ・Ｃ・ミッチェナーは、産業ＹＭＣＡが「社会主義の影響への矯正者」として役立つと考えていたし、彼の後継者チャールズ・トーソンは一九一四年に、ＹＭＣＡは職場に「情感と同情」とを持ち込んでＩＷＷのようなグループをたじろがせるだろうと述べている。(45)

雇主が自分たちの福利厚生プログラムの実施をＹＭＣＡに任せたことには、いくつかの理由がある。第一にＹＭＣＡは、労働者に望ましいと雇主たちが思っていた自制心、正直さ、勤勉、倹約といった徳目をまさに奨励していた。第二に、福利厚生の実施を明白な宗教的組織、中立を自称する組織に委ねることによって、それは労働者の諸価値を型にはめようとしているのだ、という非難をかわすことができた。クラレンス・Ｊ・ヒックスは一九一五年にコロラド・フュエル・アイアン社に着任したとき、会社の古い福利厚生プログラムを取り払い、プエブロに産業ＹＭＣＡを建設する資金を企業に援助させることにした。彼によると、「家長制から抜け出してこの仕事をＹＭＣＡに委ねるよう会社に説き聞かせた」のである。第三に、ＹＭＣＡの福利厚生哲学は、職場での調和、逆境での忍耐といった、つまりは社会改良や戦闘的労働組合主義よりも現状維持に合致する徳性を強調していた。(46)

福利厚生のプロフェッショナル

とはいいながら、福利厚生は改革への強い衝動を背後に秘めていた。ＹＭＣＡに雇われた者も含めて多くの福利厚生ワーカーが、彼らのプログラムが労働者の生活を改善し産業の粗野な性格をいくぶんか和らげるだろうと真面目に信じていた。メアリー・B・ギルソンによれば、「産業の状態を改善する力への信頼をもって」その道に入ってきた人たちが大部分であった。福利厚生ワーカーたちは社会福音主義を教育、社会事業、公衆衛生の最新の考えと混ぜ合わせて、革新主義のさまざまな知的潮流に近づいたのだった。(47)

福利厚生に従事したのは、よく教育され、公共サーヴィスに献身する人々であった。社会事業、セツルメント活動、都市改革、宗教活動のキャリアを持つ者が多かった。インタナショナル・ハーヴェスター社の一九〇〇年代の福利厚生スタッフが、その好例である。一九〇一年にマコーミックに採用される前のガートルード・ビークスは、シカゴ市民連合という地方的社会改良組織で働いていた。ジェーン・アダムスの親友の一人であった彼女は、シカゴのセツルメントハウス運動の熱心な活動家だった。ビークスがマコーミックの福利厚生担当者として勤務中に、同社は労働者の教育文化機関の管理者としてヘンリー・ブリュエーアを採用した。ブリュエーアは以前、ボストンのセツルメントハウスの活動家だった。彼は後年、ニューヨークの都市改革運動の指導者となる。この期間にYMCAはハーヴェスター社の諸工場の敷地にいくつかの施設を開設したが、一九一一年にはクラレンス・J・ヒックスがYMCAでの職を辞してハーヴェスター社の福利厚生部門を主宰した。

こうした共通根からひとつの専門職的サブカルチャー、相互の接触のネットワークが育っていったのである。福利厚生担当者は自分たちの活動についての情報を交換し、お互いの工場を訪問しあった。彼らは教育クラスもつくった。たとえばグラハム・テイラーは、セツルメントハウスのシカゴ・コモンズで福利厚生に関する課程を教えた。地元の会社からきた生徒たちが労働者災害補償、工場労働安全、協同組合、労働組合の講義を受けた。新しい社会事業学校とビジネス・スクールも福利厚生の課程を提供しはじめた。(48)

いくつかの外部組織が、福利厚生運動をより専門職業家主義の方向へと後押しする役を果たしていた。そうした団体のひとつが、産業の福利厚生の推進を願った一人の聖職者と一人のソーシャルワーカーによって一八九〇年代に組織されたアメリカ社会奉仕協会(AISS)であった。『ソーシャル・サーヴィス』と題する雑誌の刊行に加えて、この協会は調査のライブラリーを運営して依頼会社の利用に供した。もっと大きくて世評も高い団体である全国市民連盟(NCF)は、一九〇四年になって福利厚生部を開設した。この部は会員企業に福利厚生の技法を助言し、数多くの出版物を公刊し、福利厚生担当者たちがこの分野での最新の技法や動向を討論する会合を定期的に開催した。その部の長についたガートルード・ビークスは福利厚生担当者の就職斡旋までも組織した。(49)

このような専門職化の高まりは、福利厚生の複雑性の増大に起因する。世紀の交替以前には「万人に命と温情を注ぎ込む」ことができる「広く深い宗教心を持った」人なら誰でも鉄道YMCA担当者になることができた。しかし福利厚生プログラムがますます複雑精巧になり、サーヴィスが格段に多様化するにつれて、YMCAはより高いレベルの資格を要求しはじめた。第一次大戦時までに七〇〇名以上の担当者がYMCAの鉄道と産業の福利厚生に従事するようになっていたが、彼らは、全国本部の多数の技術スタッフの援助を得て、ハンドブックを用意し、ニューズレターを出し、担当者やそのほか産業サーヴィス事業に関心を持つ人々のために会合を催したりした。会議は地方ごとの拠点で開かれたほか、ジョージ湖シルヴァー湾にあるYMCAの大きな施設でも開かれた。この施設は福利厚生担当者たちの訓練センターとしても利用されていた。(50)

福利厚生は次第に専門的熟達と特殊な力能を要求される分野に変わっていった。温情主義をいかにして専門職業家主義に溶かし込むかについてソーシャルワークのモデルを利用しながら、福利厚生ワーカーたちは従業員問題を確認し、これを治療する体系的な方法を開発していった。ソーシャルワーカーと同じように、彼らは大学で家政学、心理学、社会学の課程をとった。従業員のモラールを築き苦情を解決する、つまり「人間関係」に特別の力能を持つという売り込みが、経営位階組織のなかでの彼らの地位の正当化をもたらした。ある文筆家の言によれば、福利厚生ワーカーは「しっかりした判断力、思いやりある分別、さまざまな人間を扱う手腕、そのほか工場全体の調和を促進するに役立つ諸性質を持つ男女」でなければならなかった。(51)

だが、福利厚生担当者たちは決まって生産管理者と職長の抵抗に出会った。それらの人々は自分の領域を侵すものを恨み、また多くの雇主と同じように、人間向上活動が生産性と忠実性を高めるということに疑念を持っていたのである。ガートルード・ビークスがインタナショナル・ハーヴェスター社で出くわした工場監督者の敵意は、結局、彼女の辞任の原因となった。コストとスピードにだけ関心のある生産現場の男たちにとって、福利厚生などは甲高いたわごとにすぎなかった。

もし福利厚生活動が集中化され、そして福利厚生ワーカーの権限が特定の部門に付与されていたら、ほかの管理者たちとの摩擦も減じえただろう。ナショナル金銭登録機やウエスチングハウス・エア・ブレーキは、最も早くに機能的福利厚生部を設立した会社に属する。一九一五年までには福利厚生を取り上げる大企業の多くがそのような部門を創設していた。USスチールが一九一一年に組織した安全衛生福祉局は全系列会社の福利厚生を体系化し、標準化する権限を担った。シンシナティ製粉機械会社の従業員サーヴィス部は会社の食堂、レクリエーション活動、医療部門、諸給付金に責任を持った。とはいいながら、これらの福利厚生部は少数の注目すべき例外を除いて、雇用管理の主要領域に立ち入ったものはなかった。[52]

ナショナル金銭登録機会社の実験

そうした注目すべき例外のひとつが、一八九〇年代にレナ・ハーヴェイの指揮下で積極的な福利厚生制度の運営に乗り出したナショナル金銭登録機（NCR）の事例である。NCRの活動は、従業員クラブハウス、医療サーヴィス、共済会の類から図書室、劇場、合唱団に至る全面で展開された。ただしハーヴェイは、雇用に関係することにはほとんど口を挟まず、会社の職長に統制を及ぼすことをしなかった。[53]

この進歩的な福利厚生プログラムと全く対照的に、同社の真鍮鋳造職場はマクタガートという名の、粗暴で人使いの荒い職長の専横の下で操業されていた。彼は「折にふれて彼ら［鋳造工］を呼び集め、彼らを相手に演説をブチまくった。話の中身はもっと仕事をしろということで、仕事をもっととしかいうことを知らないみたいだった」。鋳造工たちは一八九七年、九九年、一九〇一年と組合を三度組織したけれども、マクタガートは組合の指導者と一緒に組合員も解雇してしまった。しかし最後の場合、鋳造工たちはNCRと協約を結んでいたほかの二〇組合のなかの一部組合と連帯してストライキに入った。その報復にNCRの華麗なるオーナー、ジョン・パターソンは、企業の全労働者二三〇〇人をロックアウトしてしまった。長い厳しい争議の後、組合のいくつかは解決に合意したが、鋳造職場はオープンショップで操業を再開した。会社はマクタガートに長期の「休暇」を与え、レナ・ハーヴェイを解雇し、チャールズ・U・カーペンターを長とする新しい労務部を設置した。[54]

労務部はNCRに現存した福利厚生プログラムの運営を継続した。ジョン・パターソンと同じくカーペンターはハーヴェイ女史の始めた仕事を評価しており、「昔の〝個人的触れ合い〟を回復する何らかの試みなしには、従業員のなかに雇主に対するどんな好感情も育成不可能に見える」と書いている。しかし、カーペンターは福利厚生をはるかに超えて労務部の範囲を広げ、労務部のなかに雇用課と記録課という新しい二部局をつくり出した。一九〇四年までに労務部のスタッフのうち、福利厚生に割り当てられるのは半分以下になってしまった。

二度とマクタガートが現れぬ保証として、新しい部局はかつて会社の職長によって遂行されていた活動のいくつかを担当した。第一に、雇用課は従業員たちを採用する権利を手にした。また時間票やパンチ時計を利用して遅刻欠勤を記録しはじめた。課長のH・A・ウオーマンは熟練労働者の採用に注意を集中した。彼らのことをウオーマンは、「工場組織の基幹、……最も注意ぶかく採用さるべき者」と呼んだ。採用決定に際してウオーマンは、前の雇主からの(おそらく応募者の組合志向についての)秘密情報を利用した。「雇主はこの点では自分たちの利害が相互的であることを理解しはじめている」と、彼はいっている。第二に、労務部は賃金を管理し賃率の不公平を調整する職長の職務を受け継いで、「正しく科学的な賃金制度」を設立しようと試みた(この企業の従業員の七〇%は出来高作業で働いていた)。第三に、カーペンターは彼の事前の同意なしに何びとも解雇されてはならぬと要求した。そのうえ従業員は自分たちの解雇について労務部に訴えることを許された。最後に、カーペンターは労働者と職長の紛争を調整する権限を自らに与えた。

職長こそが「人間を取り扱う最良の方法」を訓練さるべきだ、と悟ったカーペンターは労働者の苦情を討議し、雇用上のさまざまな事項へのNCRの政策の概略を説明する職長との週例会を開いた。会社の労務政策という概念自体が大いなる革新であった。「職長はそうした事項に関して自分の政策を採用し、自分の規則を実行することを許さるべきではない。彼は会社が設定した線に沿い、一般的政策との調和の下に働くよう強制さるべきだ」とカーペンターは考えていた(55)。

つづめていえば、カーペンターは採用・解雇にひとつの集権化されたシステムをつくり出し、規則と苦情処理手続きを成文化し、福利厚生の全体を「公正で実際的で教育ある熟達者」(彼は不遜にも自身をそのように描いた)に監督される単一の管理部門に統合することによって、NCRの伝統的雇用慣行を改変した。こうした改革は雇用管理の大変化の兆候だった。その改革は労働組合がマクタガートのような職長から組合員を保護するため築き上げてきた装置の多くを取り込み、それによって組合を切り崩したのだった。

「厄介事を阻止する好機は、その始まる前である」というのが労働関係に関するカーペンターの哲学であった。彼は職長の自治権制限によって、マクタガートが引き起こしたようなストライキに対する将来の保険としたのである。彼は賃金の不公平の是正によって、NCRにおけるストライキのもうひとつの原因を除去した。しかし、カーペンターは組織労働者の友ではなかった。一九〇二年にガートルード・ビークスがNCRを訪れた際、カーペンターは彼女に、自分は「社会主義者を含め、勤務態度の不都合な」労働者のリストを「除草のため」常備している、と語っている。ストライキを誘発することなしに「明日にも」NCRをオープンショップにしてみせる、と彼は豪語した。実際、一九一三年までに、一八九〇年代にNCR内で活動していた二〇組合のうち、なお活動しているものはひとつとしてなくなっていた(56)。

第一次大戦前、NCRの方式はほかの会社に比べて抜きん出たものだった。ほとんどの会社で福利厚生部は決して企業内の主要部局と並び立つものではなく、むしろ保守的でコスト意識の強い製造部門に従属していた。多くの点で先導企業だったインタナショナル・ハーヴェスター社においてさえ、一九一八年に至るまで福利厚生部は機能上の自治を確立していなかった。その結果、大戦前の大多数の福利厚生部は、採用、賃金決定、訓練、雇用保障、組合との関係といった事項に関する統制力を持っていなかった。ある評者の言によると、そうした会社のなかで福利厚生担当者は、

いまだ会社の運営組織に同化されておらず、会社の労務政策決定にほとんど権威を持たない。彼は産業経営の通常業務以外の事項を主に取り扱うのであって、仕事中の人々というよりは仕事から離れているときの人々と主に付き合わなくてはならない。

要するに、雇用分野に立ち入る独自の権限と委任を欠いていたので、福利厚生部は職長の駆り立て方式をほとんど抑制できなかった。駆り立て方式は一八九〇年代のNCRでそうであったように過度労働の温情主義と共存し続けたのである。[57]

にもかかわらず、福利厚生は会社内の特有の役割を体現していた。労務管理が専門家の職分となり、労働に関連する政策が合理的管理の対象となりはじめた。福利厚生部の創出は、企業の短期的な生産重視に従属せず、従業員のモラール維持に値をおいた雇用政策を展開する、その始まりを印した。この意味で福利厚生は、体系的管理と並んで、人事部創設への組織上の先駆けをなすものであった。しかし、人事管理のルーツはこの二つの動きのなかにだけあったのではない。それは産業の外に形成されたほかの動きのなかにもあったのである。

第三章　職業指導

世紀の交替を挟んでの四〇年間、産業教育運動が、社会政策の手段というそれまでなかった点で学校に世間の関心を向けさせた。産業教育の提唱者たちは、学校と経済のより緊密な連携が、到来しつつある産業都市社会のストレスと緊張を効果的に除去することを可能にするであろう、と主張した。彼らは多くの社会問題、すなわち貧困、政情不安、疎外、労働倫理の歴然たる低下などが、古い価値や習慣と新しい技術的要請との間の衝突に由来するものだと信じた。彼らの見解によると、ヨーロッパから持ち込んだ有害な思想や行動様式に救いがたく染まっている移民の労働者階級は、産業主義の厳格さに適応できないでいる。しかし移民の子供たちはもっと幸福でより秩序ある将来への鍵を持っているはずだった。

産業教育のキイ概念は職業(vocation)である。これは、産業教育がほとんど常に生徒たちを手工職に訓練しようとしていたことを別にすれば、キャリアとか天職《コーリング》と同類の言葉である。教育者たちは、適切に選択された職業は、専門的なキャリアの持つ安定的な効果をなにか身につけさせることにより、労働倫理を高め犯罪や労働不安を防止するであろう、と期待したのだった。産業教育の理論は率直である。学校は、生徒たちを彼らの興味や能力に適した職業に導き、その職業のために訓練するところと想定された。だがこの単純な考えの背後には、学校を社会的統制の一機構として利用しようという強い衝動があった。職業指導は、心理テストやカウンセリングを通じて、労働者階級の子弟に専門職業《プロフェッショナル》よりは手工職《マニュアル》を選ぶよう仕向けた。かくて職業指導は、労働市場における彼らの宿命的な地位を用意したのである。

しかし職業教育と職業指導にはもうひとつの、もっと慈悲ぶかい側面もあった。それは、貧困と失業の減少を意図する向上運動の一形態であった。教育者たちは、都市のゲットー出身の子供たちに、不熟練職務で断続的に働くより安定したキャリア的な職務に就けてやりたい、と考えていた。子供に職業を与えるということは、良い仕事——事実上、常に手工職ではあるが、にもかかわらず尊敬に値する職——に就けてやること、を意味した。一部の教育者はそこからさらに進んで、学校が若年労働市場の調整役を果たすべきだ、雇主は職業技法を取り入れて若い卒業生に良い仕事を用意すべきだ、とさえ主張した。そうして、職業指導に熱狂したかなりの数の人々が、自分たちの努力の主眼を学校から移して、むしろ産業の雇用改革のほうに向けていった。職業主義者《ヴォケーショナリスト》たちは人事管理の最も積極的な提唱者の一群となり、この新しい専門職業に従業員選抜とキャリア開発への恒常的関心を注ぎ込んだのである。

つまり職業指導は、福利厚生や科学的管理とは非常に違う経路をとって人事管理に向かったのである。福利厚生と科学的管理は、工場の内部で、企業規模の拡大に伴った無秩序とか個性や人格の喪失といった本質的に私的な諸問題に対処するために発生したものだった。これと対照的に職業指導は、広い社会的関心に応えるために公共的領域のなかで発生し、後にそれらの関心の多くが私的雇用慣行に影響していくことになったひとつの運動だったのである。

1　手工訓練と職業教育

合衆国が一八八〇年代および九〇年代に工業の時代に入るにつれて、公立学校が教育者、実業家、社会改良家などさまざまなグループから浴びせられる砲火は激しさを増した。共通する批判は、学校が経済と社会の急速な変化に歩調を合わせていない、都市産業的国家への移行を容易にするために、学校が近代化されねばならない、ということである。そこで広く関心を呼んだひとつの革新が、手工教育あるいは「手に職をつけること」だったのである。

手工訓練《マニュアル・トレーニング》は、分業の発展につれて急速に消滅しつつある前産業時代の熟練職人を理想化していた。よく働き広い教育を受けた神話的ヤンキー職人が、手工訓練運動が継承したいと望む、かつての時代の価値の人格化であった。もし子供たちが伝統的な熟練職種を仕込まれたら、彼らは勤勉と倹約を身につけて自分の仕事に誇りを持つことを学ぶだろう、と提唱者たちは感じていた。この信念の基礎にあった教育理論は漠然としたものである。自分の手で勤勉に働くことと、その人の心と徳性が開発されることとのほとんど神話的結びつきを想定していた。本質においてこの運動は、社会の道徳的基盤としての労働倫理の再確認を意味していた。ある教育者が一八九三年に書いているところによれば、手工実技訓練は「整理、正確、順序、徹底の習慣」を習得させ、「その習慣は、判断力、意志、良心を鍛え、あらゆる方向で良い仕事へ向けての刺激を提供する(1)」。

手工訓練は誰にとっても何らかの意味があった。教育学の先生はそれが学校をもっと実際的なものにし、まる暗記のような時代遅れの教授法を除去するだろうと考えた。雇主は好んで労働倫理を強調し、手工訓練に熟練労働者の供給増加を期待した。社会改良家はそれを近代工場の労働の疎外を解消し、貧民を向上させ、浮浪と怠惰を減らす手段と見たのである。

労働倫理とこれに関連する諸価値は、少年たちが木彫り、金工、陶芸、園芸などの技量を学ぶことによって回復さるべきものである。少女たちは裁縫、料理、洗濯を躾られるべきである。特殊な市場的価値ある熟練よりは、むしろ「万能」熟練が強調された。製造業者たちが機械製図や工業デザインのようなもっと実際的教科も入れるべきだと要請してから、それらは一部のカリキュラムに取り上げられるようになった。とはいっても、一般的に手工教育カリキュラムは、生徒たちを産業の特定の職位のために指導するというよりも、あくまで伝統的職業が持つ広範な熟練、構想と実行とが統一されているような熟練の復活と維持を目指していたのである。

手工訓練を改善しようという衝動は、個人を変えることによって社会問題を解決しうるという信念に基礎をおいていた。一部の主唱者はイギリスのジョン・ラスキンとウイリアム・モリスの指導に従って、手で学ぶことのなかの美的、反産業的要素を強調した。ラスキンとモリスは仕事のなかに労働の尊厳と創造への衝動を回復させたいと望んだ。彼らは手工訓練を職人ギルドの社会主義的共同体への序曲と見たのである。だが、合衆国の手工訓練の主唱者の大部分にとっては、そうした人間解放の潜在力よりも、貧困、放縦、怠惰といった病弊を治療しうる仕事関連の価値の継承が重要であった。口では手工訓練がすべての児童に適しているといいつつも、実際には都市労働者階級の児童たちと、労働倫理の良薬が必要だと考えられる南部の黒人やインディアンのようなグループに照準が合わせられていたのである(2)。

手工訓練には、しかし、たくさんの欠陥があった。なかでも主要なものは、職業的な適応に限界があったことである。「万能」熟練職種の多くが、技術変化と労働の特殊化の進展によって消滅しつつあった。産業が熟練労働を必要としなくなった、というのではない。実際、一八九〇年以後、とりわけ産業固有の熟練を伴う機械工、修理工、営繕労働者などへの着実な需要拡大があった。問題は、それが手工訓練教室で教えられている種類の熟練ではなかったことなのである。

企業立学校

この欠陥へのひとつの対応が企業立学校《コーポレーション・スクール》だった。一九〇〇年から一五年にかけて多くの大企業は、熟練労働者への需要を満たすのに公立学校や労働組合の徒弟教育制度に頼らなくともよいようにと、自分たちの私的な訓練学校を設立した。一九一三年にはそうした会社の一群が全国企業立学校協会(NACS)を創設し、一九一八年までに一四〇以上の加盟企業を擁していた。NACS会員のうちの最大グループは、鉄道、機械、金属加工の諸企業だった。企業内学校はまた事務労働者や技術労働者の訓練にも利用されたから、NACSの加盟企業には少なからぬ数の公益企業、百貨店、銀行などもあった。(3)

企業立学校は労働者に一般的な職業技能を与えたから、急速な労働異動と競争企業による訓練したての従業員の引き抜きがすぐに重大な問題となった。ゼネラル・エレクトリックのリン工場では、そこでの技能訓練修了者の四分の一以下しかその事業所に残らなかったし、ほかのNACS会員も卒業生をとどめることで同様の困難にぶつかっていた。経済学者ポール・ダグラスの言によれば、「雇主は次の問いに直面した。労働力の移転的性格を考えれば、若い労働者を訓練することは[産業にとってではなく]自分にとって割に合うのか?」。(4)

熟練労働の供給増加をまずは意図したことで、企業立学校は強力な反組合の攻撃力をも持っていた。自分を訓練してくれた機関に忠誠を尽くすだろう熟練労働者の陣営の構築によって組合を弱めることができる、とNACS加盟企業は考えた。ゼネラル・エレクトリック社の訓練担当者マグナス・W・アレクサンダーは、「産業のなかで産業の意思によって訓練される若い労働者が、もし適切に訓練されるなら、彼らの雇主に対する、また一般に産業の雇主に対する忠誠心を啓発されることは理の当然である」と評言している。(5) 労働組合は常に組合への忠誠と組合の仲間たちへの尊敬を、彼らの徒弟訓練の重要な部分としてきた。企業立学校はこの訓練機能を組合から取り上げることにより、訓練生に「組織の理念と規範」を教え込み、「仕事に対する正しい態度を注入する」ことを目指した。卒業生たちはしばしば職長になっていき、また企業への忠誠を当然視する従業員になっていった。[6]

もっと規模の小さい会社も、熟練労働者の不足や徒弟制度への組合の支配にはひとしく関心を持っていた。しかし、自前の私立職業校を設立することは許される話ではなかったから、彼らは職業教育への公共基金を要求しはじめた。職業教育への最も強力な私的支援は全国製造業者協会(NAM)からのものであった。これは一八九五年に設立されたオープンショップ雇主の協会で、会員は、ヨーロッパ、アメリカの大企業との競争激化に脅威を感じていた中小企業家たちであった。NAMは世界市場でドイツが優位を増しつつあるのはそこでの公共職業学校制度のせいだとして、アメリカの公立学校に同様の職業教育を要求した。一言でいってNAMは、手工訓練が地元雇主の特殊な必要にかみ合う職業教育と置き換えられるよう求めたのだった。[7]

職業教育

多くの教育者たちがNAMの立場に共鳴し、学校がもっと緊密に生産過程に統合さるべきだという点に同意した。一九〇六年に産業・技術教育マサチューセッツ委員会から出されて反響を呼んだ報告は、手工訓練を「いかなる産業目的にも関連することなき」、「からし風味か前菜の一種」だとこきおろした。また別の批判者はいう。「手工業手工訓練の提唱者たちは「労働の特殊化を伴った現代大規模生産の現実を直視すべきである。……彼らが手工業時代の言葉で考えるのをやめるのが早ければ早いほど、価値のある教育制度をつくり出すチャンスはそれだけ大きくなるであろう」。[8]

市場性ある熟練へのこの新しい強調は、手工的熟練の時代が本当に終わったという現実認識を反映していた一方、また教育の目的がより実用的かつ市場志向的な見地へ移行したことを示してもいたのであった。歴史家たちはこの点を、世紀の交替以降、教育者が「伝統的な生活の仕方を守ることへの関心を薄め、より効率的な産業の行程に水路を開き、合理化し、そうした産業をつくり出すことへの関与を強めるように」なったと記述している。

教育者たちは、無駄、コスト効率的教育、学校管理の重要性、なかんずく教育の経済的便益などと、実業家や産業技師の口調で語るようにさえなった。「産業は」、と全国教育協会は一九一〇年にいっている、「教育にとって基礎的かつ恒常的な意義を持つものである」。[9]

とはいえ、職業教育は実業の価値と優越を学校教育に注入する以上のものだった。それはハイスクール入学者の急増への対応でもあったのである。一八九〇年代までは、労働者階級の子弟が小学校から先へ進学することはめったになかった。この小学校では、階級や生い立ちに関係なく、みな同一の教育を受けた。そして実際このコモンスクールが、ヨーロッパの階級分けされた学校にアメリカ民主主義の対置したものだという、宣伝がなされていた。そのころのハイスクールは大学予科であって、少数の比較的富裕な子弟だけに向けて教育をしていた。ところが一九二〇年代初めまでに、入学者の増加がそれを「階級」制度から「大衆」が参加する制度へと劇的に転換させてしまったのである。[10]

この奔流は教育者にひとつのディレンマを提起した。コモンスクールのイデオロギーに従えば、ハイスクールの新しい生徒も、ほかの生徒と同じアカデミックな教育を与えらるべきである。しかし多くの教育者は、新しい生徒たちが歴史や文学の勉強にむいているとは信じなかった。彼らは「技能者気質」なのだといわれた。ジョン・デューイでさえ、それらの人々のなかに「目立って知的なものは支配的ではない」と認めていた。そのうえ、ハーヴァードのチャールズ・エリオットが指摘したように、「明白かつ蓋然的運命」が非技能職から彼らを遮っている以上、アカデミックな教育は彼らに無関係だと考えられたのである。[11]

職業教育の支持者たちは、職業学校の分離がコモンスクールの民主主義の原理に矛盾することを鋭敏に自覚しつつ、平等のエートスを逆さにしたのであった。彼らは、すべての生徒に同じ教育を施すことは不公平だという奇妙な議論を立てた。共通カリキュラムは大学進学者だけのために設計され、ほかの生徒の必要に合致していないから差別的だ、というわけである。「技能者気質」の生徒たちは、勉強が自分たちに無関係で理解できないことを知って中途退学を余儀なくされる。『わが校ののろまたち』の著者レオナード・P・エイアズは高い退学率を、学校が「優等生の力量に合わせられている。平均的な生徒の力量を超え、遅れた者のそれを遠くはるかに超えている」という事実に帰着させた。

ジョン・デューイのような少数の批判家は、狭く構想された職業教育が「宿命を強制する封建的ドグマの達成手段」になってしまいかねないことを警告していた。しかし、大部分の教育者はこの危険性に無頓着で、職業教育は自然の苛烈な現実に忠実なのだから民主的であるはずだと信じて疑わなかった。社会ダーウィン主義者が好んで指摘していたように、子供は等しい天分を持って生まれてはいない。チャールズ・エリオットはいう。

民主主義はすべての人々の一様であることを意味するか？　すべての児童が等しきことを意味するか？　然らざることは万人の知るところである。同じ家庭、同じ遺伝質、同じ環境の児童たちがしばしば性向と資質において驚くべき多様性を示すことを誰もが存知している。もし民主主義がすべての児童を均等にせんとの試みを意味するというならば、それはまた自然への刃向かいを意味し、その闘いで民主主義が敗退することは確実である。[12]

エリオットが特権維持にこだわったとすれば、他方、多数の社会改良家と児童福祉活動家が、職業教育は社会の流動性《モビリティ》を高めるという信念からこれに加担した。この信念を根拠づける実証が一九〇六年、若い社会学者スーザン・M・キングズベリーの研究、産業教育に関するマサチューセッツ報告において提示されている。キングズベリーの調査は、同州の学校に通っていない一四歳から一六歳までの子供たち二万五〇〇〇人を対象とした。この年代は「子供の人生のなかで浪費された年代」である。というのは子供たちは学校を去り、使い走り、紡績職工、手伝い、波止場人足といった、「望ましい職業への発達や向上を許さず」、「気まぐれな性格に結果する」悪しき労働習慣を育て、時折は不道徳な感化を与える「袋小路」職に就くからである。「子供が一六歳か一七歳になったときに、彼あるいは彼女は再び底辺からやり直さねばならない」。こうした学校ドロップアウト組のなかから、次々に職を替え、失業や労働異動や貧困に貢献するような労働者、「流れ労働者《フローター》」が出てくるのである。

キングズベリーはこの高いドロップアウト率をもって学校を批判した。彼女が説くには、もしこれらの子供たちが学校にとどまるよう誘導さるべきだとすれば、彼らには「もっとアカデミックでない学習」と、もっと「実際的訓練……や産業問題に応用されるアカデミックな学習」が必要であり、そうすれば良い仕事＝職業を手に入れるのに必要な「知性と責任能力」も身につくのである。(13) キングズベリーは貧困や情緒不安定を個人的性格的なものよりは従事している職業の特性に結びつけたことで、多くの同時代人から抜きん出ていた。しかしながら、彼女の解答は伝統的なものだった。すなわち彼女もしくは彼女に職業教育を与えることによって個人を変えしめよ。彼女は労働市場の直接の改革には、なんら言及するところがなかった。

こうして職業教育は、生徒たちを最悪の仕事から救出し、マクガフィ［教育家 W. H. McGuffey の編集で一九―二〇世紀初頭に読み書きを教えるために発行された児童書のシリーズ――訳注］の読者になったり陶芸教室の生徒になることからではなく、産業構造のなかで自分の居場所にもっとましな感覚を持てるようにしてやるという範囲での改革運動であった。しかし、その提唱者たちが学校をあまりに密接に労働市場に編み込もうとしたので、大部分の労働者階級の子弟は非技能的職業に就いたり大学に入学する機会を得ようという発想を持ちえなかった。ここでは、教育者たちは、社会階級の違う子供たちが生来の資質や能力も非常に違っているという先入観によって動かされていた。しかし、どのようにして彼らは生徒たちが自分に適した課程や学校を終えたと確かめることができたのか。子供たちに本人とその両親が欲したものを与えるのは民主的だったが、そのために彼らが何を必要としているのか告げてやるのは民主的でなかった。子供に選択を許すが、しかしまた彼らの選択を、必要についての教育者たちの認識と一致させる、あるメカニズムが要求されていたのである。

2 職業指導の起源

一九〇一年、ボストンのノースエンドにシヴィック・サーヴィス・ハウスというセツルメントハウスが開設された。初代所長マイヤー・ブルームフィールドはニューヨークのロワー・イーストサイド育ちで、そこで大学セツルメントの教室に入り、先頃、ハーヴァード大学を卒業したばかりであった。ブルームフィールドは、まだ長屋に住んでいる移民たちに責任を感じ、彼らを自分がニューヨークを離れて以来入り込んだ世界にもう少し近くまで連れてきたいと思った。彼は単なる社交的・娯楽的プログラムでなく、教育と地域の組織化に力を集中するセツルメントハウスを提案した。[14]

ブルームフィールドの提案は、大学の成果を労働者階級に持ち込む知識人によって階級間に橋を架けようという、イギリス流のセツルメント・モデルに影響されていた。イースト・ロンドンにあるトインビーホールの創始者であったサミュエル・バーネットは、スラムのセツルメントハウスをカレッジ仕立てに改造しようとした。トインビーホールは、一つの四角い中庭、菱形枠の窓、各ホールがカレッジの紋章で仕切られた一つの食堂を持つことになった。このセツルメントは近隣の政治活動の拠点になるだろうとバーネットは考えた。居住者たちとセツルメント活動家が協力して地域の改善を迫り、地方政治への代表参加を求めようというわけである。彼はこの考えを「実際的社会主義」と呼んだ。

シヴィック・サーヴィス・ハウスは、ボストンの富裕な慈善家で著名な生物学者の息女クインシー・アガジズ・ショー夫人の資金で設立され、ハーヴァードやボストン大学などの近隣のカレッジからきた大学生が教える英語、アメリカ政治、歴史の夜間教室を開いた。[15] このセツルメントは地域の政治活動にも参加した。リベラル派実業家、社会改良家、隣人運動組織の連合であるグッド・ガヴァメント協会(地元のジョークでグー・グーズとあだ名された)に所属し、ジョン・フィッツジェラルド市長の退陣要求運動や「主権を人民におく」ための選挙法改正運動に参加した。市政改革活動ばかりでなく、シヴィック・サーヴィス・ハウスは地方労働組合の集会場所としても利用された。ブルームフィールドとその助手フィル・デイヴィスは、被服産業その他にいくつかの地方労働組合を組織し、同じく婦人労働組合連合を結成することに力を入れた。一九〇三年にAFLがファナルホール［ボストンの公会堂——訳注］で大会を開催したとき、フィル・デイヴィスは、この連合組織の構想の概略を説明し、メアリー・モールトン・キーヒューを初代委員長に選ぶために、ウイリアム・イングリシュ・ウオーリングとメアリー・オサリヴァンをシヴィック・サーヴィス・ハウスに案内した。[16]

セツルメントハウスの活動家たちは労働運動に好意的に受け入れられはしたが、労働者の指導者たちは折にふれて、行動より調査に興味を持っているといって彼らを非難した。頻繁に浴びせられたもうひとつの批判は、仲裁が入るとすぐストライキを止めようとする、ということである。中間階級出身のほかの専門職業家にも共通するが、セツルメント活動家はグラハム・テイラーがいったように、自分には「間に立って正義の立場で和解を試みる」特別の責任があると感じていた。マイヤー・ブルームフィールドは、親友でシヴィック・サーヴィス・ハウスの支持者A・リンカーン・フィレーンやルイス・D・ブランダイスとともに、ニューヨーク胴着製造工の一九一〇年の激しいストライキの解決に影響を与えた和解手続きの策定に協力した。この和解手続きによって、組合と使用者団体が当事者間で解決できない労働者の苦情を処理する仲裁局が常設された。[17]

シヴィック・サーヴィス・ハウスの第三の人物はラルフ・アルバートソンで、彼は社会改良家フランク・パーソンズの協力者であり、かつ親友だった。一九〇四年、フィル・デイヴィスはトインビーホールの労働者インスティテュートをモデルにして、シヴィック・サーヴィス・ハウスに労働者カレッジを設立することを決めた。アルバートソンはパーソンズの賛成を得て、二人して「勤労者大学」(Breadwinners' College)を組織した。それは一九〇五年、シヴィック・サーヴィス・ハウスで開校の運びとなった。

フランク・パーソンズ

フランク・パーソンズはまことにたぐいまれな人物だった。一八五四年に生まれ、土木技師として訓練を受けたが、法学教科書の著者として身を立てていた。この業績で彼はボストン大学ロー・スクールに職を得、そこで学生のマイヤー・ブルームフィールドを教えた(パーソンズは急進的すぎるということで、それまでこの大学の経済学部での地位は拒否されていた)。アカデミックな仕事に加えて、パーソンズは改革の大義の疲れを知らぬ闘士であった。何冊もの暴露物を書き、そのなかで彼は電力、電信、鉄道など自然独占性ある産業の公有を主張した。この問題で彼は一九〇一年の合衆国産業委員会で証言している。市政改革の著名な専門家でもあった彼は市民発議権、法案に対する直接投票、直接選挙制〔党候補者を党員の直接選挙で選ぶ――訳注〕、婦人参政権などを求める二冊の本を書いている。進歩は「決して上流階級からは生まれない」とパーソンズは信じ、一八九五年のボストン市長選挙には急進党から立候補した。(18)

パーソンズは労働者問題にも同様に関心を示した。一八九三年の不況が起きると、彼は公共事業を通じての失業者の救済を求め、後には、従業員を「発電所の機械のおびただしい部品以上の物とは見ない」「独占家たち」に非難を浴びせた。一九〇五年、彼は「自己開発、高い市民性、高貴な人間らしさへのより大きな可能性」を導くであろうと確信する、八時間労働日を支援する全国キャンペーンを組織した。パーソンズは、自然独占性ある物は政府が所有・管理し、残りは「普通の人々」が労働者所有協同組合で運営するというユートピア構想を持っていた。誰もが最低賃金を支払われ、富は平等に分配され、人々は個人的な所得よりも名誉のために働くことになるだろう。パーソンズのユートピアの最終段階は、黄金律〔己の欲するところを人に施せ――訳注〕と友愛が普遍化する「家族主義」であった。

パーソンズはデブスのような急進的な社会主義者と自らとを峻別して、階級闘争よりむしろ平和的な改革を主張した。彼はニュージーランドの広範な社会福祉プログラムにとりわけ強い印象を受け、その国の社会民主主義を叙述した八〇〇頁もの本を書いた。かくしてパーソンズの多様な関心は、革新主義の改革案の主要点のほとんどに触れている。彼の著述や政治活動はジョン・R・コモンズやサムエル・ジョーンズ「黄金律」市長のような人々の称賛を受け、ルイス・D・ブランダイスとオリヴァー・ウエンデル・ホームズ・ジュニアの友情を獲得した。

しかし、その先見性ある考えにもかかわらず、パーソンズは聖人ではなかった。彼は多少とも人種主義者だったし、社会工学を通じて改革を達成しようというエリート主義的見解に賛同していた。「人生は構想しうるどんな形態にもつくり上げることのできるものだ」とパーソンズはいう。「君が思う人間というものの内容を書き出してみたまえ。……そして君が私に環境を統御する力と十分の時間を与えるならば、私は君の夢を肉と血をもって織り出してみせよう」。彼は、社会的向上と公共的事象に至誠を持つ人々の介入とを通じて変革がもたらされうると信じていた。彼は無制限の移民受け入れに反対したが、それはもしアメリカが「ヨーロッパから注入される……農奴の不浄の血との混交によって高潔な血を」失うならば、改革は頓挫するだろうと恐れたからである。この態度はアングロサクソン・ニュージーランドへの彼の執着を疑う余地なく説明している。(19)

勤労者大学の長になる前、パーソンズはイリノイ州のラスキン・カレッジの部長であったし、後にはミズリー州のラスキン・カレッジの設立にも助力している。両校とも、より高度の教育を労働者に与えようとのジョン・ラスキンの考え、後にランド・カレッジとブルック・ウッド・カレッジの創設を導いたのと同じ理念に鼓舞されたものであった。開設された勤労者大学は、歴史、公民、英語、経済学、音楽の夜間クラスを提供した。卒業証書は二年修了時に授与された。地元の大学から招聘された講師陣のなかには、哲学者モーリス・コーエン、ヨシュア・ルイス、そしてウオルター・リップマンという名の若いハーヴァード大学生がいた。

勤労者大学の学生は周辺コミュニティの若い移民たちであった。若干の者はブルームフィールドの後を追ってカレッジに入学し、後に社会的に尊敬される仕事に就いた。成功した卒業生のなかには地方判事、労働省職員などがいた。しかし、大部分はノースエンドのキャンデー工場や倉庫で見つけた袋小路職に張りついたままだった。[20]

一九〇六年、ボストンの経済クラブで「理想都市」について講義したパーソンズは、若者たちが職業選択について助力を必要としている、その選択は「仕事を求めてうろつく」以上のものであるべきだ、と述べた。マイヤー・ブルームフィールドはパーソンズの話に強く打たれ、彼をある地方夜間高校の卒業クラスのレセプションに講演者として招待した。「教授」の話を聞き、自分たちの計画を教授と討論するようにと、六〇人の少年がシヴィック・サーヴィス・ハウスの屋上ガーデンに招待された。[21]

職業選択に関するパーソンズの見解は一種の修正ダーウィン主義を反映していた。それは、個々人の生来の差異と職業構造に向けての自然淘汰という思想を、生態学的宿命からみて高すぎも低すぎもせぬ適所に個々人をはめ込んでやる積極的な社会的介入の必要性と結びつけたものである。パーソンズは初期の著作のひとつで書いている。

競走馬の調教や羊・鶏の飼育は、知的計画の達成しうる最高の完成度をもって遂行されている。ところが児童の教育と雇用は、なおほとんど旧来の場当たり的なやり方、すなわち生存競争と適者生存に委ねられたままである。……人々は自然が特に彼のために授与したところのことを行っているとき最もよく働くのである。労働者はもし関心や愛情や愛国心によって鼓舞されれば、自分の仕事にこうした関心と感情を持たない場合に比べてはるかに十分かつ豊富な成果を達成するであろう。……賢明な産業制度はしかるがゆえに、労働のどの断片にもこうした感情要因をつくり出し、材木や石材や鉄と同じように人々をその特性に最も適合したところにつけ、また時計や発電機や機関車に与えられるのと少なくとも同じ程度の配慮をもって、彼らを効率的な仕事のために陶冶し準備しようとするであろう。

この文章はパーソンズが熟達した合理的介入、すなわち「知的プランニング」を市場の働きよりも優位においていることを示している。「賢明な」産業秩序という彼のヴィジョンは、社会的効率性についてのテイラー主義者の想念に通じるところがある。すなわち、調和は人間という機械が適切な場所に配備されたときに達成されるのである。こうした観念が職業指導の知的な基盤をしばしばつくり出していた。つまり、個々人を「その本性に適合する場所」へ導くという、善意だが押しつけ的な行為である。[22]

学校と職業の選択で若者を指導するある種の世話機関が必要だという考えは、時代に合致していた。キングズベリー報告が一九〇六年に発表され、産業教育促進全国協会(NSPIE)も同年に創設されている。[23] 一九〇七年秋、パーソンズは、シヴィック・サーヴィス・ハウス内にボストン職業局を設置する計画をショー夫人に提出した。ショー夫人はこれを承認し、パーソンズを長とする職業局が数カ月後に開設された。ラルフ・アルバートソン(当時、フィレーン百貨店の雇用管理者として働いていた)とフィル・デイヴィスが副局長となった。職業局の理事名簿は、事実上ボストンにおける進歩的改革活動の人名録であり、なかにはリベラル派実業家であるヘンリー・S・デニソン、A・リンカーン・フィレーン、J・H・マケルウエイン、組合指導者のメアリー・キーヒュー、ジョン・トービン、教育家のポール・ハナス、ジョージ・H・マーチンらの名前が見られる。

独立部局となった開業初年度の職業局は、ハーヴァードOBから元銀行頭取に至る誰の相談にも乗った。とはいっても、相談にくる者の大部分はハイスクールの生徒かそれと同年代の若者たちであった。この初期の段階ですでにパーソンズは、職業指導の専門職化に関心を持っていた。職業カウンセラーになりたいと希望する者のために、彼は講義、調査、カウンセリング実習の教程を提唱した。パーソンズはいっている。この訓練期間が終わると、カウンセラーは、「若者たちの能力と潜在力をテストし、的確な判断、良識、科学的手法を応用し、……この使命にふさわしい洞察、思いやり、理解、示唆を持った適切な助言を求める者に提供する、そんな力量を持った専門熟達者」となるだろう。[24]

パーソンズのカウンセリング技法は、初期職業指導運動のひとつの標準となった。彼の方法の核心は個人面接であった。応募者は自分自身についての小文を書くこと、次のような質問の並ぶ広範な「自己分析」表に記入することを求められた。「私は私の妹が交際し親密になり結婚してくれたらよいと私が望むような種類の男でしょうか」。その後パーソンズはこの情報を「回答の各行に込められた意義を探る五要因を用いて」分析に利用した。この五要因を次の順序で列挙したこと自体が、彼の偏向を示唆している。すなわち、I、遺伝質と環境、II、気質と体格、III、容姿と性格、IV、教育と経験、V、主たる関心事。

職業選択の最終的決定は本人に委ねらるべきだが、カウンセラーは「本人が自分で賢い結論に到達するように問題に接近するのを助ける」ことができる、とパーソンズは考えた。彼の実例報告が、彼のカウンセリング技術がどんなふうに見事な洞察を備えていたかを示している。対象者は医師志望の一九歳の少年である。その少年は「ひ弱な見かけで、小柄で痩せていて、こけた頬、物憂い目、そして表情に乏しい」と描写されている。パーソンズはまず少年に、医者は健康で強壮であるべきだと君は思うかと尋ね、次に彼に告げる。「そして君は強壮ではない」。その後に一連の修辞的質問が続き、いちいちパーソンズが答える。いわく、「君には医者が持つべき愛想のよいマナーがない」、「握手をしたとき君の手は湿っていて不愉快だ」などなど。次いでパーソンズは二人の男を描写してみせる。いわく、一人は端麗で、懇切で、博識で、患者を紹介してもらえる多くの人々と知己である。もう一人はその少年に似ている。パーソンズに突っ込まれて少年は、自分が第一の男との類似性をあまり持っていないことを認める。それからパーソンズは決着をつけにかかる。「さて、君は自分が医者という職業で成功する良い機会を持っていそうだと本当に思うかね」。少年は回答する。「これまで私はこんなふうに考えたことがありませんでした。私は今わかりました。それは良い仕事でとても尊敬されている仕事です。私が欲しかったのはそういう仕事なのでした[25]」。

カウンセリングの「科学的方法」の重要性を強調しているうちにパーソンズは、自分の仕事の助けにする考案物を山のようにつくり出した。すなわち、職業別収入や雇用変化の統計分析、分析の様式、「人生設計への示唆」といった小冊子。彼は「感覚と資質をテストするために科学がなしうるすべての機能を」職業局に装備してほしい、との希望を表明した。ところがそのパーソンズは応募者を判定するのに簡単な心理テストに頼り、あるいは骨相学《フレノロジー》と握手にさえ頼ったのであった(26)。

煽り、操り、疑似科学への転落といったそのすべてにもかかわらず、パーソンズはなお職業指導に改良主義的情熱を吹き込む役割を果たしていたのである。彼はチャールズ・ズーベリン、ジェーン・アダムス、フランク・パーソンズといった著者たちに重点をおいた広範囲の読書リストを若い対象者たちに与え、自分たち自身を広範な歴史、経済、政治のなかで読みとるよう彼らを励まして、都会の若者の視野を広げさせようとしたのであった。同様に彼の改良主義者としての態度を示しているのが、カウンセリングは若者を日雇労働市場から脱出させて若い失業者を減らし、若い労働者が仕事の間を「漂流」するのを食い止めうるという彼の信念であった。「少年たちは一般に偶然の機会、手近さ、あるいは無知の選択によって、ある種の方向の仕事に流れ込むのだ」とパーソンズはいう。特定の仕事への少年の「適格性」を測定し、彼に「成功を保証するよく練られた計画」を与えてやることによって、職業指導はこのでたらめな過程に替わる合理的かつ一般にもっと人間的なものを提供するというのだった(27)。

学校における職業指導

一九〇八年にパーソンズが死去すると、マイヤー・ブルームフィールドが職業局を引き継いだ。一方、職業教育はマサチューセッツ全域のみならず、ほかの諸州にも広がっていた。その賛否を議論する論文が常時、新聞紙上に掲載された。公衆の関心や論戦がこのように高まった雰囲気のなかで、ボストンの教育長ストラトン・D・ブルックスは市の新設工業高校の入学者を選抜するのに、筋の通った合理的な方法を得たいと考えた。職業教育の効果は「選択の時期を一気に前へ移すこと」であり、「早期の明確なキャリア選択の必要性が職業指導を望ましいものとさせる」とブルックスは信じた。一九〇九年五月に彼は職業局の助力を得るために、エドワード・A・フィレーンに助けを求める手紙を書いた。この要請に応え、ブルームフィールドは即座に市立学校に職業指導を導入する計画を書き上げた。(28)

職業局の初期の努力は、職業カウンセラーとなるべき特別な教師の訓練に向けられた。初年度の終わりまでに同市の各小学校、ハイスクールに一人ずつカウンセラーがおかれた。ブルームフィールドと彼の仲間は生徒、教師、親、雇主と会って、職業指導カウンセリングの目的と便益について説明した。小学校卒業生には、そこから職業高校の生徒が募集されるので、特別の注意が払われた。

学校における職業局の活動は、ブルームフィールドの広報活動のせいもあって、すぐに全国に知れ渡った。一九一〇年にブルームフィールドは、ボストン商業会議所の協賛を得て職業指導に関する最初の全国会議を組織し、この会議はNSPIEの年次大会の日程に合わせてボストンで開催された。ブルームフィールドは一九一二年にニューヨークで二度目の全国会議を組織し、一三年にはグランド・ラピッドで第三の会議を組織した。グランド・ラピッド会合で、職業指導を推進する全国組織、全国職業指導協会(NVGA)が創設された。その後、長年にわたりNVGAの大会はNSPIEと合同で開催された。このことは職業指導と職業教育の緊密なつながりを映し出している。(29)

前任者のパーソンズと同様に、ブルームフィールドは職業カウンセリングの専門職化に熱烈な関心を持っていた。彼は一九一一年にハーヴァード大学で、「若者たちに適切な助言をすることが現在要求されているという見地」に立って夏季コースを開き、続いてバークレイ、ボストン大学、コロラド、ニューヨーク教育大学で同種のコースを教えた。ブルームフィールドは「熟達した指導」の必要性を強調したが、またカウンセラーは生徒に職業を指示すべきでないとも警告している。カウンセラーはただ「示唆し、鼓舞し、協力する」ためにそこにいる

のだ、と。(30)

全国あちこちの都市で職業指導と職業教育は相並んで発展した。指導カウンセリングは生徒の尻を職業コースのほうに押してやり、その選択を両親に認めさせる手段となった。職業指導家大会は指導の「大きな目的」を、「公立学校が、卒業生各人に向いていそうな仕事に合う準備をするのを助けるとき、その役に立つ方法や資料をつくり出すこと」と定義している。あるカウンセラーの評によると、「指導機関は自動鋳造植字機のようなものであるべきだ。それはアルファベットの全文字のなかから、あつあつの一つ一つの活字を取り出し、それぞれをそれがはまるすべての場所のなかの一つの凹みに収めるのである」。だからカウンセラーの仕事のひとつは、生徒が教育を受ける目標を、もしそれが現実的でないようなら調整してやることであった。カリフォルニアのオークランドから来た教育者の観察によると、「かなりの程度で少年たちは絶対達成できない何物かを目指している。学校の機能は、まず彼らの志望を合理的に正してやり、しかるのち現在の職業訓練計画を施すことだ(31)」。

職業カウンセラーのもうひとつの仕事は、子供が単純に自分の興味や両親の希望で進まないよう制動をかけることだった。「親は通例として自分の子供のことを知らない」からである。ニューヨーク市教育局は、カウンセラーは子供たちに自分自身で結論を出すよう仕向けるべきだが、それはあくまでカウンセラーの指導があったうえでのことだ、と求めている。職業指導は「彼やその両親が、事態を自分で熟考し、子供の好みや可能性を研究し、何に彼が最も適しているかを決め、不可欠な準備と訓練を確保する確実な段取りを組むように導いてやること」を意味する、と教育局はいう。だからカウンセラーは、高度に巧みな圧力をいかにそこで行使するかを知らねばならなかった。

カウンセラーは自分たちの助言の権威を高めるために、科学に目を向けた。心理学の芽吹いたばかりの分野が、資質の多様性と遺伝性に関する実験的証拠と、個々人をクラス分けする科学的手法とを彼らに提供した。専門家たちは関心や能力を規定する遺伝と環境の相対的な役割を主張しながら、その一方で、職業への関心が安定的であることを承認する傾向があった。著名な精神測定学者エドワード・L・ソーンダイクは、児童の職業的関心が「思考と行動の違いに応じて関心の度合いも違うという面よりも、はるかに多く彼の本性に由来する永続的な事象である」と考えていた。彼がいうには、職業的関心とは「非常に大きく、現在と将来とにわたる資質や能力の徴候をなすもの」なのだった。

このように関心と能力が恒常的でかつ測定可能だとするならば、子供が何に関心を持ち、何に適しているか見極めるのにテストを利用できるはずだった。そしてテストの結果は、その子供と両親の前に差し出す議論の余地なき証拠となるだろう。教師たちにとって、テストが小細工や甘言より説得力があるということは教えられるまでもなかった。ソーンダイクが職業カウンセラーについて述べているように、

彼は自分の持っている抜け目なさ、駆け引き、政治的手腕など何でも利用できるかもしれないが、そんなものをいくら集めても、確かなことはこうだとか、これが最も良い方法だとか、これこれがその理由だとかいうことを、誠実でごまかしなく断言できる専門家がなすであろう特有の仕事を、こなすことはないであろう。[32]

テストをし、等級分けすることがほとんどの職業カウンセラーの主要な関心事となった。彼らは生徒を格付けする複雑な技術、精巧な記録保持制度、新しいテスト法を開発していった。今や職業指導は、科学であると同時に、「手工気質」の者をそれにふさわしい凹みに配分し、また彼らの志望を格下げする技法でもあった。ただし希には、隠された才能が発見されることもあった。

3　ブルームフィールドと改革派

職業指導運動の指導者たちの一部はテスト方式に懐疑的だった。マイヤー・ブルームフィールドは心理テストがカウンセラーにとって大きな利用性があるかどうかを疑っていた。「実験心理学は性向や適性を測ることができるほど十分に発達したものではない。職業局が実験室でも診察室でもないという事実を見失ってはならない」と彼はいっている。彼とその仲間は、指導は特定の職務やカリキュラムに子供たちをはめ込む以上のものであるべきだと信じていた。ブルームフィールドを先頭にしてこれらの改良家は、職業指導を、社会と産業の条件に子供たちを適合させるよりも、むしろその条件を変えていく手段として発展させようと試みた(33)。

ブルームフィールドは考えた。社会の信用と保障を獲得する闘いで、移民の子供は特別の苦闘を強いられている。彼の抱える問題はその両親によっては解決されそうにない。なぜといって彼らは日夜働きづめで自分の子供のための時間をほとんど持たないし、アメリカの諸制度について何も知らないからだ。それらの問題は手工訓練が教え込もうとしてきた自助と勤勉の伝統的スマイルズ主義的美徳〔「天は自ら助くるものを助く」――訳注〕によっても解決されえない。ブルームフィールドはいっている。「私的、個人的な努力」の倫理は、「どんなに価値があろうと現代の社会状況を的確に扱うことができない」。子供は特別な援助、指導カウンセラーからの後押しを必要としている。

ゲットーからハーヴァードへという自身の経歴が約束の地アメリカの社会的移動性の完璧な証であった、そのブルームフィールドは、ゲットーのなかでは「優れた天分を持つ者も持たぬ者も等しく、……低級で低賃金の労働へ向かう運命を担わされている」と指摘する。指導カウンセラーは、おそらく働きづめで無知な両親に替わって移民の子供がまともな仕事を得たり、中産階級の子供と競争するのに必要な助言を与えることができるはずだった。ブルームフィールドは反語的に問うている。「職業について相談したり情報を得たりするために、子供たちは誰のほうを向くことになるだろうか[34]」。

ブルームフィールドは、指導を受けない子供たちが労働者階級の青年が雇われる多くの袋小路職、彼のいわゆる「職業的カル・ダ・ザック」のひとつにはまり込んで終わってしまうことを憂慮した。ブルームフィールドが辞した後の職業局を運営したジョン・M・ブルワーは、袋小路職を「技能や知識の増加、発達、稼得力の増大に結びつく有為さの伸張への機会をほとんど与えず、そして通常、より良い職に導いていくこともないような職」と定義する。それらはキングズベリーの研究がすでに「明瞭に悪影響を及ぼす」と規定した職、「向上への機会を」与えない職であった。キングズベリーの場合は、職業教育によって雇主の求める実際的熟練を子供たちに与えることで、袋小路職ではない方向へ舵をとる希望を持っていた。ブルームフィールドはさらに数歩先へ進み、職業指導が子供たちのしっかりした情報の下での職業決定を援助するため用いられるべきであること、そしてなお注目すべきは、労働市場を変えるのに利用さるべきことを説いたのである[35]。

ブルームフィールドはキングズベリーやパーソンズと違って、学校の活動家的な役割を構想していた。いくら生徒たちに熟練と指導を与えても彼らが良い仕事にありつけないとすれば、学校は彼らの手に入る仕事の性格のほうを改善しなければならない。学校は子供に市場性ある熟練を教え込むことで産業をすでに援助してきたのだから、産業のほうも見苦しくない職を用意して返礼する義務がある。さらに学校には雇主を監視し、注意を促す権利がある。ブルームフィールドはいう。

少年少女を雇った者がより大きな効率を求めるのは当然である。……しかし職業に対してまともな反対給付をさせることも、成長世代の養育を任せられた者の権利であり義務である。職場の新しい影響を受けて少年少女に何が起こるかは、ひとり彼らと個々の雇主との間の問題あるいは彼らと両親との間の問題であるにとどまらず、本質的にコミュニティにとっての問題なのである。[36]

調査と追跡

職業指導運動における改良家たちは、社会のために子供を保護することが学校の第一の義務であり、この義務が学校に若い労働者のために労働条件を調査し変更する権利を与えているという立場をとった。この見解は児童福祉の提唱者たちの見解にちかく、児童福祉運動の人々の多くが職業指導運動にも積極的に参加した。ブルームフィールドは一九〇九年マサチューセッツ州児童労働法制定運動に参加したことがあり、一方、全国児童労働委員会のオーエン・ラヴジョイほかのメンバーが、職業指導協会の会合で挨拶するのが常であった。

一九一三年にラヴジョイは、指導カウンセリングが卒業生の就職を援助するだけのものであるべきだという考えを激しく非難した。「企業家はいう。〝ここに仕事があります。あなたはどういう種類の子供を差し出さなければならないか〟と。われわれはこの問いを、逆さまにして企業家にいってやる必要がある。〝ここにわれわれの子供たちがいます。あなたはどういう種類の産業を提供しなくてはならないか〟」。彼は、卒業生が就く仕事の性格を変える試みに成功していないといって指導カウンセラーをも批判している。「打ち明けていえば、われわれはいまだ産業における職業を人類の必要に奉仕する神聖なる使命と考えるところまでは高まっておらず、貧乏、経験不足、個人的創意の欠如のため人の上に立って他人の労働から利益を引き出すことのできない者たちの不幸な運命と考えているのだ[37]」。

改良家たちは若年労働市場を組織化し改良するために、職業指導運動がとりうるかもしれぬいくつかの段階を示唆した。彼らは皆、職業カウンセラーは今、提供されている仕事の質をはっきりさせるため地域の雇主たちに関する情報を集めるべきだということに合意していた。ボストン職業局はカード・ファイルのなかの空いている職種を洗い出し、「望ましくない」職には黄色のカードを、「不都合な、もしくは危険な」職には赤色のカードを用いた。ある改革派職業指導家が語ったところでは、このような仕事の検討によって、「学校は……子供たちが入っていく産業生活に彼らを適合させてやるために何ができるかを知り、そして人間から遠く離れたような状態、続けるなら猿にやらせたほうがよい仕事、のために学校は何もやらないという姿勢をはっきりして、それを産業に伝えることができるようになる」。

もうひとつの提案は、雇用条件や適応の問題を調査するために、カウンセラーが学校を出て仕事に就いた若い人々を追跡する、ということだった。ブルームフィールドは、学校は、もし仕事場が不満足なものだとわかったら、若い卒業生を連れ戻すくらいの力を持つべきだ、と考えた。別の改良家は、ポーランド少年をボヘミア少年の隣におくと必ず喧嘩になるのだから、職長がそんな配置をしないように仕向けるのも追跡の役目だ、と論じている。[38]

評価基準

調査と追跡を実施するために、カウンセラーには産業内の状態を評価する基準が必要であった。改革派職業指導者は子供たちに開かれている仕事に二つの基本的な問題を見た。第一に、そうした仕事は永続性を欠く傾向がある。救貧法王立委員会の一九〇九年報告は袋小路職《ブラインド・アリー》(報告はこの言葉を使った)が失業の一因であることを見いだした。それが子供たちの労働倫理を損ねていると考える者もいた。失業は成人にとっても「十分に悪いが、子供にとっては明白な罪悪である。それは徐々に形成されつつある勤勉の慣習を打ち砕き、子供たちをあらゆる危険な行いに引き出す」とポール・ダグラスはいう。ブルームフィールドを含めて別の人々は、不規則雇用が若者の仕事の展望に与える長期的影響を懸念していた。「使い走りのような雇用がいつでも必ず意気阻喪させるというわけではない。だが、この種の生業は少年が熟練職業や発展性ある職業への出発点にすべき年月を無駄にしがちである。そこから起こりそうなことは、より若くしかし訓練を受けた競争者が、結局、訓練されていない者を駆逐してしまう事態である」。ブルームフィールドはこの問題のひとつの解決策として職業教育を認めたが、しかし、職業指導のほうにも、とりわけもしカウンセラーが企業を督励して雇用を安定させ、学校を出ていく者に提供される仕事を吟味するなら、なすべき貢献があると考えていた[39]。

若年労働者に開かれている仕事の第二の問題は、それらが昇進機会をほとんど提供しないということである。ジョン・M・ブルワーは良い仕事というものを「作業を変更し、課業を輪番にして、機械のような単調さから労働者を」解放する仕事と定義する。「それは上位のどこかに欠員ができたとき、その下の場所にいる者で埋める包括的昇進のプランを持っていなければならない」。ピッツバーグの学校役員フランク・M・レーヴィットも同様に、「良い産業とは」「最低位の〝職務〟からその組織のなかの高い責任ある地位まで明確な前進ラインがあり、かくて仕事にも学習にも刺激が用意されているような産業のことである」といっている。ボストンの労働市場で子供たちに開かれた職業に関する調査のなかで、ブルームフィールドは昇進機会に大きな価値をおいた。そして著書のひとつでは、種々の産業で一人の若者が最初の仕事から管理者の地位まで上がるそのコースの一覧図を描いている[40]。

雇用の望ましい姿として内部昇進を強調する見解は、職業に関する文献でキャリアを論ずる場合、至るところから生まれてきた。専門職キャリアの伝統的な型を持った職業に就いている人々は、いくら仕事がきつくても自発的に働き、当面の満足を先送りするものとして理想化された。そうした特質のいくらかでも非専門職に働いている者に移転させられないか、というのが望みだった。チャールズ・エリオットは著名なある論文のなかで、専門職労働者を自分の職業で勤勉に働こうとさせる、その力に「生涯経歴動機《ライフ・キャリア・モチーフ》」という呼称を与えた。

合衆国において専門教育を受けている学生はその学習に鋭い関心を示し、よく励み、速やかに成長し、体力と能力の極限まで知識と熟練を得る機会を利用せんとする。それは彼らが身につけつつある専門性が、神学、法学、医学、建築、工学、林学、教育学、経営または経営実務のいずれであるかにかかわりない。

エリオットは、生涯経歴動機を身につけた人々は労働生活により満足し、より成功するのみならず、労苦と成果が対応する規則的なサイクルがあるので、個人生活もより充実したものになるのだ、と考えた。

これらの動機に低く卑しいものは何もない。その動機はこれに従う人々をより大なる有用性とより大なる幸福に導く。個々人の生産性の力と範囲がそれによって増大するから、より大なる有用性となり、成果がより頻繁かつ大量になるからより大なる幸福となる。仕事における幸福は老若を問わずその成果を通じてやってくるのである。(41)

職業カウンセラーが生徒たちに生涯経歴動機を持たせるために用いた方法には、伝統的キャリアについての討議と並んで、キャリア価値の実習が含まれていた。全国職業指導協会会長ジェシ・B・デイヴィスは一九一五年、「協力、服従、正しい考え方、創意と指導性」を生徒に教え込むようにと、職業カウンセラーに説いた。ジョン・M・ブルワーはこれらの価値と社会の安定との関係を指摘した。ブルワーはいう。生涯経歴動機を身につけないで学校を離れた子供は「不信、悲観主義、誘惑への弱さ、そして結局、悪徳と市民性の欠陥を培養することになるのだ(42)」。

しかし、職業指導運動内の改良家にいわせると、もし学校卒業生が手に入れうる仕事が不安定で単調で昇進機会のないものばかりなら、いくら職業カウンセラーが道徳的な説得をしても無駄である。エリオット学長の下にあるハーヴァード大学生が勤勉なのは、彼らが生涯経歴動機を注ぎ込まれるからばかりではないのであって、彼らが就こうとしている仕事が、彼らの知性を高め、ブルームフィールドの言葉を使えば、「教育の経験を求める本能を仕事のなかで」満足させるものだからでもある。若い労働者は、「つまらぬ低劣な作業を長時間」要求される職務で働いていると徳性を失う、とブルームフィールドは説く。職業指導は一部の卒業生が袋小路職からはい出すのを助けるかもしれない。しかし、行き止まりのままの者たちはどうなるのか。まず「彼らは浮浪労働者になり」、やがて「雇用不適格者」になる、と彼はいう。ポール・ダグラスは、これら若年労働者にとって「仕事を替えることがめったに上向変化ではなく、ただ別の不熟練で単純な課業への変化である。……そのうえ、この変化は子供たち自身に無責任性を植えつける」と指摘している。[43]

学校に課せられた任務は生涯経歴動機を呼び起こすことを超えて、若年労働者に専門的キャリアに結びつく若干の保障と上昇機会をもたらして、彼らの就く仕事を改善するところまで進んだ。雇主に、昇進ラインを確立し雇用を安定させるよう促すことによって、学校は「道徳的指導」の授業で達成できるよりはるかに多く、労働倫理を強め社会的な統合を進めることができるだろうと思われた。だから、賃金労働者が就く仕事は、もっと俸給専門職の就いている仕事に近づく必要があった。オーエン・ラヴジョイが一九一三年の職業指導大会で述べたように、この目標は職業カウンセラーに「すでに社会を引き裂き、多くの人生を破滅させている現在の階級差別を打ち破る」ことを要求していた。ブルームフィールドにとってそのような努力は、階級を隔離している教育上、文化的な裂け目に橋を架けようとする彼の試みの延長上にあった。彼はセツルメント活動から上向移動への深い関心を職業指導へ持ち込んだのである。[44]

しかし、学校は民間雇用政策を改造する課題に手が届いたであろうか。ブルームフィールドは時折、疑念を抱いた。たとえば彼は一九一三年に「全体として経験が示すものは、学校制度が若者のために労働市場を組織化しようという試みの最適の機関ではない、との命題を支持しているように見える」と書いている。疑問を口にした者はほかにもいる。ミネアポリス市の教育長は一九一五年に、「産業の状態を人間の幸福に役立つよう変えさせる責任が……当面、推進しうるいかなる職業指導の力をも超えるものであることは、疑う余地がない」と述べた。このペシミズムは、とりわけ職業指導が教育の官僚機構に統合され、その関心がテスト、カウンセリング、生徒のクラス分けに限定されるようになるにともない、改良家たちが広範な支持を得られなくなった事情を反映している。職業指導運動をよく観察してきたジョン・M・ブルワーは一九一八年に、学校による「雇用監視の実例を見いだすのは難しい」、学校は「適切な仕事のための権威と装備」を欠いている、と記している。[45]

4　職業指導と人事管理

学校は民間の雇用慣行にほとんど影響を与えなかったが、改革派職業指導家たちはなお職業指導が「ビジネスの場での従業員に対するもっと知的で寛大な処遇」を促進できると信じていた。そして実際、職業指導は産業に対して大きなインパクトを与えていた。ただこのインパクトは学校を通してではなく、ブルームフィールドたちが産業に職業主義の原理を導入するための乗り物として用いた人事管理という新しい専門職業を通じてもたらされたのである。

ボストン協会

一九一〇年、フレデリック・J・アレンが局長補佐兼「職業調査官」としてボストン職業局に加わった。アレンは数種のパンフレットを書き下ろして職業局から発行したが、それらはボストン地域にある若年労働者のための職業を記述したもので、第一冊目は「機械工」であった。パンフレットに記述されたその他の職業は、パン焼き工、銀行員、菓子工などである。アレンはこうした研究のための情報を収集しながら、大ボストン地域内いるところで経営者や教育家たちと知り合いになった。これらの接触からアレンとブルームフィールドは「最も公共心ある」六〇人を選び、労働者の「選抜、訓練、管理」を討論するために一九一一年、シヴィック・サーヴィス・ハウスに招待した。定期的に数カ月会合した後、このグループは一九一二年一二月に大会を開き、そこで常設機関、ボストン雇用管理者協会(EMA)が設立された。[46]

そのころボストン地域で雇用管理者または人事管理者を持っていた企業はごくわずかだった。後年ブルームフイールドは、地域企業についてのアレンの研究が「人事のための組織というテーマに偶発的、断片的な関心以上のものを示した企業をひとつとして」見いだせなかった、と回想している。当時のある記事によれば、ボストンEMAの創立委員のうち人事管理者は半ダースに満たず、残りは大部分、教育者と改良家たちであった。プロフェッショナルによる人事管理を促進しようとするブルームフィールドの努力への初期の支援者の多くは、職業指導、産業教育、労働市場改革運動の陣営から流れ込んだ改宗者たちだったのである。人事管理はこれらの運動の外部ではあまりよく知られていなかった。とはいいながら、ブルームフィールドとその他の職業主義者たちこそが、一九一五年以降の人事管理の驚くべき発展の基礎をおいたのである[47]。

ボストンEMA創設を導いたひとつの動機は、人事管理を普及し、それを学校と産業との結びつきの強化に利用したいという願いであった。A・リンカーン・フィレーンは協会の一九一六年の会合で講演していっている。「雇用管理者は学校と事業との結合環である。われわれは彼が持つ地位の重要性を認識しはじめている」。ブルームフィールドは人事管理を訓練、指導と産業の雇用との間に「密接な調和」をもたらすひとつの試みと考えていた。もし産業教育が必要な熟練を生徒に訓練することであるならば、もし職業指導が生徒を効率よく配置することであるならば、もし学校が民間雇用政策に何らかの影響力を持つものであるならば、人事管理者は教育者とこそ一緒に働くべき当然の人物である。ブルームフィールドには、職業指導カウンセラーが職長と定期的接触を持つことなど想像もできなかった[48]。

ボストンEMA設立の第二の動機は、ブルームフィールドが一九一三年に合衆国労使関係委員会で行った証言から窺うことができる。「われわれは採用に当たっている人々が、労働者の生涯において適合性や将来性が何を意味するかについて一定の理念を身につけるべきだ、と考えた」。すでに見たように、職業指導運動のなかの積極分子たちは、適切な職業のために学校がいくら選抜や訓練に気を配っても、もし産業が労働者の「生涯経歴」動機に同様な関心を持たなかったら、ほとんど意味がないと感じていた。人事管理者に職業の手法《ヴォケーショナル・メソッド》を伝えることは、卒業生たちが学校を離れた後も引き続き指導を受けられるようにするひとつの道であった。職業指導の提唱者たちがつねづね指摘していたように、学校が用いているのと同じ技法が産業にも広く適用可能なのであった。[49]

職業指導は初期の人事管理運動に密接な組織上のつながりを持った。一九一六年の第一回全国人事管理者大会は、連邦政府の産業教育への支援を後押しする包括組織であるNSPIEの援助の下で開かれたし、第二回大会は、ブルームフィールドが全国職業指導協会の会長であったときに、この協会の後援の下に一九一七年にフィラデルフィアで開かれている。ブルームフィールドの個人的友人でもあるポール・H・ハナスやチャールズ・A・プロッサーのような著名な産業教育家が、人事管理促進のためにブルームフィールドが組織したこれらの大会に必ず顔を見せていた。[50]

ボストンEMA設立の第三の動機は、人事管理が「誤まれる雇用、不完全雇用、失業、そして人間の資質の浪費の錯綜した問題を解きほぐすのを助けうる」という確信である。学校はこの分野の改革で多くをなしえなかったけれども、人事管理者が雇用を安定させ、袋小路職を廃止する政策導入の適任者になるかもしれない。アメリカ労働立法協会のように労働市場改革に関心を持っていたほかのグループも、失業問題を解決する道としての人事管理に魅せられていた。[51]

産業内の職業主義

職業主義者《ヴォケーショナリスト》たちは長年にわたり、産業の「浪費的」募集技法を批判してきた。したがって、彼らの人事管理運動への合流は、学校と産業のつながりを一層、合理的かつ緊密なものに向かわせることになった。NSPIE会長チャールズ・A・プロッサーは、人事管理が産業と学校との生きた連関を促進する機会を与えると考えた。一九一六年の大会で彼は、人事管理者が職業指導カウンセラーに企業の労働需要を伝え、そして学校の協力への見返りとして、地元学校の卒業生を採用することに同意する、という道筋を説いた。コネチカット州マンチェスターのシェーニー絹工場(その人事管理者H・L・ガードナーがボストンEMAの会員)は、近隣の学校とその種の協定を結んだ。学校はこの企業の特殊性に見合う職業教科を展開し、企業はその学校区への寄付を増やしてこれに報いた。フィラデルフィアの百貨店ストロウブリッジ&クローシアとデニソン・マニュファクチュアリング社は、夏の何カ月か地元ハイスクールの生徒をジュニア従業員として採用することに同意した(両企業の人事管理者はボストンEMAの創立会員であった)。かくて人事管理者を通じて、学校は職業教育の利点のひとつとして追求してきた企業との接触をかためはじめたのだった。(52)

初期の人事管理運動は、まっとうな仕事にはまっとうな人物を見いだすことが可能であるという職業指導哲学に深く影響されていた。フランク・パーソンズのような典型的人事管理者は、関心や能力の個人差に大きなウェイトをおいた。職業指導も人事管理もともに、もしこれらの差異が精確に測定され、職務要件に合致されれば、産業内の調和は達成されるだろうと信じたのである。この信念は人事管理者がテストその他の合理的選抜技法に抱いた大きな関心のなかに実際、表現されている。雇用テストのごく初期の利用企業のなかに、ボストンEMAと密接に結びついた諸会社があった。アメリカ最初の人事管理の教科書を書き、ハーヴァード職業指導研究所長であったロイ・W・ケリーは一九一七年に、職業指導が「従業員のより賢明な選抜に注意を向ける産業経営の精神」を創造したという評価を与えている。(53)

諸職務を識別し、職務の特質についての情報を収集することが、個人差に関する取り組みのもうひとつの側面だった。人事管理者は、職務上の用語の標準化、職務要件の詳細な記述(いわゆる職務分析)といった、職業指導カウンセラーの愛好癖を受け入れた。ストロウブリッジ&クローシアの人事管理者E・M・ホプキンスは「雇用課にとって最も必要な対応のひとつは」、「それぞれの仕事の要件および各部門の労働者にとっての機会を調査すること」であると考えた。マイヤー・ブルームフィールドはそうした活動を奨励し、一九一五年に「作業要件の分析があまりに少ないので、応募者が現実の需要に合わせて自分自身を測定できるほどの職務要件の明細書、計画図が実際上ないのだ」と記している。[54]

職業カウンセラーと同様に人事管理者たちも詳細な記録作成を重視した。これは能率技師からの影響にも一部起因するが、人事管理者による情報の収集とその利用法は、学校でなされてきたことと非常によく似ている。人事管理者は学校に導入されていた報告カードと記録と同種の生産性記録および実績記録を作成しはじめた。ある人事管理者の言によれば、こうした記録の目的は「より責任ある地位をもっとうまく目指せるよう[従業員に]忠告するためである」。学校が能力テストや記録を導入した際、その動機に疑問を差し挟んだ者はほとんどいなかったが、雇主の動機については労働組合が、それが反組合的目的に役立てられるのではないか、と深い疑惑を抱いた。一九一〇年以後、鉄道が広範な実績記録の作成と職業テストの利用を始めた。一九一一―一五年、イリノイ・セントラル＝ハリマンの巨大鉄道におけるストライキの期間中、組合は雇用記録、雇用テスト、強制的体力検査は廃止さるべしと要求した。[55]

最も重要なのは、キャリアと昇進に関する職業主義者の扱いを、人事管理者が摂取したということである。手工労働者にも専門職キャリアのやり方を広げる必要があると強調するとき、人事管理者たちは生涯経歴動機についてのエリオットの定義を思わせる言葉を使った。たとえば、デトロイト人事管理者協会の会長ボイド・フィッシャーは一九一六年に次のようにいう。

反復的な工場労働が十分なキャリアを必要としている工場を私はほとんど知らない。だが、そうであってならない理由も私には見当たらない。医師たちは今後も医師であり続けたいと願っている。法律家は自分のライフワークが法律であると決意するのに困難を感じない。ほかの専門職もそれに従事する人を満足させている。しかし現在、工場労働者たちが工場労働者であり続ける見通しに自ら満足していると提唱することは、階級差別を永続させたい願望を示唆するというのが、工場労働なるものの性格なのである。[56]

職業指導運動に密接に結びついていた諸組織・個人は、労働者の企業内昇進プランの推進にとりわけ強い関心を示した。たとえば、人事管理者がボストンEMAに加入していた会社、デニソン・マニュファクチュアリング、フィレーンズ、シェニー・ブラザーズでは、最も早くから組合の介在しない内部昇進プランを構想した。ブルームフィールドの後、職業局を引き継いだロイ・W・ケリーは産業労働者の内部昇進制に関する初めての全国調査を実施し、またスミス＝ヒューズ法によって創設された連邦職業教育局は、「労働生活が価値あるキャリアになっていく」のに昇進制がどれほど役にたつのかを強調した人事管理テキストを一九一九年に発行している(57)。

昇進制の提唱者たちは、これらのプランがモラールと忠誠心を築いて労働平和に貢献するであろうと指摘した。デニソン社の人事管理者フィリップ・J・レイリーは同社の昇進制が「忠誠心と団結心《エスプリ・ド・コル》を涵養する」といっている。サムナー・スリクターは産業が確たる昇進制度の適用を欠いていると批判し、もし労働者が前途に何か展望を持っていれば生産性も向上するはずだと主張した。今ふうの言葉でいえば、昇進制度は労働者を未来志向的にするというわけである。

　より良い賃金、やり甲斐ある仕事へと進んでいく確たる見通しが欠落していることの重大性は、不十分にしか認識されていない。闘争や競争の情熱を自分の仕事のなかに注ぐための目標が必要なことを、たいていの男は感じている。つまり、今日の苦痛をぬぐい去る明日のより良いものへの希望である。明日のより良いものへの希望を削ぐあらゆる要素が今日の苦痛を倍加させるのである(58)。

職業主義者たちの努力が少なくとも一部あずかって、昇進制はその後、産業の雇用改革に関する諸構想の目玉のひとつになっていった。もちろん、内部昇進制がモラール、忠誠心、生産性を向上させるだろうとの考えは、職業指導運動に独特のものではなかった。だがともあれ、改革派職業指導家たちはキャリアの必要と袋小路職廃止の必要を強調して、その面から昇進政策に世間の注目を集める役割を果たしたのであった。

5　〈補遺〉職務階梯と階級闘争

近年、産業による手工労働者の昇進階梯利用の起源を明らかにするいくつかの試みが、ネオ・マルキストによるものをはじめとして、なされている。キャサリン・ストーンは鉄鋼業に関するよく引用される論文のなかで、複数の職務階梯に沿う内部昇進の政策は、技術進歩が不熟練労働者と熟練労働者との区別を減退させつつあったときに始められたと主張している。[59]「均質化」に向かうこの傾向が、以前には技能によって分断されていた労働者たちのより強い団結という結果に帰着するのを阻止するために、雇主たちが内部昇進制を導入したのだ、とストーンはいうのである。職務階梯は労働者をより良い職務に進むための相互の争いに追い込んだばかりでなく、別々の職務階梯に沿って進む労働者たちの利害をたがえていったのである、と。ほかの急進的学者たちが、ストーンの主張をさらに進めて、これを一八九〇―一九二〇年の時期の経営実践の一般原理に仕立てた。[60]彼らの研究の重要性からして、ここでストーンの分析を立ち入って吟味しておくことが適当と思われる。

　ストーンの主張の最も説得性ある部分は、熟練職務と不熟練職務の数が半熟練職務に比較して減少しつつあったから、この時期を通じて技能は平準化しつつあったという論点である。機械化について当時行われた最も注意ぶかい研究のひとつが、「その総体的効果は……熟練職種をほとんどつくらず、一方、全くの不熟練職種もほとんどつくらない平準化過程といえよう」と結論づけていた。熟練水準低下の実例なら無数にあげうる。ある機械職場の監督は、彼の職場の仕事の七五%は覚えるのに一週間かからないものだと記した。政府調査は自動車産業の全職務の四分の一が事前の経験を要しないことを見いだした。ある労働者は一〇日ほどで電気機器の組立ラインのための訓練を終えた。一部の観察者はこの点にもっと懐疑的な立場に立ち、機械化が伝統的技能《クラフト》の基礎を掘り

表3・1　製鋼工場における職務分布(1884-1907年)

	不熟練	半熟練	熟　練
1884	49%	14%	37%
1907	62	21	17

出所) Isaac A. Hourwich, *Immigration and Labor : The Economic Aspercts of European Immigration to the United States* (New York, 1912), pp. 396, 400.

崩すと同時に、保全と修理の高度熟練職務を数多くつくり出している点に注目した。レオ・ウォルマンは、平準化傾向という観念は、「用語の精緻な規定と産業の工程に関する膨大な知識に依拠してのことであるから、この見解の統計的検証は不可能だ」と主張している[61]。

熟練解体の程度についての真実は、両極端説の中間のどこかにある。ストーンが取り組んだ鉄鋼業における機械化の前と後の職務に関するある研究によると、たしかに熟練職務の比率が落ち、半熟練職務の比率が上がっているが、しかし依然として大量の不熟練職務がある(表3・1を見よ)。もちろん、諸職務をいかに格付けするかがここでの要点になる。簡単に覚えられ賃金も低い多くの職務が、しかし機械を使って働くということが大きな理由になって、半熟練職務に入れられている。この問題のある研究者が記すように、「機械運転工は、仕事が単純で賃率は一般労働より高いとしてもほんのわずかにすぎないのに、全員を半熟練工として扱う強い傾向が見受けられる[62]」。

熟練解体の諸結果についてのストーンの見解には、もっと疑問がある。彼女は、雇主が考案した職務階梯は「各労働者がほかのすべての労働者を仕事達成上のライバルとするよう仕向け、彼らの間に発展したかもしれないあらゆる団結感情を削ぎ取った」という。しかし、もっとありそうなことは、清潔で安全で賃金の高い職務に労働者を割り当てる職長の権力を弱めたことによって、内部昇進制が労働者間のライバル関係を減退させたことのほうであろう。駆り立て方式の下では良い仕事を目指す競争が猛烈で、その一方、昇進の基準は曖昧かつ通常、不公平なものであった。だが明確な昇進制の導入とともに、一つの職を目指す競争者の数は、その職に至るラインが明瞭になったために減少した。そのうえ昇進階梯は、欠員が外部の者によって埋められるかもしれない可能性を減らした。最後に、昇進制は労働者たちに、技術変化に直面した際のより大きな交渉力を与えた。職務の名称と昇進の型は成文化され、以前よりもっと厳格になった。これは、昇進制に対する労働組合の初期の関心と、後に取り上げるが、経営側がこのプランを導入する際の遅々たるペースとの双方を説明するものである。

ストーンはいっている。「世紀交替期に雇主たちは労働力の均質化に固有の危険を認識しはじめた」。そして彼らはこの問題を「袋小路職に原因する労働者の不満」として定式化した。雇主は、職務それ自体を変えるのでなく、むしろ単に職務の編成を変えることで、労働者に移動の感覚と仕事に一層励む刺激を与えたのである、と。ストーンはここでは正しい。だが彼女は、袋小路職の意気阻喪効果に最も関心を示したのが中間階級改良家と少数の進歩的雇主であって、大部分の雇主はそうではなかったことに注意を払わず、その結果、こうした発展の意義をとらえ損ねている。熟練解体に関する改良家たちの批判は、ある場合、今日の批判家と同じくらい手厳しい。彼らは産業が提供する職務の性格にかつてなかったような関心を注ぎ、ホワイトカラーの専門職が自分の職業で勤勉に働く原因になっているのと同じ動機、すなわち前進の機会、雇用保障、公平な処遇への願望によって、手工労働者も鼓舞されうるのだと主張していた。大部分の雇主が労働者を畜生や機械のごとくに見なし、動機づけなどに全く関心を示さず、それらを職長に任すのを好んでいた時代に、これは決してささいな異議申し立てではなかったのである。

これに替わる何かがありえたかは明らかでない。ストーンやブレイヴァーマンのような論者は、構想と実行が広範な熟練度を持った人々の職務に統合されていた時代の、職能制度的な組織のあり方に復帰するのを良しとしているように見える。しかし、この示唆は非現実的であるばかりか、熟練度の低い労働者たちの窮状への感受性を欠いている。鉄鋼業でまだ内部請負制が運用されていたとき、鋼鈑剪断工は一人で一日一二ドル受け取り、助手には二ドル支払っていた。助手から職人に昇進する機会は不確実で、移民労働者にとっては特にそうだった。この制度が内部昇進階梯より好ましいものとは、とうてい見えないのである。(63)

最後に、「職務階梯の違った段の上にいる労働者たちは違った利害を付与されるから」昇進制は労働者の団結心を粉砕したというストーンの主張は、一九一〇―三〇年間に導入された内部昇進制が、通常は労働者たちを工場内のほかの部門に移すことを許す内部配転《トランスファー》制度を伴っていた事実を無視している。職業主義者たちはこの配転制度を、労働者が自分にとって良い仕事にありつくまで外部労働市場で仕事を見つけては選ぶことの、内部的類似物だと考えていた。配転制度は「労働者が自分のはまる凹みを見つけることを可能にし」、「労働者がさまざまな経験を積むことを援助する」と想定された。デニソン・マニュファクチュアリング社は、「見込みのある従業員で最初の職務が合わなかった者に別の機会を与えるためと、従業員を昇進させるために、ある部門から他部門に配置転換する」政策を持っていた。指導カウンセラーが学校を卒業したての者を追跡したのと同じように、デニソンの人事管理者は新従業員の足跡を追い、もし彼らが満足していなかったり、「役立たず」だったりしたら、配置転換したのである(64)。

　労働者間の利害の相違は、内部昇進制によってではなく、彼らの民族性、熟練労働者と不熟練労働者の間の依然鋭い裂け目、職長の気まぐれへの労働者の完全な依存などから生じたのであった。配転や試験選抜《トライアウト》の制度は、バルカン的に細分化された駆り立て方式の下では不可能であった。職長は全社的な昇進、配転、試験選抜制度に、その進展が自分たちの権威を掘り崩すと感じて強力に反対していた。一九一九年にある観察者が書いている。「職長は〝もし俺の部署で働かないならお前は外では働けないぞ〟という態度をとりがちだ(65)。彼らは、不満を持つ労働者の配置転換を阻止するために自分の権力でなしうるすべてをなそうとするのである」。

第四章　諸問題、問題解決者、新しい専門職業

人事管理の源流をなした各集団は、それぞれ労働関係の異なる側面に焦点を合わせていた。技師たちは職務設計と管理実務に目を向け、福利厚生ワーカーは工場環境と労働者の陶冶に関心を持ち、職業主義者は雇用政策と雇用手続きを重視した。こうした別々の要素が、アメリカの大戦参加に至る数年のうちに合流しはじめたのであった。技師たちが雇用改革と労働者の社会的地位の向上への真剣な取り組みを開始したそのときに、能率——科学的手法と官僚制的秩序を含意する技師たちの合言葉——が、福利厚生と職業指導運動とを吸入したのである。これらの諸集団は互いに結びつき、産業労働者の疎外、失業、労働異動といった雇主と社会の双方を悩ませていた多くの問題を解決するはずのもの、人事管理の専門職、として大企業のなかに統合されはじめたのであった。

1　やる気にさせる方法

一九〇〇年代の初頭に改良家や知識人たちの心の平静を乱したアメリカの産業主義に固有の諸傾向のなかで、

労働倫理の効力衰退ほど彼らを憂慮させたものはなかった。知覚されたこの衰退は、個々人の疎外と倦怠から社会の不安定性や動揺にまでわたる諸問題の源泉をなすと考えられた。まずこの衰退ゆえに非難されたのは労働者自身である。その彼は移民であったり、飲んだくれだったり、あるいは精神的不適格者だったりした。しかし、仕事それ自体がもはや満足なものでないことも広く認識されてきた。それはあまりに特殊化された単調なもので、ただ金銭的報酬を与えるだけのものになってしまった。[1]

全国企業立学校協会(NACS)職業指導委員会の長であったヘンリー・C・メトカーフは、分業の進展が労働倫理を侵食していると確信した。労働者たちは「過度に狭隘な労働の特殊化に、それが個々人の人間性の発展を抑える傾向のある労働条件を伴っているときには特に、いらだっているのである」と彼はいう。福利厚生ワーカーたちも同種の非難を浴びせた。メトロポリタン生命保険会社で福利厚生を委ねられたリー・フランケルとアレクサンダー・フライシャーも、労働の不安定性を職務の熟練解体に帰着させた。労働異動は「労働の不足のせいではなく、むしろ仕事をますます単調にし、ある職から他の職への移行をより容易にした労働過程細分化の進展のせいである」と彼らは記している。[2]

実際、福利厚生はこの問題への取り組みのひとつだったといえよう。それは文化的、審美的な刺激や教養の発達、さらには自己研鑽(会社アスレチックがそのひとつの代用品だった)を含めて、工場の仕事によっては満たされない欲求に応える仕事以外の活動を提供した。そして職業指導も、いまひとつのそうした努力を示すものである。もし個々人が興味を持てる自分に合った仕事に就いていたら、もしその仕事が専門職のキャリアと関連する実質的報酬の幾分かを用意できたら、労働の空しさはもっと薄れることであろう、と。どちらの問題接近も満足した労働者は安定し覇気があるのみならず生産的でもあるという信念、われわれ自身の時代の「労働の人間化《ワークライフ・クオリティ》」プログラムを先取りする現代的観念に基づいていたのである。ある若い経済学者は、雇主が「能率は満足によって増大することを見ようとしない。自分の仕事に全身全霊を注ぐのは満足した労働者なのである」と、彼らを批

判した。(3)

しかしながら、福利厚生ワーカーと職業主義者のいずれもが、産業労働者の不満の心底に及んではいなかった。彼らは工場労働の中身には何の基本的変更をも提案していない。つまるところ彼らが提案した解決策は、労働者をその職務の苦役に適合させる以上のものをほとんど含んでいなかった。だが、適切な解決案の提示に失敗したからといって、それで彼らが気後れして、一般に技師たち、特にフレデリック・W・テイラーに対して、産業労働を単調な意気阻喪させる無意味なものにしたかどで猛烈に非難するのを差し控えたわけではなかった。

この非難は技師の影響を誇張しているので、やや公平さに欠ける。すでに一八八〇年代から、技能訓練運動に加わった人々は分業の進展、これの職人精神、労働倫理、創造性への否定的効果に深い懸念を表明していた。だからといって彼らは、自分の技法を職務設計や刺激賃金制度に適用しはじめたばかりの技師たちを指して非難することはめったになかった。

産業工学(IE)への攻撃は、広く世間に知られたストライキの波、議会の調査、一九一五年のホキシー報告によって点火された全国的な科学的管理批判の盛り上がりという文脈のなかで考察さるべきものである。職業指導家と福利厚生担当者はともに、技師の誤りがその熟練解体志向という偏向ばかりではなく、労働生産性と労働平和を粗雑な、経済的な目でしか見ないところにあると指摘した。彼らは技師が「人間的要因」――労働者の態度や興味や精神的な飢えを意味する――に十分な注意を払っていないと主張した。ヘンリー・C・メトカーフはいう、「われわれが今日知っている科学的管理は産業における人間関係の有機的性格を十分に洞察しえていない。科学的管理の下で職場の影響力が狭くなってきたという批判には多くの正当性がある(4)」。

ついにはこれらの批判は、工学の専門家にも受け入れられることになった。一九一〇年、エール大学産業工学教授ジョセフ・W・ローはシェフィールド校で技師たちに「産業サーヴィス事業」を訓練する課程を開設した。この考えはほかの工学部系学校に広がり、またYMCA産業サーヴィス部門も、従業員の扱い方、人間的要因、福利厚生の諸要因、職業指導、労働組合史、労働者の生活標準などの項目を含むカリキュラムをこうした課程で利用するよう開発して、支援の態勢をとった。たいがいの産業サーヴィス課程には工学の学生を労働者階級に接触させ、彼らへの同情心を持たせるための野外学習も含まれていた。学生たちは都市ゲットーでの国勢調査の調査員として、また移民労働者集団に英語を教える教師として起用された。一九一六年までに一五〇以上の工科大学が「工学の人間的側面」を押し出すことを意図して産業サーヴィス課程を開設していた。(5)

同様にハリントン・エマーソンのような技師は一九一〇年以降、職業心理学に注目し、これこそが「従業員の科学的選抜」の堅固な基礎を提供すると主張した。エマーソン能率協会の会合は今や従業員選抜、職業指導、産業教育といった話題で占められるようになった。職業教育の教授ポール・ハナスはこの協会の理事会メンバーだったし、またハーヴァードでヒューゴー・ミュンスターバークとともに学んだことのある著名な心理学者リリアン・M・ギルブレスもそうだった。ギルブレスは彼女の研究面でも個人生活の面でも、科学的管理法を新しい個人差の心理学と結びつけてみせたのだった。(6)

しかし、最も劇的な方向転換は科学的管理促進協会(後のテイラー協会)のなかで起こった。一九一五年にテイラーが死去して後、協会は社会進歩の理想を能率的経営実践と結びつけることを目指す面々によって支配されるようになった。多くが人事管理運動に積極的になり、協会内の雇主たち、ヘンリー・S・デニソン、リチャード・フェイス、ヘンリー・P・ケンドールらが自分の会社に人事部のモデルを展開させていった。テイラーの後継者のなかには従業員代表制、さらに団体交渉制さえ含む共同管理の思想を積極的に推奨し、この見解によって経営のさまざまな色調のなかでのリベラル派の極点に立つことになった者もいた。

科学的管理への批判に応えようとするこうした思考は、フレデリック・W・テイラー自身の考え方、とりわけ動機づけに金銭的誘因しか見ない彼の接近方法から鋭く離反していた。協会会員であったロバート・ブリュエーアとオードウェイ・ティードの二人は産業労働者のなかに「創造的精神」と「団結心」を認める必要を説く指導的論者となった。労働者は職人精神と創造性の「本能」を持っていて、この本能が産業によって抑圧されているのだ、と二人は主張した。個々人は、彼らの創造的本能の表現を許されたときにのみ、また生産過程に対するなにがしかの統制力と知識とを与えられたときにのみ、能率的に働くものである。ティードのごときは、テイラー・システムが「企画に関するすべてを労働者から取り上げ、各々の作業を無意味な機械のような職務、職人精神の働きようがない、そこから喜びを引き出すことのできない職務に変えてしまった」とさえ断ずるに至った。労働者に生産参加への高い意識を与える方法として、ティードとブリュエーアは職場評議会、時間研究と賃率設定への労働者参加を提唱している。(7)

一九一八年にティードとブリュエーアは、テイラー協会のほかの会員の協力を得て、人事管理と労使関係の調査を実施し公刊する産業調査局を設立した。調査局はインターチャーチ・ワールド・ムーヴメントのようなグループや民間企業に対して、この分野での技術援助も提供した(インターチャーチ・ワールド・ムーヴメントのために、調査局は一九一九年、鉄鋼ストライキについての有名な調査を実施した)。一九一九年に、ティードとブリュエーアは、テイラー主義仲間のモリス・リーズに雇われて、フィラデルフィアにあるリーズの製作会社に人事部を設置するのを助けた。(8)

テイラー協会の今一人の会員ロバート・B・ウォルフの考えは、もう少し穏健だったが、ティードとブリュエーアと同じくらいに非正統的であった。ウォルフは「非金銭的刺激」は労働者の達成水準を高めるのに割増賃金制度と同じように効果的であると主張した。彼は、集団ごとの生産競争、昇進・配転制、職場評議会、さらには節約プラン・年金プランのような福利厚生プログラムなどの動機づけ手段を含むそうした刺激が、「人々の創造的能力を最高度にまで高める」と信じた。また彼は、「金銭的報酬の増大は、生産性を刺激することに失敗した。……絶えざる時間短縮要求と労働異動の増大は、わが国の産業内における大部分の仕事が労働者に魅力を感じさせないどころか、実際に嫌悪されている証拠である」と記している。ティードやブリュエーアと違ってウォルフは技師としての訓練を受け、生産管理者として雇用されたのであるから、彼の熟練解体への批判と非金銭的刺激への支持はことのほか印象ぶかいのである。こうした刺激が割増賃金制に替わりうると認めることによって、ウォルフはそれまでテイラー主義者が異端視してきた動機づけの仮説と技法の、受容を期待したのである。「努力と関心の唯一また第一義的な刺激は給料袋ではない。……最も奥深い刺激は金銭的なものではない」と一九二〇年にオードウェイ・ティードは言明している。(9)

テイラー協会のなかで最も早くから転換を提唱した一人に、ロバート・G・ヴァレンタインがいる。彼は英語学教授、合衆国インディアン問題弁務官、マサチューセッツ最低賃金局初代局長といった多彩な経歴を持ち、また組織労働者にとても友好的で、いくつかの労働組合の顧問として働いていた。彼が協会で活躍するようになってまだわずかしかたたない一九一四年、彼はプリムトン印刷のヘンリー・P・ケンドールから、会社と植字工との間の労使紛争を調停してくれるよう依頼された。組合員優先ショップと科学的管理導入停止という組合側の要求を拒否するようケンドールに助言していたフレデリック・W・テイラーは、ケンドールがヴァレンタインの助言を容れて組合と交渉したのを知ってショックを受けた。ケンドールは、ヴァレンタインは正しい方向を向いているし、科学的管理は結局、組織労働者を認め、彼らと付き合わざるをえなくなるだろうと語り、テイラーのそのような姿勢をなじった。

自己流の「産業カウンセラー」としてヴァレンタインは、「辛抱強く正確、冷静で同情心あり、機転も利く」外部の者が企業の労使関係と雇用方法を検討し改善への助言を行う、そういう労務監査の技法を開発した。科学的管理促進協会での講話のなかでヴァレンタインはまず労務監査の目的を述べた後、もし企業が製造部門と同等の権限を持った人事部を設立するならば、「永続的人間監査」が実施可能であろうと論じている。この講話は、労働問題と生産問題の相互独立を強調したこと、人事部を提唱したことによって、協会のために未開の沃土を切り拓いた。それは二度にわたってテイラー協会の会報に掲載された。(10)

一九二〇年までにテイラー協会は、さまざまな工学系協会のなかでも人事管理を支持することで最も熱心な団体になっていた。この新しい方向は、ひとつに協会が技師以外の会員を迎えた結果であるが、もっと重要なのはそれが批判を受け入れ、新しい考えを吸収するテイラー主義者たちの資質を示していることである。長年にわたり協会の理事を務めたハーロウ・S・パーソンは第一次大戦後のニューヨークで人事管理の教科を教え、ブルームフィールドやそのほか科学的管理の批判者たちを定期的に招待して協会で話をさせた。雇用問題の管理に関する技師の適格性といった神経にさわる話題でさえ、テイラー主義者たちは福利厚生ワーカーや職業主義者と同意しあえるようになってきた。一九二〇年のYMCA大会での演説でパーソンは、技師は人事管理者にふさわしくはない、なぜなら「技師の訓練は死んだ事物への対応の研究、純粋に技術的教育に限られており、……これは人間関係を取り扱い人間を指導するべく人を鍛えるものではない」からだ、と述べた(11)。

かくて能率技師たちは、労働者の動機づけ、労働倫理、科学的管理より広範な社会的意義を有する経営問題への新しい接近法を受け入れることによって、批判者たちとの和解に到達したのである。そして次なる共通の関心事、双方のグループが管理技術の改変によって解決することを提案した社会問題は、失業問題であった。

2　失業への対策

世紀の交替期のころ、大部分の労働者家族にとって失業は悲惨な体験であった。急進派の論客が好んで指摘したように、それは資本主義の害悪だった。一八九三年不況の苛酷さは、サミュエル・ゴンパーズをさえも体制攻撃へ向けさせたのである。「かように異常な状態が蔓延している社会には、基礎構造に何か悪いものがあるにちがいない。……人間的な共感を持たない私企業による生産手段の所有と統制は……人類が生み出した病と害悪の原因である」。改良家の一世代が挙げて、資本主義を完全に廃止することなくその野蛮さを軽減できると信じて、失業問題解決の方途を見つけることに没頭したのだった。[12]

失業者ではなく失業

一八九三年に始まった厳しい不況は、失業に対する社会の態度の転換を印すことになった。失業した者たちを自分の責任だと非難するだけでは済まないかもしれないという認識が、初めて広く行き渡ったのである。ニューヨーク貧民事情改善協会のような慈善組織が、今や、ある場合に失業は個々人の側の「道徳的知的欠陥のせいでは通常なく」、「彼らが統制力を及ぼすことのできない経済的原因」のせいであると認めた。[13]

経済学者は貧困と分離され区別されうる重大問題として失業を研究しはじめた。マサチューセッツ工科大学の経済学者デイヴィス・R・デューイは、一八九四年にアメリカ経済学会で発表した論文で「失業者とは誰か？この言葉は何を意味するのか？……今日用いられている失業者という言葉は、われわれの経済用語における新しい言葉である。しかし、それは新しい経済状態に照応するものなのか？　それとも数世紀にわたり存在してきた一要素、すなわち貧民に適用した新しい言葉でもありうるのだろうか？」と問い、もし失業者が単に「身体強健な貧民、頑強な乞食、働く気のない穀潰し、虚弱者、大酒のみ」であるとすれば、経済学者が「そうした現象を新たに分析しようと悩む必要はない」と、自身で答えている。しかし、と彼は続ける。貧民に加えて今や、「働く意思があり、以前には仕事の機会が豊富にあったのに、今は彼らの経済条件が非常に不確実で産業での勤続がごく不安定なので頻繁に職なしの状態になる人々」の新しい一団が実在するのだ。[14]

失業には構造的な原因があるという新しい見解に沿って、それを治療する一連の提案が出されてきた。慈善機関があまりの救済要請にお手上げになった一八九〇年代を通じて、ある人々はヨーロッパでのように政府が公共事業プロジェクトに失業者を雇い入れるかたちで介入することを提案した。もうひとつのヨーロッパ的解決策は公共雇用事務所《パブリック・エンプロイメント・オフィス》と職業紹介所《レイバー・イクスチェンジ》の設置であって、これは合衆国でも試みられたが、効果をあげなかった（一九〇九年、アメリカの富裕な改良家たちが民営雇用紹介所を創設した。彼らはこの事業が利用者に手数料を課すことでまかなわれうると期待していたが、すぐに破産してしまった）[15]。最後は失業保険で、ここでもヨーロッパ人が先駆者であった。イギリスは「救貧法および失業による困窮の救済に関する王立委員会」の三年にわたる聴聞、調査、審議の後、一九一一年に世界最初の強制失業保険制度のひとつを採用している[16]。

王立委員会の多数派報告はウイリアム・H・ベヴァリッジの立場に与していた。ベヴァリッジは、景気的失業と摩擦的失業とを初めて区別し、後者について、最良の時期にさえ失業がそれ以下には低下しない「最小極限」と名づけた経済学者である。ベヴァリッジは摩擦的失業の高水準を、季節的に不安定な産業に属し生産のピーク時にのみ必要な労働者たちからなる「労働予備軍」のせいに帰した。彼は、全国的職業紹介所網が異なる産業間の季節的労働需要を調整したり求人と求職の情報を提供したりすることによって、これら予備軍を減少させうるのではないかと考えた。すなわち、もし労働市場がもっと効率的になれば、摩擦的失業の水準は低下しうるのではないか。求人と求職を出会わせることで、ベヴァリッジが「今日、路上を徘徊している停滞した予備軍」と描いたものの吸収を助けられるのではないか。

だが、ベヴァリッジに従うと、景気的失業を除去するためにはほとんど何もできない。彼は失業は「産業競争の代償の一部である」といい、「おそらくひとつの社会には失業よりも悪いものがある。現実的対応は苦痛を和らげることのなかに見いだされるべきである」ともいっていた。彼はこの「ある程度避けられぬ」景気変動の「苦痛」を緩和するために、失業保険の利用を提案していたのである[17]。

イギリスで育った諸プログラムとその背後の理念は、アメリカの改良家たちに強い感化を与えた。コロンビア大学の経済学者ヘンリー・シーガーは一九一〇年、有名な『社会保険論』を著わして、ヨーロッパにおける新しい発展を記述し、合衆国のために同様な改良を示唆した。ベヴァリッジに呼応してシーガーも雇用の季節的不規則性が「失業の主要な原因である」と主張する。彼は合衆国に職業紹介所のシステムを提案し、同時に雇主に対して労働需要の計画化、生産ラインの季節性をならすこと(「そうすれば閑散期にも必要な大概の労働力をほかへ転用しておける」)、時間外労働に頼らないように生産を滑らかにすることによって、自発的に雇用を安定化させるよう呼びかけた。彼はルイス・D・ブランダイスが被服産業で雇用安定化のためになしたことを積極的に評価して描いている。シーガーと同様にブランダイス(当時、イースタン・レート事件で係争中だった)も、「科学的に管理された企業においては、不規則性は消滅する傾向がある」と信ずるようになっていた。民間のイニシャティヴと優れた管理を強調するところが、失業問題に対するユニークなアメリカ的問題解決の始まりを示している。王立委員会は決して自発的努力による雇用の安定化をそのように強調しはしなかった。(18)

一九〇九年から一五年にかけて、イギリスでの調査結果を検討し、合衆国への適応の当否を解釈することに、二つのグループが積極的に取り組んだ。そのひとつはポール・U・ケロッグを長とするラッセル・セージ財団である。この財団の婦人労働委員会(シーガーもその一員であった)は、製本、造花、婦人帽子、被服といった婦人を主力にしている産業の不規則雇用に関するいくつかの優れた研究を生み出した。これらの報告を書いたのは、婦人雇用問題の構造的要因を実証しようとしていた中産階級フェミニストのメアリー・ヴァン・クリークとルイーゼ・オーデンクランツであった。シーガーに従い、ヴァン・クリークも一九一三年に、婦人労働の季節的性格は、より合理的効率的な経営政策の採用によって最もよく是正されうる、と主張している。「〝現代産業の見事な組織性〟について語る素人の方々は、どんな職業でもいいから多数の婦人を雇用しているところで季節を安定化する方法をちょっとでも尋ねてみる必要があります。そうすれば効率的組織の惨めな欠陥の証拠を発見するでしょう(19)」。

労働市場改革を説いた第二の、そしてより重要なグループは、労働者補償立法を促進するために創設されていたアメリカ労働立法協会(ＡＡＬＬ)であった。王立委員会の活動がアメリカの改良家たちの間に深い関心を呼び起こした一九一〇年前後に、協会はその関心を失業のほうへ移しはじめた。一九一三年までにAALLは、一連の広範な進歩主義的改革努力から輩出してきた三〇〇〇人以上もの会員を擁していた。幹部には産業の福利厚生ワーカー(リー・K・フランケル)、労働運動指導者(サミュエル・ゴンパーズ)、セツルメントハウス活動家(ジェーン・アダムス)、リベラル派雇主(ヘンリー・S・デニソン)らがいた。ルイス・D・ブランダイスは副会長だったし、社会主義者市長ヴィクター・バーガーも運営評議会に列していた。[20]

AALLは、まさにもうひとつの大きな不況が始まりつつあった一九一四年二月に、「失業に関する第一回全国大会」を後援した。大会は重大化しつつある合衆国の失業問題の緩和のためにいくつかの勧告を採択した。そのほとんどはヨーロッパ的対応を踏襲したものである。彼らは、正確な労働市場統計、全国的な職業紹介制度、そして強制的失業保険を求めた。だが、そのなかでひとつの提案――新たな管理方法によって雇用の規則化を図る――が、私的な自発的な手段へのアメリカ的好みを反映していた。

この会議は、安定化技術によって失業を減少させうるという理念に触れただけで、それ以上のことをほとんどなしえなかった。AALLの事務局長ジョン・B・アンドリュースは、「少数の進歩的雇主」が労働需要の季節変動を減少させるため歩み出したと指摘する大会報告を準備したが、この主題についてそれ以上いうべきことを何も持っていなかった。ほかに民間雇用慣行に言及した大会参加者といえば、マイヤー・ブルームフィールドただ一人で、彼は「この問題を調査している……わが国の一機関としての」ボストン雇用管理者協会に注意を喚起した。しかし、AALLが一〇カ月後に第二回全国大会を組織したころには、雇用安定化という考えは広く人々に知られるようになっていた。[21]

各地の活動

一九一四―一五年の不況の期間に、救済の実施と失業への新しい接近に向けた調査を助成する団体が、ボストン、フィラデルフィア、ニューヨークをはじめいくつかの都市に興ってきた。

ボストン　AALLの支部、「失業に関するマサチューセッツ州委員会」は議長にロバート・G・ヴァレンタインをおき、その会員の多数がAALLの幹部だった。一九一四年、AALLの幹事ジョン・B・アンドリュースがこの委員会に対し、ウエッブ夫妻のかつての生徒ジュリエット・ポインツによる、雇用の季節的不安定性に関する調査を援助してほしいと依頼した。ティードとこの委員会の会員ヘンリー・S・デニソンとが、ポインツのアンケートに応ずる会社をボストン商業会議所に属する会社のなかから用意し、商業会議所が彼女の報告書を発行した。

ポインツは、失業の水準とボストン諸企業内の雇用の季節変動との間に密接なつながりがあることを見いだした。失業を減らすために彼女が推奨した方策は、労働時間短縮、閑散季節中の在庫生産、人事部門の設立、企業内配置転換を含んでいた。ポインツはいっている。

相当規模の事業体はすべて、専門の人事部を常置して、そこに年間を通じて雇用された各等級の労働者の人数、……賃金、時間、採用数、解雇数等を含むきちんとした雇用記録の作成を命ずるべきである。その部門の政策は、その事業体の各部門の雇用要求に関し指示を与えながら可能なかぎり規則性を維持することに向けられるべきである。従業員を事業の遂行に必要なさまざまな仕事になじませるように、できるかぎりある部門から他の部門へと配置換えさせるべきである。……雇主たちは、規則的な仕事を準備することによって効率的な組織を維持することの必要性を教えらるべきである。

本質的に内部労働市場を通じての雇用安定化を含んでいるこれらの提案が、ここでは労働力不足への対応としてではなく、深刻な失業への対応として出された点が興味ぶかい。[22]

フィラデルフィア　フィラデルフィア市長ブランケンバーグは、一九一四年一二月、フィラデルフィアの危機的失業を救済する方途を議論するために市内大手の雇主たちの会合を催した。この会合のひとつの成果は、将来いかにして失業を最小に減らすかを探る一般的な研究を市が支援するという提言であった。ウオートン校の若い教師ジョセフ・H・ウイリッツが研究の実施者に指名され、数カ月後に「安定的雇用」と題する報告を作成した。

ウイリッツはまず彼のいわゆる「恒常的失業」と周期的恐慌から発生する失業を区別し、前者のほうが後者より深刻なのだと論ずる。そしてアメリカ的な問題解決の特徴となりつつあった趨勢のなかで、ウイリッツも報告の残りの部分では景気的失業をあえて無視し、かわりに恒常的な失業水準減少の諸手段に焦点を合わせたのであった。彼は販売部と製造部の調整、生産ラインの多角化、閑散季節の間の在庫生産といった、さまざまな安定化諸手段の採用をフィラデルフィアの雇主たちに推奨した。「雇用問題の取り扱いは個々の部門の職長たちに任さるべきではなく、高度な職能を持った何人かの雇用職員あるいは雇用部門に移管さるべきである」というのが彼の主要な勧告のひとつであった。ジュリエット・ポインツと同じくウイリッツも、失業の防止ということを人事部設置の理由づけにしたのである。[23]

ニューヨーク　一九一四年一二月、「失業に関するニューヨーク市長諮問委員会」が任命された。著名な雇主、労働運動指導者、社会改良家を含み、座長はUSスチールのエルバート・H・ゲイリーであった。委員会は失業に関するいくつかの研究を実施するためにメアリー・ヴァン・クリークを雇い、一九一六年一月に委員会報告を提出した。

報告は失業に関し、ボストンとフィラデルフィアで前述のグループが推進したのと同じ対応策を勧告した。すなわち、私的安定化諸手段(人事部の設立を含む)と公的諸手段(職業紹介所と職業指導制を含む)との混合物である。報告は、市の諸産業に季節的に不規則になる傾向があり、地元の雇主たちが閑散期に労働者をとどめておくことができないでいると指摘し、算定はできないが雇主の「特別の努力」によって、かなりの量の失業が統御されるはずだ、と強調した。そのような安定化は失業を減少させるのみならず、すぐれた事業の感覚をもつくり出すであろう。「より能率的で生産的な労働力――それは疑いもなく安定した労働力である――から結果する真の節約は、衛生の改善、照明の改良、事故数の減少といった運動と同じく、事業にとっての良きものであるはずだ」。かくて、雇用安定化の諸方策は、合理的雇主たちならすぐ採用するはずの収益性ある企画として提起されたのである。

しかし、ニューヨーク委員会におけるこうした基調での理由づけが持つ両義性《アンビバレンス》は、雇主たちが立法によって強制されて初めて採用した諸方策(たとえば労働安全)を、収益性という面から唱えているところに反映されている。明らかに委員会は、ある雇主たちが安定化を割に合う仕事とは見ないだろうことに気づいていたのだ。事実、報告書のいくつかのくだりでは、収益的であろうとなかろうと、安定的雇用は労働者の権利であり雇主の義務であるとも示唆している。

　何らかの産業に取り込まれ意欲もあり能率的でもある者たちが、当然、規則的で継続的な雇用を確保されるだろうことを、公共利益は要求している。ニューヨークがそこへ近づくか少なくともそのため努力するよう産業に期待する権利を持っている理想とは、働こうとしているすべての労働者が「安定的職務」を保証されることとである。

雇用安定が本当に収益的であるかどうかの問題は、アメリカ労働市場改革運動にとって決定的な重要性を持っていた。もし雇主たちが安定化が割に合うと確信できれば、失業は立法介入なしに大幅に減少しえたはずだったからである。(24)

技師たち

能率的管理実践が失業を軽減するかもしれないとの考えは、すでに見たように、社会サーヴィスの進歩的気風を師フレデリック・W・テイラーよりも多く吸い込んでいた彼の弟子たちの心に訴えるものがあった。科学的管理は有害だという組織労働者や、その他批判家たちの主張を論駁することに懸命だった彼らは、失業問題に対する新しい取り組みへの熱心な擁護者になったのである。

クリーヴランドのリベラル派雇主で科学的管理促進協会の積極的会員でもあったリチャード・A・フェイスは、安定的継続的雇用の提供が失業問題の解決に最も重要な要因であると主張した。一九一五年になされたいくつかの談話のなかでフェイスは、人事部の設立を含む、より良い雇用管理技術を雇用安定化への道として採用するよう企業に推奨している。彼はこの考えが科学的管理運動の創造物だと主張するが、それは部分的に真実だったにすぎない。たしかに一九一五年以前にテイラー教徒のなかのいくつかの企業が人事部を設置していたが、失業と雇用安定化とは、不況期に至るまで能率技師の側から格別の関心をひくことがなかった。[25]

失業問題への新しい取り組みに興味を持ったもう一人の傑出した技師は、テイラーの若き門弟モリス・L・クックであった。不況期の間クックは、フィラデルフィア市長ブランケンバーグの改革行政のなかで公共事業部門の長として働いていた。同市の失業報告の執筆にウイリッツを起用したのはクックであった。一九一五年の「失業問題の解決としての科学的管理」と題する講義においてクックは、「男たち女たちを苦しませ意気阻喪させ堕落させる失業全体の九〇％は、工場の塀の内部の適切な組織によって除去されうるものだ」と主張している。科学的に管理された企業は、生産のピークをならし、諸生産部門を均衡させることにより失業を減らすことができる、と彼は述べた。科学的管理の要素である、より進んだ調整と計画性が、不規則雇用の「無駄」を除去するだろう。そのうえ、と彼はいう、「この結果を求める雇主たちの努力が、多少とも従業員のためを思ってなされるか、すでに豊富な論拠もある金儲けの配慮をもってなされるか、あるいはこの双方の動機が彼を駆り立てたかにかかわりなく、成り行きは同じであろう」。新しい装束をまとってはいるが、これはより大なる経営能率が雇主にも労働者にも等しく利益をもたらすというテイラー主義者の古い信条にほかならない。そうしたわけで雇用安定化という概念は、それが当時、生産に応用されていたのと同じ経営効率技術を通じて大きな社会問題を解決すると約束したゆえに、テイラー主義者たちを引きつけたのだった。[26]

遅々とした前進

一九一四年に開催されたＡＡＬＬの失業に関する第二回全国大会で、雇用の安定化は今や関心の中心であった。ＡＡＬＬの公式の失業防止計画が「すべての職務を安定した職務に」するよう雇主たちを促し、そしてそれが雇用安定のためのさまざまな管理技術を意味する「産出の規制」と人事部の設置を通じていかに可能であるかを詳細に解説していた。人事部は、解雇を減らし、内部配転を利用してレイオフを抑え、労働力をグループ分けして「上位グループを継続雇用の状態にすること」によって、失業を減らすだろうとＡＡＬＬは述べていた。[27]

この計画を発表してから一年後にＡＡＬＬは、雇主たちがどの程度その勧告を採用したか確かめる調査を実施した。落胆させられる結果が大部分であった。ジョン・Ｂ・アンドリュースの記すところによると、雇用安定化のために系統的に努力した雇主はごくわずかだった。ワークシェアリングや仕事創出建設事業でレイオフを防ごうとしていた者はもっと少なかった。アンドリュースによれば、雇主たちが失業保険法の「金銭的強制」なしで自発的に雇用を安定化するというようなことは考えにくい。[28]

ほかの報告も同様に悲観的なものだった。ニューヨーク市では市長の失業に関する諮問委員会が、不況が去って一年以上たってから第二回報告書を提出した。それは第一回報告と同じく雇用安定化を求めたが、しかし雇主にその行動を強いる政治的圧力が必要かもしれぬことを示唆して、大きな態度変更を示している。「社会および政治の基本的改変を通じて、わが産業制度のなかに忍び込んだ全般的害悪の除去を目指す運動……の価値」を報告は指摘した。これは強烈なしろものであった。全国市民連盟のラルフ・イーズレイは反発して、報告の執筆者へンリー・ブリュエーアに公然と「危険な」社会主義者というレッテルを貼った。[29]

イーズレイの指摘は間違っていた。ブリュエーアが提案したのはとても社会主義などといえるものでない。彼は現行産業制度内での、大改良を一部含むところの改良を提案したのである。ブリュエーアは後にボワリー貯蓄銀行の副頭取になった人であり、ＡＡＬＬ、テイラー協会、ボストンＥＭＡの大部分のメンバーに比べて特に急進的だったわけではない。だが、古い考えはゆっくり死んでいく。全国市民連盟の会員を含む多くの雇主たちは、依然、現行雇用慣行こそが唯一のやり方だと信じていたのだった。

能率技師たちと同じくブリュエーアやほかの改良家たちは、より規制された秩序ある社会を念頭におき、それは長期的な安定と結局は雇主の収益性という利益と引き換えに、雇主たちの短期的な抑制を要求するような社会だと構想したのである。おそらくイーズレイを最も困惑させたのは、雇主たちが現慣行か改良かの選択でなく、改良かもっと急激な変化かを選択せねばならないのだというブリュエーアの暗示であった。ロバート・Ｇ・ヴァレンタインは一九一四年のＡＡＬＬの会合でその選択を明瞭に提示している。

この提言を単純化すれば、われわれは産業活動の大部分について国家的規模での社会主義的統制に向かって急速に進まなくてはいけないのか、それとも失業の抑制を最重要内容とする社会的責任の組織を徹底化することによって現在のわれわれの産業活動の自由に社会的正当性を与えねばならないのかということである。……もし選択がこれら［競争の］諸力が自由に振る舞う世界とそれらが鎖で縛られる世界との間でなされねばならないのだとしたら、われわれは競争の世界をそのあらゆる荒廃と苦悩、あらゆる希望と可能性をこみにして選択することになるだろうと思う。しかし、そのどちらかしか選択できないとは考えない。可能かつ実際的な第三の道があるというのが、われわれの見方である。……一言でいうと、雇主たちは産業の社会的問題は解決されねばならず、その解決に自分たちが貢献せねばならないことをわかってきている。もし私的産業活動が存続すべきであるなら、……競争している個人やグループを個別的なやり方では責任をとることのできぬ破壊的な力から保護することを、……良き道徳と良き事業活動の双方のために……産業のすべての要素をもって組織せねばならない。(30)

雇用協会

ジョン・B・アンドリュースは労働市場改革運動のほかの人々と同じく、不況期間における変化の遅々たる歩みに失望していた。だが彼は「将来のより安定した雇用を大いに約束している」ひとつの点灯を認めた。アンドリュースは、安定化と人事管理を実践するよう地元の雇主を促す目的で不況期に創設されたさまざまな協会に言及している。

ニューヨークでは市長から委嘱された失業に関する委員会が、マイヤー・ブルームフィールドの援助でニューヨーク雇用問題協会を設立した。これは失業軽減のため実業家に協力を求めようとする人事管理者、技師、改良家からなっていた。ボストンの前例と同じくこの協会は、「雇用をより安定的永続的にする合理的で人間的な雇用政策」の発展を追求することをうたった。

フィラデルフィアでは、ブランケンバーグとクックが一九一四年に招集したグループが、フィラデルフィア雇用問題検討協会という名の永続的組織になった。会員たちは集まって、雇用の安定、人事管理、その他雇用改革について話しあった。この協会の最初の幹事ジョセフ・H・ウイリッツは、協会の目的は「労働者の不適切な選抜、指揮、解雇から結果する、雇主も従業員も経験している無駄」を除去することだと述べた。同様なグループがニューアークでもデトロイトでも形成された(31)。

これらのグループが一緒になって不況後の人事管理運動の中核になったのだった。一九一五―一七年、会員たちは人事管理を普及し雇用安定確保の新方法を公表するために論文を書き、会合を組織した。一九一八年に最初の全国人事管理組織が設立されたとき、これらの協会は地方支部と認められた。しかしそれよりもずっと以前に、彼らの第一の関心は失業から、関連はするが少し違った問題に移ってしまっていた。ボストン協会が一九一六年に開催した大会で一人の報告者がいっている。「われわれはすぐに、失業問題が仕事あさりをしている人々や労働力の移転によって甚だしく影響されているという事実にぶつかった。もちろん、われわれはすぐに労働異動の問題に移ったのである[32]」。

3　労働異動

第一章で見たように、不安定性は工場雇用の伝統的制度に特徴的な姿だった。一九世紀末から二〇世紀初頭にかけて労働異動率《ターンオーバー》は一貫して高かった。企業では年間異動率が三〇〇％を超えることも珍しくなかった。一九一四年の不況の下でさえデトロイトのいくつかの工場が一〇〇％を超える離職率を報告している[33]。しかし一九一〇年以前には、若干の著述家が職を求めての放浪や浮浪を労働市場の条件にまでたどっていたとはいえ、雇主たちも社会改良家たちもこの現象への関心を声に出してはいなかった。労働異動は漠然と問題として感ぜられていたにすぎず、構造的原因と結びつけられることはめったになかった[34]。

一九一〇年以降、失業問題への新しい接近が雇用方法、失業、雇用の不安定性の関係に注意を集中するにつれて、労働異動の理解も変化しはじめた。実際、労働異動に関するアメリカ最初の研究は、失業の原因調査の派生物だったのである。それらのなかにはラッセル・セージ財団の研究や、一九一二、一五年にニューヨーク工場調査委員会が発表した一連の報告書が含まれる。後者には州の季節産業における離職率のデータが含まれている。さらに一九一四年にはアメリカ労働統計局が失業の調査に乗り出したが、早々に方向を転じて、かわりに労働異動の詳細な量的研究を始めた。同じ年、ＡＡＬＬの幹事でゼネラル・エレクトリック社の重役だったマグナス・アレクサンダーによって労働異動コストの最初の見積もりが公表された。失業と同じように、激しい労働異動も民間雇用条件と雇用慣行の変更によって統御されうる類のものと見なされるようになった。このように労働異動は、異動率が鋭く上昇したからではなく、一連の昔ながらの諸事実が新しいやり方で考察されたから「発見された」のである。[35]

フィラデルフィアの失業に関するジョセフ・ウイリッツの報告は、どのように失業調査が労働異動問題にぴったりと接していたかを描き出している。ウイリッツは厳格な分析に基づいて、地元企業の採用・解雇政策が労働異動の彼のいわゆる「産業ルーレット盤」になっていると結論づけ、そして異動が失業をつくり出すいくつかの道を指摘する。第一に、過度の採用と解雇が特定の企業または産業に付着した失業者の貯水池をつくり出す。失業者は各々「［自分は］じき再雇用されるだろう」と判断して、ほかで仕事を探すより失業者としてとどまるのである。第二に、高異動と対応する勤続の短さのせいで、雇主たちは景気下降期に従業員たちをとどめておく義務を感じない。この態度が仕事のない労働者の数をより大きくする。最後に、頻繁な転職は「労働者たちの自律精神を破壊し」、彼らを勤勉さに欠け、したがって雇主たちにとって魅力に欠ける労働者にしてしまうと書かれている。[36]

労働習慣

失業と同じく労働異動問題も、駆り立て方式の私的社会的費用に関する多大の疑念を引き出した。ウイリッツの指摘の最後の点が示唆しているように、表向き失業や異動を議論しているそのすぐ下に、労働倫理の衰退についての懸念がしばしば横たわっていた。実際、高い自発的離職率と解雇率は、労働習慣を悪化させ意欲を損ねるといわれていた。ある経済学者は、「仕事をすることは獲得された習慣の一種であって、もし中断されると再び獲得することは困難だ」という。別の観察者によると、いつも自分から仕事を辞める人々は「産業的熟練が不足し、同じように消費水準も不十分である。彼らの価値観は歪んでいる」。こうした非難がしばしば、一つの仕事には決して長くとどまらず、「渡り者《フローター》」という蔑称を奉られた労働者たちに向けられた。一九一三―一五年間に、勤続三カ月未満の労働者たちが自発的離職の五分の三を占め、これはどのような熟練水準についてもそうであった[37]。そして異動を低め労働の倫理を保つために、基本的な二つの取り組みがなされた。

第一は環境面からのもので、失業問題の文献で推奨されていた安定化方策とも似ている。それは雇用慣行の改革と安定性への刺激(〝浮遊労働者のための錨〟)を必要とする。フォード自動車会社における一九一三年の雇用再編成は、労働異動と労働習慣とへの二重の攻撃として、大戦前に最も広く紹介されたケースである。デトロイトの他会社と同じように、フォードの自発的離職と解雇との水準は、今日の標準からすると異常に高かった。一九一三年の離職率は三七〇％であった[38]。

その再編成はフォードで雇用のほとんどの側面に影響を及ぼした。福利厚生から賃金刺激まで、労働者たちをより勤勉にさせるものならなんでも労働異動問題の解決策の一部と見なされるに至った。この再編成の最も有名な様相は利潤分配制で、会社はこれを「労働者への報酬に関し産業世界にこれまで知られているなかの最大の革命」と呼んだ。このプランには実際に、労働者への支払いを一日当たり少なくも五ドルにまでは引き上げることになる追加賃金が含まれており、そしてこれは倹約する道義的で勤勉な労働者だとわかった者にだけ与えられたのである。追加賃金を受け取る資格があるかないかを決めるために、会社新設の社会調査部が数十人の調査員を繰り出して労働者の生活状況を調べ、隣人から彼の性格についての批評を得、貯金額を調べ、出勤状態と生産記録を調べた。労働者がこれらのテストにすべて合格したときにだけ追加賃金を受け取ることができたのである。このプランは、自発的に離職し、後に再雇用された労働者はもう一度、社会調査部で数カ月かかる審査を受けねばならないなどの条項を含むいくつかの雇用安定への刺激を用意していた[39]。社会調査部はまた、フォードで深刻な問題になっていた無断欠勤を阻止するためにも調査員を利用した。一九一三年でいうと会社の労働力の一〇分の一が毎週なにがしか欠勤していた。この部は違反者に対し欠勤と時間厳守についての道徳学習を施した。たとえば、妥当な理由なく年間に三回遅刻した者は公平裁判で審問を受ける。もし当人が弁明できないとわかれば、彼は慈善事業に向けられるべき一〇—二五ドルの罰金を科される。翌日彼は調査員の車でそれにふさわしい困窮者の家に連れていかれ、彼自身が前日決められた金額を手渡すのである。(40)

フォード再編成の別の部分は職長に向けられた。一九一三年以前には、職長が同社の労働者の採用、監督、支払い、解雇に全権を握っていた。その結果、解雇率は高くなり、同社のハイランド・パーク工場では賃金決定基準は多様で混乱していた。新しい制度の下では、労働者を解雇したいと思う職長はまず人事部の点検を受けねばならない。人事部は解雇が正当か否か調査する。もし正当でないとなれば、人事部は労働者を工場の他の部門に配置転換する。そのうえ、「従業員への職長のえこ贔屓を阻止する」たてまえで設計された賃金等級制の導入が、フォードにおける賃率の数を六九から八つに減らすことになった。(41)

労働異動を減らし労働倫理を強化することへの第二の基本的な接近方法は単純で、浮遊者をふるい落とす仕事をもっと上手にやるということであった。これは明らかに人事部の地位を押し上げるものだった。たとえばフォードの新しい制度の下では、職長よりはむしろ人事部が新しい従業員を募集し選抜する権力を持った。雇主たちは以前に鉄道労働者だった者(「彼らは始終腰かけ、何日も休みをとり、退避線に座り、そしてもちろん渡り鳥だ」)、同じく以前に鉱夫だった者(「監督されることに腹を立て、その日の仕事が終わるといなくなるのが常だ」)を排除するよう忠告された。一部の著述家は、雇主たちが結婚している男または家持ちの男だけを雇い入れたと指摘している。(42)

第一の環境面からの取り組みと対照的に、この接近方法は労働異動を救いがたき労働倫理の欠陥、個々人の労働習慣の累進的退廃、の表白として考察している。この状態の「最初の徴候」は「自分の仕事に対する彼あるいは彼女の不注意」であると、ある政府職員はいう。「この病の論理的な第二段階が無断欠勤であって、普通、休日あけの日に現れる」。その後に離職がくる。一九一五年に全国企業立学校協会が会員企業に労働異動の原因についての見解を問うたときに、最も普通の答えは「遍歴ぐせ」で、続いて「飲酒と賭け事」、「家族への責任感の欠如」、「個々人の気質」、最後に「怠惰と放縦」の傾向というものであった。[43]

退出、発言、忠誠心

労働異動についての新しい研究は、労働市場が安定性のどんな様相をも欠いていることを暴き出した。労働者の仕事から仕事への絶え間なき移動は、合理的で秩序だった社会をつくり出したいと願う改良家たちを深く悩ませるものであった。彼らの見るところ、この不安定性は失業と怠惰をもたらすばかりか、また――まさにここが悩みの種だが――労働者の動揺と不満(あるいは多くの人々が軍隊の俗語を借りて「低いモラール」と表現しはじめていたもの)につながる。実際、サムナー・スリクターは、労働異動と労働意欲《モラール》との関係に比べると、労働倫理面からみた労働異動の重要性はより低いと考えていた。「労働異動は労働者の意欲阻喪の原因としてよりも意欲阻喪の徴候、……人々の意欲を自然と衰退させる不満足な状態や関係を引き起こす条件の徴候としてのほうがはるかに重要である」。つまり労働異動は潜在している紛争と労働不安の徴候だというのだった。[44]

一九一二年から始まって一三年中続いた一連のストライキが、全国至るところで雇主たちに打撃を与えた。そこには多数の不熟練労働者たちが初めて参加していた。一九一二年のローレンス織物のストライキに続いて、北東部全域にストライキの波が押し寄せた。スチュードベイカー、ファイヤストーンといった新興企業は短い自然発生的な罷業を経験した。繊維業ストライキで役割を演じたIWWは、グッドイヤー社をもいざこざで苦しませていた。一九一三年、フォード自動車会社が再編計画を練っていたそのとき、AFLの自動車労働組合、機械工組合、そしてIWWを含むいくつかの組合がフォードの労働者の組織化に取り組んでいた。ニューヨークとニュージャージーでは全労働者の二五%ちかくが一九一三年のストライキに参加した。[45]

労働異動に関する議論は、しばしば労働異動と労働不安の関係を率直に口にした。今日の言葉づかいでいえば、彼らは「退出」を「発言」の代替物として取り扱ったのである。そのことをある経済学者は、労働組合は「悪条件への抗議を企業に代表委員を送って表明する。未組織労働者は彼らの抗議を〝自分の時間を求める〟かたちで表明する」としている。また、ほかの経済学者は労働異動が労働組合が未組織な産業のなかでより高いと観察し、サミュエル・ゴンパーズはこの発見を、しばしば労働運動の弁護に利用した。ゴンパーズは労働異動を、「絶望の淵にある人々の広範な離反、広範な非組織的抗議」として描き出し、「組織された職業には実際に労働異動はない」と主張したのである(46)。

早くから人事管理を支持した人々は、現在、自発的離職と低労働意欲とを引き起こしているのと同じ条件が、将来、ストライキあるいはもっと悪いことを引き起こすことになるかもしれないと考えた。もしそうした状況がはっきり把握され治療されたら、意欲は改善され離職は減り労働者の反逆の可能性は大幅に減退するだろう、と彼らはいうのだった。一九一〇年以後、人事部を持った一握りの進歩的会社が規則的な離職時面接を開始した。フィラデルフィア市で雇用問題検討協会の積極的会員だったある雇主は、彼の企業では辞めていく労働者が賃金の清算を受ける前に面接される、といっている。彼のいうところでは、結果は「輝かしいものである。自発的に離職し、あるいは解雇される人々には、もういいたいことを抑制する理由がない。うるさい職長について、無駄になった手待ち時間について、そのほか職場の能率に関する不平が声になる。それらは調査され、もしわれわれが悪いときには是正される(47)」。

この時期に先鞭をつけられたもうひとつの実践は、今日の態度調査の先駆といえるが、「意欲指標《モラール・インデクス》」として利用するための労働異動データの収集であった。従業員福利厚生の指導者だったノートン製粉会社の人事管理者は、彼の会社は労働異動データを「経営側が従業員との密接な接触にどの程度成功しているかの指標として」見ている、と語った。スリクターも別の諸会社の経営者がそのデータを「労使関係の性格、工場内の不満足の程度を指示するもの」と見ていると記している(48)。

高い労働異動率は、しばしば大会社の非人格的雰囲気のせいにされた。労働異動に関する初期のある著作は、「組織の各成員が……名前というただのナンバー・プレートを付けた機械の部品であるのではなく、本当に自分はその組織の一員であると感ずるようにすべきだ」と助言した。職場ミーティング、提案制度、工場内コンテストが提案されている。ボイド・フィッシャーによれば、労働異動と労働関係問題を減少させるひとつの方法は苦情処理手続きを発展させることである。「不平を聞いてやりなさい」、「誰にでもドアをノックする機会を与えなさい」と彼はいう。労働異動は現代工場労働の活力喪失効果の、とりわけ、仕事を「高度に反復的で」「耐えがたいまでに退屈なもの」にした科学的管理のせいでもあるというのだった。(49)

かくて労働異動の低さは、よく管理されストライキのない企業に不可欠のもの、会社がどれだけ自分の労働者の問題に気を配り、不満を声に出させるはけ口を用意しているかの指標、として扱われるようになった。そのうえ、低い労働異動率は労働者の達成の安定化を助け、忠実な従業員の一軍団をつくり上げる時間の余裕を経営側に与える。マグナス・アレクサンダーは一九一四年の研究のなかで、渡り労働力が「従業員のなかに、一般的満足と経営に対する忠誠の心を維持することの困難さ」を強めており、「流砂を手でこねてもしっかりした塊にできないように、絶え間なく替わっていく従業員大衆をつかまえて、それをひとつの均一的で、知的で、満足した集団に変えていくのは困難なことがわかるだろう」と指摘している。(50)

異動費用と雇用改革

労働異動に関する新しい懸念が、各企業独自の性格を持つ技術変化にかかわっての離職費用の増大に起因したということはない。(51)事実、製造業技術は一九世紀におけるよりも企業独自性や固有性の少ないものになりつつあった。合衆国は資本財産業を発展させつつあり、それは企業に、一九世紀のように機械を自分でこしらえるのではなく、全国的商人から同種の機械を買い入れることができるようにしたのである。一九一七年にある経営者がいったように、すべての企業は「どこで売っているか知りさえすれば同種の機械を買うことができ、あるいは同じものを設計できる。今や製造の工程を完全に秘密にしておくことはできない」のだった。[52]

そのうえ熟練を重視せず訓練費用も低い技術の広範な導入は、労働者を取り替えやすくして、雇主にとっての離職費用を低下させたばかりではなく、労働者にとっても職務の変更をより容易で費用のかからぬものにしたのである。労働異動についての議論では、しばしば、工場から工場への移動の機会が、設備の標準化や、労働者が新しい仕事を覚えることの容易さによって助長された、と述べられた。経済学者ポール・H・ダグラスの観察によれば、「作業をより専門化させる機械の工程そのものが、労働者をより非専門化されたものにする。労働者は今や移転可能である。……機械取り扱いの一般的原理を学んだ機械番の労働者は、製靴機械であろうがリボン織り機械であろうが、そこに付くことができる。真実、彼は産業メカニズムのなかの互換可能な一部品にすぎない」。[53]

もちろん、訓練費用が減少しつつあったといっても、経験ある従業員の取り替えにはそれなりの費用がかかった。一般的にいえば、雇主にとって現職者は常に新しい労働者よりも価値がある。一九一五年にフィラデルフィアの雇主がジョセフ・ウイリッツに語ったように、「会社の事業方法についての経験と知識を持つ男を確保しておくほうが、新しい労働者を雇うより安上がりである」。だが彼は、「話が行き過ぎることもある」と付け加えている。実際、アレクサンダーによる若干の企業の置換費用見積もりの測定では、たしかに費用はかかるが、通常そう大きいものではなかった。そして古参労働者たちが示し合わせて産出制限することを覚えたり、また現職労働者が長く勤続しているだけの理由でより良い支払いを受ける権利があると感じる、といった場合には、雇主にとって労働者の経験から得られる利益よりも、そのほかの諸要因が優ることになったのである。[54]

労働異動費用が大きかったり増えたりしたわけでもないのに、人事管理の提唱者たちがこれを大いに強調したのは、むしろほかの理由から必要だと考えていた改革、主に職長の特権的解雇権の制約と雇用保障条項を正当化するためであった。この戦略が必要だった所以を理解するためには、当時ほとんどの企業のなかに、改革への期待をめぐって二つの対立する見地があったことを知らなければならない[55]。

一方においては、人事管理者（とその支持者たち）が駆り立て方式の長期的諸結果を深く憂慮していた。雇用保障の欠如と労働者の「仕事に対する所有権の感覚」を持たせえないことが、「不正義の意識あるいは抑圧された無意識の欲望をますます高じさせるであろう」とオードウェイ・ティードが警告している。職長の駆り立て方式は、「労働紛争の原因のうちの驚くほど大きい割合」を占めており、それらの紛争は職長を抑制し、採用と解雇に関する彼らの権力を規制することによって容易に除去できる、とマイヤー・ブルームフィールドはいう。事態を端的に表現したものとして、労働異動についてのよく知られたひとつの記述をあげよう。そこでは、ある雇主グループが次のように問いただされている。

皆さん方のうちでどなたか、皆さんが昨年放逐した二〇〇〇人余りの労働者たちの心に、正当な理由もなく、ここのトム、そこのマイク、といわれたのを最後に工場の門から出ていった男たちの心に何が去来したかを考えたことがあるでしょうか。……これがわが国の全域で行われていることです。腐った制度の論理的帰結です。しかしそれは、それを生み出した産業に報復するのみならず、最終的には社会機構全体に報復しているのです[56]。

他方において、生産管理者とライン職員たちは駆り立て方式に満足していた。駆り立て方式は需要変化への弾力的適応を可能にし、単位労働費用の抑制に効果的だったからである。事実、サムナー・スリクターは彼が「階級としての雇主たちの利益」と呼ぶ短期の見通しに立つかぎり、駆り立て方式は収益的で、あると考えていた。生産管理者はしばしばこの狭い観点に立った。ある人事管理者がいったように、生産管理者は「労働を一個の商品とし、商売が活発なときは公開市場で売り買いし、需要が収まったときには勝手に処分さるべきものと考える」者たちであった。彼らは労働関係の問題が脅威となったときでさえ、温和な扱いは意欲と規律を損ねると信じて、労働者を解雇から守ることに乗り気でなかった[57]。

雇用改革の提唱者はこうした抵抗に出会って、自分たちの考えを「売り込む」にあたり、経営者の政治的判断力や人道主義に訴えるよりは彼らのコスト意識に訴えようと試みたのだった。駆り立て方式における変化を労働異動費用に結びつけることは雇用改革をより実際的な提案に見せたし、改革に経済的合理性を与えた。置換費用の見積もりは、多くの経営者がほかのもっと計算しにくい考慮事項を入れれば拒否していただろうような内容の提案を、正当化するために利用された。ボイド・フィッシャーによると、そうした見積もりは「われわれが工場管理者の目の前でひらひらさせて、〝労働異動はあなたにとってひどく高くついています。私はそれを証明できます〟といえる数字」を提供する。「利他主義への訴えと財布への訴えを結合して、初めて得心してもらえる経営者たちが実に多いようだ」。費用と効率を強調することにより、人事管理者は、話を聞く気にもなれないあどけない夢想家でなく、冷徹な現実主義者なのだと自分を見せかけることができた。「産業経済学畑の善意の学者たち、ソーシャルワーカー、それに不正摘発を専門職業とする者たちはみな、通常、改善の達成に失敗している。彼らはその扇情的な言動によって一時的な関心を引き起こすが、しかし責任ある人物たちの興味をつなぎ止めることはない」とマグナス・アレクサンダーがいったとき、彼は上のような戦略を指していたのである[58]。

職長を労働異動の主要原因として描き出す傾向が広がったのは、この戦略と関係がある。EMAの初期の指導者E・M・ホプキンスは一九一五年の論文で、労働異動を、職長の「不注意あるいは気まぐれに解雇する包容力の欠如」とつなげて説いた。しかし職長の採用・解雇権という問題が持つ重要性は、単に労働異動率を低めるための試み以上のものを含んでいた。一九一〇年代に解雇は離職全体の二〇%を超えておらず、これはホプキンスのような改良家が普通、見落としているひとつの事実なのである。職長攻撃の情熱の火は、むしろ駆り立て方式の社会的諸結果に対する深い懸念から燃え上がったのだった。しかしながらこの攻撃は、しばしばひとりよがりであり、とりわけ異動費用の節約が、職長から人事管理者への権威の移転を正当化するために利用されるときはそうであった[59]。

最後に、労働異動費用へ照明を当てたことで、人事管理は会社の新たな原価計算重視と結びつくことになった。体系的管理の諸方法の影響下で、企業は各部門が自分の部門費を支払うこと、また会社の損益ラインにどれだけ寄与するかによって支出の正当性を決定することを要求しはじめていた。一九一六年、当時、カーチス出版社の人事管理者だったロバート・クローシアは、労働異動率は「雇用部門の能率と価値の公正で正確な尺度」を提供しうると示唆した。労働異動費用の節減額は「人事部に支出さるべき金額を決める」のに利用できる会計基準である、と記した人々もいた。[60]

しかし雇用改革の支持者たちは、時折、労働異動費用の見積もりを大幅に水増しした。さらに労働者を今より喜んでより忠実に働くようにさせるものなら、すべて労働異動率に何か効果があるというわけで、広範な諸プログラムが今や意図的に費用問題への費用対効果の解決策だと売り込まれるようになった。全国企業立学校協会は労働異動が雇主たちに「二〇億ドルないし五〇億ドル」の費用をかけさせているといい、そして「問題の解決はもちろん教育である」と宣した。同じように福利厚生担当者たちも、今や費用のかかる彼らの諸プログラムにとっての経済的な理由づけを手に入れた。ナッシュ自動車の福利厚生担当責任者W・A・グリーヴスは、会社は従業員のために病院、レストラン、銀行、パン屋を建てることで労働異動費用を減少させうると主張する研究を発表した。[61]

人事管理者はいつもそのように不正直だったわけではない。労働異動に関する彼らの討論には、置換費用などは氷山の一角にすぎないと異議を申し立てる者も時に加わった。たとえば、ある若い人事管理者が彼の上司たちに説いた筋書きは次のようなものである。

皆さん方はこれらの数字を驚くべく異常なものだとお考えでしょう。皆さんが重力の法則を受け入れるように受け入れてきた旧来の諸問題への新しい見方なのですから。これらの数字がわが国の製造業中心地の至るところ、どこからでも倍加しうるという事実に、財務上の脅威が横たわっています。もちろん私は今、端的にビジネスの立場からお話ししており、皆さんに私から見て労働異動のより費用のかからぬ金銭的目標とは何であるかをお教えしているわけです。「雇主にとっての直接的損失よりも大きい何かがあるとお前が考えている、という意味か？」。たしかにグレイさん、その何かは非常に大きくて単純な算術的計算では全部を数え上げることはできません。……今日、不規則的な労働異動の存在以上に、工場を、失業やいわゆる労働「不安」の発生に、雇主の権威に対する反感や雇主へ敵対する義務の信念の蔓延に、貢献させているものはないのです。[62]

しかしこんな方向の異議のあるなしにかかわらず、ほかの経営者たちは雇用改革家や人事管理者によってまき散らされた費用の数字に懐疑的であった。ある大規模織維工場の監督は、熟練労働者を置き換える費用など「取るに足らぬ」ものだと考えるといい、低熟練の労働者の退職にいたっては「損失は見当たらない」と報告している。ある著名な技師は、人事管理者たちの間で労働異動が「物神」になっていると非難しながら、もし置換さるべき男が「今日の従業員の多くがそうであるように不熟練あるいは半熟練の労働者であるなら、置換費用は小さい」と記している。そのうえ別の技師が指摘したように、低い労働異動率はときどき労働費用を増大さ、、、せた。というのは、「そういう場合には常にではないにしても、時として日給または時間給を増加させる必要が生ずる。ある種の経営者にとってそれは喜ばしいことではない」からである。[63]

要するに、雇用の安定と、駆り立て方式の緩和に取り組んだ諸会社が、経済的考慮により強く動機づけられていたのか、それともその他の考慮にかをいうことは難しいのである。サムナー・スリクターが一九一九年に書いたように、リベラルな労務政策を採用しようとの意思決定は、「多くの諸支出の費用に対する正確な効果が追跡できない以上、原価計算の問題であるよりは」、もっぱら「判断の」問題であった。しかしながら、労働異動問題が駆り立て方式をめぐる質的判断に影響し、人事管理に流れ込んださまざまなグループにとっての共通の照準と運動の正当化を用意したという点は疑いえないのである。[64]

4　プロフェッショナリズム

これらさまざまなグループを最終的につなげていたものは、ある特定の産業あるいは社会の問題における彼らの利害の共通性ではなくて、それらの問題を考察し解決する方法の共通性であった。各グループがそれぞれに大学で修業した専門職業人《プロフェッショナル》たちや、技術的能力、合理的管理そしてエキスパートに指導される改革を理想としている諸個人を擁していた。モリス・L・クック、マイヤー・ブルームフィールド、メアリー・B・ギルソン、クラレンス・J・ヒックスといった異質の人々が、特定の技術や理論の点では相違していたが、専門職業的管理者が彼の知識の徳性、専門職業家の倫理、問題の全側面を合理的に評価する能力によって秩序と啓蒙的な変化をもたらしうるという信念において合意していた。

ひとつの次元では、産業における専門職業の出現を、製造工業企業がますます大きく複雑な事業組織に変貌し、その運営が体系的な企画と管理の対象となったことの結果と見ることができる。だから専門職業的管理の新しい強調は、生産的従業員に対する管理的従業員の比率の増大、伝統的な企業家的機能の専門スタッフへの分与といった現象によって印された官僚制への趨勢の一部分であった。マーケティングや生産が専門化された管理者のますます意識的な統制の下に入ってきたのと同じように、雇用も、専門家に監督される配分と企画の非市場的過程の対象となってきている企業運営の一領域なのであった。これらの変化のすべてが、内部組織と管理とが市場に取って替わる官僚制化の趨勢を反映していた。

しかし雇用分野では技術的諸問題はまた社会的諸問題でもあって、産業が専門職業に頼ることは、急速に工業化しつつある社会における社会的安定のための広範な模索の一部でもあったのである。人事管理の起源は、企業の規模と複雑さとが増大し、それらが経営位階制度のなかに空隙をつくり出したために強制されたという技術的不可避性のみにでなく、その空隙を埋めた人々の背景のなかにも見いだささるべきである。人事の専門家として産業に雇用された専門職業人たちは、産業の外の社会問題に応用されていたのと同じイデオロギーと技術を持ち込んだのだった。

かくて別な次元では、人事管理は、この時代の革新主義運動を生んだと同じ衝撃への応答と見ることができる。そこには強い類似性がある。両者とも、社会正義と秩序を促進するために――会社内、公的分野のどちらであれ――自分たちの影響と統制とを熱心に拡大しようとした新中間階級の専門職業人によって構成されていた。革新主義者が自由放任の社会哲学の弱化を求めたのと同じように、人事管理の提唱者は雇用慣行の市場への従属を弱め、干渉の余地を大きくすることによって方向転換させようとしたのだった。革新主義者は人間的な改革を求めながら、ちょうど人事管理が組織労働者の関心事の一部を先取りしたのと同じように、下からの圧力を吸収し、そらす役割も果たした。二つの運動は新しい産業社会のストレスと緊張を合理化したのだった。それぞれが、より急激な変化を回避し、かくて現行制度の強化を助ける改革を導入したのである(65)。

これらの並行性をさておけば、人事管理者とその支持者たちは革新主義的改良家よりも厳しい制約内で活動しなければならなかった。彼らは雇主に、改革と自己抑制とは彼自身に最も利益であること、変化は労働倫理を強め、ストライキを予防し、急進主義を鎮め、労働者の期待をやみくもに助長したり伝統的権威を掘り崩したりせずに能率を増進するだろうことを得心させねばならなかったのである。ここでは産業技師たちによって発展させられた専門職業のイデオロギーが、雇用改革を前進させるうえでも有用であることが立証されることになった。

プロフェッショナリズムということは、一八九〇―一九二〇年代の工学文献におけるひとつの突出した論点だった。技師たちは大会社のなかで次第に自分が雇われた身だという感じを持ち、彼らの自律と影響力に深い懸念を抱くようになった。専門職業人としての彼らの矜持やこれと照応する社会的責任を、雇主に対する忠節といかに調和させるかが、この懸念と関連するディレンマだった。フレデリック・W・テイラーのような産業技師は、他を専門とする技師よりも強くこの問題に注目した。それはひとつに、経営位階の構造に関連する疑問が、産業技師たちの仕事の過程でおのずと沸き起こってきたからである。しかし専門熟達者の団体の役割を規定する際のテイラーの関心は、独立コンサルタント技師としての彼の立場をも反映していた。彼は依頼企業が自分の勧告を丸ごと受け入れ、彼の仲間たちの専門性と自主性を尊敬するという展望に憑かれていたのである[66]。

テイラー・システムにとって根底的なものは、生産管理を合理化する技師の試みを正当化するものとして、科学と専門職業的知識を前面に打ち出したことである。テイラーは、伝統的意思決定過程に科学法則を置き換える全く新しい管理システムを発見したと主張した。技術専門家の権威が、職長や熟練労働者が頼ってきた「伝習的《ルール・》方法《オブ・サム》」のみならず、企業所有者の伝統的権力を攻撃する地盤となった。それは雇主たちから指導権を取り上げ、彼らの当然の優越性に疑問を投げかけたから、一部の雇主はテイラー・システムを自分の特権への猛烈な妨害と受け取ったのである。

テイラーの専門職業イデオロギーは福利厚生担当者やその他の技師までを含めて、産業に雇用されている広範な専門家たちの展望をかたちづくった。その影響には二面がある。第一にそれは組織の伝統的方法と権威のかたちを変えるための処方を提供した。訓練された専門職業人はその技術的熟達のゆえをもって指揮者的役割を主張し、それが会社の位階制度のなかで彼の上と下にいる者の権威を後退させた。第二にそれは経営者・労働者間の紛争の仲裁者という専門職業人の自分像に信憑性を与えた。専門職業人は生産と人間行動の科学という社会福祉の不変の尺度を持っているから、両グループの最良の利益において行為することができると想定されたのであった。テイラーによれば、「双方は古い個人的判断あるいは意見を、正確な科学的知識と調査で置き換えることが必須だと認識するはずである[67]」。

テイラーが権威の慣習的形態に対置されるものとして専門的熟達を強調したことはまた、管理をビジネス・スクールで教えることによって、それを専門職業化しようと当時行われていた努力を正当化することをも助けた。科学を管理と結びつけることによってテイラーは、伝統的アカデミズムの商業軽視を断ち切った。ダートマス、ハーヴァード、ペンシルヴェニアといった諸大学の新しいビジネス・スクールのカリキュラムで、テイラー・システムは中心部分を占めた。これらの展開は、「産業の巨人」の権力と序列の商業主義が気にさわるルイス・D・ブランダイスのような人にも訴えるものがあった。『ビジネス——ひとつの専門職業』の著者ブランダイスは、プロフェッショナル経営者は事業の世界に違った価値体系を持ち込むだろうと信じ、ほかにも彼の楽観主義を分け持つ知識人がいた。一九一二年の能率協会の会合でハーヴァードの経済学者トーマス・N・カーヴァーが次のように自賛している。「さまざまな経営管理スクールが労働問題に対して、急進的改良家を全部合わせたよりも多くをなしているというのが私の意見であります[68]」。

専門職業モデル

科学的管理イデオロギーに深く影響されて、雇用改革の支持者たちも、人事管理の専門職業化が産業にヒューマニズムを注入する助けになるだろうと同様の大きな希望を抱いた。専門職業的熟達を強調する者は、人事管理者がほかの管理者に影響を与えるに十分な権威を持ち、同時に企業にリベラルな価値観を注入する人物——大学教育で授かった自由な精神を吸い込んだ「ビッグ・マン」——なのだということを、請け合おうとした。人事管理者は、「人間の本性に並はずれた洞察力」を持つ「熟達者」であるべきだとスリクターは信じていた。もしも科学と階級的中立の人である専門職業人が産業の諸問題の解決を個人的に任される地位におかれるならば、駆り立て方式は最もよく改革されるであろうと考えられた。一九一五年にタック経営管理スクールに人事管理コースを導入したハーロウ・S・パーソンは、人事管理者を、その熟達と広い視野とから「事業の良心を社会の良心に列するようにさせる」触媒だと見た[69]。

この人事管理の専門職業モデルに従えば、人事管理者は企業のなかで、スタッフでもラインでもない、労働と経営を調停する第三の勢力であるべきなのである。人事管理者はならず、「伝統的に敵対していた両派、すなわち一方に資本と経営、他方に労働の職人気質の間の」仲介者でなくてはならず、「常に双方に通訳の機能を、時として和解斡旋者の機能を果たさなくてはならない」とエドワード・D・ジョーンズがいう、専門職業的独立のせいで、人事管理者は、職長・労働者間紛争に介入し、対立する利害をより高い次元で和解させることができる。そのような役割が本当にあるとすれば、人事部は製造部門から独立し、企業のその他の部分からも一定程度独立していなければならないはずだった。(70)

専門職業主義とそのモデルが要求する人事部の相対的自立性は、また人事管理者が企業の従業員のための代弁者として振る舞うことを容認する傾向を持っていた。イースタン製造会社のジーン・ホスキンスは、人事管理者は「会社を支配している重役たちの一員」ではなく、「外部からの視点を持ち、強力な自分の政策、自分の理想を持つ」人々であるべきだ、といっている。そのときにのみ労働者は、人事部が自分たちの最良の利益に沿って行動しており、そこが「工場のなかで外部からの見地を受け入れる唯一の場所だ」と感ずるであろう。マイヤー・ブルームフィールドは「架空の」シナリオだがと断ったうえで、労働者たちが喜んで人事管理者の給料の一部を支払い、彼を弁護士や医者のような専門職業人と同じように見て利用する日のことを描いてみせた。(71)

一九一九年にサムナー・スリクターは、人事管理の「専門職業人精神、理想、標準」は「成員のなかに急進主義の影響を及ぼすのではなく、リベラルへの気風をもたらす」であろう、と記している。専門職業的価値の重視は、この運動を雇主たちの狭い利害を超えて取り上げる社会的優先度の高いひとつにさせた。専門職業人は彼の雇主に対するのと同じく、公衆と彼の仲間たちとに対して責任がある。ブルームフィールドは「人間を取り扱う科学」は専門職業人の責任を伴うものであり、またそれは「公衆の利害に影響される」ものだと論じている。彼は大学でこのテーマでのコースが増加していることを指摘して、人事管理における公共サーヴィスの要素を強調したのである。

専門職業主義の強調はひとつの意図せぬ結果を生んだ。すなわち諸々の経営に、彼らの利害の共通性に関する実感を植えつけた。専門職業人として人事管理者たちは、雑誌、教科書、また数多くの大会や会合で問題や考えを交流した。ボストンEMAのようなグループのメンバーたちは絶えずお互いの工場を訪問しあい、彼らの雇用技術に関する情報を交換した。企業の、以前は私的に孤立していた世界が専門職業人の共同体の一部分になった。その結果、諸会社は相互の密接な結びつきを深め、労働問題を取り扱う知識や技法の総体を共有するようになったのである。(72)

にもかかわらず、人事管理運動のなかにいてプロフェッショナリズムに最も関心を寄せていた者たちは、総じて労働組合運動に共感を示したのであった。ブルームフィールド、ボイド・フィッシャー、メアリー・B・ギルソンのようなリベラル派、アルギー・サイモンズ、オードウェイ・ティードのような元社会主義者はともに、専門職業的な人事管理が従業員の権利や団体交渉についての開明的な考えを産業に導入できると信じた。しかし、労働組合の効用を認めたこうしたリベラル派でさえも、不熟練の移民労働者がその効用を受け入れる準備ができているという確信を持ちえなかった。労働者たちは労働組合員として責任を担えるように教育されねばならない、そして人事改革は「経営と労働者双方に労働組合主義の土台を用意するために一定の教育的価値を持つものである」とメアリー・B・ギルソンは考えた。もちろん人事管理運動は、労働組合に敵対し、専門職業モデルに信頼をおかぬ保守派たちをも擁していた。彼らは改革や規制を労働組合主義の取っ掛かりとしてでなく、労働組合がその魅力を失うようにする方法として見ていた。変化は必要だが、しかしそれは一方的なものであるべきで、雇主の支配を維持するように設計さるべきものなのだった。(73)

この二つの信念を持った人事管理者たちが、駆り立て方式を緩和することにより、熟練労働者の要求する改革を先取りしたというかぎりで、ともに労働組合主義の潜在的魅力を弱める役を果したのである。低熟練労働者たちにとっては、人事管理は、労働組合が熟練労働者に与えてきた規則に基づく配置、保障の増大、初歩的な苦情処理機構といった利益をもたらすものであった。しかし、メアリー・ギルソンのようなリベラル派(彼女は労働スパイを「白蟻人間」と呼んだ)は、人事管理が組合を掘り崩しているとは考えなかった。むしろ彼らは、自分たちの改革が駆り立て方式の最も理不尽な特性を除去することによって、下からの急進的改革を防ぎ、より理性的で開明的な経営とより責任と適応性のある労働組合の出現を助長するであろうと信じていたのである。(74)

第五章　危機と変化、第一次大戦期

大部分の雇主は、雇用方法の変化が、労働倫理を鼓舞し労働不安を鎮めることができるなど、なかなか本気にしなかった。費用と期待の双方を高めるのではないかとの恐れ、即時的効果の重視、意欲と達成度の関係への懐疑が、彼らをためらわせていた。そのうえ労働は安価かつ豊富であり、駆り立て方式が費用と期待を調和する有効な方法であるように見えた。こうした状態が一九一五年まで続いた。しかし、戦争によって引き起こされた労働市場の逼迫が多くの新しい問題をつくり出し、また古い問題を深刻化させるに及んで、雇主たちは急速に変化を受容しはじめたのである。

1　雇主のディレンマ

一九一六―二〇年の期間を通じて、戦時の徴兵とヨーロッパからの移民の途絶とで労働供給が収縮したまさにそのときに、労働需要が急増した。失業率は一八八〇年代以来の最低水準に低落し、雇主たちはかつてない労働力不足をのりきる道を探し求めた。彼らは機械や金属加工といった非伝統的職業に婦人を雇い入れることによって、労働力不足の一部を埋め合わせた。製造工業労働力に占める婦人の割合は、一九一四年の六%から一八年の第二次徴兵の後にはおよそ一四%のピークに達した。もうひとつの解決法は非ヨーロッパ系移民の受け入れを促進することであった。USスチール社のゲイリー判事は好んでアジアやメキシコからの移民を受け入れた。実際、一九一〇―二〇年間に合衆国に入ったメキシコ移民は、これに先立つ一〇年に比べ五倍に達した。しかし製造工業への最大の追加労働力は、国内移住を通じてやってきた。人々が中西部および北東部の軍事工業中心地に群がるにつれて、農場労働者の数は一九一五―二〇年間に五〇万人ちかく減少した。会社は南部の諸都市や農村地域に、地元当局の抑止の努力にもかかわらず、募集人を送り込んだ。ある労働手配師は「ブラスバンドを雇い、トラックに乗せ、土曜日の夜、黒人たちが寄り合う場所を回らせた。たいまつの明かり、年に一月の有給休暇の約束、それと短い熱烈な雄弁が、彼に必要な労働力をきわめて急速にあつらえさせたが、それはまた七五平方マイルの農場を閉鎖させた[1]」。

金属加工業、精肉業といった大量生産産業で、黒人労働者が目を見張る増大をみせた。製造工業における黒人雇用は一九一〇―二〇年間に四〇%増大したが、その大部分は一九一五年以後のものである。以前にはヨーロッパからの移民労働者が占めていた最も熟練度の低く最も嫌われる仕事に、今や黒人労働者が従事するようになった。一九一〇年に六%だった鉄鋼業不熟練労働者のなかの黒人は、一九二〇年には一七%に達した。黒人移住者のなかには有名な詩にある「約束の地に向かって船出」したと考えた者もあったが、しばしば北部が敵意を持った土地であることを知らされた。ある鉄鋼町では、新採用された黒人が、武装した守衛が巡回する隔離宿舎に閉じ込められた。そしていくつかの北部都市では、一九一九年に深刻な人種暴動が起こった[2]。

新しい給源を開拓したとはいっても、多くの産業地域で、買い手市場に慣れた雇主を狼狽させるに足る労働力不足が継続した。一部の雇主は全国的な労働者の徴用を要求しはじめ、またほかの者たちはプエルト・リコから

表5・1　労働生産性——年平均変化率

	1899-1909年	1909-1919年
製造工業全体	1.1%	0.8%
第1次金属	3.8	−0.4
加工金属	2.9	2.0
一般機械	1.8	0.7
電気機械	1.3	0.0

出所）John W. Kendrick, *Productivity Trends in the U.S.*, NBER Study No. 71 (Princeton, 1961), p. 152.
注）表の数値は，1単位の労働投入に見合う産出量の変化率である。

の労働者移入を合衆国雇用局に求めた。大産業都市では雇用周旋人たちが街路を歩き回り、労働者略奪（「追いはぎ」）が当たり前のことになってきた。B・F・グッドリッチ社の経営陣の一人は、一九二〇年に、アクロン市の七つの大きな雇用周旋業者が地元のゴム工場から労働者を横取りして、二〇以上の州の雇主たちに日割り計算で供給している、と愚痴っている。合衆国雇用局は軍事産業への労働者の配置を調整すべきものとされたが、労働市場を統御することはできなかった。雇用局の一職員がある事件を報告しているが、それによると戦時局の建設作業に一列車の労働者たちが向けられたが、「しかし翌日の夜明けごろ、政府と契約していて数マイル先に工場を持つ企業の代理人がやってきて、時間当たり三セント上乗せを約束し、一列車全部を連れ去った(3)」。

労働市場逼迫のひとつの重大な結果は、達成基準と職場規律を損ねたことである。往年は、好況時でさえ高い失業率に現れた労働力余剰が、労働者の規律維持と、職長を有能な駆り立て人にするのを助けていた。しかし戦争に原因する深刻な労働力不足が、達成度と規律を維持する伝統的な力を弱めた。結果は、サムナー・スリクターが「資本の生産強制能力」と呼んだものの衰退だった。

労働生産性は経済のさまざまの部門で低落した（表5・1を見よ）。インディアナ州の煉瓦積み工が一日八時間に積む煉瓦の数さえ、一九〇九年の一一〇〇個から一六年の九〇〇個、さらに二〇年の五四〇個へと低下した。欠勤と遅刻が急増した。どの日をとっても労働力の五分の一が欠勤している企業は珍しくなかった。ある経営者は、アクロン市の数千の労働者が「賭博場で時間潰しをしている」とこぼし、疑いぶかい別の経営者は、「午前一一時に活動写真実演を見ようとたむろしている数千の男たちを工場に連れてくる、どんな方法でもよいから教えてくれたら、われわれの労働力不足の問題の解決をいくぶんかは助けてくれるだろう」という。雇主は自分たちが労働倫理の決定的崩壊を目撃しつつあるのではないかと脅えた。ウエスチングハウス電機のガイ・トリップは、同社の「達成水準」が二〇—三〇%低下し、「これがその決定的な重要性においてストライキ、賃金、価格、その他すべての問題に優る」と一九二〇年、ニューヨークのある晩餐会スピーチで述べている。(4)

トリップの優先順位付けにもかかわらず、実はストライキが雇主たちの心を強くとらえていた。一九一六—二一年間、労働不安の波がこの国を洗っていた。この六年間の労働者のストライキ参加率は、後のもっと有名な一九三四年、三七年のストライキ時代と並ぶ水準を一貫して維持していた。全市的規模のストライキが大戦中に五つ発生し、終戦直後には鉄鋼業の労働者組織化への大胆な取り組みが見られ、ボストンでは警官のストライキ、シカゴ、ニューヨーク、シアトルではゼネラル・ストライキ、鉄道労働者、炭鉱労働者は全国的ストライキを打ったのである。労働者の戦闘性ばかりでなく労働運動の規模も急速に拡大しており、労働組合員数は一九一五—二〇年間に二倍ちかくに伸びている。労働組合は製造工業の至るところに食い込み、自動車、電機、ゴム製品といった大量生産工業の一部にも浸透した。労働者階級の内部に社会主義者やサンジカリストの影響が広まり、ボリシェヴィキ革命への好奇心も広まった。この革命はアメリカの従業員たちよりも、雇主たちにより大きな衝撃を与えたともいえる事件だった。(5)

これら労働力不足、生産性低下、労働不安の問題が結びついて、自発的離職率の増大をもたらしたのである。通常、労働異動は未経験労働者の間で最も高かった。一九一九年のファイヤストーン社では、勤続二カ月未満の「渡り労働者」が自発的離職全体の半分を占めた。大戦前には雇用改革者と人事管理者の小グループが関心を持ったにすぎない労働異動という話題が全国的な注目を浴び、数多くの本、論文、会合の主題となってきたのである。とはいえ、戦時下の労働異動率上昇には全く前触れがなかったわけではない。一九一三年のような戦前の相対的に「良好な」年においてさえ、労働異動率は戦時水準に近づいていたのだ。一九一七―一八年に比べて一九一三年は失業率で三五％高く、労働異動は三三％低かった。労使関係に関するほかの諸問題の場合と同じく、労働異動に対する突然の関心の高まりは、いわば反応域《スレショウルド》の問題としてある程度、説明できるかもしれない。労働異動率が(失業やストライキや労働生産性と同じように)かつて経験したことのない水準に達したのである。加えて、戦時をそれ以前の時期と区別するものは、ストライキや労働者の戦闘性が不熟練・半熟練労働者大衆に浸潤したその広がりであった。これら労働者大衆がいつの日か(少数がすでにそうしているように)労働組合に加入するかもしれないという可能性が、かつてないほど大きく見えたのである。不吉な前兆を読みとることのできた雇主たちにとっては、労働異動つまり「個人的ストライキ」は将来の困難を警告する信号となったのだった。[6]

人事管理ブーム

伝統的労務管理制度のこうした崩壊に直面して、雇主たちは今や人事管理に魅力的代替物、つまり労働力不足の緩和、生産性向上、労働平和の促進を同時に約束するあるものを発見したのであった。一九一九年に観察者が記しているように、労働不安は「雇主が、自分の工場で労働組合が組織されるのを避けるために、かなりリベラルな労務政策をとる必要があることをますます明瞭に感知する原因となっていた」。かくて伝統をみだりに変更することへの疑惑を引きずりながらも、なお少数派とはいえ、かなりの産業諸企業が一斉に人事部門を設置したのである。[7]

一九一五―二〇年の間に、二五〇〇人以上の従業員を擁する企業で人事部を持つものの割合は、五％程度から約二五％へと急速に上昇した。この進展は大会社や技術水準の高い会社に限らない。[8]一九一八年に開かれた人事管理者の全国大会で最大の割合を占めたのは、ストライキの頻度が高い金属加工業の中規模企業群であった(三二

%）。同様にたくさんの代表を送ったのは大鉄鋼会社（九％）、化学工業（八％）、自動車工業（八％）などである。[9] この新しい部門を設置しようとの構想は、通常は会社首脳部から出た。ただし、第一次大戦後、ゼネラル・エレクトリック社の労働者がストライキに入ったときには、調査員がオーエン・D・ヤングに対して、ストライキ参加者の要求のなかには、会社に「マンパワーの管理者」を採用してほしいとの要求があると報告している。その少し後にGE社が実施した社内研究では、機械の効率を維持するために「最優秀の技師たち」を採用しながら、「人間機械を摩擦のない状態にしておく専門的な人間管理技師」を雇用してこなかった経営者が批判されている。[10]

人事部のこの急増によって、新しい専門職がほとんど一夜にしてつくり出された。一九一七年に人事管理者全国大会の参加者が五〇〇人だったのに、一九二〇年に開かれた同種の大会への参加者は三〇〇〇人に近づいた。これら新しい人事管理者の経歴はさまざまであった。労働者の出身で、熟練労働者から出発し、後に職長や監督に出世した者も少数いた。しかし大多数は大学で教育を受けた者たちであった。一部には救済事業家、教育者、社会改良家もいたが、たいがいは以前から民間産業に雇用されていた者であった。販売、不動産、法律のように広報活動の明敏さと社会的技能《ソーシャル・スキル》を要求される分野から回ってきた者、安全衛生、福利厚生、生産現場の監督など人事管理に関係ある技術分野から回ってきた者などがいた。だが技師はごく少数であった。

人事管理者と技師たちとの間では、お互いに自分の専門職業の領分を荒らされまいとして、時折、軋轢が起こった。一九一八年にある産業技師は、「能率技師」が新しい人事管理組織の成員から排除されている、との噂に答えて、産業技師たちは標準化と費用研究に忙しくて、「採用解雇、職務分析、福利厚生、住宅問題」を引き継ぐことには関心を持っていない、と述べている。彼がいうには、産業全般にわたって「二人の優れた人間のそれぞれに最高の給料を支払うひとつの大きな仕事が、もし彼らがセールスマンシップのごく普通のルールを守り、互いにこきおろすのでなしに後押ししさえすれば、そこにあるのだ」。[11]

戦時の人事管理運動には専門職業への強い志向があって、人事管理者たちはすぐに専門職業家組織を形成した。

初期の地方的協会は、大戦前、労働市場改革を目指す団体として各地に設立された「雇用問題懇話会」である。これらの会は地方商業会議所傘下のいくつかの団体と連携して、合衆国が参戦した一九一七年四月に一〇の地方協会を結成した。一九二〇年の半ばまでにはブルックリンからイリノイ州ピオリア、ロスアンゼルスにわたって、五〇の工業都市に人事管理団体ができていた。

地方協会は専門職業的な機能と実務的機能との双方を果たした。定例会と時折の大会で会員たちは人事管理技術を討論し、共通の問題を出し合い、マイヤー・ブルームフィールドやウオルター・ビンガムのような客員長老の講義を聞いた。実務の領域では、協会は雇用方法や地方労働市場の状態の情報を交換した。戦中戦後に諸協会は、「秩序破りの募集活動」を防ぎ、また除隊兵士の就職を斡旋するためにUSESやその他の政府機関と協力した。若干の例外はあるが、地方諸協会はその活動に高度の専門職業主義を貫いた。オークランド＝サンフランシスコ協会はカリフォルニア大学の経済学教授アイラ・B・フロスを指導者としており、会合はバークレイ分校会館で開かれた。(12)

地方段階の活動と運動の専門職業的自負が広がると、全国組織の創設は時間の問題だった。人事管理者の最初の全国協議会が開催されたのは、一九一六年である。一七年にフィラデルフィアで開かれた第二回協議会では、地方協会をより密接に結びつける方法を見つけるために委員会がつくられ、さらに一八年にロチェスターで開かれた協議会で、雇用問題を研究し、地方協会を発展させ、人事部を設置するという目的を掲げて新しい全国組織、全国雇用管理者協会(NAEM)が発足した。NAEM初代会長に就任したのはアームコ社の人事管理者S・R・レタナス(翌一九年にデニソン・マニュファクチュアリングのフィリップ・J・レイリーが後を継いだ)で、ほかの役員にはノートン社、ウエスチングハウス社、デュポン社の人事管理者と並んで、ボイド・フィッシャー、ジョセフ・ウイリッツ、プリムトン印刷のジェーン・ウイリアムス、連邦職業教育局のR・S・ブースなどのリベラル派が含まれていた。

地方協会と比べれば、NAEMのなしたことはごくわずかである。月刊ニューズレター『人事《パーソネル》』の毎号に雇用一覧表を載せることを含めて、専門職業の職業紹介を実行した。人事管理に関する情報を広め、そして一九一九年と二〇年に数千件の質問に答えたと称している。シカゴで職長訓練をテーマにした会議を開いたのをはじめ、一九一九年に数回、短期の会合を開催した。

一九一九年、NAEMクリーヴランド大会(まもなくNAEMはアメリカ労使関係協会と改称された)には予想をはるかに超える一〇〇〇名以上の参加があった。この会議での講演者には、つい最近までワシントンで働いていた者が多数いた。このことは、人事管理運動の参加者たちが戦時労働市場を統制しようという政府の努力に、大きく取り込まれたことを示している。大会は戦後再建期のリベラルな雰囲気で満ちていた。サイラス・マコーミック・ジュニアの演説でさえ、組織労働者へのむき出しの敵意を露呈することはなかったのである。ところが次の一九二〇年五月の大会までに、わが国は労働組合への敵対に転じ、この変化がいくつかの分科会に反映して、そのひとつは急進主義との闘いを主題に設定した。にもかかわらず大会は、ジョン・R・コモンズが団体交渉を情熱的に擁護するのも(この演説はその年のアカ恐怖《レッドスケア》の期間に彼が「口だけのアカ」とレッテルを貼られた一因をなすだろう)、合同被服労働組合のシドニー・ヒルマンが従業員代表制を攻撃するのも聞いたのであった。(13)

人事管理運動のリベラル派主導者たちは、労働組合運動に関しては、組織労働者に敵対することも肩入れすることもなく中立の態度をとるべきだ、と主張していた。戦後まもなく、オープンショップの雇主の一団がピッツバーグの人事管理協会の指導権をとろうと試みたとき、ボイド・フィッシャーがそれを抑止する論陣を張った。雇主たちが「いかなる意味でも雇用管理者の正当な目的を推進することなく、[協会と]その目的を戦闘的反労働組合活動に合致するよう歪めてきた」と、彼は訴えている。その一方で左翼からの批判に対しては、ジョセフ・ウイリッツが、人事管理運動が組合の立場をとらないことを弁護した。彼はいう。「これは産業民主主義者たちが家父長主義的政策と呼ぶものを示すことになりがちではあるが」、「とはいっても、そうした政策は、組合を非難し組合と闘うことを主眼とする結束よりは、はるかに寛容で民主主義的だ」。中立性ということは、人事管理の専門職業モデルのリベラル派的な概念にとって基礎的なものであった。そしてこの専門職業主義のおかげで、新しい雇用技術のより広範かつ急速な普及があったのである。[14]

政　府

大戦期は、連邦政府が、労働市場を含めて経済に深くかかわったことで特徴づけられる。戦時労働市場を規制しようとする政府の複合的装置が全国的にも産業次元でも作動し、こまごまと立ち入った規制をしていた。さまざまな戦時労働機関設立の背後にあった動機は数多いが、それはおそらく一点に帰着する。軍需物資の間断ない生産と配給とを維持することである。この最優先目的の達成のためには、労使紛争が起こる前に予防することが、政府の調停を通じて紛争を遅滞なく解決することとともに要求された。決定的に重要な造船産業では、政府の緊急船舶公社は、「労働紛争は労働不安の根本原因を除去することで回避せねばならぬ」という見解の下に運営されていた。かくて戦時労働諸機関は、雇用条件を維持改善しようとすることで、新しい人事管理手法の普及に貢献する今ひとつの要因をかたちづくることになった。[15]

戦時ストライキの主要原因のなかに、組織労働者に対する雇主の敵意と労働環境の悪化があった。作業の停止を防ぐために、戦時労働局とその他の機関は二大原則に従った。第一は労働者たちが組合に加入するのを妨害せずに認め、可能なところでは何らかのかたちの団体交渉を強要すること、第二は賃金と作業条件に関する産業規模の基準をつくり、強化することである。両原則の起源は兵器省一般命令第一三号にあり、この命令がその他の戦時労働布告のモデルになったのである。兵器省は戦時にテイラー協会員を多数雇用しており、そのなかの二人、モリス・L・クックとメアリー・ヴァン・クリークが一九一七年にこの命令を起草したのだった。[16]

クックとヴァン・クリークの団体交渉擁護は、産業における労働者の経営参加は創造性を刺激し労働者の意欲を高めるというロバート・G・ヴァレンタインの考えに依拠していた。そしてまた産業民主主義の理想が戦時下で受け取られた魅力をも反映していた。しかし、一般命令第一三号も戦時労働局(WLB)も、独立組合の行う団体交渉を、会社組合や職場委員会の行う団体交渉とはっきり区別していなかった。どれもが産業民主主義を推進するものと想定されていた。クックのような善意のリベラル派は職場委員会が職長を抑え、WLBの一職員がいったように、「ボスたちの小専制」を除去することで正規の組合のように機能すると考えた。組合自身はといえば、一九一七年までに自分の工場に自発的に職場委員会を設置した一二の会社のほとんどが、それを独立組合の替わりにしようとしているのを知って、職場委員会に懐疑を残していた。それでもWLBや造船労働調整局をはじめとするその他の機関は、しばしば、労働争議を解決する方法として職場委員会の設立を対立する双方に命令した。一五七もの職場委員会が戦時戦後に強制的に導入されたが、効果的だったのはごくわずかで、一九二〇年代初頭を越えて存続しえたものはほとんどなかったのである。[17]

政府諸機関が立てた第二原則、賃金と労働条件の基準をつくり強制するという原則は、組織労働者にとってより受け入れやすいやり方で実行された。兵器省との全契約者に告示された一般命令第一三号は八時間労働日、時間外割増賃金、現行安全衛生基準の維持、「生活賃金」条項(生計費と結びついた最低賃金)を要求した。戦時労働局、労働省、その他の軍需省の諸部局によって採用されたこれらの標準は、労働立法に対してはレセ・フェールでのぞむという連邦政府の伝統的スタンスからの重大な離反を表していた。[18]

しかし、ストライキにつながる恐れのある状況をすべて覆う規則や基準をつくり出すことは、さまざまな調整委員会や専門活動部局の能力を超えていた。この理由から、政府は、いわゆる最も実際的な雇用方法を導入するために人事管理に着目したのである。ある政府高官は、人事管理者たちが「現代産業の良心」として振る舞うことで労働争議を減少させうる、との期待を表明している。こうして軍需省の各産業担当部は自分たちの規制している産業に人事部を設置するよう仕向けた。たとえば兵器省は、ボイド・フィッシャー、メアリー・ヴァン・クリーク、ミシガン大学のエドワード・D・ジョーンズを起用して、労働問題が人事部によって最もよく処理できるという観念を経営者や契約者たちに植えつけるためのキャンペーンを、彼らに指揮させた。一九一八年の半ばまでにヴァン・クリークは省の各兵器廠に婦人人事管理者を配置し終えた[19]。

造船所　造船業は政府が熱心に人事管理の普及に努めた場所である。大戦前、この産業は一貫して、まことに原始的な駆り立て方式に頼っていた。賃金は低く、労働条件は苛酷で福利厚生安全諸施設はなきに等しかった。一九一七年まで人事管理者の専門的活動を利用した造船所は、わが国にはただの一つもない。労働関係は敵対的で、造船所所有者のほとんどは労働組合との接触を断固として拒否していた。

アメリカの参戦は造船業における急速な雇用増をもたらした。緊急船舶公社の仕事に従事する労働者数は一九一七年一〇月の八万八〇〇〇人から、一年後には三八万五〇〇〇人に増えた。この急激な労働者流入が労働関係の危機を招来したのである。いくつかの大ストライキが一九一七年に発生し、この産業におけるストライキ総数は同年の二七件から一八年の一〇一件へ、一九年の一三八件へと増え続けた。労働異動率は桁はずれに大きく、一七年の一一月だけで約二三五%を記録した。一八年の一―九月を通じて労働日のおよそ六分の一が無断欠勤で失われた[20]。

この事態に対処するために一九一七年八月に造船労働調整局が創設され、アメリカ労働立法協会のヘンリー・シーガーが初代事務局長になった。時期をほぼ同じくして緊急船舶公社は、雇用方法と構内の諸条件の改善のために産業サーヴィス部を設置した。マイヤー・ブルームフィールドの指揮下で、緊急船舶公社は造船所所有者たちに人事管理の価値を納得させるための教育的宣伝活動に乗り出した。共通する雇用問題や人事管理技法の整備方法を討論するために、造船所管理者たちの全国、地方協議会を数回開催した。政府は人事部の創設と運営について造船所を積極的に援助した。たとえば政府は採用、昇進、解雇といった雇用手続きの標準形式を印刷して配布し、雇用・サーヴィス活動用の建物のレイアウトの原案さえ提供した。そのうえ緊急船舶公社は、政府による応急の人事管理訓練課程のどれかに人を送った造船所に、頭割りの日当を払った。六カ月以内に七〇人の造船所職員が課程を終えた。この熱烈な活動の結果、造船業における人事部の数は、一九一七年の四月のゼロから戦争終結時の三四にまで急増したのである。[21]

典型的な造船所人事部は高度に集権的に運営され、労働者を配置する職長の権力の大部分を剝奪した。採用、選抜のほか、通常は造船所内での配置転換にも責任を持った。そのことが、外部から雇用するより内部での配置転換で欠員を埋める努力を促した。職長には労働者を解雇する権限が残されていたが、解雇はすべて人事部で調査された。ある造船所は現場での職長と労働者の軋轢を解決するために特別の労働関係調整者を採用し、また他の造船所は雇用方法に関する職長訓練教室を始めた。人事部職員は新しい労働者を職長に紹介し、住宅を見つける手助けをした。福利厚生は人事部内の特別サーヴィス係で統括され、労働者は無料の医療、レストラン、住宅などの便宜を供与された。[22]

造船所の人事管理は専門職業モデルに立脚した。新しい人事管理者は造船労働者のために「より良い機会を発見し、彼らの権利を守り」、雇用の高い水準を導入し維持することを期待されていた。彼らは「新しい考えと科学的見地とを得る能力」と「労働者が被っている諸問題の体系的理解」を与えると見なされる分野で大学教育を受けたことを要件とされた。

雇主のほうは造船所の雇用条件を規制しようとする政府の試みに敵意を持つか無関心かだった。実際、彼らの一部は自分たちの労働者が緊急船舶公社のプログラムによって「ちやほやされている」と非難した。造船所人事管理者D・R・ケネディは人事管理が大戦時に急速に伸びたのは、ただ「差し迫った必要性が、多くの反動的雇主たちを労働と雇用について何かをやるように強いた」からであるといっている。彼は強固なコスト・プラス・アルファー方式の契約が雇主たちの協力のもうひとつの刺激であったと付け加えてもよかったはずである。[23]

政府は、人事管理を助成しはじめるとすぐに、その分野での訓練課程を設けて、より良質の人事管理者たちの供給拡大にも取り組んだ。この発想は国防会議から出たが、プロジェクト自体はモリス・L・クックを長とする軍事産業局備蓄委員会によって作成された。ボイド・フィッシャーとエドワード・D・ジョーンズ教授がこの課程のプロジェクトの計画に着手するために一九一八年一月に兵器省から戦時産業局に配置転換となった。プロジェクトは、軍需省と、その策定のため応急の作業に加わった七政府機関とによって、最優先順位が与えられた。プロジェクトに関係した者たちはそれに大きな希望を持ったのであった。最初の卒業生への挨拶で、モリス・L・クックは次のように述べている。「合衆国商業会議所とか、そういった機関が国中の大きな産業事業所をリストアップして、それらに〃お宅には雇用部はありますか？〃と尋ねる。それを持っていない工場は社会的危険物となるだろうという理由で、社会の圧力がかかる。そんな時代がそう遠くはないのです[24]」。

人事管理の課程《コース》

政府の第一回人事課程はマイヤー・ジャコブスタイン教授の監督下でロチェスター大学を会場にして提供された。雇主から派遣され、卒業のあかつきには人事部に雇用されることが約束されている応募者が優先された。自分の発意で受講した生徒たちは政府の職業紹介局に照会され、ここの係が民間産業に仕事口を見つけてやった。第一期生のなかの七名は造船所から、二名は兵器廠から、二名はデュポンから派遣された者で、残りはゼネラル・エレクトリック、パッカード自動車、ナショナル可鍛鋳物鋳造、パセック綿紡績を含むさまざまな企業からやってきていた[25]。

このプログラムは急速に普及した。戦争終了時までに、ハーヴァード、コロンビア、ニュー・スクール、カーネギー工科、ノースウエスタン、リード・カレッジ、バークレイ、そのほかいくつもの大学が、人事管理に関心を持つ学識経験者が教授する課程を提供していた。地元の雇主たちが課程監視委員を務めた。戦時産業局の雇用管理課が教育方法やカリキュラムの統制を行ったが、その教育方法やカリキュラムはボイド・フィッシャー、エドワード・D・ジョーンズ、それにスミス大学のブルワー・ホイットモア教授らによって立てられた。カリキュラムのおよそ八〇％が人事管理の実務に当てられ、一〇％が労働経済学、残りが統計学の基礎や産業管理などである。この課程は人事部の設置、労働者の採用解雇、配置転換と昇進、賃金支払い方法、職場規律、労働異動、福利厚生なども含んでいた[26]。

争いを避けるために、労働組合やオープンショップなどのテーマにはほとんど言及がなかった。ボイド・フィッシャーは、この課程は「人事管理者の専門職業的・技術的な対象に力点をおくべきで、代替案の指図をするものであってはいけない」という根拠で、そのことを正当化した。だが一部には、この取り決めを間違いだと見る者もあった。一九一八年のNAEM大会で労働統計局のエセルバート・スチュアートは、労働組合運動こそ人事管理者たちが出くわす「最も厄介なこと」なのだから、それをカリキュラムに含めるべきだと主張した。「この問題をはずせば、仲間が道しるべを見つける唯一の方法もはずしてしまうことにならないか？」と彼はいう。マイヤー・ジャコブスタインが、講師には時間の制約があってすべての事項に詳しく触れることができない、という曖昧な答弁を行った。さらに、課程が労働組合運動に対してどのような立場に立つものでもない、とも指摘している。「われわれは〝労働組合潰し〟をやるようにと受講生を教育してはいない。もし産業から労働組合を排除しようとの考えでこの課程の修了生を仕事に就けようとしている経営者がいるとすれば、それは誤算というものだ[27]」。

戦争が終わったとき、政府の人事課程は不確定な見通しに直面した。NAEM会員の一部は、満足な人事管理者が六週間のコースで訓練できるなどということに懐疑的で、これの廃止を要求した。だが戦時産業局のバーナード・バルフ、商務長官ウイリアム・レッドフィールドを含む強力な支持者たちが熱心に存続を望んだ。かくて一九一九年一月、政府は新設されたばかりの連邦職業教育局（FBVE）にこの権限を移管した。ボイド・フィッシャーがプログラムの長としてとどまり、通信課程、定時制課程、工場内訓練課程を加えてプログラムを拡充した。戦時期の提唱者たちと同じように、FBVEも、この事業が「雇主と従業員が自分たちの諸問題を互いに理解しあうよう……結束する」のを援助できると信じていた。またFBVEは、人事管理が「産業内にはっきりと公正に規定された昇進の道筋」をつくるのに利用されうることを強調し、また人事管理者を学校と産業の紐帯として訓練したことによって、課程に職業主義的な修正を持ち込むことになった。[28]

それでもこの事業への反対はやまなかった。人事管理者たちは、課程修了生がヒラの従業員から持ち上がってきた者に比べて仕事ができないと苦情をいった。ボストン雇用管理者協会のラルフ・G・ウェルズは、修了生たちが、「課程をとり、しかじかの書物を読むと、もう工場で問題をどのようにでも扱う力がついた」と考えるようになるから、私は課程に反対だ、と語っている。専門職業人のこうした懸念の裏には、課程修了生が市場にあふれて、すでにこの分野で採用されている俸給水準を引き下げるのではないかとの恐れもあったのである。ウェルズは、課程が人事管理者の「過剰」を生んだ、と記している。

ボイド・フィッシャーは、このプログラムが出現するまで人事管理者は産業や社会事業や法律分野から適当に引き抜かれて、「〝そこへ行け〟といわれただけだったじゃないか」と防戦した。今、人事管理者は自分の専門職業について少なくともある程度の予備知識を持っている、と彼はいう。しかしながら、プログラムの余命は、もはやいくばくもなかった。とりわけ政府がほかの戦時労働制度を解体しはじめるに及んで、ついに一九一九年七月に廃止された。とはいえ、一四カ月という短い生涯のうちに、このプログラムは六〇〇人以上の人事管理者を訓練した。そのうえ、人事管理を広め、軍需契約企業に人事部設置を促したことで、政府は人事管理運動に弾みをつけさせる重要な役割を果たし、かつ人事管理の専門職業志向を強化したのであった。[29]

2　雇用改革の理想と現実

初期の人事管理教科書は産業の新しい人事部を画一的な姿に描いているが、実際の人事部の構造はまことに多様であった。あるものは既存の福利厚生部またはサーヴィス部への接ぎ木であり、また他のものは戦時期に芽生えた産業福祉プログラムと時を同じくして創設されたものだった。小さい会社は雇用に関する業務を単一の部門で処理したが、大企業は、雇用、福利厚生、安全衛生、訓練など、主な人事業務が大部門のなかで分割され別々の部門を構成した。

大部分の企業の現実の業務は、人事管理運動の信者や教科書執筆者が描いてみせたものとはきわめて異なっていた。労働関係全体にわたって政策の策定と実行の双方を統制する、企業のほかの部門と同格の、十分に集権化された部門という理想に近づいていたのは、人事部のほんのわずか、たぶん、五〇に満たなかったであろう。ライン幹部の抵抗を抑え企業内調整を要するシステムを管理するためには、独立した強力な人事部が必要である。そうした権威なしに、職長のバルカン的に分断され分権化された方法を全社的雇用システムに替えていくチャンスはほとんどない。それなのに大部分の人事部には、独立した権威の確立も、その時期に「最良のやり方」と考えられていた政策の全面に及ぶ採用もかなわなかった。この失敗の理由を理解するためには、当時の雇用改革の可能な範囲というものに立ち入ってみる必要がある。[30]

大戦中、人事部は、最も普通には、新従業員の選抜と配置の権能を乗っとるかたちで、職長の領域を深く侵略した。人事管理者のほうが人間関係の熟達者として、新しい労働者を選び出し、彼らをくつろがせるのに巧妙だと想定された。人事部が開発した、労働者の個性を仕事の特性に適合させるやり方で、「適切な職務に適切な人を」見つけ出せるという信念が、人事管理のなかの職業指導から生み出された。少数の人事管理者は、労働者の能力を測定する際に、当時、陸軍に新設された兵員格付け委員会が用いたのと同種の複雑精巧な職業・知能検査に頼った。ほかの人事管理者はまた応募用紙を、そこに応募者の隠された性格が現れているのではないかと考えて、全部書き込まれているか、筆跡は、汚れは、折り目は、などと子細に点検した。人物の癖や見かけに重点をおくキャサリン・ブラックフォードの選抜理論にも、人気が集まった。カーチス出版社の人事管理者は次のような技法を示唆している。「応募者と挨拶するとき、真っすぐ彼を見つめ、面接の最初の時点で彼の顔つきを注意ぶかく研究せよ」。それによって人事管理者は「応募者の表情が知性、正直さ、熱心さを示しているかどうか読みとる機会を」得ると想定されたのである(31)。

新しい手続きに従うと、職長は人事部から労働者を受け取らねばならず、送られてきた労働者を拒むことができない。第一印象をよくして労働異動を減らすために、人事管理者は新しい労働者を連れて工場を回り、彼らが使うロッカーを示し、職長に引き合わせた。デュポンのような大企業では、新しい労働者は会社製品についての映画を見て、会社の諸規則を概説したハンドブックを渡された(32)。

教科書は、人事部に雇用記録をつくるよう、そして労働需要が増したとき取り出すために応募者の名簿を綴じて保管しておくよう薦めていた。この名簿は労働組合員をふるい除くためにも利用できた。デトロイトやランシングのようなオープンショップ都市では、雇主協会が労働組合員とそのほか望ましくない者の名簿を保管しており、人事管理者は名簿に入れるべき名前を協会に知らせ、新しい労働者を採用する際、自らその綴りで確かめた。多くの企業が組合の組織化を未然に防ぐために、意図的に民族的背景の違う労働者を雇った。一九一七年にイリノイ製鋼の南製鉄所の雇用事務所長は、人事管理者とは「自分の持ち工場にて調合を任されたシェフのごときもの」と語っている(33)。

しかし現実には、大部分の人事部の雇用技術は初歩的なものだった(表5・2参照)。雇用記録をとっていたのは

表5・2　産業における雇用慣行の実際(1918-23年)

	全　企　業(1)	人事部を持つ企業(2)
人　事　部　門	10-15%(推定)	
採用・解雇の記録作成	18	50%
選抜テストの使用	4	12
職　務　分　析	12	—
賃金の集権的な決定	—	38
定　期　昇　給	24	—
工場内の内部昇進プラン	15	—
公式の評定による昇進制	12	—
欠　員　公　示	2	—
人事部が解雇に関する発言権を持つ		36

出所)(1)の資料は以下による。Leslie H. Allen, "The Workman's Home," *Transactions of the ASME* (1918), 40 : 217 ; Paul F. Gemmill, "Methods of Promoting Industrial Employees," *Industrial Management* (April 1924), 67 : 240, 243, 246 ; Roy W. Kelly, *Hiring the Worker* (Boston, 1918), p. 32. この数値は調査対象に先進的企業が多く含まれたため，平均よりも過大に示されていると思われる。

(2)の資料は以下による。"A Suvey of Pemsonnel Activities of Member Companies," National Association of Corporation Schools (NACS) *Bulletin* (August 1920), 7 : 347-348 ; Kelly, *Hiring the Worker*, p. 32.

半分程度にすぎない。テストを利用したのはごくわずかで、予備の応募者名簿をつくるなどは「めったに実施されていない」。人事管理者は、選抜を集権化することの利益を職長に納得させようと、多大の時間を割いていた。職長は変化に反発し、自分たちの権威の喪失を恨んで、製造分野に問題が出ると人事部の労働者選抜の判断が悪いからだと非難した。人事管理者はそれを「職長のアリバイ」と呼んでいる。企業のトップ経営者に対するより職長やライン管理者に対するほうが自分たちの選抜方法を売り込むのに苦労する、と人事管理者たちはこぼしていた(34)。

標準化

人事管理者が選抜過程を支配した会社は、職務分析に関する職業指導員の技法に頼るところが大きかった。人事管理者は職務分析によって会社のなかの多くの職務についてのデータを集め、各々に含まれる課業を決定し(職務記述書)、その遂行に要する熟練を決定した(職務明細書)。この情報を手元におくことで、人事管理者は、山型材火造り工《アングルスミス》なるものが何をするのか直接の知識を持ってもいないのに、応募者に職務の説明をし、彼がその職務を遂行するのに適切な訓練を受けているかどうか判断したのである。一部の人事管理者はデータ収集過程から職長を排除したが、多くは職長を組み込むことで彼らの採用特権喪失への恨みが減るだろうと信じた。[35]

広範な職務分析はまた、軍需のために労働者を募集し訓練した政府機関によっても実施された。職業心理学者の一団が指揮する「陸軍兵員格付け委員会」は格付け部を持ち、ここで陸軍に必要な四〇〇を超す手工職業の職務分析を実施した。この情報のおかげで経験に乏しい事務官が新入りたちを選抜し、彼の技能を最も必要としているところに配置できたのである。USESは二〇の基幹産業のすべての仕事について職務分析を実施した。そして戦争が終結したとき、連邦職業教育局はこの情報を一般の利用に供した。[36]

職務分析に大きな関心が寄せられたもうひとつの理由は、この技法が、これまで不釣り合い・不平等のごたまぜだった産業別賃金構造を合理化するのに利用できたことだった。賃金構造の混乱は職長が賃率設定を支配していたこと、産業が刺激賃金制度を多用したこと、組合組織が弱体だったことの遺産であった。賃金の不公平は、戦時期のストライキと労働異動の主原因であったから、それが新しい人事部の中心的関心事になったのである。職務分析と仕事の呼称全般の標準化とは、職務を諸グループに格付けし、グループ内の賃金を標準化し、かくて労働争議の種になりかねない不整合の減退を容易ならしめたのである。[37]

無政府的な現行賃金決定慣行からの急激な離脱、職務格付けと賃金標準化との導入は、賃金というものをひとつの連環する構造の部分をなすものと見る認識の現れであった。一九二〇年、ハーヴァード・ビジネス・スクールの聴衆に、ある講演者は、「工場のなかには賃金、熟練、特権、報酬の変種が一〇〇〇からある」と語った。彼によると、それらの相対的差異が絶対的な賃金水準に劣らず労働者にとって重要なものなのである。

格付けは、企業内部で整合的なひとつの賃率構造をつくり出すことを意図していた。市場賃率でも同じ目的を達成できたかもしれないが、それはしばしば入手しがたかったし、もっと重要なこととして半熟練職務のいくつかはその企業に独自のものであった。賃金標準化の先駆者のひとつ、クロースクラフト・ショップスで人事管理者は「われわれは自分のところの賃率を、工場内での賃率の相対性を常に念頭において慎重に扱ってきた。〃市場賃率〃として知られる漠然たるものには従わなかった」と回想している。[38]

格付けと標準化とは賃金決定における高度の集中を含んでいたので、この分野での職長の裁量権は著しく減退した。格付け研究には、時折、職長が参加を要請されたとはいえ、通常は人事部がとりしきった。一九一八年、ウエスチングハウス電機が東ピッツバーグ工場に数人の職長を含んだ職務・賃率委員会を設立した。委員会は職務分析のデータを利用して、熟練、実行力、強健さ、特別の心労の必要度をもとに、工場の諸職務を五つの等級に区分した。職務が等級に当てはめられると、続いて各等級について時間賃率の幅が決められた。出来高賃金と賞与制賃金はこの限度幅を超えることが許されない。デニソン・マニュファクチュアリング、クロースクラフト・ショップス、グッドイヤー・タイヤ・ゴム、インタナショナル・ハーヴェスター、スペリー・ジャイロスコープなど、賃金を格付けしたほかの会社も、同じような手続きに従った。格付けのために使用した基準は企業によって異なる。大部分が依拠した格付け基準は漠然としたもので、注意ぶかい測定とか労働者たちの検討の対象となったことは希だった。インタナショナル・ハーヴェスターの有名な例外はあったが、これら格付け構想は、職務評価制におけると同様、工場内のすべての職務給の決定に客観的基準を応用するところまではいかないでしまった。賃率の幅は狭まっていたが、特定の職務についての賃率は依然として曖昧であった。[39]

賃率構造を合理化せよとの圧力はしばしば労働組合から直接、出てきた。組合は格付けを、工場内のさまざまな不公平、とりわけ刺激賃金がもたらした不公平を除去する方法と見たのである。格付けは、労働者の大きなグループごとに標準賃率を確立し、かくてこれら労働者を共通の賃金という枠内に一緒にすることによって組合の交渉力を強めた。この政治的効果ゆえに、そしてまた賞与制や出来高賃金の刺激効果を弱めるゆえに、雇主たちの一部は賃金格付けに激しく反対した。

格付けと標準化をめぐる組合と雇主との闘争のうちでも、ブリッジポートの軍需品工業におけるほど激烈だったところはない。この産業では、多数の高級熟練機械工が著しい不平等をもたらす割増賃金制の下で働いていた(ある地方工場は、一つの仕事に一六の違った賃率があると報告している)。そのうえ、この制度の下では最低収入保障もなかった。ある日にもし生産が遅延したり機械が壊れたりすると、労働者はほとんど、あるいは全く支払いを受けられなかった。賃金決定に関する職長の全面的支配が、割増賃金制の労働者のみならず時間や出来高で支払われる労働者にも複数の賃率をもたらしていた。

機械工たちは一九一七年の夏、賃上げ、格付け制度、最低賃金保障、クローズドショップを要求した。争議は長びき、やがて事件は兵器省の関与するところとなり、同省は賃上げと格付け制度を勧告した。しかし一九一八年の五月になっても何の変化も見られず、一万人ほどの機械工がストライキに突入した。今や労働者の要求はもっと明細なものになっていた。彼らは職務名称の標準化、七つの職務等級、各等級の最低賃率、格付け研究への参加権を要求した。このストライキは全国的な関心を呼び、戦時労働局がただちに紛争解決にとりかかった。[40]

一九一八年の夏の間にブリッジポートで開催された聴聞会で、同市の製造業者クラブの顧問弁護士が、格付けと標準化に反対する雇主たちの心境を陳述している。そのなかには、機械産業のように「複雑で多様な」産業では職務名称の標準化はできないのだという主張もある。だが基本的な論点は、労働者たちの要求が、生産を組織し労働者に個々人単位で支払う雇主の自由の侵害である、ということにあった。賃金は個々人に付けらるべきものであって職務に付けらるべきものではない、というのである。

われわれはいかなる固定的な名称や固定的な賃率も定めようとすることなしに、雇主が自ら適当と思ったところに人を配置し格付けする権利を保全しなくてはならない。すなわち、雇主が自分の会社を経営し、時間賃率から通常得られる能率を確保できるのは、雇主のこの完全な自由が許されることによってのみであり、雇主が個々人に報酬を与えうるときなのである。いいかえれば、人の数だけ多くの時間賃率があるのである。

この制度を破壊したら、あなた方は、……製造業者の組織的天性にたがをはめることになる。

戦時労働局が協定までもっていけなかったので、この件は仲裁者の裁定に委ねられ、仲裁者は賃上げと最低賃金は認めたが、格付け制度の要求は却下した。雇主と国際機械工組合の中央機関の指導部は決定を受諾したが、労働者はストライキを続けた。そして、ウイルソン大統領が彼らの徴兵猶予を取り消すと威嚇して初めて、仕事に戻ったのであった[41]。

別の場所では、格付けと標準化に政府の支持を得ることに、組合はもう少し成功している。戦時労働局がゼネラル・エレクトリック社に、同社のリンおよびスケネクタディ両工場に職務格付けと賃金標準化を目的とする合同委員会の設置を命令したときなど、そうである。また政府は、組合の圧力の下に、政府の統制下にある鉄道全部で出来高賃金制を禁じ、以前、フレデリック・W・テイラーの顧客だったベスレヘム・スチール社で刺激賃金制を廃止させた[42]。興味ぶかいことに、政府は自分の足元での組合活動のせいで、戦争が終わった後もかなりの間、格付け問題にかかわり続けたのである。一九一七年、連邦政府の事務その他職員を組織するためにつくられた連邦従業員全国連合の要求に応えて、一九一九年に議会が格付け委員会を創設した。委員会は、「政府が支払いの標準も、達成された仕事に正確に給与を関連させるプランも、昇進昇格の制度も持っていない」ことに鑑み、政府に、職務分析を実施し、職務名称を標準化し、新しい職務格付けと支払い標準をつくり出すよう勧告した[43]。

最後に政府は、諸企業を通ずるより整合的な賃率をつくり出す努力によって、企業の内でより秩序ある公平な賃金表を採用させるよう、拍車をかけることになった。労務費の監視・統制を助け、争議を停止させるために、さまざまな政府機関が、雇主たちに、職務を格付けし、格付けされた全員に標準率(地方・地域別の組合賃金率のような)で支払うことで企業間の賃金不均等を最小限にするよう働きかけていた。こういう特定の政策は、イデオロギー的基盤においてのみならず、地域的標準化が賃金水準を高めこそすれ低めることにはならないとの認識からも、雇主たちからの広範な抵抗に出会った[44]。

こうして、組合や政府からの圧力にもかかわらず、職務分析と賃金の標準化の実際上の普及は、当時の文献の上での論評からそう見えるよりは低水準だったのである(表5・2参照)。先にあげた先駆的諸企業を除けば、企業はなお、人事管理者より職長や時間技師が支配する分権的賃金設定方式を継続していた。新しい方法は支払い実務を秩序だったものにしたはずだし、当時の人事管理教科書によって「最善のやり方」だと見なされたにもかかわらず、大多数の雇主はこれに気を許さなかった。ブリッジポートにおけるように、これらの方法が刺激を侵食し、弾力性を妨げ、賃金をめぐる団体交渉を促すのではないかと、彼らは恐れたのである。[45]

内部昇進制

大戦時に公表された人事管理に関する有力な論文や書物の多くは、共通して、経営の優れた企業にとって内部昇進制が必須のものだとした。この信念にはいくつかの理由があった。第一に、人事管理運動のなかの職業指導家たちが、昇進制はより大きな達成度と仕事への熱心さの誘因になると考えた。彼らは、筋肉労働者たちに「闘いと競争の情熱を仕事のなかに向けさせ、今日の困難な思いを取り去るために明日のより良いものへの希望を与える」動機づけの必要を強調した。[46]第二に、この政策は労働者の技能を体系的に開発し、「有能で忍耐強い従業員が次第に最上位へと昇進していく」選抜装置として作用すると想定された。第三に、内部昇進・採用制は、定着する労働者に対して報い、また「現在の職務での能率がやがてもっと良いものをもたらしてくれるだろうとの希望」を労働者に与えることによって、労働異動を抑制する、と信じられた。第四に、職長の人事配置権を減退させ、明確な基準に従って昇進させることにより「忠誠心と愛社精神を生ぜしめる」と考えられた。労働者は自分の良い行動や能力が認められ報われると確信すれば、忠誠心も増すものなのである。しかしサムナー・スリクターが一九一九年に観察したように、内部昇進制はまた従業員にとっての離職費用を高めることによって労働力に対する雇主の支配を強化もする。もしこの慣行が広く行われれば、「伝統的な強圧政策がもっとはるかに効率的に追求」されやすくなるであろう、と彼はいった[47]。

いくつかのタイプの昇進制がこの時期に運用された。最も複雑、したがって最も希だったものは、事業所内のすべての職務について昇進階梯と昇格基準を特定したものである。たとえばデニソン・マニュファクチュアリング社は工場内の各職務についての熟練要件の分析を実施し、次いでこれらのデータを同種の熟練を要する職務間の昇進ラインの見取り図をつくるのに利用して、詳細な昇進プランを構築した。第二のタイプの昇進制では、職務分析が職務をグループに等級分けするのに利用され、昇進はグループ内とグループ間とで行われた。たとえば、フォード自動車会社のプランでは六つの等級を定め、それぞれの内部に刺激賃金の三つの水準を設定した。最後に、最も単純で最も広く利用されたプランでは、昇進は明確な実績基準に基づくものと想定されてはいたが、昇進ラインも等級も持っていなかった[48]。

新しい昇進制は人事部による高度の集権的支配を喚起した。人事部は今や、すべての内部的労働力配分のための手形交換所として機能した。職長は昇進可能性を判定するには偏見がありすぎ、良い労働者をほかの部門に移すには狭量にすぎると考えられた。この態度は、ウエスチングハウス社の職員が人事管理者のグループに対していった次のような反語的な質問に端的に現れている。「職長は自分の部門の外にどんな昇進の機会があるかをどうやって知るのか。もし知っているのなら、平均的職長が自分の部門の立場だけから会社のことを考え、配転や昇進で人を失うことによって「能率が」妨げられるのをしばしば嫌がることなど起こりようがないではないか[49]」。

大戦後、人事考課を試みる会社が、数は少ないが着実に増大しつつあった。人事考課の過程には職長の参加が予定されていたが、標準化された評価基準の利用で彼の裁量の範囲は狭められていた。ボストンのある自動車工場では、職長は学生の成績表に似た様式で労働者たちを格付けしていた。マサチューセッツ州スプリングフィールドの政府兵器廠では、労働者各人が、三人の管理者とその労働者の職長からなる人事考課委員会によって一年に二回の査定を受けた。査定の三分の二のウエイトが労働者の産出量に、残りが出勤、「勤勉」、「習慣」に配当された。イーストマン・コダック社の場合は、人事部が昇進を決定する際に利用する基準リストを、ただそのまま全従業員に当てはめた。その基準には能力、知識、従順、機転などが含まれていた(勤続年数を基準に含めた考課プランは少なかった)。考課基準は賃金の増額決定にも利用された。一九二〇年までに、アーマー、ウエスチングハウス、ホワイト・モーターといった会社が、定期的な人事考課による生産労働者の賃上げを実施していた。地位の昇進は不規則でかつ希であったから、こうした賃上げは昇進に替わる刺激になったし、誰かが外から採用されたとき、飛び越された労働者のご機嫌とりの役をも果たしたのである。(50)

しかしながら通常は、もっと念の入った昇進プランには欠員を内部で補充する政策が伴っていた。企業が欠員を埋めるのに外部労働市場へ向かうと、昇進の刺激効果は弱まってしまう。マイヤー・ブルームフィールドが指摘するように、「よそ者が頻繁に連れ込まれ、努力し実力もある労働者たちの頭越しに昇進していくのを見るほど人の意気を阻喪させるものはない」。そして、もし欠員を内部的に充足すべきだったとすれば、はっきり規定された配転と昇進プランこそが、ふさわしい労働者を見つけ出す官僚制的作業を容易にしたのである。だが、しばしば見られた昇進ラインが曖昧で労働配置が分権化されているような場合には、昇進は多分に場当たり的で、内部からの採用もごくわずか実施されたにすぎなかった。(51)

企業は、はっきり規定された昇進制は弾力的な配置の邪魔になると考えて、その実施をしぶったのだった。ある大製造企業の工場管理者はいっている。「われわれの事業は一歩ずつ上昇する地位の系列ではない。良い組織というものは常に自らを新しい条件に適合させているものだ。昇進ラインなど馬鹿げている」。ほかの者はまた、昇進制が現役労働者の内部に非現実的な期待を醸成すると主張した。第一に、特定の職務に欠員ができたとき自分たちのものになるという期待(企業が欠員を外部採用で埋めたいときの邪魔になる)。第二に、欠員はすぐに埋められるだろうという期待である。ナッシュ自動車のW・A・グリーヴスは一九一九年NAEM大会で、体系的昇進は、「皆さんもご存知のように、組織内に重要な職務は一〇%もないのだから、実際には運用できません」と語っている。事実、一九二〇年代初めにリンド夫妻が二年以上にわたってミドルタウンの六工場を調査したところ、労働者が職長に昇進する機会(「本当の持ち上がり」)はわずか四二四に一つであることがわかった。経営者たちが体系的昇進に二の足を踏んだもうひとつの理由は、もし昇格が自動的なものに見えたら労働者が「軟弱」になるだろうという信念であった。ある経営者はいっている。

事業にとっても人々自身にとっても、栄達に関して自分を多かれ少なかれ心配な状態にしておくほうがよいと私は確信している。私はなにも奴隷使役人のように振る舞いたくはないが、しかし私の経験からいって、人はもし何かが自分にとって確かなら、確かさに応じてそのことへの関心を失ってしまう。その同じ人が、もし彼がどんな点でも外部からの候補者にひけをとらなければ、機会がきたときにより良い地位を得るだろう、という以上の保証を得ていなければ、彼は物事にもっと一生懸命に取り組み、より大きな成果を上げるだろう。

昇進制を持つ企業は、それを、硬直的な規則や明確な約束としてよりは、むしろ目安として見るほうが賢明だと考えた。本当にごく少数の会社だけが、新採用以上の職位についての完全な内部採用政策を保証していたにすぎない。[52]

その結果、内部昇進制は普及していかなかったし(表5・2参照)、人事考課も考課賃金制度も同様だった。内部昇進制がないとか、あっても効果的な強制力がないとかいうことは、人事部のある企業においてさえ、職長が大部分の昇進をなお支配していたことを意味している。一九二三年における一群の企業の調査からいうと、昇進について人事部に発言させていたのはわずか三%であった。ある企業の人事管理者は、依然として「ひき」が昇進する者を決めていると嘆き、付け加えて、「近代的人事管理手法の導入は、長くて緩慢な過程なのである」と述べている。[53]

懲戒と解雇

新しい人事部は、大荒れの職場に秩序と規律を回復する方法を見つけるという途方もない課題に直面した。戦時の労働力不足のせいで、不服従、無断欠勤やいいかげんな仕事では首になるという恐れも、制止効果を失っていた。一九一九年の『アイアン・エイジ』誌の一論説は、「解雇の恐れがないために、熟練労働者の側に公正な一日分の労働をなす積極性が欠如している」と嘆いている(54)。

多くの会社が金銭的な制裁や褒賞を導入して問題を解決しようと試みた。かくて規律を乱した労働者は罰金を科されることになり、人事部が彼の給料から特定額を控除した。しかし、減給制にはたくさんの不都合があった。たとえばシェニー・ブラザーズ社では、労働者は規律違反や怠慢のかどで賃金カットを受けることになった。しかし、マイヤー・ブルームフィールドが記しているように、「それはたかだか消極的方法であって積極的方法ではないし、しばしば従業員の憤激をかった」。棍棒ではなくニンジンが適切だというわけで、多くの会社が出勤や業績記録の良い者に褒賞を与えはじめた。ゼネラル・エレクトリック社は夏の暑い何カ月かを欠勤六日以下で通した労働者すべてに賞与を支払った。ほかの企業、たとえばデュポン社やイェール・ロック社は、最も時間を厳守した労働者に年間賃金への加算をもって報いた。ブライトン・ミルズ社は軍隊の書物から知恵を借り、精勤記録者にセルロイド、青銅、銀、金のボタンを支給することで報いた(55)。

これらはどれひとつ特に新しいものでない。一九世紀の繊維工場も段階的報奨金や罰金に頼っていた。このやり方を以前のそれから区別するものは、前よりはるかに、詳細で整合的な規律や規則を系統的、公平に実施することに基づいていたことである。規則や規律はしばしば「従業員情報」とか「従業員指導用重要情報」とか面白みのない題をつけた小冊子に印刷されていた。ニュージャージー・スタンダード石油会社は、新しい従業員のひとりひとりに会社の規則と違反に対する罰則の一覧表を解雇手続きの説明と一緒に配布した。これらの規律は人事部によって制定され、全社的に適用された。職長は、もはや自分で職場規律をつくることを許されなかった。

ある観察者が解説したように、規則を制定する権限が「一つの権威の下に集中されることで、諸規則が首尾一貫した政策のなかに調和させられ、適格な職員の責任も明確になるのである」[56]。

政策立案の集権化には、職長に自分の懲戒方法の責任をとらせるという先例のない努力を伴った。人事部は、職長の特権的解雇権の排除あるいは制限により、また職長が自分を公正に扱っていないと感じたとき訴え出る権利を労働者に与えることにより、職長の領域に深く侵入していった。

こうした変化は、いくつかの動機によって促進された。第一に、これらの変化は、労働者の努力を引き出すにあたって、グッドイヤー社で人事担当重役が「恐怖の毒薬」とか「警察当局」とか呼んだものではない、もっと抑圧的でない方法はないかという探索の一部をなしていた。もし懲戒が整合的に公正に科されるのであれば、労働者たちはもっと素直に順応し、もっとよく働くであろうと考えられたのである。グッドイヤー社はこの作戦を「労働者の信頼と善意の獲得」と名づけ、別のところではこれを「産業民主主義」と呼んだ(この言葉の含意はもっと広いのであるが)のであった[57]。

もちろん、問題とされたのは生産性低落の歯止めだけではない。第二の動機は、労働組合が組合員のために獲得してきた仕事の権利や懲戒手続きの改良を先取りして、組合の魅力を減退させようという願望であった。この新しい懲戒制度は、組合の組織されている部門におけると同様に、労働者は「自分の仕事を続ける権利を持っているのであって、その権利は彼自身の行状によってしか奪われえない」という考えを前提にしていた。そのうえ、公正でない解雇が労働争議の第一の原因なのだから、一部の経営者は規律違反をより慎重に扱うことで労働者たちが「ボリシェヴィズムの隊列の将校」になるのを押しとどめよう、と考えたのであった。

第三の動機は政府の介入を阻止することだった。戦時労働局は、雇主が労働者を労働組合活動のゆえをもって解雇したのを見つけると、いつでも、さかのぼって賃金を支払ったうえで職場復帰させるよう求めた。あえて法律違反を選ぶ雇主がいた一方、ほかの雇主たちは、懲戒活動への政府の精査に強いられて、解雇を決める新しい規則と基準をつくり出さざるをえない、と感じたのである。[58]

人事部が労働者の懲戒を統制した程度は、実にさまざまである。ファイヤストーン社など一部の企業では、職長は労働者に仕事の差し止めを命ずる以上のことができない。その労働者は人事部に赴いて事情聴取を受け、ほかの部門に配転してもらうことも可能だった。一方、ジャージー・スタンダード社のような企業は、職長が労働者を解雇できる違反の一覧表を発行し、同時に人事部に訴え出る権利を保証した。人事管理者たちは定期的に職長に彼らの懲戒方法を変更する必要について講義した。グッドイヤー社の人事担当重役は会社の三〇〇〇人の職長に向かって、「駆り立て人《ドライヴァー》は去らねばならない」とぶった。フィラデルフィアのある企業の職長たちは、「諸君のやり方は、かつてはそれでよかったかもしれないが、もうそれではやっていけないのだ」と告げられた。[59]

専門職業的中立性というエートスは、この新しい懲戒制度にその実際的表現を見いだした。人事管理者は、自分たちの「広い視野」が「解雇された従業員に偏らぬ判定を下し、公平な事情聴取をしてやる」地位をもたらしたのだ、と主張することができた。労働者が人事部を、自分たちの権利を明確にし保護してくれるものだと信ずるためには、人事部はともかくも独立で中立なものでなくてはならなかった。かくて懲戒制度改革は、人事部を、組合側、経営側の双方として機能するものにしたのである。ある人事管理者は、自分の「最も重要な任務は、従業員と密接な接触を持つようにし、彼らの信頼を得、悩みを聞いて解決してやったりして、彼らの代表選手となると同時に、会社の利益の守護者でもあるということ、まさにこの一事に尽きる」と述懐している。[60]

人事部の独立は、ほかのどの分野よりこの分野の改革に敵意をもやす職長やその他のライン幹部を監視し抑える権限を確保するためにも、必要であった。彼らはといえば、職場に努力と権威との関係を維持する基本的要件として拘束されない解雇権があるのだと考えていたのである。労働者が解雇について人事管理者に訴えることができる、などというのは、「工場の規律を堕落させるだけのこと」だと彼らはいった。それは職長の権威、独立、規則をつくる特権を切り崩す。ブルームフィールドが評したように、「ひとつの部門が現れて、職長の採用・解雇権を否定し、彼の栄光の最後のものを持ち去ることは、多くの職長にとって最後のワラシベを失うものと受け取られている[61]」。

人事管理者は、職長たちの協力なしには成功がおぼつかないことをよく知っていたから、懲戒制度改革を漸進的装いで導入しようと図った。ある調査によると、人事管理者の大部分が労働者を選抜する全権を持たされるべきだと考えながら、解雇の場合の権限についてはそれを断言しようとしない。シンシナティ製粉機械会社の人事管理者ジョージ・ハルシーは、一九二〇年の雇用管理大会の参加者に次のように警告している。「[全システムを]それまで全くそれなしにやってきた工場に持ち込もうとする者は、職長ではありえず、人を感動させる輩でなくてはならない。ゆっくりと慎重におやりなさい。まず泥水に浸かり、できるだけ掻き回さないようにし、徐々にあなた方の仕事を職長に認めさせるのです[62]」。

だがこの忠告は、やむをえざる事実の追認にすぎないともいえよう。というのは、変化の歩みが遅いのは、しばしばこの分野で人事部の権威が欠如していたせいだったからである。たとえば鉄鋼業で、人事管理者たちは、「[職長を巻き込む苦情の]処理に関するかぎりは」「無力で」「無益なもの」と描かれた。同じく一九一八年の研究は、人事部が解雇決定に関与しているのは被調査企業の約三分の一にすぎず、その内訳は、職長の選択に承認を与えるか(一三%)、あるいは独自に意思決定するか(一三%)だったことを明らかにした。その他の諸企業では、人事管理者が職長を抑えうる範囲に制限が課されて、従業員を復職させる力などはめったに持ちえなかった。ある観察者は「職長の権威はほとんど不変に保たれている」と結論し、またある観察者は職長が「解雇についてまだ以前と同様に短気でいられる」と語っている[63]。

職　長

人事管理は、職長と彼の職場王国から権威を奪い去ることを含んでいたのだから、職長と人事部との摩擦は避けられない。だがそれだけでなく、この集権化過程で生じた軋轢は、産業の労働問題の大部分を職長のせいにしたがる人事管理者たちの習性によって一層煽られた。一九二〇年の人事管理者の大会で一人の発言者が、「今や急進主義者や扇動家への批判をやめて、非難のいくらかをその火種がある場所、つまり一日中労働者を自分の管理下においている人々の手中に向けるべき時である」と宣した。こうした論評には、職長たちの低い出自への大学卒管理者の侮蔑を反映した、「堕落漢」とか「野蛮人」とかのあだ名がしばしば伴っており、尊大な響きが感じられる。進歩派の都市改革家がボス政治の「一掃」を意図したように、人事管理者は職長の粗野で低次元のスタイルを、自分の開明的管理というブランドで置き換えようしたのである。そしてこれは、やはり都市改革におけると同様、伝統的な、またしばしば移民にかかわる領域の犠牲において、中産階級の専門職業家の役割を拡大することを意味したのだった(64)。

職長の側はというと、彼らは「大学卒の坊や」を軽蔑し、そんな連中と協力するのを忌み嫌った。一九二〇年にマイヤー・ブルームフィールドが職長の一団に面接調査をしたとき、彼は職長たちが雇用事項に関する指導権と責任を強奪されたと感じており、とりわけ懲戒特権を失ったことに憤慨していることを知った。だが職長は、人事部との闘争において強力な同盟軍を持ってもいた。生産管理者、工場長、そのほかラインの幹部たちが、人事管理者との紛争においてしばしば職長の側についたのである(問題が産業技師を巻き込むことはめったになかった)。ラインの幹部たちは「製品をつくり出すこと」を求めたのであり、人事改革はこの目標の妨害物に見えた。オードウェイ・ティードとロバート・ブリュエーアが近代的人事管理導入のために一九一九年にリーズ・アンド・ノースラップ社に採用されたとき、二人は同社の製造部門からの間断ない抵抗に直面した。彼らが意欲と生産性の向上のために高い賃金をと要請しても、刺激賃金を適用して、産出を増すよう職長を突ついたほうが安くつくという生産管理者の反対で、前に進めないのだった。職長のための訓練教室をという提案も、そんなものの必要を認めぬ生産管理者によって一蹴されてしまった(65)。

大戦後、人事管理者たちの一部は職長にもっと宥和的に接近しはじめた。「彼は古い方法で十分だという見識を持っている」。カーチス出版のアール・モーガンはいう。「彼は納得させられなくてはならない。人事管理者にはその用意がある」。この目標を達成するひとつの方法は、人事部の活動に職長を引き込むことだった。デニソン社では、職長が、人事管理者の助手として人事部で仕事をするように、三カ月交替で招かれた。彼らは将来の従業員の面接をし、人事管理の書物を読み、人事手続きを視察するためにほかの工場を訪問した。デニソン社の人事管理者の感触によると、「彼らは一度［人事］部に参加すると、会社を単に一つの部門の立場からでなく、丸ごと会社として考えなくてはならなくなる」。アチソン・グラファイト社では、人事管理者は毎週三回、午後を使って、会社の職長たちと相互に関心のある話題で話し合った(66)。

職長の支持を勝ち取る今ひとつの方法は訓練教室であった。デュポン社の人事管理者H・L・ガードナーは、「職長にわれわれの方法の背後にある原理を徹底的に理解させ、心からの支持を得るまでは、人事管理を職長に納得させたと考えることはできない」と語っている。職長訓練はまた、製造部門幹部に接触し、彼らに人事管理の必要性を確信させる間接的な方法であるとも見られた。アール・モーガンはこれを「ビジネス保険」と呼ぶ。たいがいの訓練プログラムでは、職長としての技術的側面とともに、人間関係についても訓練した。インタナショナル・ハーヴェスター社は、同社の職長たちに人事管理の重要性について一連の夜間講義をさせるために、マイヤー・ブルームフィールドを起用した。その講義は職長をもっと専門職業人に似た気持ちにさせ、そして人事管理者への感情移入を増大させるだろうと、マイヤー・ブルームフィールドは考えた。グッドイヤー社の課程では、どのようにして利潤は生まれるか、企業はどのようにして利潤を得るかといった、企業の経済構造についての議論を含めていた。職長たちがその知識を労働者に伝え、そして「労働者が昨夜誰かから街頭演説で聞いたようなこと」を論破してくれるだろう、との期待からであった(67)。

新しい連邦職業教育局(FBVE)も職長訓練にさらに弾みを与えた。FBVEは政府の人事管理コースに責任を持つようになったとき、職長精神《フォアマンシップ》についてのクラスもつくりはじめた。スミス＝ヒューズ法が制定されると、地方教育当局の統制下で工場のなかで就業時間中に実施されるクラスの費用を、FBVEが地方教育当局に補助してやることが認められた。さまざまなグループが連邦補助金の恩恵にあずかった。民間の訓練企業がビジネス刊行物に、わが社の課程はチームワーク、「共感」、利益を約束しますと広告を掲載した。グッドイヤー、パッカード自動車、ミラー・ロックの各社は、自社の訓練プログラムをセットにしてほかの諸組織の利用にも供した。ジョセフ・ウイリッツはペンシルヴェニア大学ウォートン・スクールに教室を開き、地元企業の一〇〇〇人以上の職長を引き寄せている。しかし一九二〇、二一年ころから、『インダストリアル・マネジメント』誌などの刊行物に、職長訓練が「流行」しているけれど、これを産業問題の「万能薬」と見てはならないと警告する論説が載るようになった。同時に人事管理運動は、次第に強まる批判の矢面に立たされた。かくて一九二〇年代の半ばまでに、人事管理運動はその慣性力と名声の一部を失いはじめた。一九二一―二二年不況の間の出来事は、まさしく変化への産業の関与がいかに弱いものであったかを示したのである。[68]

大戦時を振り返ると、その短い期間にどれほど多くのことが達成されたかに、あらためて感銘を受ける。多数派ではないにしろかなりの企業が、人事管理を通じてより公平な雇用関係を導入し、それは労働者を企業にとどまり企業に忠誠であるよう仕向けた。ライン管理者は会社の労務政策を決定する排他的権利を喪失し、職長はバルカン的に区分けされた彼らの封土で振るってきた権力の一部を放棄した。新しい全社的な規則や手続きが、雇用関係を官僚制的合理性の網へと織り込んでいったのである。

いくつかの相関する諸要因がこの移行に貢献している。なかでも第一の要因は、労働不安の脅威であった。人事管理は、労働組合の持つ労働者保護構造の一部を企業に取り込むことによって、組合組織化への潜在力を減退させたのだった。第二に、労働力不足が、雇用を安定させ、労働規律を維持するための解雇に替わる方策を探索するよう、諸企業に強いたのである。第三に、労働市場を統制し、労働者の戦争協力を得る必要に基づく、民間雇用慣行への政府の広範な規制が、産業に新しい人事政策の採用を促した。最後に、人事管理運動の専門職業志向が、新しい技法の公開、経営の外からの理念の持ち込み、労働者たちに変化をより受け入れやすくしたことなどによって、これらの発展を助けたのであった。

人事部を持つと、社内調整を要する諸プログラムを統制し、ライン職員を点検するのが容易になることは、指摘しておくべきであろう。一九一八年の調査からのデータが示唆しているところでは、人事部を持つ企業では持っていない企業に比べて職務分析の実施において一〇倍、昇進制で四倍、解雇の秩序化で三倍の普及を見せていた。

とはいえ、人事管理者がこの新しいアプローチの利点を経営者やライン幹部にいくら説いても、古い態度や慣行には牢固たるものがあり、一九二一年以前の雇用改革の広がりを制約したのだった。内部労働市場の編成は労働者の少数派にのみ影響したのであり、その少数派にとってさえ不均等に適用されていたのである。この編成が特定のグループに制限され、また十分に効率的に適用されていなかったことは、ほとんどの雇主がなお継続的雇用関係に心から賛成してはいなかったことを示唆している。

一九一九年にジョセフ・ウイリッツは、彼のいわゆる「ブルボン［フランス革命で倒された、の意――訳者］雇主」の支配が継続していることを指摘し、「戦時の出来事が、アメリカの労働者の本質的堕落に関する雇主の信念を正当化した」と付け加えている。ウイリッツは、リベラルな態度は規律を損ねる、労働者との争いでは職長の肩を持つべきである、労働者は一個の商品である、といった雇主の先入観を、戦争が弱めるよりはむしろ強めた、と考えている。この伝統的イデオロギーの持続が、一九二〇年までに人事部を持つに至った少数派企業の内外で、人事管理者が影響力を拡大することを困難にしたのであった。(69)

第六章　異相の一九二〇年代

1　労働市場

一九二〇年代は普通、「黄金の十年」、繁栄と成長と労働力不足の時代として描かれる。このよく知られた見方を支持する証拠もある。非軍事非農業労働力の総失業率は、一九二三―二七年の五年間をとってみると一九〇〇年以来のどの五年間よりも低いし、非軍事非農業就業者の年間実質収入は一九二〇年から二九年までの間に二六％増大した。[1]

しかしこの総計数字は、一九二〇年代に製造業における労働市場が反対の方向に動いたという事実（表6・1参照）を隠している。そしてこの事実が一〇年前の時代といかに違っているかを理解するのに決定的なのである。製造業雇用は一九二〇年代を通じて停滞しており、二九年になっても一九年と同じ水準にとどまっていた。これでもまだブルーカラー雇用の下落を十分語ったことにはならない。というのは、製造業労働力の職業別構成の変動が起こっていたからである。全製造業従業員に占める賃金稼得者［サラリーではなくという意味――訳者］の割合は、一

表 6・1　雇用の変動(1920-29 年)

	非農業部門全体	工　業　部　門	工業における賃金労働者
1920-1923	10.4%	−3.4%	—
1923-1929	12.2	0.8	—
1925-1929	7.9	4.7	2.9%

出所）S. Lebergott, *Manpower in Economic Growth* (New York, 1964), pp. 512, 514 ; David Weintraub, "Unemployment and Increasing Productivity," in *Technological Trends and National Policy*, Report to the National Resources Committee (Washington, D.C., 1937), p. 75.

表 6・2　年平均の失業率(1900-27 年)

	非農業民需部門	製造工業および運輸部門
1900-1904	10.5%	4.9%
1904-1909 (1)	8.3	4.6
1909-1913	10.4	4.8
1916-1920	6.1	3.8
1923-1927	5.2	5.6

出所）Lebergott, *Manpower*, p. 512 ; Paul H. Douglas, *Real Wages in the U.S., 1890-1926* (New York, 1930), p. 445.
(1)　不況の 1908 年を除く。

六年の九二％から二九年の八九％まで下がったし、運輸・公益事業における下落はもっと激しかった(九〇％から八一％へ)。そのうえ産業における一九二三―二七年間の失業率は、不況期を除けば一九〇〇年以降のどの五年間よりも高かったのである(2)(表6・2)。

労働市場内部のこの違った型が、収入面にも現れている。一九二〇―二九年間に製造業労働者の収入の伸びはその他の非軍事非農業従業員に比べて三分の二にすぎない。そして鉄鋼業などいくつかの相対的な不況産業では週間実質収入が一九二三―二九年の間に八・三％下落した。しかも、製造業における実質賃金上昇の大部分は、名目賃金率上昇よりは消費者物価の低落からのものだった。二六製造業のうち二〇まで、一九二〇―二九年の平均時間賃金率は低下しているのである(3)。

労働市場沈滞の諸原因

一九二〇年代には「技術的失業」という新語がつくり出された。この時代は信用の緩和と工場や

表6・3　製造工業における産出量・雇用の指数

	産出量	雇　用
1919	100	100
1923	122	96
1929	148	100

出所）Leo Wolman and Gustave Peck, "Labor Groups in the Social Structure," in Wesley C. Mitchell, ed., *Recent Social Trends in the United States* (New York, 1933), p. 805.

設備への繰り延べ需要とが機械化《メカニゼーション》ブームの火つけ役になり、大量の労働者の排除を結果としてもたらしたのである。[4] 労働節約的な技術変化を代弁する諸指標によって、この傾向が確認される。一九一九—二九年間に労働生産性は年率三・八％上昇した。一八九九—一九一四年間にそれは一・七％であった。同じく製造業における年間の付加価値全体に対する賃金総額の比率は、一八九九—一九一四年を通じてほぼ一定であるが、一九二九年までにその水準から一二％低落していた。要するに表6・3が示すように一九二〇年代を通じて雇用の増大は産出の増大をはるかに下回った。最後に、製造業における賃金稼得者一人当たり馬力で測った一〇年当たりの機械化率は、先行する一〇年間の一五％に比して二〇年代には五〇％の上昇を示したのである。[5]

技術的置き換えは、置き換えられた労働者を成長産業が吸収する動きが緩やかだったので、失業をもたらした。ブルッキングス研究所が一九二八年に行った調査でも、技術的に排除された労働者は容易に新しい仕事を見つけていない。調査対象になった失業労働者の半分ちかくが、仕事から六カ月以上離れていた。[6] この調査結果は当時実施された同種の調査の結果とも共通している。[7]

市場の成熟が、雇用停滞のもうひとつの主要因であった。鉄鋼、綿紡績、製靴、鉄道などの古い産業は、過剰設備と収益減退に悩ませられていた。たとえば、綿紡績業の雇用は一八〇〇年から一九二〇年まで着実に増大してきていたが、この二〇年代に市場の飽和とレイヨンのような新製品との競争のせいで低下しはじめた。同様に鉄道業が、新しい自動車産業からの競争の結果でもあるが、初めてマイナス成長を経験した。もちろん、化学、石油、電機、公益を含む若干の産業は急成長し、高利潤をあげている。だが、

表6・4　製造工業における賃金労働者の「恒常離職率」

	1899-1914	1923-1929
石炭・石油生産物	5.0%	3.2%
鉄　鋼	1.5	4.0
機　械	0.2	2.6
繊　維	1.5	4.8
運輸設備	4.2	11.5

出所）F. C. Mills, *Economic Tendencies in the United States* (New York, 1932), pp. 419-423.

これらは資本集約的産業であって、そこでの雇用増大は全部門的な雇用増大に火をつけるには力不足であった[8]。

製造業における雇用の長期停滞を測定するひとつの試みとして、さまざまな製造業部門の雇用の純変動に関する経済学者フレデリック・C・ミルズの研究がある。ミルズは、一八九九―一九一四年を五年きざみ、一九二三―二九年を二年きざみにとって、彼のいうところの「恒常離職率」、つまり「離脱」(働いていた産業から離脱した、あるいは離脱を強制された労働者)数とその産業に雇用されている者の平均数との比率、を算出した。それによると、一八九九―一九一四年間に一〇〇〇人中二一人が雇われていた産業を去ったのに対して、一九二〇年代には四九人が去ったことになっている(表6・4)。

移住の型

一九二〇年代の初期、雇主たちは、大戦とその後の移民割当制からくるヨーロッパ移民の縮減が労働力不足につながるのではないかと心配していた。二三年に開催された移民に関する全国製造業者協会のシンポジウムで、不熟練労働を大量に使用しているUSスチール、パッカード自動車、アメリカン・カー・アンド・ファンドリーなどが、こぞって移民割当制限の緩和を主張した[9]。だが、この懸念は二〇年代の半ばまでに霧散した。二五年に『アイアン・エイジ』誌の論説は、「理由はさまざまであるが、この国が全体として現行移民法に十分に満足していることは疑いない」と言明している。有名な労働経済学者ドン・D・レスコーヒアは後年、「人口増大の緩慢化が労働力不足あるいはそうした不足の可能性を生み出さなかったのは」「明瞭であり」、「失業数の増大は一九三〇年の不況に先立つ数年にすでに顕著であった」と述べている。(10)

余剰な労働力が需要を埋めるに足りなかった地域や産業では、移民がそのギャップを埋めた。第一に、合衆国のメキシコ人人口が一九二〇—三〇年の間に二倍以上になった。一九三〇年センサスによれば、多数のメキシコ人がデトロイト、シカゴ、ゲイリー、その他の産業都市に移住して、製鋼、精肉、自動車や、そのほか不熟練労働を大量に使用する産業で働いていた。(11) 第二に、大産業中心地へのアメリカ生まれの白人や黒人の純移住数は、先行する一〇年に比して二〇年代に大きかった。南部以外の都市の黒人人口は、一九二〇—三〇年間に七〇％増大した。二〇年代に中西部の製鉄と金属加工工場の労働力の二五％は黒人だった。ホワイト自動車など若干の自動車製造業者はなお黒人の雇用を拒んでいたが、スチュードベーカーやフォードのリヴァルージュ工場で、やはり黒人が労働者の約一〇％を占めていた。(12)

労働市場状態の影響

一九二〇年代の製造業労働市場は、一九一六—二〇年の売り手市場と対照的に買い手市場であった。この変化のひとつの重要な帰結は労働移動性《モビリティ》の顕著な低下である。製造業における月間自発的離職率は一九一九—二三年の平均の五・四％から二四—二九年の二・五％に低下した。(13) このデータは偏りがあり、鵜呑みにできないが、(14) 労働移動性が戦前より、はるかに小さくなったことは疑いえない。労働移動は、名目賃金の安定、雇用の停滞、技術的失業、失業者吸収の緩慢さといった製造業労働市場の抑圧状態によって抑制されたのである。二九年にサムナー・スリクターは、自発的離職率への「唯一最重要の影響力は」、「一九二〇年以降ほとんど継続的に……存在した人間の相対的豊富さと仕事の相対的希少さ」であった、と注釈している。(15)

雇用水準が横ばいか低落している産業の労働者たちは、長く続く失業への恐れから自発的離職をためらった。

製造業労働力の平均年齢が上昇したので、自発的離職率はより一層低下した。労働者は年をとるにつれて自発的に離職したがらなくなる[16]。だが、拡大しつつある産業の若い労働者さえ、幸運を試すことにおいて及び腰だったことを、ヴォイチンスキーが一九二一年以前と以後との入職率と離職率との比較で示している。二一年以前には月間入職率と月間離職率とは一緒に動いた。つまり離職の増大は入職の増大と同時に起こった。しかし二一年以後は、離職率の増大は、雇用が拡大している企業で入職率が増大した後数カ月遅れて生じたのである。ヴォイチンスキーによれば、この遅れは「労働者たちがすでに失業の威嚇に脅えており、もはや戦前のように自由に仕事を替えなかった」ことを意味している。実際、リンド夫妻が二〇年代半ばにミドルタウン(インディアナ州マンシー)を訪れた際、彼らはこの町の労働者家族の間に失業への恐れが広がっているのを見いだしたのであった[17]。

労働力の予備があり、生産性が高く、組合組織率と自発的離職率が低ければ、雇主たちにとって労働異動を心配する理由はほとんどない。そのため、二〇年代の人事管理文献にはそのテーマの論文がほとんどないのである。ある調査者は二七年に諸企業がまだ労働異動データをとり続けているのを見いだしたが、この数値に何らかの意義を認めている企業はほとんどない、と記している[18]。もはや自発的離職を、労働者の意欲の乏しさや労働習慣の悪さの指標と見ることもなくなった。低迷する労働市場がどちらの問題をも解決していたのである。

高失業のもうひとつの主要な結果は、労働運動の衰退である。労働組合員数は一九二〇年にピークの五〇〇万人以上に達したが、その後二一―二二年不況期に減少し、二三年には三六〇万人になっていた。組合員数はその後も徐々にしかし着実に減り続け、二九年には二〇年当時より三二%減の三四〇万人になった。すべての組合で減少したわけではない。建設業では組合員数がこの二〇年代にわずかだが増加している。だが労働市場が最も低迷する製造業では、労働組合員数は二〇年の一九〇万人から二九年の八〇万人以下へと、六〇%ちかい減少を示した[19]。

労働組合員数の減少より、もっと鋭く減少したのがストライキ活動である。一九二〇年の三四一一件から二九年の九二一件へと、七〇％以上、減少している。[20] 総労働者中ストライキに参加した者の割合は、一九二三―二九年の七年間が、一八九〇年以来のどの時期よりも低かった。つまり、労働組合員は以前よりストライキをしたがらなくなった。

もちろん労働市場の供給過剰以外にも労働運動の衰退をもたらした諸力がある。AFLが新興の大量生産産業の雇主を引きつけようと努力したにもかかわらず、職能別組合はそれらの産業を組織できないでいた。[21] そのうえ世間の空気が保守的になるにつれて、労働者階級が大戦中、享受した威信は二〇年代半ばまでに消滅していた。世論は一転して組織労働者に批判的になり、裁判所ははっきりとわかるほど敵対的で、労働側に不利な決定や禁止命令を続々下し、最後に、といっても最小ということではないが、雇主たちが公然と好戦的態度をとって、強力なオープンショップ運動やその他の形態の抵抗に乗り出してきた。[22]

これら諸要因のすべてが結合してリベラルな雇用政策に阻止的な環境をつくったのである。大戦中に雇用改革を正当化した諸問題の大部分が過去のものになってしまった。組合の脅威は減退し、生産性は高く、労働異動は低く、そして労働力の調達は容易だった。なかでも最たるものは、社会的実験への関心の欠如を特徴とする新しい政治的保守主義が産業に持ち込まれたことである。人事管理を決して心から受け入れていなかった雇主たちは、今や意欲と能率との関係についての議論などに動かされそうにはなかった。専門職業的な人事管理が「攻撃的《ガット・タフ》」労務政策の復活と戦時の緊急性という意識の衰退のなかを生き延びるのは容易なことではなかった。

こうして一九二〇年代を通じて雇主は、人事管理プログラムを継続したり適用を広げたりせねばという、以前のような圧力をもはや感じていなかった。人事部を持つ企業の数は増え続けていたが、戦時期に比べてはるかにゆっくりとであった（表6・5参照）。そうした企業のなかにも保守的政策が広がった。人事部は普通、従業員の選抜と福利厚生プログラムの管理との責任を持ち続けていたが、独自の権限と職長を効果的に統制する力の多くを失っていた。労働者配置の意思決定は分権化され、再び職長の裁量の下に引き戻された。これらの会社は戦前の

表6・5　人事部を持つ企業の割合(1915-29年)

企業規模	1915	1920	1929
従業員250人以上企業のうち	3-5%(推定)	25%	34%
従業員1000-5000人企業のうち	—	—	39
従業員5000人以上企業のうち	—	—	55
労働力			
人事部を持つ企業に雇われている労働者の割合	—	14%	20%

出所) 1915, 20年については, S. M. Jacoby, "The Origins of Internal Labor Markets in American Manufacturing Firms, 1910-1940" (Ph. D. dissertation, University of California, Berkeley, 1981), pp. 374, 617の計算に基づく。1929年の数値は, NICB, *Industrial Relations Programs in Small Plants* (New York, 1929), pp. 3, 20, and NICB, *Industrial Relations : Administration of Policies and Programs* (New York, 1931), p. 54による。

駆り立て方式に完全に復帰したわけではないが、戦時期のリベラルな政策を拡大しようとしたのはごく少なかった。その結果、人事管理は改革目標の大部分を失ってしまった。

こうした実像もまた、二〇年代に対する通常の見方と矛盾するといえよう。たとえばサムナー・スリクターは一九二九年に、労働市場における変化といえども、主に「労働紛争への恐れ」が理由となって、「実業家が労働者の良き意思に関心を持つ」のを止めさせることができなかったと書いている。[23] 彼は従業員代表制や福利厚生給付金制のような洗練されたプログラムが当時、発展したことを指摘している。だが、スリクターの楽観的な改善論が当てはまるのは、二〇年代にも人事管理の諸プログラムを発展させた、よく目立つけれどもたかだか産業労働力の一〇—一五%を雇用するにすぎないごく少数の企業だけなのである。たしかにそこでは、戦時期の記憶が、労働組合の脅威が去ったずっと後にも人事プログラムを配置させていた。しかし、その他のところでは、人事部を持つ多数の企業においてさえも、退歩が見られたのである。

2　リベラル・モデルの衰退——一九二〇—二二年

戦後の景気高揚は一九二〇年一月にピークを記録した。一部の専門家は三月以前すでに景気の大きな低落を予告しており、それまでより保守的なムードが国中に漂った。前年秋に鉄鋼労働者はストライキに敗北し、経営者たちは労働者の戦闘性と労働組合主義の伝播を阻止しようと決意を強めていた。このストライキはアメリカ方式のオープンショップ推進への機運を助長した。一九一九年末までに全国鋳造業協会、全国製造業者協会、全国金属産業協会といった組織が戦前からの自分たちのオープンショップ論を再び鼓吹しはじめた。二〇年秋までにはオープンショップ諸協会の全国的ネットがつくられ、ニューヨーク州の五〇団体、イリノイ州の四六団体、ミシガン州の二三団体などが加わった。二〇年の夏に頂点に達したアカ恐怖ヒステリーのおかげで、オープンショップ運動は、組織労働者が共産主義者にかぶれているという容易に抜きがたい公衆の疑惑に頼ることができた。再建と協調という戦後の希望は、今や「正常への復帰」への呼び声に道を譲った。革新主義運動への敵意が広がっていった。(24)

人事管理運動のなかにいたリベラル派は、不吉な前兆としてこれらの出来事を眺めていた。一九二〇年五月の、かの大規模なアメリカ労使関係協会(ＩＲＡＡ)大会に先立って、ダドリー・ケネディは、もし経済状態が悪いほうに転換するならば、雇主たちは人事部を廃止し駆り立て方式に戻るだろう、と予言していた。ケネディは、雇主たちが「待ちに待ったねじを巻く機会をわが物にすることにのぼせ上がっている」と警告し、各地を旅行すると「こうした線に沿ったさまざまの徴候を耳にする」といっている。サムナー・スリクターもその夏、「昔の駆り立て的な方法へ」の回帰がいくつかの産業で始まっていることを看取している。引き続く冬の急激な賃金切り下げと大規模なレイオフは、これらの恐れに十分な根拠があったことを証明した。しかしこの災いの前兆は、人事管理運動のなかにいた保守主義者たちには違ったメッセージを語ったのである。(25)

不況に入る数カ月前から、人事管理運動内部の保守主義者とリベラル派の亀裂が広がりはじめていた。一九二〇年以前には両派は、労使関係への中立性といった論点では合意がないまでも、一緒に仕事をする関係を維持しようとしてきたのだが、労働側に対する強圧的態度が生まれ、人事管理の存続に危惧が持たれるに至って、そうした関係は変化した。彼ら自身の将来への不安からか、あるいは純粋に思想的相違によってかはともかく、保守主義者はリベラルな対抗者への広範な攻撃に乗り出し、もっと時代に適合した運動のためのプログラムを持ち出すことに成功したのであった。

リベラル派に向けられた最も一般的な指弾は、彼らが産業の労働問題に介入して職長を非難し職長から権威を剝奪した点に行き過ぎがある、というものである。一九二〇年のIRAA大会では、人事管理者たちに職長との関係で抑制と和解を薦めたダドリー・ケネディの演説に続いて、ボストン雇用管理者協会のラルフ・G・ウエルズが腹立たしげに次のように攻撃した。

私には職長こそ今日産業で最も虐待されている部類の人間だと見える。労使とも、また雇用管理者もわれわれみんなも、職長をアリバイに使っている。われわれはこの種の集会でも、職長がどうすべきだったというふうに話す。実は、雇用管理者に関する討論は、大部分、雇用管理者たちが事態を解決できないとわかったからこそなされてきたのだ。……私が思うに雇用管理者は、職長の私的な秘書であるべきものだ。というのは職長は生産する人間なのであり、生産遂行のためにわれわれが頼りにしなければならない人間なのだから。

ニューヨーク電話会社副社長H・W・キャスラーは、職長の上に浴びせられた非難の多くは不当であり、職長にはもっと理解と権威が与えらるべきである、と論じた。「職長に向けられた告発をぬぐい去り、あらためて白紙から出発するべき」ときがきたのだ、とキャスラーはいう。ほかの者はまた、人事管理者が改良を進めすぎたと批判した。技師ドワイト・ファーナムは、「私はまだ世間知らずの人事管理者が職長に向かって、自分たちは労働者に対するツアーリズムと不公正を粉砕するのだと告げているのを、実際に聞いたことがある」と報告した。[26]

しかしながら、ここでの真の論点は、職長がどの程度の同情に値するかではなく、職長と労働者たちの間で人事部がどのような役割を演ずるべきか、ということであった。リベラルな人事管理へのある批判は、その論点を

「過度集権化の憑物」と名づけている。[27] この論点のアウトラインは、一九二〇年のIRAA大会の直前に開かれたボストン雇用管理者協会の会合での熱した討論のなかにすでに描き出されている。その論争は、人事部はラインの権限を持つべきか、それともスタッフ部門であるべきかの問題に集中した。ラルフ・G・ウエルズのような保守主義者は、人事部はライン幹部(すなわち職長と生産管理者)の助言スタッフとして機能するところの企業の製造部門の補助者であるべきだ、と主張した。ウエルズの見方では、職長は労働者の配置、懲戒、解雇にもっと裁量権を与えらるべきであり、一方、人事部はただ職長が手引きにするガイドラインをつくるにとどめ、日常の労働者管理へ介入するのを控えるべきであるというのだった。[28]

人事管理に関するこうした考え方は、職長を抑制し製造部門から独立したコースで操舵しうる人事部を発展させようというリベラル派の意図と、真っ正面からぶつかった。保守主義モデルでは人事管理者はもはや企業の内部を変革する公平な力でない。すなわちリベラル派の専門職業的なエートスは捨て去られる。保守派の新しいモデルは、権威と規律への呼び声が大きくなりつつあったこの時代に、職長・労働者間の伝統的権威の関係を保持するところに徳目をおいた。そしておそらく、この分権的管理を採用する人事管理者は、迫りくる不況をしのぐのに最善の機会を得るはずであった。

一九二〇―二二年の不況は製造業を最も激しく襲い、ここで失業は二一年二一%、二二年一五%と、一八八〇年代以来の最高値に達した。価格と賃金率は急落した。戦時の雇用改革にもかかわらず、大部分の会社が従業員との関係を持続する何の措置もとらなかったし、仕事を失うショックから労働者を保護することはほとんどなされなかった。[29] マッケルウエイン製靴、デニソン・マニュファクチュアリングのようなわずかな企業がワークシェアリングを実施したり会社菜園のような救済を準備し、また一部に、「雇用の持続性を確保する手段として」レイオフ補償を支払った会社もあった。ラッセル・セージ財団による調査は、ごくわずかだが「非常救済措置」と名づけてワークシェアリングや解雇手当を実施した、その他の実例を見つけ出している。一方、アメリカ労働立法協会は、大多数の雇主はレイオフ労働者に何の救済も提供していないと報告し、雇用安定も同様に希であると記している。[30]

この不況は、会社が勤労意欲を保持したり労働異動率を低く抑えるのに人事部などを必要としないことを暴いたのである。仕事を失うことへの恐れがその役回りを引き受けてくれた。失業という圧力が「より多く生産し、より仕事に定着し、より従順であるよう労働者に強いた」と経済学者ポール・H・ダグラスはいう。一九二〇年六月ころから労働生産性の向上を称賛する論文がビジネス誌に現れはじめた。七月、ニューヨーク市製造業者調査では半数以上は労働の「能率」が上昇していると思うと答えた。ほかの一〇%が、能率に変化はないが、「従業員の気風はよくなった」と感じていた。一〇月、ニューヨークのナショナル・シティ銀行は、労働能率が増大していているという報告を「製造業の全部門」から受け取っていると発表した。全国企業立学校協会は労働者たちが「生産に対してより満足すべき態度をとるようになり、労働不安や急進主義は死滅しつつある」と述べた。[31]

不況はさまざまの目につく効果を生んだ。第一に労働異動率が低下した。一九二一年、製造業の自発的離職率の中位数は前年水準の四分の一に落ちた。第二に労働生産性が急速に改善された。たとえば、アクロン市のタイヤ産業で一人一日当たりの産出高は一九二〇年の一・四から二一年半ばには二・八に上がったし、ある自動車工場は二〇年四月以後の一二カ月に労働者の時間当たり生産高が一六〇%増大したと報告している。最後に、労働者の戦闘性は急激に減退した。ストライキ件数は二〇年の三四一一件から二二年には一一一二件に落ち、組合員が一〇〇万人以上減少した。[32]

コスト削減の必要、「ねじを締め」たい願望、失業が多いとき人事部は余計だとの認識が動機になって、多くの雇主が人事部門を大幅に削減した。「雇主、人事業務切り捨てへ」という見出しが一九二一年一月のニューヨーク・タイムズに見られる。失業が増大中なので、「今、人々は前よりも自分から進んで、しかも楽しげに働く。それゆえ、これまでのような人事部はさほど重要ではない」と、ある雇主が報告している。[33] 一〇〇人以上の人事部をつくり上げたある電機会社は、雇用・解雇の記録をとるためのわずかな事務員を残して、ほかはすべて解雇してしまった。別のある会社がいうには、「以前に比べて今はあまり実験しようという気にならない。以前には疑問のあるとき、われわれは〝やってみよう〟といったが、今は、疑問のあるとき、もし費用がかかるのであれば、〝やらないでおこう〟といいがちである[34]」。

こうした動きはコスト削減の必要性に迫られたものだとはいえ、それよりもっと強く、旧式の規律を再建したいとの願望によるものだったのである。騒ぎが収まってずっと後の一九二八年に、アメリカ経営者協会のW・J・ドナルドは次のように論評している。「たくさんの人事管理者が仕事を失った。それは事業が低迷していたからというよりは、彼らが権威を持ちすぎ使いすぎたからであり、彼らがライン組織の特権を侵害し、結果として正常な懲戒手続きを妨害したからなのである」。ゼネラル・モーターズの重役が一九二一年にいったように、「戦時の緊急性と称さるべき多くの労使関係活動を取り下げ、絶対必要事に取り組むべきとき」がきたのであった[35]。

不況を生き抜いた人事部は、職長に権力を返還する人事管理の保守主義モデルを採用していた。人事部についての一九二三年の調査には、雇用政策の「統制」と「実施」がともに分権化していく顕著な傾向が見られる[36]。人事部はまた企業のほかの諸部門と同列に立つ独立の部門としての地位を失った。アーサー・H・ヤングが二二年、インタナショナル・ハーヴェスター社を去ってすぐ後に、彼が長であった労使関係部は企業の製造部門に付属するものに変えられた。社長のサイラス・マコーミック・ジュニアがいうには、「労使関係部を製造部門と並列しているると考えるよりも、その一部分だと考えるほうが、われわれにとって進歩ははるかに速く健全であることがわかった[37]」。オードウェイ・ティードが二三年に人事管理を調査したとき、彼は、人事管理者が執行上の重要な地位を占め続けている会社はほんの一握りだと測定している。穏健な経営者であったチャールズ・ピーズはこうした展開を、次のように記すことでまとめている。

［不況は］過去五年間に現れてきた多くの職位をつくり変えることと結びつき、従業員に対する同情と配慮

に染められた事業の原理が、過去五年間の異常な事態が事業の指揮に注入した利他主義的こじつけの多くを無用にしてしまう、そのような時代にわれわれを連れ戻すことと結びついていた。[38]

人事管理者は当初、彼らの運動に対する不況の圧力を見くびっていた。一九二一年一月、IRAAの会報に掲載された論説は、「楽観主義のさざめきが日に日に大きくなっており」、人事管理には大いなる未来がある、と述べていた。二一年四月の別の論説は、人事活動をやめた企業は相対的少数にすぎないと主張した。しかし、IRAAの二一年の五月の大会が「目下の産業状態」のために延期されざるをえなくなったとき、事態の深刻さはもはや隠しおおせなかった。一年前のシカゴ大会には三〇〇〇人も詰めかけたものだった。会員も二〇〇〇人から一四〇〇人へと一年もたたぬのに三〇％も減少した。[39]

自分の仕事になおとどまっていた人事管理者たちは、以前より保守主義的な気風を受け入れていた。二一年九月、ボストン雇用管理者協会――人事管理に対するブルームフィールドの中立専門職業的なアプローチの生誕の地である――が、マサチューセッツ州オープンショップ産業連合に吸収された。そのことをボストン・グローブ紙は「友愛の会食」として記述している。メアリー・ギルソンは、

概して人事担当者は、因習的なやり方に足並みをそろえるか、あるいは思慮ぶかく当たらず障らずにしていた。……雇主の諸団体の基本的な考えに挑戦した明白な形跡はない。アメリカ方式主義者の視野の狭い非建設的視点に疑問を呈したりすると、その人はただの議論好き、たぶん自己顕示欲の強い奴だと思われたのである。[40]

と回想している。つまり産業の内部改善のために中立的な力として働く人事管理者というリベラル派のふれこみは、完全に信用を失ったのだった。

リベラルかつ専門職業的な見方を集大成したオードウェイ・ティードとヘンリー・メトカーフの人事管理テキストが一九二一年に出版されたとき、それは一般に否定的に批評された。『自動車工業』誌はそれを「理論的にす

ぎて」使い物にならぬと片づけた。いつもはリベラル派に同情的なヘンリー・S・デニソンでさえ、これが「事柄全体のみじめな組み立てを粉砕する願望が見え隠れしている」ので、実業家たちを「寄せつけない」だろうと感じた。進歩主義、専門職業主義は、今や古臭いものか悪いものと見なされた。保守主義モデルの提唱者の一人になったアーサー・H・ヤングは一九二一年に、「自分の仕事を多かれ少なかれ専門職業的だと考えてきた人事管理者は、彼らにもう仕事が残されていないと気づくことになるだろう」と予言した。[41]

3　保守主義モデルの伝播

反専門職業的だとはいっても、新しい人事管理モデルは人事部を全く持たないより少しは進歩的であった。それは巨大で相対的に開明的な多くの産業会社からの強い支持を得た。これらの会社は、このモデルを伝播し、これをそろって承認するように、緊密に連携した経営諸組織のネットワークのなかで影響力を行使したのである。

SCCとその諸原理

アメリカの指導的会社一〇社のトップ経営者たちが、労働関係と人事管理の政策を調整するために、一九一九年に特別協議委員会(SCC)を設置した。SCCはロックフェラー利権と、その哲学、資金、人脈において密接なつながりを持つ。ニュージャージー・スタンダード石油の社長アルフレッド・C・ベドフォードがこの委員会を発意し、クラレンス・J・ヒックスが一九一九―三三年間、議長であったが、その間彼はニュージャージー・スタンダードの人事部長でもあった。またSCCはニューヨークにおけるロックフェラーの弁護士であるレイモンド・フォスリックの事務所に本拠をおいた。会員企業はジャージー・スタンダードのほかにベスレヘム・スチール、デュポン、ゼネラル・エレクトリック、ゼネラル・モーターズ、グッドイヤー、インタナショナル・ハーヴェスター、アーヴィング・ナショナル・バンク、USラバー、ウエスチングハウスである。こういう存在そのものが法的政治的に微妙な問題を引き起こすので、委員会は会名義の基金も電話も備品も持たずに秘密裏に運営された(42)。

一九二〇年にSCC会員は労働関係と人事管理に関して共有する哲学をかたちにした「原則要綱」と呼ぶものを採択した。労働組合と団体交渉への敵対がその基本をなしている。だが、アメリカ方式のオープンショップ志向とは対照的に、労働組合主義と闘うSCCの態度は、資本・労働間の利害の調和可能性を説くロックフェラー＝ヒックス流哲学の流れを汲んで、相対的に洗練されていた。ロックフェラーがかつて書いたように、SCCは「産業のなかの唯一の自然な連帯は、同じ事業体のなかにいる者すべてを結束させる連帯である」と信じていた(43)。一九二〇年、SCCの言によれば、

大戦時の教訓は、産業内の人間的要素が最も重要な要因なのだという以前からの経験を強化した。進歩は協力に依存しており、そして産業内の協力は、資本と労働は依存しあっているという原理の実際的応用を雇主と従業員が受け入れることに基づかざるをえない(44)。

従業員代表制がSCC哲学の「実際的応用」の主な手段であった。委員会は従業員代表制の独自の考えを展開した。一九一八年にヒックスがジャージー・スタンダードに導入した会社組合を模した合同協議会プランがそれである。一九二九年までにSCCメンバー一〇企業のうち八企業が従業員代表制を制度化していた。これらの制度は「紛争の領域を縮小するために、実際にある利害の同一性を組織する」試みなのである、とヒックスがいっている(45)。

SCCのプログラムの第二の構成部分は、いわゆる新型あるいは金銭的福利厚生——年金、有給休暇、団体保険、等々——であり、それは、「経営者と従業員との相互利益の確立」を助け、労働者に「利潤分配の分け前を」

与えた。この「新型」福利厚生の利点のひとつは、クラレンス・ヒックスがYMCAのような組織に最もよく残されていると長らく主張してきた伝統的な福利厚生プログラムに比べて、それが生み出す不愉快さを極力、減らしえたことだった。「温情主義を避けるように注意を払わなくてはならぬ」とSCCはいう。また、この新しい福利厚生が世間における会員企業の評判を高めることも意識しており、福利厚生給付を通じて「先見性ある企業は世論の審判の力で改善された地位を勝ち得ている」といっている。(46)

SCCのプログラムの第三の構成部分は雇用管理で、これは「首尾一貫した政策を遂行する」ために必要だと見なされた。SCCは記録保持、配置転換、初任者研修のような技法にお墨付きを与えた。だが大戦中にはやったよりは穏健な改革の道を提起した。「賃金は何よりも業績に関連させらるべきだ」との信念から、賃金の等級化に反対した。「優先雇用のどんな保証」にも、失業保険のどんな形態にも反対した。最後にSCCは、職場に権威と規律を保持するためには職長に権力が返還されねばならぬと信じて、人事管理の専門職業的集権的モデルを受け入れなかった。しかしながら、分権化が戦前の状態への逆戻りを意味してはならないと考えて、その危険を最小にする方法として職長訓練プログラムを支持した。(47)

SCCは、YMCAのような諸組織との緊密な連携を通してこの三点のプログラムを推進した。一九二〇年代を通じてYMCAはシルヴァー・ベイで産業内人間関係の年次大会を開催し、そこには常に著名な雇主、人事管理者、時には(YMCAの「中立地帯」政策に同調する)労働組合指導者さえを含む数百人が集まった。労働者と経営の利益共同体の強調とともに、SCCの会社人間哲学がシルヴァー・ベイ会議に浸透した。従業員代表制と新型福利厚生制度が討論の主な話題であった。かつてのYMCA幹部クラレンス・ヒックスと、今やロックフェラー利権の顧問となったアーサー・H・ヤングが大会組織委員会を主宰していた。だが、SCCの考え方の水路としてYMCA以上に重要であったのが、新しく結成されたアメリカ経営者協会(AMA)であった。(48)

ＡＭＡの結成と影響力

一九二〇年末までにアメリカ労使関係協会（ＩＲＡＡ）の理事会は保守主義者の支配するところとなっていた。計画的にせよ偶然にせよ、この組織の頂点の地位はＪ・Ｍ・ラーキン（ベスレヘム）、アーサー・Ｈ・ヤング（インタナショナル・ハーヴェスター）、サイラス・Ｓ・チン（ＵＳラバー）といったＳＣＣのメンバーたちによって乗っとられており、その他の理事会メンバーにはオープンショップ雇主協会に積極的なラルフ・Ｇ・ウエルズ、Ｅ・Ａ・シャイ、Ｃ・Ｍ・カルヴァーらが含まれていた。新しい幹部が就任した後、ＩＲＡＡの会報『人事』の論調が変わった。毎号、急進主義、ボリシェヴィズム、あるいはクローズドショップを攻撃する少なくとも一つの論文が掲載された。従来の編集上の中立性をかなぐり捨て、オープンショップ団体のひとつである「北部ニュージャージー雇主協会の信条」が会報に掲載された。ただし、保守派は重大な財政的困難を抱えた組織を受け継いだのであり、そのため『人事』は二一年一〇月に廃刊になった。(49)

ＮＡＣＳの後継者である全国企業内訓練協会（ＮＡＣＴ）も、一九一三年以来この組織を支えてきたニューヨーク・エジソン社がもはや喜んで補助金を出そうとはしないので、財政困難に立ち至っていた。二一年までにＮＡＣＴの理事会はＩＲＡＡのそれと同様に、ＳＣＣ所属の企業からの数人のメンバーを含むに至った。だから二二年の二月にニューヨークの理事クラブでＮＡＣＴとＩＲＡＡを合同させる件を討議するために会合が開かれても、驚くにはあたらなかった。合同委員会の九人のメンバーのうち三人はＳＣＣ企業を代表していた。公式の合同は二二年五月に行われ、その新組織は全国人事協会（ＮＰＡ）と名づけられた。(50)

そしてＮＰＡの最初で最後の大会が、一一月にオープンショップ活動の中心都市ピッツバーグで開かれた。ＮＰＡの保守主義は以前からのＩＲＡＡの会員の多くを大いに困惑させた。ボイド・フィッシャーは二二年四月にモリス・Ｌ・クック宛の手紙で、彼のいうところでは「ＩＲＡＡを解体し完全に新しく出発しようと」画策している一団への不満を披瀝している。フィッシャーはとりわけ人事管理を反専門職業主義的な鋳型にはめ込もうとする試みを懸念していた。「おびただしい人々の精神が昨年のうちに衰退してしまった。サイラス・チン、ラルフ・ウエルズら多くの人々と産業連合［オープンショップ組織］のなかの人々が、人事管理業務は専門職業ではなく事業内の地位だと断言している」。フィッシャーは専門職業的姿勢をあらためて強調し、それによって人事管理者が労働者たちの擁護者として振る舞い、ライン管理者に対して独立した抑制役を演ずるよう求めた。労使関係に携わる者は「自分が接触することになった労働者たちへの特定の義務」と「彼らに対する独立した責務」を負う、というのであった(51)。

技師の仕事における専門職業主義の主唱者であったクックは、そのころオープンショップ運動の宣伝に対抗するグループの組織化に取り組んでいた。返書のなかで彼はフィッシャーに同意を表明するとともに、人事管理者をちょうど看護婦や会計士と同じように資格制にすべきではないかと示唆している。旧IRAAの専門職業志向を保持するようフィッシャーを励ましながら、クックは次のように結んでいる。「従来の組織を統御してきた方向に沿って全国協会を設立することは、決して無駄でないと私は信じています(52)」。

人事調査連盟やクックのテイラー協会のような非主流グループは、二〇年代全体を通じて、人事管理におけるリベラル派の溜まり場として機能した(53)。しかし、クック、フィッシャー、その他のリベラル派がこの二〇年代の初期に見抜けなかったのは、以前に人事管理運動に吹き込まれた調整と抑制の精神が回復不能なまでに失われたということである。保守主義モデルこそが二〇年代の支配を全うするものなのであった。

NPA設立の一年後、理事たちはこの組織の名称のなかの「人事《パーソネル》」を「管理《マネジメント》」に置き換えることを決めた。この変更は雇用管理の、より分権的形態を推進しようとする努力を要約している。『アメリカン・マネジメント・レヴュー』誌の最初の論説によれば、新しい名称は「人事の仕事におけるライン組織の最終的責任を強調する」こと、すなわち、人事部が製造担当重役とライン幹部への補佐役であることの強調を意図したものである。論説がいうには、「人事」という言葉は、「それが多くの場所でインテリ向きのものと受けとられる」ので、落とされたのだった。アメリカ経営者協会(AMA)は一九二三年三月にニューヨークの銀行家クラブで開かれた第一回会合で、AMAがスタッフとラインとの関係をどのように考えているかを説く、次のような宣言を採択した。

事業を遂行する責任はライン組織にある。そこにおける個々人は商工業に携わる人々や機関と密接な接触を持っている。それゆえにライン組織が、人事業務を直接に最初から取り扱わなくてはならない。[54]

人事管理者の課業は単に「人間管理の諸問題を研究し、解決策を助言する」にとどまる。人事管理者は、ほかの者が「経営の人間的側面に適切な注意を払った一般的政策を」遂行するにあたって利用すべき「道具」を供給するのである。生産管理者たちと「教師ならびに外交官」と呼ばれる職長とが、日常の従業員管理に完全な自決権を持つべきであるとされた。[55]

一九二〇年代全体を通じて、AMAは人事管理に関するSCCの保守主義的分権的モデルの指導的提唱者であった(SCCはAMAのことを「健全な労使関係政策を全国的に促進するのに最適な組織」であると考えていた)。AMAはエドワード・S・コードリック、W・J・ドナルド、サム・ルイソーン、アーサー・H・ヤングといった時事評論家を起用して、職長が今一度、雇用関係の中心に立つべきだという理念を押し出した。職長は選抜や解雇にもっと口を出すべきであり、配置や懲戒は彼の特権なのである。人事管理は「研究室の化学者のように」助言機能を果たすことが期待される、とドナルドはいう。人事管理者が助言の役割以上に職長の領域を侵すようなことがあってはならない。ルイソーンは書いている。「誰に対しても忠誠義務のない独立の労使関係部などという空中楼閣を建てるのではなく、スタッフ機能を持つことを人事担当者にわからせよ。彼らは自分の考えを実行する他の人々を得たときに最も価値ある存在になるのである」。[56]

この分権化は職長に、彼が大戦時の人事管理モデルの下で持たされた裁量権や権威よりはるかに大きいものを与えた。全国産業協議会(NICB)の一研究が一九三〇年に記しているように「多くの進歩的会社が[今日]職長に彼が遂行できるかぎり大きな責任を与え、……半世紀前の小作業場の職長が握っていた経営機能の多くを彼に返還している」。これらの会社の人事部は、福利厚生給付と従業員代表制を管理する以上のことはほとんど何もしなかった。この変化を反映して、「労使関係」部という名前は「人事サーヴィス」「労務サーヴィス」、あるいはただ「サーヴィス」部という名札に取り替えられていった。[57]

分権化はまた職長の統制、内部昇進制の設定、雇用保障の用意などを一層困難にし、雇用改革の歩みを鈍らせた。それをとらえてメアリー・B・ギルソンのようなリベラル派はAMAを酷評する。「職長の権利と呼ぶものを防衛せんという盲目の熱情のせいで、労働者の選抜と訓練、同様に解雇からの保護における集権化の発展に関して時計の針を大幅に逆戻りさせてしまったのは彼らの責任である」。[58]

AMAが、一九二一年以前の雇用管理者協会の専門職業的基準に妥協していると批判した者もあった。モリス・L・クックは、AMAは「本質的に互助組織であって専門職業家の会ではない」といい、会員だけ会合に参加させる政策に反対した。加えてクックは、AMAが二〇年代後半に常時、テイラー協会との合同を試みたのに対して、AMAは専門職業主義をとっていないし、「本質的には反労働組合」だという理由で反対した。[59]

こうした批判にもかかわらず、SCCとAMAが推進した人事管理戦略には、駆り立て方式の最悪の乱用を抑制しようとする若干の特徴もあったのである。そうした特徴のひとつが、職長をより有能かつ開明的な管理者に仕立てるべく設計された職長訓練であった。一九二八年、合衆国で九〇〇以上の職長訓練コースが報告されている。そのコースで職長は「職場で兄貴でもあり上司でもある」ようになるために、どのように人間関係技法を利用するかを教えられた。[60] 職長は「意思疎通の扉」であって、「気持ちのうえで、労働者に対しては経営を、経営に対しては労働者を代表できなくてはならない」といわれた。どのように命令を出すか、労働者の疑問に「ぴしっとした答え」を出すのはいつが適当かなども教え込まれた。彼らはまた生産管理に対する技術面の訓練も受けた。[61] この技術的事項と人事の事項との組み合わせはいろいろであったが、二〇年代の末に一部の批判家たちが、このプログラムでは技術的テーマが指導者訓練のテーマの犠牲のもとに過度に強調されていると非難している。[62]

ＹＭＣＡは一九二〇年代を通じて職長訓練と職長クラブの双方に深く関与した。この関与は、ＹＭＣＡ内部でＳＣＣ＝ＡＭＡ的考えが影響力を強めたこととともに、伝統的なＹＭＣＡの労働貴族重視をも反映している。地方「Ｙ」事務局によって組織された職長訓練コースでは、「チームワーク」、「協力」、「産業の新社会秩序」を発展させること、精神面の価値とりわけ産業における利害の一致を重視する精神的価値を教え込むことが追求された。ある帽子会社の企業主は一九二四年のシルヴァー・ベイでの職長教室のことを語って、ＹＭＣＡのプログラムが「友愛精神という価値の認識が家族のために働くすべての人々のなかで表現される」ようなものをつくった、としている。(63) キリスト教徒の指導者養成というＹＭＣＡの努力の一部である職長クラブも、職長に「広い知識と視野」を与え、「考えを交流しあう機会」を設けるよう構想された技術と霊感と大衆受けの混合プログラムを提供した。クラブ所属の職長たちは、地域改善活動に加わったり、シルヴァー・ベイで開催されるＹＭＣＡの職長訓練クラスに参加するよう促された。オハイオ州の職長クラブのいくつかは一九二五年にＹＭＣＡを離れて彼らの独自組織、全国職長協会（ＮＡＦ）を形成したが、ＹＭＣＡのクラブもＮＡＦのクラブも最高経営者たちによって注意ぶかく統制されており、通常は地域の人事管理者か工場監督がクラブの長を務めていた。(64)

職長抑制の第二の可能な拠りどころは、会社組合《カンパニー・ユニオン》または従業員代表制であった。そうしたプランの大部分が一九一八—二〇年に労働組合の脅威に対抗するために急いで導入され、二一年以後、脅威が減退するにつれてやがて消滅していった。二八年に、ほとんどが巨大会社である中核四〇〇社に従業員代表制が残っていたが、(65) それらさえ多くが二〇年代後半には衰微していた。会社組合が活動を続けたごく少数の企業では、労働者の関心の欠如のせいで色あせてしまわないように、人事部が通常これを慎重に統御していた。ＳＣＣが一九二九年の報告で記しているように、

従業員代表制は、それだけでうまく運営されるものでない。……高度の成功をおさめているプランは、責任ある重役たちがそれに積極的かつ持続的関心を持ち、開明的な道案内をしているようなプランである。事

実、従業員代表制というのは、これを通じて経営者が労働力に正常な指導機能を及ぼすことのできる効果的な手段を提供するものである。[66]

従業員代表制の欠点と目されたのは、会社組合が過度の独立性を持たないかという経営陣の恐れに帰着するような問題である。従業員仲間を代表する労働者は、会社組合の選挙権が先任権や市民権に基づいていたこともあって、しばしば非常に保守的な人々であった。だが、それでもなお会社は代表が自分たちで会合することを容易に許さず、代表たちと経営側との会合で討議できる話題に制限を加えた。その結果、重要な問題は一般に除外された。むしろ、工場の安全衛生、福利厚生プランの細目、クリスマス・パーティのためのキャンデーの購入といった、些細なまた対立の余地なき事項に会社組合は携わったのである。[67]

従業員代表制のほとんどは苦情処理手続きを含んでおり、監督が会社の規則を破ったり労働者を不公正に扱ったりしたときに、不服な労働者が抗議する手段を持つことが想定されていた。しかし、従業員代表が攻撃的で、最高経営者が苦情を正当と見なしたとき、すすんで監督に変更を強いたような会社はごく少数の例外であった。職長の独立性の新たな強調に照らしてみれば驚くにあたらないが、現実が理論に照応していないことのほうが多かった。そしてこの苦情制度は企画、運営ともに問題だらけであった。[68] ひとつには、代表たちが仲間の従業員の苦情を取り次ぐのを好まなかった。今ひとつには、会社によっては労働者に、苦情をまず自分の職長に持っていくよう要求していて、その場合には、たとえ職長の裁定をより上位の機関に訴えられたとしても、労働者はどんな不平であれ口に出すのを躊躇せざるをえなかった。そのうえ苦情処理手続きの上位の機関も経営の内部にあって、社長あるいはほかのトップ職員が終点であった(外部の仲裁を用意したプランもあったが、ほとんど全く利用されたことがなかった)。経営者は職長——多くは労働者代表制に敵意を持っていた——をさらに支配することを望まなかったのである。彼らを慰撫するために、一部の会社はライン管理者たちに、彼らの権力を侵害することを許すような条項は従業員代表制のなかにはない、と約束さえした。苦情処理手続きはこのように欠陥だらけ

表6・6　人事管理(1928-29年)

	採用企業(従業員250人以上企業中)の割合	産業労働者(全企業)中の推定割合
人　事　部	34%	20%
「新」福利厚生	15-25	10-15
従業員代表制	9-19	5-10
職長訓練プログラム	9-19	5-10

出所) NICB, *Industrial Relations in Small Plants,* pp. 3, 16, 20 ; NICB, *Collective Bargaining Through Employee Representation* (New York, 1933), p.16 ; BLS, *Handbook of Labor Statistics,* Bulletin No. 1865 (Washington, D.C., 1975), p. 105 ; NICB, *Industrial Relations : Administration of Policies and Programs* (New York, 1931), pp. 43, 70.

だったから、職長はめったに挑戦されることがなかったのである。リベラル派のジャージー・スタンダードにおいてさえ、一九一九―二六年間に合同会議で討論された事項のうち、昇進、解雇のような職長の行為を含んでいたのは二%にもならなかったのである。[69]

そのようなわけで、AMA＝SCCモデルに含まれていた職長抑制はしばしば現実には効果がなかった。訓練コースは、意図はよいとしても、職長の行動を変えさせられなかった。苦情処理手続きは穴だらけだった。人事部は、仕事上の公正な取り扱いを確保することを意図した規則の順守を監視すべき権限を欠いていた。そのうえ、分権化モデルでは、職長が従うべき規則は少なくなる。一九二七年のある研究が見いだしたように、「ともかく政策に関する何かの記述があっても、その性格はしばしば〝腹立ちまぎれに解雇する〟ことの愚かさを一般的に警告するものだったり、〝新入り訓練には忍耐〟が必要とか、職長は労働者の取り扱いに〝品位〟を持てとかいう類のものである」。[70]

それでもAMAは、二〇年代の保守主義のなかでは、「最も重要な要因――人的要因――への適切な認識」を求めた点で、なお相対的に進歩派と見られたのである。[71] AMA＝SCCグループの会社はほかの企業群と比べて進歩的少数派を構成した。産業労働力の大略一〇%がそこに雇用されており(表6・6)、スリクターやレサーソンのような同時代の観察者がいちはやく指摘したように、そこは、総じてほかよりは魅力的な職場だった。[72] そこ以外では、人事部門も人事プログラムも瀕死ないし不在の状態であって、これはしばしば見逃されている事実なのである。

進歩的少数派の外では

一九二〇年代を通じて、人事部はあるが、ほかにはほとんど何もない、職長訓練プログラムも従業員代表制もその他の革新的人事政策も一切持たない会社というものがあった。産業労働力の五%ないし一〇%を雇用しているこれらの企業は、一九二〇年以降、人事プログラムを失速するに任せていた。人事部が手がける仕事といえば募集と選抜くらいだった。ある研究は、「多くの人事部は、某重役が〝単なるフロント〟と描いたようなものだ。この言葉は人事部が〝生産〟に介入するなと明瞭に命ぜられているところ、人事スタッフが自己の機能が管理にとって必須の部分でないと納得させられているところに、とりわけ当てはまる」ことを見いだした。経済学者レオ・ウォルマンの言によれば、これらの企業では「古い方法への復帰」、駆り立て方式への復帰さえある。たとえば自動車工業では、二〇年代を通じて労働者の最もありきたりの不満はスピードアップ、労働災害、職長のえこ贔屓であった。フォード社は、二六年に週労働時間を削減した後、「もっとよく、もっと速く働けと[従業員を]圧迫し」はじめた。(73)

数にして圧倒的なもうひとつの企業群は、人事部を持たぬものからなっている。その大部分は中小企業であるが、一部の大企業をも含む(表6・5参照)。一九二九年になっても人事部を持たない会社は、一〇年前に比べて数が減っていたけれども、こうしたグループの縮小テンポは遅くなっていた。ある研究者によると、人事部設置への躊躇は「普通、下位の経営者[つまり職長]から重要な特権を奪うことへの恐れに基づいていた。この躊躇は、監督者たちの力のうえに常に示される尊重と労働者の自尊心への配慮の欠如に結びついている」。専制的方法と恣意的慣行が、労働市場条件に一定程度、支えられながら、存続していた。この研究者は、いくつかの会社で「多数の支配的経営者のきわめて特徴的な無情さ」を観察した。「労働者を〝適正に〟取り扱う義務を口先ではいう

表6・7　工場規模別の人事政策（1929年）

	小（従業員250人以下）	大（従業員250人以上）
人　事　部	2.5%	34%
解雇の集権化	4.4	24
内部昇進・配転制	4.0	24
従業員代表制	2.5	9
団体年金プラン	0.2	2
共済組合	4.5	30

出所）NICB, *Industrial Relations Programs in Small Plants*, pp. 16, 20.

が、彼が（職長が聞き入れようとしないような）恨みを持ったとき〝少しの間だけ居座るが、結局は自分から辞めていく〟以外にないのだと腹では思っているトップ経営者が、ひとつの例である」[74]。この態度は二〇年も前にある雇主が「いやなら辞めていく権利はある」[75]といったところへの回帰だった。この二〇年間に多くが変わったが、これらの会社ではそうではなかったのである。

このグループに属する多数の中小企業の利害は全国製造業者協会（NAM）に代表されており、この協会はオープンショップを提唱し、労使関係への進歩的態度に敵対し続けていた。若干のより穏健な会員に促されて、NAMは一九二三年に従業員代表制、人事管理、「新」福利厚生を検討する労使関係委員会を創設した。だが委員会の提案は、NAMの大多数の会員の心をとらえることなく、無視されてしまった[76]。二九年に産業労働力の二分の一ちかくが中小企業で働いていたが、これらの企業のうち革新的人事管理を持っていたものの割合はごく小さなものであった（表6・7）。

大企業は全体としてもう少し進んでいたが、多くの例外もある。一九二九年に労働者一〇〇〇人以上規模の企業で、半分が人事部を持っていたにすぎない。たとえば二七年に二万八〇〇〇人の労働者を雇用していたあるカリフォルニアの会社は、人事部を持たず、またそういうものを信じてもいなかった。職長が労働者を採用し、昇進させ、解雇する完全な権威を有していた。配置転換や昇進に関する全社的な政策はなく、部門間の調整もなかった。そこのトップ経営者の説明によると、「わが社の経営政策は、どの職長も人事の執行者だということ、全員が仕事仲間なのであって、彼らには自分にキャンデーを手渡す人事部や〝サンタクロース〟部など、必要がないということである」[77]。会社の雇用政策の決定因子として、企業規模は重要ではあるが、決して唯一のものではなかった。

人事政策に関連する要因

人事管理は初期の拡大期を通じて、産業のうち技術的精巧さとか収益性とかいった特性を持つものと特に何か明白なやり方で関連づけられたことはなかった。大戦時、産業の大部分は、高水準の需要と巨額のコスト・プラス契約によって活力を与えられた。しかしながら一九二〇年以降、一部の産業が衰退し、一方、別のよりダイナミックな「新興」産業が主導権を握った。二〇年代の進歩的少数派企業は電機、科学的機器、化学、公益事業、食品加工などの産業からしばしば出ており、それらの産業の高い安定した利益水準が人事管理プログラムをまかなうに十分な資金を保証していたのである。進歩的少数派に属さない会社のほうは、機械、鉄鋼、精肉といった相対的に低利潤の産業であることが多かった[78]。

技術的精巧さに関係する収益性が、企業規模以外で唯一の要因だったわけではない。進歩的少数派の会社はまた、需要が季節的、景気的に安定している産業から出る傾向があった。二〇年代を通じて生産と雇用の変動が最も小さかった産業としては、公益事業、化学、百貨店、それに石鹸、砂糖、日用品といった非耐久消費財産業がある。労働需要を増やし続けてきたという確信が、継続的な雇用関係の想定のうえに立つ雇用政策の制度化を諸企業に許したのであった。技術的に高度なわけではないが相対的に安定していた非耐久消費財産業のようなところが、雇用安定技法のこの時期における最大の利用者であり、自分の労働者に雇用保障を与えた数少ないグループを構成していた。コロンビア・コンサーヴ、デニソン・マニュファクチュアリング、ヒルズ・ブラザーズなど、中規模で技術的には低位、しかし安定的な企業が、大規模で市場支配力もあり、しかし安定性で落ちる(たとえば自動車産業）か、収益性が低い（繊維産業など）か、その双方である（鉄鋼業など）企業よりも進んだ人事政策をとり、労働者に大きな雇用保障を提供したのである[79]。

最後に、企業所有の型も重要だった。ある研究によると「先駆的」人事プログラムを持った会社は、個人所有か強力な個人支配のことが多かった。先駆的な会社の四分の一は社外に重要な株主がおらず、また次の四分の一は少数者グループによって持株支配されていた。そうした状態の下でヘンリー・S・デニソン、モリス・リーズ、ホレイス・シーニー、ウイリアム・P・ハプグッドなど、よく知られたリベラル派雇主たちがより保守的な経営者や株主を抑えて自分の思うところを実行することができたのである[80]。

4　人事管理の実態

人事管理の不均等な発展は、雇用政策に多様な方向を生み出した。雇用関係はある手段をとることで、より一時的かつ不公平なものとなり、ほかの手段をとることでその程度が弱まった。一方では、進歩的少数派の企業が、先任権規則や「新」福利厚生を通じて労働者により大きな保障を与え、他方では、職長が再び労働者配置の一連の決定に差配を振るうようになった。NICBの一九三〇年の研究が記すところによれば、「近年、振り子は揺れ戻った。部下に直接かかわるあらゆる事項の実質的管理を職長とライン幹部に返還するのが時の流れである[81]」。人事部を持つ会社でも、職長に許す自治の程度はさまざまであった。USスチールでは雇用管理と賃金管理のほとんどの面で職長が支配を許容されていたが、一方、ウエスチングハウスやゼネラル・エレクトリックのような相対的に進歩的な企業は、職長の裁量に制約を課した。だがここでさえ、職長は仕事の割り当て、昇進、解雇にかなりの権力を行使し続けた。電機産業についてのある研究者はそのことを、一九二〇年代の労働者は「恣意的

表6・8　大企業におけるレイオフの決定権者(1927年)

人　事　管　理　者	4%
人事およびライン管理者	31
ラ　イ　ン　管　理　者	65

出所) NICB, *Lay-Off and Its Prevention* (New York, 1930), p. 53.

表6・9　昇進プランを持つ企業の割合(1918-29年)

	1918	1924	1929
全　企　業	20%	26%	17%
大　企　業	—	—	24

出所) Roy W. Kelly, *Hiring the Worker* (Boston, 1918), p. 32; Paul F. Gemmill, "Methods of Promoting Industrial Employees," *Industrial Management* (April 1924), 67: 240-241; W. D. Scott, R. C. Clothier, and W. R. Spriegel, *Personnel Management*, 6th ed. (New York, 1961), p. 584; NICB, *Industrial Relations in Small Plants*, p. 20. ただし，昇進プランを持つ企業といえども全労働者あるいは大多数の労働者に適用しているとは限らないことに注意する必要がある。

規則と体系的政策の中間点で暮らしていた」といっている。(82)

権力の座への職長の復帰は、レイオフのような分野で明白に宣言された。NICBは、一九二七年の短い景気後退の際、レイオフの決定がたいがい職長とその他のライン管理者によってなされたこと、調査した一六九の大企業のうちわずか三分の一だけが、そうした決定に人事管理者を関与させたことを見いだした(表6・8)。同様にして、参考意見にせよ最終決定にせよ、人事部に解雇決定に関与することを認めた企業の割合は、一九一八年以降、人事部の数の増大にもかかわらず、一八年の三六%から二九年の二四%に減ったのである。(83)要するに、二〇年代を通じて人事部の重要性は減退した。

権威の分散化は、内部昇進制のような職長の協力を必要とするプログラムの拡大を困難にした。明示的な昇進制を維持している企業の割合は、この一〇年のどこをとっても、ほぼ一定のままである(表6・9)。もっとも、明示的プログラムがないからといって、それは昇進がなかったことを意味しない。たとえば、大戦間に不熟練労働者として鉄鋼産業に雇い入れられた黒人のうち、四%は一九二九年までに熟練職に昇格している。とはいえ昇進決定はでたらめで、えこ贔屓だらけだった。二九年に調査された企業の八五%は、昇進のために労働者を評価する公式のシステムを用いず、むしろ「個人的観察」に頼っていると答えている。これは、「労働者たちは職長の裁量によって昇進している」という意味に翻訳可能である。ある半熟練労働者は、彼の企業の人事部などは「ほんの冗談」で、労働者たちは「縁故」で昇進している、と語っている。その結果、黒人労働者のほとんどは鉄鋼業の場合と同様、機会にありつけなかった。フォードのリヴァー・ルージュ工場では二九年に四〇〇〇人ほどの黒人中たった二人が熟練労働者として雇われていた。そのうえ、昇進システムが存在するところでも内部労働市場がつくり出されるとは限らなかった。求人情報は工場全体に知らされず、二四年に調査された企業のうち、求人情報をほかの部門の労働者に知らせるために欠員リストを用いるものは三%に達しなかった。会社は内部からの採用に限定するのを嫌がった[84]。

賃金決定にも、たいていの会社が職長の特権を温存した。インタナショナル・ハーヴェスター社のマコーミック工場では、職務評価プランがあるにもかかわらず全賃率の九〇%が依然、職長によって設定されるべきものであり続けた。ほかのところでも、賃金を標準化する公式のプランはまだ珍しかった。二〇年代を通じて、賃率構造を合理化するために格付けと評価の技法を導入した企業は、ほんの一握りにすぎない。実のところ、産業界はますます多くの職務を刺激賃金制に転換するという、反対方向に動いていたのだった。一九二八年に全製造業労働者の五三%が出来高給で、三九%は何らかの刺激賃金制で働いていた[85]。皮肉なことに、フレデリック・テイラーをかつて信奉していたモリス・L・クックが、この進展がもたらす諸結果に心を悩ませていた。AFLの幹部に宛てた二九年の手紙のなかでクックはいっている。「わが国の製造業者たちは理解に苦しむほどの速さでこの分野に殺到している。たぶん、労働運動が遅からず目覚め、支配の手段を持ちうるような政策と実践に向けて動き出すことになるのではないか[86]」。

分権的賃金決定と刺激賃金への依存傾向とは、不公平を随所に抱え込んだ複雑な賃率構造を生み出した。その結果、産業内の熟練による格差が拡大した。ＩＬＯの労使関係調査は、合衆国でほかの工業国よりもその格差が大きいことを見いだした。賃金標準化の分野で大戦時の実験を継続するのに失敗したことが、後年、労働組合組織化を押し出す流出口になるのである。(87)

雇用保障の新しい方向

進歩的少数派に属する会社群は、雇用保障に関連する三つの領域、つまり先任権の容認、「新」福利厚生、雇用安定において、一定の前進を達成していた。だが、その前進が立脚している、雇用は継続的関係であるべきだという想定は、まだ管理の思考のなかに深く根づいてはいなかった。その結果、雇用保障を提供する目標が短期の収益性や資源配分の弾力性といった、会社のほかの目的と矛盾するときは、いつでも犠牲にされるのは前者のほうだった。

先任権　先任権をレイオフ決定の一要因とする原理に固執するようになると、それは大企業が在職従業員の仕事の権利を保護する気になった証拠と見られた。一九二七年にNICBが調査した大企業の四〇％は、先任権をレイオフ決定の第一要因にしている(ただし、すべての従業員に対してではない)と回答している。一九二一―二二年の厳しい景気後退期にSCCがレイオフ決定基準の第一に考課を利用することに賛成していたのと対照的である。(88)

とはいえ、先任権とのかかわりあいはまだ弱かった。一九二七年の景気後退の間に調査された企業の六一％は、再雇用時に先任労働者を優先してはいなかった。また一四％は、レイオフされた労働者が再雇用されるとき、レイオフ期間がどんなに短くとも蓄積された先任権のすべてをそこで消去した。これは先任権と結びついた年金やその他の給付を不利にする。先任権をレイオフ決定の第一要因とする企業でも、どこでいつそれを適用するかはきわめて限定的であった。雇主にとって事態を容易にするために、大部分の先任権システムは工場別であるよりは部門別であり、配置転換の権利を含まなかった。だから、もしある部門の操業が縮小されたとして、ある労働者が工場内の別の部門に移って先任権の小さい労働者の仕事を取り上げることはなかった。そのうえ、多くの企業において先任が能率や能力よりも重要になるのは、労働者が会社に五年以上、場合によっては一〇年とか二〇年以上勤務して後のことだった。つまり、レイオフを決める要因として先任を利用することは、それ自体、ひとつの先任手当《セニョリティ・ベネフィット》なのであった[89]。

福利厚生給付

企業と従業員の絆を強化するためになされた努力のもうひとつの領域は、利潤分配制、従業員持株制、団体保険、年金、有給休暇などの準金銭的プログラムを含む「新」福利厚生事業である。一部の企業はこうしたプログラムを戦前戦時期に断片的に導入してきていた。だが一九二〇年代に新福利厚生事業が広く知られるに及んで、それらがひとまとめで実施されるようになった。人事部は、拡張や成功のために職長の協力に頼らなくていい、このプログラムの管理にのめり込んでいった。

たいがいのプログラムは「勤続条項」として知られた適格規則を持つ。労働者が給付を受ける資格を得るには、それ以前の一定期間、継続的に雇用されていなくてはならない。給付と勤続との間のこの関連ゆえに、このプログラムは大戦間に労働異動を減少させる方法として宣伝されたのだった。だが高い加入費と制限的な適用規則のせいで、それは最も労働異動の激しいグループ、とりわけ若い不熟練の労働者にまで届かないでしまった。たとえば、従業員持株制に参加している者の大部分は(このプランが「人民資本主義」を促進しているとの非難にもかかわらず)管理的従業員であった。USスチールでは、不熟練労働者と半熟練労働者とが全従業員の七五%以上を占めるが、彼らは年金給付を受ける者の二〇%にすぎなかった。一九二〇年代までに経営者たちの多くは、このプログラムが労働異動にほとんど効果がないと認めるようになっていた[90]。一九二五年にアーサー・H・ヤングが、「会社に長年勤めて結構な年齢になる以前に自分の年金のことなど考える従業員はきわめて希で、そして永年勤続者の労働異動が全く小さいことは周知のとおりである」と記している[91]。

このプログラムは労働異動を減少させなかったけれども、雇主はこれが労働紛争を起こりにくくし、「忠誠」と

「協力」を助長するだろうと信じた。勤続条項のせいで停職、ストライキ参加、あるいはその他の「不実な」行為によって勤務記録に切れ目のある労働者は、福利厚生給付を受けられない。だから労働者は、どんな組合活動でも犠牲を覚悟しなければならないことになった。このように勤続と給付とを結びつける扱いは、最も組合に参加しやすくかつ最も福利厚生給付を受けやすい熟練労働者を念頭においていた。そしてこの戦略は時々うまく働いた。たとえば一九一九年にスチュードベイカー社は年金、有給休暇、従業員持株制からなるプログラムを導入した。二〇年にデトロイトでストライキが起こったとき、この企業の車体塗装、内装の熟練労働者は新しい給付を失うことを恐れてストライキ参加を拒否したのである。[92] ノースウエスタン大学のある経済学教授は「新」福利厚生事業が、「雇主が自分たちを縛りつけようとしているのではないかという従業員の疑惑を引き起こすようである。雇主が従業員の集団行動のどんな可能性からもわが身を守りたいだけなのだと受け取られているようである」と記している。[93]

「旧」福利厚生事業と違って、これらのプログラムは望ましい行動を助成するために金銭的刺激を利用し、家父長制的だという非難を避けていた。従業員が乗用車のような余暇志向の物品購入に向かわないように、年金貯蓄プランは時折、マイホーム計画と結びつけられた。雇主たちは、株式購入制と利潤分配制が労働者に満足の先送りと資本の経済的重要性を教えることによって、「急進的傾向をくじく」であろうと信じた。旧式のもっと家父長制的なプログラムも一九二〇年代を通じて消滅したわけではないが、その規模は縮小した。一九二五―三〇年間に一般に減退した福利厚生活動としては、食堂、従業員向け雑誌、社交組織、体育施設、会社ピクニックなどがある。[94]

新福利厚生事業には別の目的もあった。従業員持株制は企業にとって経営支配を薄めることなしに資本を増加できたので、二〇年代に利潤分配制に取って替わったのである。もっと重要だったのは、ＳＣＣのような有力経営者団体が、労働者に政治行動を通じてではなく雇主から保障を求めざるをえなくさせれば、合衆国が福祉国家になっていく危険は減少する、と主張し続けたことである。アーサー・H・ヤングは一九二七年の経営者大会で、新福利厚生活動は「事業から迫られたというよりは社会的責任の意識」の結果であって、この活動のおかげで、「従業員たちは広範な社会立法が彼らにもたらすかもしれない、どんな利益からも遮断されるのである」と語っている。(95)

しかし、これらのプログラムを過大に見てはならない。(96) 新福利厚生事業の影響は労働者のうちのわずかにしか及ばなかったから、社会立法を求める大衆の圧力を弱めた力も知れたものである。二〇年代を通じて、給付金制は進歩的少数派企業の外ではめったに見かけず、一九二九年でも産業労働者の七分の一未満をカヴァーしたにすぎない(97)(表6・10)。そのうえ、厳しい適格条項のせいで、現実にこのプログラムの下で給付金を受け取ったのはさらにずっと少ない。インタナショナル・ハーヴェスター社の有給休暇制は非常に制限の厳しいもので、一九三〇年代初め、この企業のフォートウエイン工場でこれに適合する者は、製造労働者のなかにただの一人もいなかった。年金制適用基準はとりわけ厳格であった。ある専門家の見積もりによれば、年金制を持っている会社の労働者のなかで、資格のあるのは五―一〇%に満たない。その結果、一九三〇年に産業年金を受け取っていたのは、退職労働者たち全体の二%以下であった。(98)

最後に、福利厚生給付の金額が雀の涙だった。災害と疾病からの保護を扱う互助協会の給付金は、週当たり五ドルないし六ドルを何週間かを限度にしてというものだった。二〇年代を通じて保険会社が熱狂的に売り込んだ団体生命保険は、NICBさえもが「家族どころか、一人の生活をある期間支えるのにさえ十分ではない」というったほど少額を受取人に支払うものであった。ほとんどの年金があまりに少額なので、一部の労働者は退職を拒否した。(99) 会社は明らかに、追加的に貨幣を支払うよりは古いプログラムを解除することによって新しい福利厚生事業の費用を支弁した。だから一九一八年から二九年までの間、会社の全労務費中に占める福利厚生支出の割合はほぼ一定(かつ低水準)にとどまったのである(表6・11)。結論として、高邁な美辞麗句を伴っていたけれども、

表 6・10　新福利厚生事業(1929 年)

プログラムの種類	プログラムを持つ大企業の割合
利　潤　分　配	5%
従 業 員 持 株	17
健康・傷害保険	15
団体年金プラン	2
共　済　組　合	30
賃金労働者の有給休暇	25

出所) NICB, *Industrial Relations Programs in Small Plants*, p. 16

表 6・11　雇主からの福利厚生プログラムへの支出——年間労務費に対する割合(1918-29 年)

1918	1924	1927	1929
2.0%	1.5%	1.0%	2.0%

出所) A. L. Whitney, "Administration and Costs of Industrial Betterment for Employees," *Monthly Labor Review* (March 1918), 6 : 199 ; AMA, *Cost Finding for Personnel Activities* (New York, 1924), p. 6 ; Robert W. Dunn, *The Americanization of Labor* (New York, 1927), p. 197 ; NICB, *Industrial Relations Programs in Small Plants*, p. 40.

労働者の忠誠や経済的保障に広い影響を与えるに足るほど新福利厚生事業に金をかけた会社はめったになかった。

雇用安定策

一九二〇—二二年不況の際、雇用安定に、以前からそれを求めてきた団体が再び取り組んだ。アメリカ労働立法協会は「失業防止への実行プログラム」のなかで雇用安定を呼びかけた。雇用安定は、ハーディング大統領が招集しフーヴァー商務長官が議長を務めた一九二一年失業対策会議に提出された報告でも、強力に支持された。この報告の多くは、テイラー協会の会員によって執筆された。彼らは有力な別の研究『産業における無駄』(一九二一年)にも大きな役割を演じた。この研究はアメリカ技師協会連合の援助によって公刊されたものであり、失業の原因を貧弱な経営実践に結びつけ、雇主が雇用安定技法を採用すべきである、と主張した。[100]

不況回復後、雇用安定策は、これを失業問題の政治的解決への代替案と見ていたアメリカ経営者協会(AMA)のような相対的リベラル派の経営者グループにも普及していった。AMAの出版物には雇用安定策に関する数多くの論文が掲載された。一九二五年には、AMAの創設者であり指導者でもあったサム・ルイソーンとエルンスト・G・ドレイパーが、ウイスコンシン大学の経済学者ジョン・R・コモンズとドン・D・レスコーヒアの協力を得て、この問題についての一冊の本『ビジネスは失業を防げるか』を執筆した。[101]

こうした出版物は、製品と市場の多様化、広告、販売計画のような技法によって、需要の季節的変動を減らすことに力点をおいた。一方、配置転換のための訓練、需要予測、在庫投資など景気変動の衝撃を弱める諸方策も論じられてはいるが、景気的失業はあまり大きく取り扱われていない。販売計画と製造計画の技法は、何百人もの顧客に経済予測を提供するバブソン統計機関のような組織により一九二〇年代を通じて普及し、洗練されていった。[102]

コロンビア・コンサーヴ、デニソン・マニュファクチュアリング、ダッチズ・ブリーチャリーズ、イーストマン・コダック、ヒルズ・ブラザーズ、リーズ・アンド・ノースラップ、プロクター・ギャンブル、ウルワースなど雇用安定に成功したほんの数ダースの会社名が、このテーマの諸文献に繰り返し現れる。すべて需要の季節変動から、そして希に景気変動から、会社と従業員とを絶縁する方向へ歩みを進めたものであった。これらの会社すべてがまた人事管理の実践の先導者でもあった。ほかにも彼らに共通する特徴がある。ほとんどが、需要が安定していて季節や景気循環を超えて需要を予測できる非耐久消費財の生産者であった。しばしばそれらは、技術やスタイルの陳腐化という危険を負担せずに在庫生産しうる石鹼、缶詰の類の標準製品であった。雇用安定プログラムでよく知られているパッカード自動車は、毎年のモデルチェンジという販売戦略を拒んだ、一九二〇年代で唯一の大自動車会社だったのである。ほかには、募集や入れ替えが相対的に高くつく高度熟練労働者を大量に投入しなくてはならない精密製品をつくる会社群があった。[103]

雇用安定策の結果として、これらの企業の一部は自分の労働者に、通常は年間最低労働週保証とか年間最低賃金保証のかたちをとった失業保険を提供できた。一九二三年にプロクター・ギャンブル社に導入されたプランが典型的である。それは六カ月以上勤続でこの企業の株式購入プランに参加している労働者すべてに、少なくとも四八週の仕事かその賃金を保証したのである。ほかにもリーズ・アンド・ノースラップ、デニソン、J・S・ジョンソンといった会社が、本人の過失からでなくて失業した、資格ある労働者に支払うための積立金のかたちで、失業保険を準備した。(104)

産業雇用の無保障、不確実からの大変革を示しているというわけで、雇用安定策と失業保険は、「扇動家たちに対する想像しうるかぎり最強の武器」だと称せられた。ジョン・R・コモンズは、「資本主義とは、社会主義者が考えているような盲目の力でなく、また需要供給の救いがたいゲームでもなく、経営《マネジメント》なのであるがゆえに」、この雇用安定化こそ、いかに「資本主義が自己を治療できるか」を示すものである、と考えた。(105)

とはいえ、雇用安定化と失業保険は一九二〇年代を通じてなお一般化しえなかった。ヘンリー・ブリュエーアは一九二九年に人事管理業務を調査して、「安定化は産業の多くの現場で雇用の常態というよりは、むしろ例外である」と書いている。一九二〇年に一五の雇用ないし賃金保証プランが運営されていた。二九年までにその数は増加したが、やっと三五までである。失業準備金プランも同様に希で、そのプランは二九年に一ダースそこそこであった。(106)かくして、二〇年代末まで、雇用安定策はほとんど達成されていない。生産の波を単純にならすことさえ、多くの産業では実行不可能だった。耐久財生産者の大部分が、季節的景気的需要の大浪に振り回されていた。スタイルの変化や保管費用がこれらの産業における在庫生産を不利益なものにしていた。

そのうえ、一九二〇年代に特有の諸要因が雇用安定化への障害となった。卸売価格がおよそ四〇%も下がった一九二一年のデフレーションが過剰在庫を抱えていた多くの卸売業者を襲ったが、彼らはその後、この状態の繰り返しを避けることに執着した。二一年以降、価格が安定ないし低下していくなかで、多くの卸売業者が広範にその日買い的な行動をとった。そして、相対的に平準な率で生産してオフシーズンに在庫を積み増すか、それともシーズンのピークの生産も可能なように十分な余剰設備を手元におくかといった選択を、製造業者に委ねたのである。(107)

表6・12　生産と雇用の季節性の変化(1919-30年)

産業	期間	項目	平均偏差(1)	変動幅(2)
自動車	1919-24	雇用	3.8	15
	1925-30		4.1	18
綿紡織	1919-24	雇用	1.6	—
	1925-30		2.0	—
家具	1919-24	雇用	1.6	—
	1925-30		3.1	—
鋼塊	1920-25	産出量	6.4	25
	1926-31		7.5	31

出所) Simon Kuznets, *Seasonal Variations in Industry and Trade* (New York, 1933), pp. 210, 311, 399.

(1)　年平均水準を100として季節による偏差の指数。

(2)　指数の最高月と最低月との差異。

いくつかの理由で製造業者は後者のコースを選択した。第一に、価格の低下傾向からして在庫蓄積の費用が設備を遊休させる費用よりも大きいように見えた。第二に、二〇年代の高投資水準がさまざまな産業に過剰能力を生み出した。ある測定によると、一九二〇年以後の九年のうち七年は設備稼働率が九〇%以下であった。すでに利用可能な過剰能力をもって、製造業者たちは生産を平準化しないほうに傾いたのである。最後に、省力的技術変化の急速な展開が、生産のピーク時に雇い入れることのできる労働力余剰をつくり出した。二八年に合衆国を訪問したあるオーストラリア人が観察したように、「労働力の獲得や解雇が容易なので、雇主が年間を通じて生産水準を安定させる必要性がほとんどない」のだった[108]。

この選択の結果、二〇年代後半にとりわけ自動車、鉄鋼や家具を含む耐久財、半耐久財産業で、生産と雇用の季節的不安定性は、より増大したのである(表6・12)。そしてこの季節的不安定性の増大がまた景気感応性をも強めたといえる。在庫規模が小さいことは、景気的需要減少があると、在庫で緩衝されるよりむしろ瞬時に生産減少に連動することを意味したからである。

労働者たちは、もし季節的レイオフの後に再雇用される、なにがしかの保証を得ていれば、季節的不安定性をそれほど深刻に問題視しなかったであろう。だが、先任権による体系的な労働者再雇用の慣行は、まだ普通のことではなかった。二〇年代にフォード自動車が毎年のモデルチェンジに備えて工場を閉鎖する際、厳格に労働者の能力に基づいて彼らをレイオフした。とはいえ、「もし［職長が］たまたま君を好きか、あるいは君が彼に取り入って彼を喜ばせれば」、レイオフは先延ばしにしてもらえたかもしれない。生産再開時の再雇用における先任権も存在しなかった。労働者は、しばしばレイオフ以前に稼いでいた額よりずっと低い初任賃率で再雇用された。[109] ある自動車労働者が回想している。

モデルチェンジごとの年次解雇は、常に労働者の安全を脅かした。それは六月か七月ころ始まった。親方が一度に何人かを首にした……一〇月か一一月にわれわれは再び徐々に工場に戻りはじめる。ここでも親方がまず誰が再雇用されるかについて完全な決定権を持っていた。会社に何年勤続したかなど意味がなかった。……一般的にいって、最初にレイオフされた労働者はいつの日か呼び返されるという、どんな保証もなかった。[110]

これらの労働者たちは、一部の建設労働者がそうだったように、雇用の不安定性に見合う補償的高賃金を受けていただろうと予想する人がいる。完全な情報と完全な移動性の世界においてなら、そうした補償的偏差も維持されるかもしれない。しかし現実世界においては、そうした埋め合わせはいずれも弱く、部分的なものでしかなかった。一九二六年にスリクターが観察したように、労働者は「一日当たりか時間当たりの収入ばかりに引き回され、年所得に目を向けようとしない」。賃金格差は、彼がいうには「不適正」であった。[111]

もちろん、不適正な埋め合わせという、一般則への例外もあった。一九二一年、婦人服縫製工組合（ＩＬＧＷＵ）はクリーヴランドの縫製業者たちから最低週賃金の三分の二で四〇労働週を保証する協定を得ることができた。ほかにも高度に季節的な下着産業で、被服労働組合（ＡＣＷＡ）の地方支部を先頭に協定された二二の合同失業保険プランがある。二八年にこうしたプランは六万人の労働者を擁しており、その数は組合が関与しない私的なプランが擁する労働者の四―五倍にのぼった。労働者は組合を通じて、不安定性の重荷をいくらかほかに負担させることができたのである。たとえば、紳士服産業とゴムタイヤ産業における雇用の季節性は一九二三年から三一年まで全く同じだった。両産業は高度に不安定で、雇主たちは安定化へのさまざまな経済的障害に直面していた。しかし労働組合のおかげで、被服労働者は季節的収入喪失の補償を受ける可能性を、組合のないゴムタイヤ産業の仲間より多く持っていたのである。(112)

このように、一九二〇年代は先立つ時期と質的に異なっていた。今や変化は緩慢であるか、あるいはまったくなかった。結果として、一九二九年に大部分の製造業企業では、人事部を持つ企業でさえ、雇用はなにがしか一時的なものであり続けた。レイオフは予告なしにやってきて、先任権はしばしば無視され、解雇は規制されておらず、再雇用はあったとしても場当たり的だった。進歩的少数派に属する会社が労働者に安定と保障の手だてをとったとはいえ、それもまったく狭い限度内でのことだったのである。

しかしながら、進歩的少数派が一九二〇年代を通じてその他の製造業企業と異なった道をたどったことは疑いえない。これらの会社は、労働者を雇主により密接に結びつけることで、内部労働市場の刺激効果のあるものを実現しはじめたのである。先任権規則、内部昇進制、新福利厚生事業のような諸政策が、労働者に企業にとどまり、企業に忠誠を尽くすよう促していた。サムナー・スリクターのような観察者が認めたように、これらの政策が、解雇費用を増大させると同時に労働者の意欲を向上させることによって、達成基準を安定化させ、やんわりと強制するやり方での雇主の支配を強化したのであった。

そうした潜在力があったとすれば、にもかかわらず、いかにわずかの雇主しかこれらの政策を取り上げなかったかは、驚くべきほどである。進歩的少数派のなかの会社さえ、身の入らない、矛盾した仕方でそれを採用したのだった。この及び腰を説明するひとつは企業の外部の要因であった。すでに見たように、労働市場が過剰人員を抱え製造業の労働組合が後退するなかで、新政策採用への圧力が急激に弱まったのである。また変革は、労働を経営の固定要素にすること、あるいは職長の特権を妨害するかもしれないことに経営者自身が乗り気でなかったことによっても抑制された。近くでの監視、労働者配置の伝統的手法、多様な刺激賃金制などの結合によって労働者の達成度を統制するほうが、安くつき、混乱も少なかった。つまるところ、今日のわれわれに身近な準永続的な雇用関係は、大部分、一九二九年以後の発展を待たねばならなかったのである。

第七章　大恐慌への対応

1　古い酒を新しい革袋に——一九二九—三一年

一九二九年一〇月の株価崩落に続く一八カ月は、合衆国における従前の不況と比べて同じように苦しいものであり、また非常に違ったものでもあった。以前と同様に、政府も産業も状況の厳しさを明確に見据えることができなかった。的確な失業統計はなく、どれだけの労働者が失業しているか誰も正確に知らなかった。公衆を安心させようとしてフーヴァー大統領は、一九三〇年一月の失業統計を、決して起こってはいない景気好転を示すように操作した。だがこの発表は、フランシス・パーキンス、メアリー・ヴァン・クリークらからの批判を浴び、やむなく同年末、政府はメトロポリタン生命保険会社に全国失業調査の実施を依頼するに至った。(1)

アメリカの労働者は一九三〇年に職を失ったとき、一九二一年にそうなったときより準備を整えていたわけではない。フィラデルフィアでは失業者の六〇%が貯蓄というものを全然持っておらず、残る四〇%も平均して六週間食いつなぐ程度しか蓄えていなかった。頼れる救援の大部分は民間基金から出ており、三〇年末までにこれらの基金の多くは底をついた。そのギャップを埋めようという地方政府の奮闘も、成功度はまちまちだったが、そうした自治体救済プログラムの大部分が三一年秋までに破産してしまった。[2]一九一四―一五年と一九二〇―二二年の不況時と同様に、当初人々は在庫生産、営繕作業、生産計画、多角化、販売調査など、今ではもう伝統的となった技術を含む雇用安定諸措置を産業が採用すれば、失業を統御しうるのではないかと期待した。二〇年代を通じて雇用安定策が一握りの企業にしか受け入れられず、またそれが景気的失業の緩和に有効だとする証拠など残さなかったにもかかわらず、この言葉は広範な熱狂を呼び起こし、支持者を見事に勢ぞろいさせた。提唱者のなかには、テイラー協会やアメリカ労働立法協会のメンバーのなかの以前からの支持者と並んで、組織労働者からの新たな改宗者もいた。

一九三〇年一月、ニューヨーク州知事ルーズヴェルトは州労働部長フランシス・パーキンスの教唆の下に「産業安定による失業減少に関する委員会」を任命した。委員会議長はパーキンスの年来の友人のヘンリー・ブリュエーアで、委員には州労働総同盟のジョン・サリヴァンと、自身も企業を運営し、二〇年代を通じて雇用安定化を成功させて、リベラル経営者仲間に影響力のあったエルンスト・G・ドレイパーらがいた。[3]

委員会は失業を減らすために産業が何をやっているかを把握しようと、州内各地で聴聞会を開いた。雇用の正常化に取り組んでいるか、取り組んでいるならどんな方法でかを問うアンケート表を何百もの企業に送付した。三〇年一一月の委員会報告は雇用安定技法を採用している数多くの企業を満足げに引証し(その多くは二〇年代に雇用安定化の例として喧伝されていたのと同一集団のものである)、他企業もそれに見習うよう仕向けるべきだと勧告した。報告は、雇用安定化が解決するのは季節的失業だけであろうと注意を与え、慎重にではあるが、公的な失業保険が必要かもしれないと記している。だがそれは、雇用安定化もニューヨークの失業を減少させるのに、たかだか限られた効力しかないだろうことを十分に強調しえなかった。[4] その結果、報告はすべての形態の失業を根絶するために、その技法を裏づけたものだと受けとられたのである。[5]

ニューヨーク委員会の影響は全国に及んだ。一九三〇年の秋の間に地域の雇用安定化委員会がボルチモア、シンシナティ、インディアナポリス、ロチェスター、デトロイト、フィラデルフィアに設立された。これらの団体は雇用安定化とともに、ワークシェアリングやこれと結びついた救済努力を提言した。AFLは、一一月の大会で、そのほかの州もニューヨークに続いて安定化委員会を設立すべきだと主張した。フーヴァーが三〇年秋に発足させた大統領緊急雇用対策委員会も雇用安定化を強力に支持し、テイラー協会に対し失業と闘うためにどのようにその技法を利用すべきかの情報を求めた。(6)

実のところ、一九三〇―三一年の冬には経営者組織の大きなものはほとんどいずれもこの考えに手を出したのだった。人事調査連盟と商業会議所は雇用安定化についての大会を開いており、アメリカ経営者協会や全国金属産業協会の会議でも雇用安定化が討議された。ヘンリー・S・デニソン、モリス・リーズ、A・リンカーン・フィレーンら、リベラル雇主のグループは雇用安定化の研究のために二つの大学に基金を提供し、『季節的失業の減少策』(一九三一年)なる著作の出版に資金を出した。(7)

雇用安定化という観念が生んだ大きな関心と膨大な資料にもかかわらず、実践のほうは、一九二〇年代にそれに取り組んできた企業の範囲をそれほど越えて広がりはしなかった。ゼネラル・エレクトリックは同社の一九三〇年度の失業保険プランに雇用安定策を組み入れようとし、三一年にロチェスター・プランに参加した諸企業も同様に試みた。(8)だが、このほかの例はほとんど見つけることができない。提唱者たちも雇用安定化に本格的に取り組んでいる企業を二〇〇まではあげえなかったし、それらの多くは自分の労働者たちのごくわずかの部分にしかかかわらない不況前からのプランだったのである。ニューイングランドの雇主に関する一九三〇年調査では、ローテーションや在庫生産を行っていたのはわずか五%の企業にすぎなかった。(9)ある経済学者は、雇用安定プランが三二年に労働者たちの一%未満に影響を持ったにすぎないと推定したうえで、「雇用安定について長年語られてきたにもかかわらず、これらのプログラムに見るべき進展がないというのが、冷厳な経験的事実である」と評した。[10] 自動車産業からの証拠も、私が製造業部門について計算した結果も、同様に、一九三〇年から三三年までの雇用の季節的な不安定性が二〇年代のそれより大きかったことを示している。[11]

雇用安定化は、広範な政府規制や政府支出に頼ることなく失業の危機を緩和することを約束したので、政治家、経営者、労働組合の活動家それぞれの人気を博した。だが雇主たちは、季節的不安定性の重荷を従業員に押しつけるほうが安上がりだし、簡単であることを見てとって、めったにその技法を採用しなかった。雇用安定化の研究者であり提唱者であったポール・H・ダグラスは、一九三〇年に、不規則雇用をなす雇主に罰を科す失業保険法を通ずる以外、季節的不安定性を制止する効果的方法はないと認めている。[12]

それだけではない。雇用安定化の支持者たちは不況の深刻さを測り損ねたのである。失業が破局的水準に達した一九三一年の秋までに、季節的失業の減少が失業の総量に重要な影響を与えたり新しい仕事をつくり出したりするだろうと信ずる者は、ほとんどいなくなった。グレン・A・ボワーズは三一年に経営者たちに対し、雇用安定化は「そこを通過すれば産業が沈滞から逃れ切れる秘密の門ではない」と警告した。[13]

一九二〇―二二年の不況期と同じように、年間賃金または年間雇用の保証か、あるいは企業の失業労働者に手当を支払う準備基金か、いずれかのかたちをとった民間失業保険プランにも、大きな関心が集まった。季節的変動の少ない産業の会社だけがそうしたプランを提供し、その同じ会社が、雇用安定へ向かって一層前進しようとしていた。これは私的な自発的な失業への取り組みであるから、このプランは一九三〇―三一年に雇用安定化を説いたテイラー協会から商業会議所、産業協議会、全国製造業者協会までにわたる、その同じ個人や団体によって促進されたのである。テイラー主義者は私的失業保険を「良い経営慣行」と見ていたし、ほかの経営者団体はそれが仕事のない者に手当を出せという政府への要求を食い止めるだろうと単純に期待したのである。[14]

団体交渉を通じて達成されたものを別にすれば、これらのプランで保護される労働者の範囲は狭く、プランの中止率は高かった。大恐慌の初期に導入された新しいプランはわずかだが、よく知られているのはゼネラル・エ

レクトリックのそれとニューヨーク州ロチェスターの一四企業のものである。(15)

評判にはなったものの、私的保険は恐慌がつくり出した大量失業と互角に闘うことはできなかった。一九三三年までに生まれた一九件のうち七件は消滅し、七件は手当金を減額するか支給期間を短縮した。デニソン・マニュファクチュアリングやリーズ・アンド・ノースラップのようによく知られたところでも、三二年には支払い停止に陥った。ロチェスター・プランに参加した企業のいくつかも手当金を支払えなかったし、わが国の最大規模、最高収益の企業のひとつ、ゼネラル・エレクトリックでさえ、三二年に手当金額の削減を余儀なくされた。プリンストン大学のある経済学者は、会社の失業保険に包摂されていた労働者は三三年の半ばに三万二千人を超えないと見積もっている。(16)

なぜ多くのプランが一九三二年を越えて存続できなかったかを理解するのは容易である。しかし、とりわけこの問題に世間の注目が集まり、そして失業がまだ圧倒的なレベルに達していなかった一九二九―三〇年に、なぜかくも少数の雇主しか試みようとしなかったのかの理由は、それほど明瞭なわけでない。たぶん雇主たちは私的プランが非常に長期にわたる支払いを維持できないのがわかっていたのだ。J・ダグラス・ブラウンが提出したもうひとつの説明は、雇主たちが「義務の感覚や……やがて必要になることへの認識」を欠いていた、というものである。(17)すなわち、彼らはいまだ雇用を一時的な関係、好況期にだけ維持さるべき関係と見ていた。そのうえ労働者の維持を実行した雇主も、ワークシェアリング方式のように、費用を従業員たちに受け持たせることを選んだのである。

恐慌の最初の二年間、解雇補償にもかなりの関心が集まり、少数の企業が新しいプランを採用した。一九三二年、労働統計局は産業企業の八％が解雇補償を提供しているのを見いだしている。テイラー協会やニューヨークの安定化委員会のようなリベラル派団体が、解雇補償を支援した。経営評論家たちは実際に運用されるに至った少数のプランのことをしきりと語った。(18)

だが、そうしたプランを子細に調べてみると、ブルーカラー労働者に解雇手当を支払ったものがほとんどないことがわかる。それは俸給取りホワイトカラーに限られていた。たとえばベスレヘム・スチール社では、解雇補償は俸給制従業員にだけ向けられ、ただ少数の「報酬制」労働者がそれに加えられた。[19] グッドイヤー社はひとつの例外であるが、それは、「非能率あるいは高齢のゆえにお払い箱にしようとする従業員に」のみ解雇手当を与えるのである。[20] もし解雇補償を仕事権の換金形態と見るならば、一九三三年以前にそうした権利を保有したブルーカラー労働者は極端に少なかったといわねばならない。三一年にある人事管理者がいったように、解雇補償は「着想はよいが、それを正当化するものがない」のであった。[21]

かようにして恐慌への当初の反応は、いくつかの面で過去の経験に似ていた。しかしまた恐慌は、過去の実践とのいくつかの重要な違いを生み出した。雇主たち、とりわけ大きな企業は、普遍的または永続的なものといえないまでも、救済を用意し賃率を維持することに、以前よりは努力するようになったのである。

ワークシェアリング

そうした顕著な変化のひとつが、ワークシェアリングである。これは以前の不況においてレイオフへの代替案として(主に組合のある事業所で)試みられたが、一九二九年後になるまで広く実行されてはいない。レイオフの数を減らすために企業が日作業や週作業を短縮したり勤務をローテーションにしたりして、雇用労働者数を最大化するが平均収入は削減するという方法である。

この慣行がどの程度普及していたか正確に見積もることは難しい。政府調査のデータが示すところでは、一九二九年九月、パートタイム雇用を行っていた事業所は一五%だったが、三一年一月にはその割合が四二%に上昇している。製造業の平均週労働時間は二九年の四四時間から三三年の三九時間に低下した。もちろん一部の事業所は労働者をレイオフし、残っている労働者の時間をワークシェアリングの何の取り組みもなしに——それをワークシェアリングだということもできたが――短縮した。ワークシェアリングを実施している企業の大部分とはいわぬが多くは、不要な労働者のレイオフと一緒にそれを導入していた。ベスレヘム・スチール社では手に入る仕事を「能率の良い忠実な労働者たち」の間だけで分け合い、残りの労働者はレイオフされた(22)。会社がワークシェアリングを行っているかどうかを問うた一九三三年の諸調査が、肯定的返答を七六―八三％も得ているのを見るとき、右の実態はぜひ心に留めておく必要がある(23)。

　ワークシェアリングに対する組織労働者の評価は一様でなかった。印刷業や縫製業のような伝統的にそれに依拠していた労働組合は、それの最強の支持者だった。ＡＦＬの一部指導者は、繁栄が戻ったときの労働週の恒常的短縮につながるかもしれないという信念から支持を与えた。しかし、ほかの労働組合はそれを、「悲惨の分け合い」以上ではない、ご都合主義の仕掛けだと糾弾した(24)。

　フーヴァーの行政府と雇主団体は、活発にワークシェアリングを推進した。大統領緊急雇用委員会（ＰＥＣＥ）は一九三〇年、「労働の分かち合いが［失業減少のために］とりうる最も実際的な階梯だと認められた」と宣した。このＰＥＣＥの後継機関である大統領失業救済機関（ＰＯＵＲ）も三一年、「仕事をより大勢の労働者の間で広く公平に分配する合意によって……労働時間を調整して仕事から離れている人々を援助することは、労働者と雇主の義務である」という(25)。三二年八月、フーヴァー大統領はニュージャージー・スタンダード石油のウォルター・ティーグルを長とする全国的「仕事分け合い運動《シェア・ザ・ワーク・ムーヴメント》」の発足を援助した。この運動はＳＣＣや合衆国商業会議所のような団体からの熱烈な支持を得た。雇主たちが音頭をとる地域ワークシェアリング組織がすぐに西海岸やニューイングランドに現れた(26)。

　行政と民間の諸団体は、多くの労働者は自分に必要な以上稼いでいるのだから、仕事の分け合いは購買力を増大させるであろうと主張した。さらには、ワークシェアリングは救済と二者択一のもので、産業は政府や慈善団体がなすよりもこれを効率的に提供できるのだと提唱者たちは説いた。第一の主張は、すでに多くの労働者たちが限界ちかくで暮らしていたから疑わしい。第二の主張は、ＳＣＣを構成していた巨大企業の経験から見てとれるように、この運動の真の存在理由に近いところを衝いているといえる。[27]

ＳＣＣは一九三一年、産業が失業縮減にはっきりした手だてをとらぬかぎり、ウイスコンシン州で審議中の失業保険法案のような「急進立法」がすぐにも法制化されるかもしれないと深く憂慮した。当時ＳＣＣに属していたほとんど全企業が短時間労働を採用し、彼らはそれをワークシェアリングと名づけた。[28]ベスレヘム・スチールの労使関係部長でＳＣＣの会員だったＪ・Ｍ・ラーキンは、ワークシェアリングが彼の会社で支持されている理由を次のように指摘している。「どの従業員も仕事が経済的保障の最大の拠りどころだと自分に言い聞かせている。労働日数が辛うじて生存賃金にまで落ち込んでいる……場合でさえも、なお私は、その賃金がどんな形態の雇用保険の下で得られるものより、はるかに大きい総額を表していることを強調したい[29]」。すなわち、雇主たちは、イデオロギー的に不愉快で費用も高くつきそうな失業保険やその他の公的手段への要求を、ワークシェアリングが弱めるだろうと期待したのである。ワークシェアリングの良いところは、救済の負担を雇用されている労働者の肩にまるまる懸けうることにあった。

高くつく国家介入を避けたいとの願いが、ワークシェアリング運動を雇主たちが支援した唯一の理由ではない。ある人々は、先行する雇用安定策に対したと同じく、これを不況終結の万能薬として受けとめた。[30]またある雇主は、需要の減退からにしろ賃金切り下げを避けるためにしろ、時間を短縮せねばならなかったとき、それをワークシェアリングと呼んで必要性に理屈づけを行った。だから、これを実行した企業のすべてがＳＣＣの政治的洞察によって動機づけられたのではないのである。そのうえワークシェアリングを従業員に無条件で適用した企業は希だった。企業は誰が仕事を受け取るに足るほど能率的で、困窮し、忠誠であるか判断する権利を留保していた。

恐慌が最悪の淵にあった一九三二年の秋、ＡＦＬは週五日六時間労働の法制化に議会の支持を求める決議をした。この行動は、AFLの伝統的な任意主義の哲学からの後退と、行政と産業にワークシェアリング支持の表明を強いる意図との双方を意味していた。AFL大会の少し後、ヒューゴ・ブラック上院議員が、週三〇時間制に立たぬ企業に州際取引を認めないという法案を議会に提出した。少数の雇主がこの法案を支持したとはいえ、大多数は猛烈に反対した。それは実際的ではないと鉄鋼産業は主張し、それは憲法違反だと全国製造業者協会は非難した。法案は採択されずに終わった。とはいえ、労働時間規制はルーズヴェルトの景気回復対策の礎石になろうとしていたのである。[31]

今ひとつ過去の実践との違いは、私企業が従業員にさまざまの救済プログラムを適用したことである。一九二一年に救済は希有であったのに、疑いもなく事態の深刻さにどやされて、今や産業はより寛大に振る舞った。インランド・スチールなど一部の会社は救済基金を設け、労働者の拠出金と組み合わせた。エンディコット・ジョンソン製靴では自社の失業者に温かい食事を用意した。ベスレヘム・スチールは多くの他企業とともに失業労働者たちが野菜を栽培できるように菜園を提供した。普通、救済は現在あるいは以前の従業員にだけ供与された。しかしながらSCCの所属企業は地域の救済組織に寄付金を出し、そのなかで一緒に活動した。[32]

だが、これらのプログラムはわりと費用がかからず、良い宣伝活動になったにもかかわらず、それを適用した企業は比較的わずかでしかない。NICBの調査によれば、一流大企業グループのなかで一九三〇年から三三年の間に失業者救済を提供したのは三分の一にすぎなかった。[33]会社が従業員と地域社会への責任を放棄した最も破廉恥な実例のひとつは、フォード自動車会社である。三一年のフォードでは労働者の一部が短時間労働で働き、ほかはレイオフされていた。いずれの側の労働者も食えないので、デトロイトの公共救済機関に救助を求めざるをえなかった。市はフォードの労働者のために毎月八〇万ドル支出したが、市の境界からわずか外にあった同社からは、税金を(そのほかに基金も)一文も受け取っていなかった。ある地元住人はデトロイト市を「ヘンリー・フォードの経営権なき出資者」と呼んだ。[34]

一九二一年と際立った対照をなして、少なくとも当初、人事部は閉鎖に対するある程度の抵抗力を示した。縮小もあったが(三一年初期の研究では調査企業の四〇%が縮小)、それは一〇年前に起こった一大後退よりはるかに小さい。ワイティング・ウイリアムス、E・S・コードリックといった事情通の観察者の話では、多少誇張があるかもしれないが、一九三〇—三一年に人事部の広範な縮小を示す証拠はない。[35] ここから、人事部は彼らの会社に完全に受け入れられていたと判定する人がいるかもしれない。だが、ほかにもっと否定できない説明もある。第一に、人事部の多くがもはやラインの活動に関与していないので、製造や労働力の削減をどう実施するかを決定する作業管理者の自治権にほとんど脅威を与えなかった。第二に、一部の会社(しばしば救済事業に従事しているのと同じ会社)が二〇年代に導入した福利厚生プログラムを維持しようとしており、人事部が通常これらの事業の運営に責任を持っていた。[36] 第三にそして最も重要なことに、恐慌の打撃はある種の産業では徐々に感じられたにすぎない。災難の全エネルギーが襲ってくるのは三一年秋のことである。

賃金の硬直性

過去の不況に比べて最も劇的で顕著な違いは、時間賃金率の硬直性ということである。一九二九年一一月、株式市場崩落の直後、フーヴァー大統領は基幹産業の雇主たちとのホワイトハウス会議を催した。少し後、これとは別に組合の指導者たちとも会談した。賃率の維持が購買力を維持し古典的デフレーションよりも繁栄に貢献するという新しい理論に基づいて、フーヴァー大統領は、双方のグループに賃金切り下げをいい出さないよう誓約を求めた。会談の後、実業界のさまざまな指導者たちが「賃金労働者のためばかりでなく事業のためにも」有害である賃金切り下げに反対すると宣言した。しかし、賃金を一定に保とうと努めた会社は負けいくさを闘っていたのだった。彼らは余儀なく、労働者数の削減、時間短縮、能率賃金の採用、労務費の削減といった別の方法を求め、これらの政策のいずれもが消費者購買力と賃率安定化の論理を掘り崩していったのだった。[37]

一九三〇年の大半、主要産業で賃率の低下はなかったように見える。しかしながら労働時間の減少につれて、平均週所得は急降下しはじめた。[38] この収入低下にもかかわらず、政府も産業もフーヴァーの賃金維持政策の成果に満足を表明していた。AFLでさえ三〇年の九月に、雇主の態度が変化して、今や「購買力を創造するために高賃金が必要であるという広範な理解」が存在する、と報告している。[39]

しかし平均的企業が賃金切り下げを延期できたのは一九二九年の崩落から一一ヵ月だけであった。三〇年秋までに中小諸企業で賃率切り下げの証拠がぽつぽつ出揃ってきた。一九の労働組合中央評議会のうち一三が、自分たちの領域での賃率切り下げを報告している。[40] 三一年初め、失業と損失の巨大な圧力が多数の一流企業に賃率切り下げを強いた。同年半ばまでにNAMは比較的小規模な企業の声を代表して、賃金削減を公然と求めはじめた。建築労働組合は、ひそかに自分たちの賃率を値引きしていると報ぜられた。[41] それでも全体としては、組合に結集した労働者は未組織の労働者に比べて賃率切り下げを多少は延期させることができたといえる。また若干の大企業、とりわけ非競争的産業の大企業が、三一年中よく賃率を維持していた。この年のSCCの会議では、会員企業がこもごも、自分たちの賃金政策や賃率切り下げに関するこれまでの姿勢に疑問を呈している。[42]

一九三一年の秋、ダムはついに決壊した。賃金切り下げを受ける労働者の平均数と賃率切り下げを行う企業の平均規模が、ともに急上昇した。[43] USスチールが三一年九月に賃率切り下げを実施すると、自動車、繊維、ゴムタイヤ産業がすぐそれに追随した。フォード自動車は、賃率切り下げはしないといくども約束した後に、三一年一〇月に二〇—四〇%という大幅切り下げを発表した。[44]

すべての企業が全社的な切り下げを実施したわけではない。むしろ最高経営者の意を受けて、自動車、タイヤ、その他の産業の諸会社は社内での選択的な切り下げを実施し、基幹グループ(普通は熟練労働者)に譲歩を与え、慣習的賃金格差をめちゃくちゃにしてしまった。労働不安の危険を最小限に抑える意図でなされたものであったが、この動向は熟練度の低い労働者たちの心に賃金切り下げが不公平に行われたという気持ちを残し、そのツケ

は後年、経営者に回ってくるのである。(45)

ＡＦＬのグリーン会長は賃金切り下げに屈従するよりストライキを、と呼びかけた。一九三一、三二年に散発的なストライキが起こった。ストライキは三〇年に記録されたきわめて低い活動水準からすれば増勢であったが、恐慌以前のほとんどの年に比べて、件数、規模ともになお比較的限られたものだった。労働運動は弱く、意気阻喪していた。炭鉱業と被服業の強力な労働組合は三二年末までに潰滅した。(46)三二年の著述で、ルイス・アダミックはＡＦＬを次のように描いている。

無能力、無気力、そして徳性低下と身体衰弱の鈍痛に苦しんでいる。大産業家と保守主義政治家は、もはやそれに煩わされることがない。実のところ、知性ある者はそのなかに、戦闘的で侮りがたい労働運動出現に対する最上の障害物――少なくとも当面は――を見ているのである。……全組織の一〇年間にわたる衰退の結果、思うにもはや誰にも若返らせることのできないところまでいってしまった。(47)

2　約束違反――一九三一―三二年

一九三一―三二年の秋から冬にかけての賃率削減は、フーヴァー経済政策の破綻以上のものを象徴している。それは、恐慌が最終的に産業の巨人たちの威力を揺るがし、彼らが今や経費節減、生産縮小、レイオフの歩みを速めざるをえないことを表明したものだったのである。

加えて、賃金切り下げは一連の約束違反の始まりであった。これまでリベラル派大企業は労働者に、ワークシェアリング、救済、福利厚生を通じて面倒をみてやるといい、賃金切り下げはやらぬと約束してきた。こうした暗黙の了解への違反は、全産業を平準化する効果を持った。一九二〇年代を通じてその人事政策ゆえに進歩的少数派に属していた企業が、とりわけそこの従業員にとってさえ、もはやそれほど特別のものに見えなくなったのである。やがて従業員は経済的保障を求めて一層、企業の外へ向かうことになる。

そのように破棄された約束のひとつがワークシェアリングであった。「忠誠で能率的な」従業員に仕事を保証してきた企業が、一九三〇年以後になって、平均週所得が生存費水準を下回るに及んで、やむなくレイオフに踏み込んだ。だが、進歩的少数派に属した企業を含めて、レイオフに十分の用意をしていた企業はごく少なかった。三五年時点でなお、調査された産業企業の二一％がレイオフの明示的手続きを持っていると答えたにとどまる。[48]結局、二〇年代と同様に職長が解雇手続きにかなりの支配力を振るい（二七五頁の表7・2参照）、それが無数の不公平を生んでいた。『フォーチュン』誌一九三六年五月号に掲載された論文によれば、「鉄鋼労働者の間では、普通以上の支払いを受けた後に職長に取り上げられた金、決して戻ってこないしその期待もできない金の話と、もっと仕事が欲しいばかりに彼らが金を出し合っている小利権を持った下級職員の話とでもちきりである」。[49]

明確なレイオフ手続きをとる企業においてさえ、職長はかなりの権力を持っていた。彼らは必要性とか先任性とかいう要因のウエイトづけの裁量を許されていたから、労働者たちは何を期待すべきかを決して正確には知らなかった。しかも、一九三二年の調査によれば、先任権がレイオフの要因のひとつだと報告した企業は少数で（一八％）、被調査集団の半分以上が厳格に労働者の「能率」に基づくレイオフを行っていた。[50]たとえばフォード自動車の一幹部が三一年に、「能力が規則だ」と言明している。[51]かくて職長の手には、えこ贔屓の大きな余地が残されたのである。

職長の権力が依然、無傷だったので、価格と利潤の低下という経済的圧迫は、一部の産業における駆り立て方式の復活、またほかの産業におけるその強化を導いた。一九三〇年にある産業心理学者の面接調査を受けた労働者グループのなかで、最も頻繁に出された不満のひとつは「監督の性格」であった。[52]駆り立ての方法は特定の産業、たとえば自動車製造業のようなところでは、いわば風土的なものであった。三三年、クライスラーのある従業員は、先行する二年間にスピードアップが「われわれの小麦畑の最悪の雑草」になったと証言した。ますます少ない人間から「もっともっと多くの生産を」という要求が、工場を「競馬場」に変えてしまったとも彼はいう。ゼネラル・モーターズでも事態は同じで、不満を述べた労働者によれば、彼は職長に「もしお前がついていけないのなら、できる奴を見つけてくるまでだ」といわれた[53]。スピードの増大は仕事を、とりわけ年配の労働者にとって困難なものにし、そして彼らの問題は労働者の配置に際して先任順位を無視する慣行によって輪をかけられたのであった。

会社のなかには、先任権を無視するだけにとどまらず、四〇、四五歳台以上の人間は非能率でのろいという当時の風説をまともに信じて、年配労働者の追い出しを図ったものもあった。年上の労働者の解雇は深刻な士気問題を引き起こしたが、しかし恐慌下の経営者たちはもっと重い悩みを抱えていたのであった。ある鉄鋼工場で良好な勤務記録を持つ年配労働者(彼らの多くは英語を読めない移民だった)が解雇されつつあったとき、その会社は、州の労働安全法が英語を読めない労働者のクレーン操作を禁じていることを、解雇を正当化する根拠にした。さらに悪いことに、ひとつの会社をレイオフされた四〇歳以上の人々には、鉄鋼、自動車、その他の産業で新しい仕事を得るのが非常に困難だった。少数の会社は年金や解雇手当で事態を緩和してやったが、大部分の会社にそうしたプランはなかった[54]。

テイラー協会やAALLのようなリベラル派団体は、この行為を槍玉にあげて非難した。AALLは、採用・レイオフにおける年齢差別が「今日の景気後退を例外的に災厄の大きいものにしている主要因である」と主張した[55]。産業内の年齢分布のデータはあまり頼れる指標ではないが、それでも年上の労働者の解雇という行為が珍しくなかったことは窺えるのである。たとえば、一九三二年にインディアナポリス市の人口の二七%が四五―六四歳階層であったが、市の主要産業企業に雇用されている労働者のなかでは一九%にすぎなかった。同じく全国的データも、製造業部門の労働者の平均年齢が一九三〇年から四〇年に低下したことを示している。産業は今一

表7・1　恐慌中の福利厚生の実施状況

	1930-32年のプランの廃止率[a,b]（1934-35年に実施中の件数に対する廃止の割合）	1935年の実施プラン[b]（全産業企業に対する比率）
従業員持株プラン	108%（L）	6%
健康・傷害保険	8	31
共済組合	9	26
有給休暇	70　（L）	12
年金プラン	15	6
会社ピクニック	48　（L）	不明
従業員向け雑誌	69	不明

出所）a) National Industrial Conference Board (NICB), *Effect of the Depression on Industrial Relations Programs* (New York, 1934), pp. 4-8 ; NICB, "Company Pension Plans and the Social Security Act," Studies in Personnel Policy No. 16 (1939), p. 25.　b) NICB, *What Employers Are Doing for Employees* (New York, 1936), pp. 11-22.
注）Lは2300人以上を雇用する企業。

度、不満の種をまいたのである(56)。

約束違反の最たるものには、一九二〇年代に少数リベラル派の会社によってつくられた福利厚生プログラムが含まれる。恐慌下でこれらの企業の多くは、新しい金銭給付プログラムも会社ピクニックや社内誌のような伝統的な福利厚生サーヴィスも、どちらも中止してしまったのである(57)（表7・1）。

そのほかのプログラムは全廃といかないまでも、規模縮小に向かった。その点で表7・1のデータは福祉資本主義の収縮を過小評価している。福利厚生プログラムの費用を削減する普通のやり方は、以前雇主が全額負担していたものを拠出制に移行することである。非拠出制年金・健康・生命保険の割合は、一九二九年から三二年にかけて急低下した。多くの年金プランが雇主が金を回さないために保険数理的に不健全になり、年金受給者たちはといえば、自分の給付金が削減されて初めてその事実を知るのだった。三二年に何らかの支払い保証を提供した年金プランは、全体の半分に達していない(58)。

従業員持株制は、一九二〇年代を通じて、労働者資本主義の実例、「経済革命」の前兆として喧伝されてきた。だが、このプランは株式市場が崩落したとき、非常に苦しい状態に陥った。このプランの利点と考えられたことのひとつは、従業員が金を必要としたら、会社がその株式を買い戻すと保証しているところにあった。ところが一九三一年にNICBに調査された企業の三分の二ちかくが、額面価格で株式を買い戻す義務的契約を結んでいない、と報告している。しばしば株式をむりやり買わされた従業員株主の手元に、価値のないあるいは換金不能な投資が残されたのである(59)。労働者資本主義のもうひとつの形態である利潤分配プランも、恐慌によって規模縮小か廃止寸前に追い込まれた(60)。

福祉資本主義の頂点におかれた会社組合は、恐慌の間に過半とまでいえないにしろ多数が消滅してしまった。労働者三〇万人を擁し、このプランのおよそ二〇%を占めていた八六の従業員代表制が、一九二九年から三二年までの間に廃止された(61)。そのほかの会社組合も、基金を失いあるいは不活発になった。グッドイヤー社では労使協議会は二九年以後の五年間ほとんど活動していない。この期間に協議会で採決されたものは六件以下である(62)。三一年、インタナショナル・ハーヴェスター社は最初、資金節約のために工場協議会を中止することを考えたが、その後、存続を決めたけれども活動資金の援助を削減することになった。そのころ協議会は、会社が従業員にメイソン・ジャー[家庭瓶詰用ねじ蓋式密閉ガラスビン――訳注]を販売することなど、些末な問題を延々議論する組織に衰退していた。それでも協議会は経営者の役に立った。三一年、三二年の賃率切り下げに際して、経営者は工場協議会に切り下げの承認を求めることによって従業員の反対を弱めようと試みたのである(63)。

こうした展開は不可避的に人事部に影響する。端的にいうと、彼らの仕事が恐慌の進行とともになくなっていったのである。福利厚生給付、従業員代表制、救済事業の管理を含む彼らの基本的責任領域が、縮小するか消失してしまった。採用は散発的か、あるいはないかであるし、従業員記録の管理さえ多くの企業で省略された。人事部が日々の雇用問題の意思決定に関与しようとするたびに、ライン管理者が相変わらず抵抗した(64)。

恐慌中に全廃させられた人事部というものは少ない(一九二九年に存在したもののうち五%にすぎない)(65)。が、大部分は規模と責任を格下げされたのである。人事部なぞ無駄づかいだ、と見られるようになっていた。三二年のニューヨーク雇主調査によれば、半分以上が人事部は「不要」か「それなしでもやっていける」と考えていた(66)。

それ以上の刈り込みを阻止するために、人事管理者は一九二一年にやって失敗した方式、つまり自分たちの標準をより高度にし、仕事をより科学的にすることに向けて互いに助言しあった。しかし削減が一〇年前ほどひどくならなかったのは、ひとつに、人事部が自分たちのために作業外プログラムの管理者という居場所を囲い込んでしまっていたからである。彼らの生存率が高いからといって、最高経営者が人事の仕事を心底受け入れていたことにはならない。大部分の企業で人事部はなお「のけ者扱い」だったのである。[67]

後年、雇主たちは労働組合の目覚ましい成功の理由を問題にしたとき、一九三三年以前に人事部に十分な権威を与えなかったことを後悔した雇主が少なくなかった。ある雇主の三九年の述懐によれば、

　過去に経営者が犯した過ちは、労働事項を第二義的場所に追いやったことである。……われわれが事実を直視し、労使関係を生産や分配と同じレベルにおいていたら、また同時に、労使関係政策を生産と分配を扱うのと同じ格付けで経営者に割り当てていたとすれば、おそらくわれわれは近年被っているトラブルの多くを免れていたことであろう。[68]

人事管理の支持者たちは一九三一―三二年に起こった出来事を十分すぎるほど意識していた。三三年初頭、ウイリアム・M・レサーソンは、「恐慌は一五年にもなるよき人事活動を台なしにしてしまった」と陰鬱に書いている。レサーソンは「人間」や「人間的要素」への会社の関心が、事業崩壊の圧力の下で退化しつつあると考えたのである。「労働者階級は失業問題の解決を、人事管理へではなく立法に求めはじめている」と彼は警告している。[69]

レサーソンの分析は正しかったが、その見通しには限界があった。多くの労働者が雇用保障に関係する経営者の約束違反に幻滅していたのは本当だ。ほかの労働者も、おそらく雇用条件が温情的なものから、しばしば残酷なものに急転落したことに狼狽していた。しかし、この退却がともかく何か約束違反しうるものを持っていた少数派企業だけで起こったことに、留意する必要がある。一九二九年に人事部のある企業に働いていたのは、産業

労働者の二〇%に満たない。福利厚生給付のある企業に雇用されていたのは、たかだか一五%で、それらの労働者のごく一部が実際に給付を受けていたにすぎない。従業員代表制が適用されていたのも一〇%以下なのである。(70)

かくてニューディールの前夜の産業は、前方に横たわるものに対してまことに貧弱な準備しか整えていなかった。(71)圧倒的多数の会社が、人事管理、団体交渉、従業員代表制に直接の経験を持っていなかった。一九二〇年代に進歩的少数派を形成していた諸企業はまだ良い地位にいたが、その優位も程度問題だった。人事政策をそれまで第一義の重要事項として扱ったことのある企業は、ごくごく少なかった。しかも、そういう企業が、従業員の期待を煽ったうえで失望させたという不利益を抱え込んだ。最後に、進歩的少数派、大多数の会社(一九二六年鉄道労働法の適用会社を除き)のいずれもが、一九一八年以来、労使関係に関する政府規制に対処したことはなかったのである。

3　NIRAと戦略の策定——一九三三—三五年

一九三三年の全国産業復興法(NIRA)の制定は、第一次大戦期と同様な出来事の連鎖を始動させた。雇用改革のペースが速められた。人事管理は突然の躍進を経験した。政府規制と労働組合員数はともに急増した。そして労働市場条件だけが二つの時期で違っていた。大戦時と対照的に数百万人が失業したままであり、労働異動率は一九三〇年代中葉を通じて異常に低かった。(72)

NIRAは購買力を高め失業を減少させるために、各産業に最低賃金と最大労働時間の標準を設定するよう求めた。(73)民間業者団体は、自分たちの産業の正確な雇用基準を詳述した労働規約《コード》を全国復興局に提出するよう促された。同法は有名な第七条a項で、従業員は「団結権および自ら選出した代表者による団体交渉の権利を有し、代表者の選任または自己の組織化、その他団体交渉……の目的のためにする協同行動に際して、雇主……の干渉、抑制、または強制から自由でなければならない」と規定した。組織労働者はこの条項を、集団的組織と団体交渉に議会が承認と保護とを与えたものであり、ゆえに大いなる勝利の証と見なした。雇主たちは第七条a項の文言を喜びはしなかったが、とはいえ、それを、新しい会社組合の形成とすでにあるものの存続が可能だという意味に解釈したのであった。(74)

労働者たち、および労働者を代表しようとする労働組合は、時を移さず団体交渉権の承認を求めた。法制定直後、組織化の大波とストライキの激増が見られた。一九三三年後半のストライキは一九二一年以来、未曾有の水準に達した。労働者たちは時には自然発生的に労働組合を形成し、雇主の承認を求めてストライキに入った。鉱山労働組合や被服労働組合をはじめ、二九年以降、元気をなくしていた労働組合が、みるみる生き返った。AFLによって直接に認可される新しい全国組合が、ゴムタイヤ、電機、自動車、石油精製を含め、従来それがほとんどなかった産業に現れはじめた。三三年の六月から一〇月の間にAFLとその成員組合が認可した全国組合の地方支部は三五三七を数えた。(75)

一九三四年にはそれ以上の高揚が印された。トレドの自動車部品工場の労働者、サンフランシスコの港湾労働者、ミネアポリスのトラック運転手の劇的で激しいストライキがあった。三四年末までに労働組合員総数は三五〇万人を超え、一九二三—三三年間に失ったのに匹敵する数を獲得している。三五年半ばまでにさらに八〇万人が組合員として加わった。三五年一一月の産業別労働組合会議(CIO)結成以前でさえ、産業別組合に組織された労働者の割合は二九年の一七%から三三年の二七%、三四年の三三%へと増大していったのである。(76)

ストライキ活動が鋭く高揚に転じたとき、NIRAはまだ生誕一カ月であった。そしてこの法律はまだ労働争議を取り扱う機関を備えていなかった。このギャップを埋めるために、ルーズヴェルト大統領は一九三三年八月、ウイリアム・M・レサーソンを長とする全国労働委員会(NLB)を任命した。NLBは組合代表選出を指導し、雇主が労働組合員やその支持者たちを差別していないか裁定する聴聞会を開いた。しかし強制力を欠いたので、委員会は結局、命令服従への雇主の拒絶によって押し潰されてしまった。それで三四年七月、やや大きな権限を持つ全国労働関係委員会(NLRB)に置き換えられた。このほか大統領は、三四年中に自動車、鉄鋼、石油業に特別の労働委員会を設置した。[77]

前述のように経営者たちには、こうした事態に対する用意がなかった。彼らは規約の作成と順守について助けになる人事専門家、第七条a項を解釈し労働委員会に喚問される機会を最少にしてくれる熟達者を必要とした。[78]また従業員をなだめ労働組合の脅威を抑制する新しい戦略が必要であった。NIRAは雇主たちの世界を逆さまにしてしまったのである。ある経営者が一九三四年に看取したように、「現在では、定評と名声、合法性ある企業にして従業員との関係に不注意、無思慮であることは許されない。……経営の側における事実把握と理由づけ、自覚的で理性的な労務計画の必要は、過去のいかなる時期よりも大きいのである[79]」。

こうした緊急事態のせいで、人事部を持つ産業企業、とりわけ巨大企業の割合は一九三三―三五年の間に目覚ましい増大を見せた(表7・2参照)。たとえばSCCを構成する一二の巨大企業は三三、三四年にその人事部を拡大し、格上げした。[80]SCC総務のE・S・コードリックが三四年にいったように、「経営プログラムのなかにおける人事管理の重要性について残っていた、いかなる疑念も、近年の諸事件の急速な進撃の前に掃き捨てられてしまった[81]」。こうした産業界の牙城の外でも、活発な動きがあったが、ただしそれは、しばしば非組織的で粗末な企画であった。一部の会社は新しい人事部を受け入れるのに遅々としており、ほかにはまだそうした部門の必要性を認めない企業もあった。一九二〇年代の先駆企業が、最も容易にこの新しい状況に適応していた。[82]

エドワード・A・フィレーンが一九三四年初めの数カ月間、NIRAへの雇主の反応に関する全国調査を行っている。そこで見られたのは、雇主とりわけ大企業の雇主が、組合が彼らの「安全」を脅かしているという「全般的恐怖」にとりつかれていることであった。[83]だが同時に、労働組合運動によって引き起こされた脅威が、一時的で統御可能であるということも広く信じられていた。経営者たちは、彼らが労働者の苦情を最小限に減らす人事政策の採用に速やかに動けば、組合組織化の衝動を抑止できると考えていた。ある雇主は、三四年、自社の管理者向けの社内報で、企業内の「いかなる労働争議も労働不安も」、管理者が「会社の労務政策を適正に管理することに」失敗した証拠と見なされる、と書いている。(84) 少なくとも三五年いっぱい、経営者たちは、もし彼らが主導権を握りしかるべき努力を払えば、組合のない状態を維持し、労働委員会の追及を避けうると確信していた。経営陣に同情的な労働委員会の元職員が、この年に語っている。

労働争議の主要原因はただひとつで、それは人事管理の貧困である。人事管理の知性あるプログラムを開発し維持してきた雇主は、一人として労働委員会に呼び出されはしなかった。のみならず、そうした雇主は労働争議も抱えず、いわゆる扇動者に悩まされることもなかった。彼らは闘わずして勝っていたのだ。(85)

人事管理者たちが企てた「知性あるプログラム」とは、会社組合、職長訓練プログラム、種々の雇用改革という、三本足の戦略であった。さまざまな会社がこれら共通の対応のさまざまな構成物を利用したが、この戦略のどの部分をとっても、人事部なしにはめったに実施できるものではなかった。

労働組合運動の高揚に対する、上品さは劣るが別の対応もあった。暴力と威嚇への依存であって、これはあらゆる層の産業にまたがって存在していた。組合をおじけさせ、ストライキをそらせるために、会社はスパイ、催涙ガス、銃器、お雇い暴力団、スト破り労働者を、利用したり準備した。こうした行動を徹底調査したラフォレット委員会の報告に従えば、スパイを利用した会社のリストは「アメリカ産業の紳士録を読むようなもの」である。(86) かなりリベラルな企業でさえ、そのリストに含まれている。一九三〇年代半ばにこれらの企業は、年金適用のような決め手にならぬ組合阻止策と並行して、弾薬の供給を拡大したのであった。これは矛盾して見えるかもしれない。しかし大部分の雇主と作業担当職員たちは、プラグマチックであって哲学的な一貫性のなさなどに煩わされなかったのである。もっと重要なのは、彼らがなお人事戦略に確信を欠いており、説得に失敗した事件には実力行使で対応しようとしていたことである。

会社組合

前述のように、ＮＩＲＡの議会通過は従業員代表制の数を即刻、増大させた。一九三五年に存在したこのプランのうち三分の二ちかくがＮＩＲＡの採択の後に設けられたものである。三五年に二〇〇万～三〇〇万人の労働者を擁する六〇〇から七〇〇の会社組合があった。[87] かつてのそれと同じく、これら新しい会社組合は大企業に集中する傾向があったが、それでも今は自動車、化学、ゴム製品、鉄鋼を含む前より多様な産業に見られるようになった。三三年以前に自動車企業には一つも従業員代表制がなかったのに、三四年にはほぼ全企業がそれを備えていた。鉄鋼産業ではこの三三―三四年に一二倍になったのである。[88]

一九二〇年代とのもうひとつの違いは、人事管理と会社組合との関係が、規模の小さい企業をはじめとして弱まったことである。一九三五年に会社組合を持つ中小規模の会社のなかで人事部を持つものは三分の一にすぎず、その割合は二九年の数値よりずっと小さかった。こうした低下は大企業の場合にはもう少し緩やかだった。[89]

これらの変化は、多くの新しい会社組合が経営側の何の計画や支援もなしに導入された場当たり的性格を反映している。それらはしばしばストライキの切迫に直面して大急ぎでつくられた。労働統計局の研究は、会社組合の有効性(苦情解決の早さと成功度で測って)が、人事部の存在と密接に相関しているのを見いだしている。[90] 人事部を欠くところでは、従業員代表制を管轄し、監督者たちがこのプランをまじめに取り上げているかどうか監視する、専任職員がいない。そうした企業の労働者たちは、「職長からの仕返しを恐れて」苦情を持ち出そうとしないのである。[91]

しかし、すべての新しい会社組合がそのような詭計だったわけではない。以前から従業員代表制を実験してきた企業が、それを拡張した結果というものもあった。一九三三年に、ＡＴ＆Ｔ、ゼネラル・エレクトリック、グッドイヤー、ニュージャージー・スタンダードがそれぞれに、提供する従業員代表制の数を増した。ＮＩＲＡの通過が、三二年までに絶滅寸前に陥っていたそれらプランの蘇生を会社に強いたのである。一方、以前に従業員代表制の経験を持たない会社も、三三年にこぞって会社組合の発足にとりかかり、喜んで独立のための基金を与えさえした。この一団のなかにはゼネラル・モーターズ、グッドリッチ、さらにこの年、新制度を監督させるためにアーサー・Ｈ・ヤングを雇い入れたＵＳスチールなどがある。[92]これら二つのグループの会社経営者はどちらも、ほかのもっとでたらめな諸プランによって、従業員代表制の合法性を特に議会にアッピールしようとしている彼らの努力が台なしにされるのではないかと懸念した。[93]ジャージー・スタンダードの一幹部は、「ひどい構想のそれら［プラン］の奔流のおかげで引き起こされる、従業員代表制の威信への衝撃」があるだろうと考えていた。[94]

新しい会社組合と蘇生した会社組合とがＮＩＲＡ以前にあった多くのものに比べてより活動的で民主主義的だったのには、全国労働委員会の圧力が一部分あずかっている。たとえば労働委員会の影響のおかげで、従業員投票の適格性にはほとんど制限がなく、従業員代表の集会も、（集会が「労使共同」案件を扱わないかぎり）経営者の出席なしで開催しえた。だが、何といっても、この変化のための主要な刺激は、外部の組合の圧力だったのである。[95]

この圧力の結果、一九三二年以降、会社組合は次第に独立組合に似たものとなった。第一に、経営側と会社組合との間の不一致を仲裁する条項が広く採用された。第二に、会社組合は賃金問題の相談にあずかり、さらには一九二〇年代に経営側の聖域だった一定の賃金増加部分の配分決定さえも許された。[96]第三に、外部の組合と十分張り合えるよう、従業員代表の人数が増員された。グッドイヤー社では一九三五年にその労使会議の規模を三倍化した。最後に、経営側と会社組合との署名入りで成文化された、期間を定めた協定が当たり前のことになってきた。[97]

しかし、こうした変化にもかかわらず、従業員代表制は団体交渉の方法としての不適切さを残していた。あくまで経営者がゲームのルールを設定し続け、自由化が先に進むことを拒んだのである。仲裁条項は存在したが、ほとんど発動されることはなかった。賃金は討議されたが、どうするかを会社が発表した後のことであった。労働者たちはなお監督者からの報復を恐れていたから、苦情は安全その他、物理的労働条件に関することに限られがちであった。開明的会社組合の長い歴史を持つグッドイヤー社においてさえ、ある子会社の労働者代表たちは「何をするにも、びくついていた」[98]。

会社組合の再活性化は総じていえば、少なすぎ遅きに失したのである。NIRAのさまざまな労働委員会に監視された代表選挙のなかで、会社組合はようやく糊口をしのいだ。一九三三年の八月から三五年の九月にかけて、独立組合には投票数の六七%が投ぜられたが、一方、会社組合は二九%という、従業員代表制の貧弱ぶりを如実に示す票しか得られなかった[99]。

職長訓練

職長訓練活動は、近視眼的な取り組みであった証拠に、多くのものが一九三〇―三三年中に廃止された。企業は、職長に経営者的見解や技術的題材に触れさせるよう企画されたプログラムに高い優先順位を与えていなかった。全職長訓練コースの軽く半分以上、職長クラブの九〇%ちかくが恐慌開始後、早々と消滅した。恐慌の絶頂期には多くの企業が、職長の一部を費用削減の手段としてヒラ労働者に格下げした。これらの行動が大部分の経営者たちをして、ポストNIRA時代の挑戦に際して職長を動員する態勢を貧弱なものにしてしまったのである[100]。NIRAの通過直後、労使関係カウンセラー(IRC)やSCCのようなグループが、顧客や会員企業に職長対象のプログラムを創設ないし復活するよう促した。一九三四年初めにグッドイヤー、ゼネラル・モーターズ、インタナショナル・ハーヴェスターなど先導企業が、一連の職長訓練活動に乗り出した[101]。最も一般的な活動は、勤務後に会社構内で開かれた訓練クラスである。一九二〇年代の職長訓練が主として技術的主題を扱ったのと対照的に、それらのクラスは、選抜と懲戒の方法や新しい労働法などの話題を収めた「人間関係」と人事管理の技法に力点をおき、リーダーシップ、動機づけ、「気配り」を講義に含めたりしている。[102]さらに一部の企業は会議方式の訓練を試み、職長たちが指導付きのグループ討論を通じて主題の材料に触れさせられた。この方法は、注意ぶかく統御された状況の枠内で職長に胸の内をぶちまけさせ、人気を得た。[103]

どちらのタイプの訓練も連邦政府に後押しされていた。一九三四年、そして三六年に再度、議会は職業・産業訓練のために基金を設定する職業教育法を通過させた。この基金は州に配分され、州はそれを民間産業のための職長訓練プログラムに支出した。[104]たとえばカリフォルニアでは、州職業産業教育局は諸産業を相手に、職場での開催ばかりでなく地元の学校や大学で開かれる州主催の職長訓練クラスや会議に参加するよう勧誘した。民間のプログラム同様、そこでも人間関係の話題に力点がおかれた。このプログラムに参加したカリフォルニアの会社の多くが、一貫した反労働組合企業だった。反組合感情のおもとたるロスアンゼルス商工業者協会が、州の職長会議プログラムの進行・調整を引き受けていた。どうやって組合を潰すかを、とりたててこのプログラムで説明したわけではないが、少なくとも産業の目からすればそれがプログラムの機能のひとつになった。そのため連邦政府は、組合排除のこの巧妙な形態への補助をやめた。[105]

職長クラブは、社会活動と研修を通じて団結心と経営への忠誠の涵養を目指すものであるが、これもまた一九三三年以降復活してきた。三〇年代に組織労働者からすっかり愛想をつかされたＹＭＣＡが、はやばやと時流に飛び乗って三三年以降の職長クラブを支援しはじめた。これらのクラブは三四年に発足したＹＭＣＡの新しい全国組織、「全国職長クラブ評議会」に連合した。その成員は中西部に集中しており、三〇年代を通じて総員一万から一万五〇〇〇人を呼称した。[106]

職長訓練が復活したひとつの理由は、労働組合に対抗する防衛第一線に職長を利用しようとする産業の意図にあった。職長の役割は、会社組合、協調政策、諸給付金制など、何であろうと人事部の宣伝するものが真実だと労働者に納得させて、彼らに会社を「売り込む」ことである。訓練プログラムは、内容の詳細とともに、それを労働者に提示する効果的な方法まで教え込んだ。一九三三年末、インタナショナル・ハーヴェスター社の人事管理者は、同社の工場管理者たちに次のように語っている。

組織的勢力は仲間を得るために猛然たる努力を払い、その努力を推進するためにしばしば事実をねじ曲げている。だからわれわれは、労働者に真実の姿を示すために、まっこうから事実を彼らの前におく必要があるのだ。……これは率直で正式の討論によってのみなされうるし、職長やそのほか鍵になる人々を、知的に説明し必要なら議論する力をつけるために啓発することがまず第一に必要なのである。(107)

職長の人柄が戦力に算入されたのである。人間関係訓練が職長をより信頼され共感を持たれる監督者とし、そうして労働組合をくじくだろうと期待されたのだった。ある経営者会議では、「部下からの信用と友情を享受している職長は、おそらく、われわれが持ちうる最強の[労働争議への]阻止力である」という発言があった。さらには、一九三四年のある会社のメモにあるように、職長は労働者の腹心の友として「誤解や不穏の前兆」を探ることができる。(108)だがまた、ある人事管理者は、この突然の配慮がかえって「われわれはこれまでずっと従業員を公正に扱ってこなかったのではないかとの疑いを呼び起こす」かもしれないと警告した。(109)

人事管理者たちは職長を労働不安への防衛線と見ていただけでなく、労働不安の第一の原因とも見ていた。企業は職長に近代的人事技法を教えることによって、労働者が「たった一人の監督者の不公正、暗愚、無知」のせいで労働組合に走るかもしれない危険を最小限に抑えたいと望んだのである。(110)もちろん、職長の特権乱用を封ずる最良の方法は、特権を取り上げてしまうことだったろう。しかし少なくとも当初、これができる、あるいはこれをしようとした人事部はめったになかった。むしろゼネラル・モーターズのような大企業は、訓練プログラムが職長に権力を賢く行使する方法を教えるだろうと期待して、かなりの権力を彼らの手元に残したのである。過去の歴史を考えれば、この期待が満たされる機会は、少なくとも短期的にはほとんどなかった。(111)

一部の企業は早くから、一九三〇―三二年間の格下げや削減に照らしてみても、職長の忠誠を当然視はできないことを自覚していた。防衛第一線としての職長の有効性は彼ら自身が経営者に敵対的になれば失効するのであるから、訓練プログラムの第二の目的は、会社に対する職長の忠誠を鼓舞することであった。たとえば職長クラブや職長会議は、一様に経営側最高幹部の挨拶を呼び物にしていた。彼らはしばしば機密の会社計画に関する情報のさわりをそこで口にしたりして、職長たちを経営側の一員であると実感させようと努力していた。

振り返ってみれば、職長訓練が一九三〇年代のヒラ労働者《ランク・アンド・ファイル》の労働組合運動《ユニオニズム》を抑止することに成功していたかどうか疑わしい。第一に、このプログラムは取り上げられるのが遅かった。一九三五年に訓練プログラムを提供している企業の割合は、二九年におけるよりも低かった。そのうえ、中小規模の企業における偶発的な職長クラブを別にすれば、このプログラムは大企業に限られていた。製造業における生産労働者に対する職長の割合は、もしこのプログラムが広範に実施されていれば増大を予期しうるが、実際には一九三〇―四〇年の間に高まらなかった。[112]最後に、三五年にある人事管理者がこぼしたように、ライン管理者は上から下まで「伝統と偏見に」蝕まれていたのである。[113]「人間関係論」への職長の疑いの視線を弱めるのに、一〇週間のコースでは何ほどのこともなしえなかったろう。少数の例外的企業では、活発な人事部が長年にわたりライン管理者の態度を和らげ変えさせてきた。だがそうした企業は、職長訓練の必要の最も小さい企業だったのである。

雇用改革

人事管理戦略の核心は、雇用手続きと雇用政策の再建《リストラクチュアリング》にあった。一九三三年以後に導入された改革の大部分が、第一次大戦中に提出され部分的に実施された革新のストックからの借り物である。以前と同様、この分野の活動は労働組合への関心が高まったことへの対応であり、かつまた労働市場への政府の規制的介入に対抗しようとする試みであった。古参の人事管理者たちは、過去とのこうした共通性と、雇用改革が労働組合運動の阻止に演じうる役割とを知っていた。一九四〇年の初めにある経営者が評したことだが、これらの改革は「新しいとか独創的とかいえる発想はない。たとえば、今広く受け入れられつつある人事実務の大部分に関する論議は、一九二〇年代のAMAの出版物を点検するだけで全部、見ることができる。二〇年代を通じて健全な人事管理を実施してきた一握りの会社からは今日、重大な労働問題の困難は聞こえてこない」[114]。

かつての傾向とのひとつの違いは、労働者配置手続きが集権化され、明確な規則と手続きの対象とされたことである。人事部は、採用、配置転換、昇進、解雇の統御を職長から奪おうと図った。結果として配置決定は、次第に部門でよりは全社的基礎でなされるようになっていった(表7・2)。

人事部は解雇の慣行に大きな注意を振り向けた。この領域で明確な手続きを欠いていたことが長年にわたる労働者の苦情のもとであり、それが恐慌の数年に深まっていたからである。そのうえ、労働委員会に持ち込まれる訴えの多くが組合活動を理由にする差別的解雇の告発を含んでおり、雇主たちもこうした提訴が容易に組合組織化の口実となり、世間体も悪くなることを理解した。彼らはまた、それ自体厳しい罰則ではないとしても、自分の「青鷲[NIRA順守の勲章――訳注]」を失いかねなかった[115]。

他方で労働委員会は、解雇の動機が反組合意識ではなく、定められた規則に労働者が違反したとか、そのほか何か「客観的要因」によることが立証されれば、雇主を免責するかもしれなかった[116]。かくて懲戒規則が急増し、詳細な勤務記録を保管する努力が開始された。職長訓練プログラムにも、新しい会社規則、第七条a項、後にはワグナー法への入念な討論が含められていた[117]。

しかし、単に規則の制定や記録保管だけでは、職長が新しい政策に協力する保証にはならないから、労働組合運動や法律からの防衛には不十分だった。人事部はこの問題を認識して、日々の懲戒や解雇の実務に踏み込むことになった(表7・2)。一九三四年、ゼネラル・モーターズ、クライスラー、インタナショナル・ハーヴェスターは、解雇が会社を自動車労働委員会に引き出すことになるかどうかはっきりさせるために、人事部と職長合同の

表7・2　産業の雇用慣行(1929-63年)

	1929	1935-36	1939-40	1946-48	1957-63
人　事　部(L)	34%	46%		61%	81%
従業員規模1000-5000人	39	62		73	
5000人以上	55	81		88	
従業員規則表(A)	—	13	16%	30	43(L)
集 権 選 抜(A)	32	40	42	63	
(L)	42	53	55		
解　　雇					
職長の単独権限(A)		55		24	
人事部の介入あるもの(A)		7	17	31	
(L)	24	38			
配置と賃金					
配転と昇進の集権(L)	24	42			
昇進チャートを持つもの(A)			19	25	28
人事考課(A)		11	16	31	
(L)	14	16			42
職務評価(A)				55	72
先任権，保障					
レイオフによって先任権のすべてが解消される(A)	14	3	2	1	0.5(L)
先任権規制(A)			50	83	
年金プラン(A)	2	6	8	23	73(L)
賃金または雇用の保証プランの数	35	79	138	196	
有給休暇プラン	25(L)	12	47		

出所）1929 : National Industrial Conference Board (NICB), *Layoff and Its Prevention* (New York, 1930), p. 56 ; NICB, *Industrial Relations Programs in Small Plants* (New York, 1929), pp. 16, 20 ; NICB, *Industrial Relations : Administration of Policies and Programs* (New York, 1931), p.54. 1935 : NICB, *What Employers Are Doing for Employees* (New York, 1936), pp. 23, 33, 60-65 ; NICB, *Personnel Practices Governing Factory and Office Administration* (New York, 1937), pp.73-74, 78. 1940 : NICB, "Personnel Policies in Factory and Office," Studies in Personnel Policy No. 23 (1940), p. 15 ; NICB, "Personnel Activities in American Business," Studies in Personnel Policy No. 20 (1940), pp. 19-29. 1946-48 : NICB, "Personnel Practices in Factory and Office," Studies in Personnel Policy No. 88 (1948), p. 13 ; NICB, "Personnel Activities in American Business (Revised)," Studies in Personnel Policy No. 86 (1947), pp. 16-36 ; W. D. Scott, R. C. Clothier, and W. R. Spriegel, *Personnel Management* (New York, 1961), p. 583. 1957-63 : *Ibid*., p. 583 ; NICB, "Personnel Practices in Factory and Office : Manufacturing," Studies in Personnel Policy No. 194 (1964), pp. 17, 52, 111, 139 ; H. E. Steele and H. Fisher, Jr., "A study of the Effects of Unionism in Southern Plants," *Monthly Labor Review* (March 1964), 87 : 260. Data on employment guarantee plans from Office of War Mobilization and Reconversion and Office of Temporary Controls, *Guaranteed Wages*, Report to the President by the Advisory Board (Washington, D.C., 1947), p. 293.

注）Aは全産業企業のなかの割合。Lは従業員250人以上の産業企業における割合。

点検手続きを制定した[118]。ゼネラル・モーターズは職長に、解雇が「明白で明示的な理由に基づかねばならず、適切なものでなければならない」と警告した[119]。

組合活動を理由に解雇することが難しくなってきたので、組合の支持者になりそうな労働者を採用の過程で確実にふるい落とす努力が払われた。選抜は再び集権化され（表7・2）、職長たちが自分で採用することは禁止された。グッドイヤー、ゼネラル・モーターズ、その他大企業では、人事部が採用の前に応募者の背後関係を注意ぶかく点検する標準手続きをつくり上げた。「類は友をよぶ」という理論に立って、グッドイヤー社は、応募者の隣人たち、彼と一緒に住みあるいは彼と同じ下宿にいた人々の雇主にまで、調査の範囲を広げた。同社の人事部長はこのやり方を説明して、「われわれは特定の個人を雇わねばならないわけでない。しかし、いったん受け入れたら彼らを追い出すことは難しい。だから［新しい手続きの］主要な目的は、実際に雇い入れる前に十分なことをやっておくことなのだ」と記している[120]。

従業員の士気づくりのために、大会社は一九三四年以前に削減した福利厚生給付金のいくつかを元に戻した。利潤分配制や従業員持株制は再建されなかったが、一方、年金や健康保険といった類のプログラムは三三―三五年に急速な発展を見せた[121]。

賃金の不平等是正は、士気増進のためにとられた、もうひとつの歩みであった。アームコ、ゼネラル・エレクトリック、キンバリー・クラーク、その他の大企業が職務格付けと職務評価をこの時期に採用している。大戦時に最初に試みられたこれらの方法は、企業が賃率構造への支配を強化し、なおかつ従業員との関係を改善しようと意図したものであった。賃金決定は、賃金率を個人よりは職務に一致させることによって、より非人格的、公正、整合的なものになった。疑いもなく一部の企業は、賃金の格差づけに組合が介入するのを防ぐ意図をもって職務評価を採用している。だがこの技法は、組合組織化の脅威がもっと深刻になる一九三五年までは、それほど普及しなかった[122]。

現実のあるいは予期された組合の要求――この場合には先任権に基づくレイオフと再雇用――が、いくつかの大企業に、以前より先任権に重きをおき、しかし経営側に大幅の裁量権を残した、明確なレイオフ手続きを採用させた。だが組合がまだそれほど強くなかったため、多くの会社はこの事項で行動を起こさないままだった。ひとつの例外は自動車産業で、ここでは駆け出しの全国組合が政治的圧力をかける能力を持ち、そこで組合要求の一部を実現した。(123)

自動車労働委員会（ALB）の設置以前は、自動車製造業者には一人として、明確なレイオフ手続きにしろ、レイオフ決定における先任権のウエイトを決める規則にしろ、制定した者がなかった。一九三四年の政府の産業調査には、年輩労働者へのおおっぴらな差別を含む「不公平」なレイオフと再雇用の慣行が見られる。(124) 自動車労働者組合は、三三年設立以来、先任権に基づくレイオフ制度を要求してきていたが、これを含めて諸要求を雇主たちに認めさせるような力がまだついていなかった。三四年、労働組合がストライキをかけると威嚇したときに政府が介入して、ALBが設置されたのである。ALBの機能のひとつが、先任権事項を解決することであった。二カ月後、ALBは、自動車産業におけるレイオフと再雇用を取りしきる一連の規則を決めた。これは必要性、貢献度と同じく先任権にも若干のウエイトを与えるという折衷策である。この規則はまた先任権をいかに測定し、いかに適用するかをも規定した。

新しい規則の下でレイオフ序列を決定するのに要する正確な記録の保持は、産業における人事部の拡大をもたらし、また従来は職長によって支配されていたレイオフ過程の集権化を導いた。NIRAが三五年に違憲を宣告された後も、労働組合が保障をより緊密に先任権に結びつける協定の交渉ができるようになるまで、自動車産業はこれらの規則を適用し続けた。歴史家シドニー・ファインによれば、だからALBは「自動車産業における規則によって職務保有権《ジョブ・テニュア》の概念を導入したのである」。(125)

雇用保障により大きな力点をおくことが、人事政策の主要な変化を示すことになった。実際、世論調査によれば労働者の主要な関心事は仕事の保障《セキュリティ》であった。三三年以後、一部の会社が自社の労働者の懸念を軽減する新しい手だてをとりはじめた。第一に、従業員に年間雇用または収入保証《ギャランティ》を提供する企業が少数ながら数は増大しつつあった(表7・2参照)。第二に、継続的雇用に雇主がより深く関与していく一段階として、労働者はレイオフの後も長期間にわたって先任権を保持することを許された(表7・2)。第三に、時間給労働者に解雇手当を提供する企業の数がわずかながら増大した。これは、鉄道労働組合員のための退職金制度に関する三四年の交渉によって点火されたと見られる[126]。

過去との決定的な裂け目は、政府が民間雇主たちに、従業員への雇用保障を強めるよう圧力をかけはじめたことである。わが国最初の強制失業保険法が一九三二年、ウイスコンシン州で採択された。この法律の下では、労働者に収入または雇用の保証を用意している雇主は失業保険税を全額免除された。その結果、三三年からこの法律が改正される三五年末までに、ウイスコンシンの百ちかい会社が保証プランを採用した[127]。連邦次元では、NIRAの労働時間規約がワークシェアリングの強制を意図していた。ルーズヴェルト大統領は三三年、この立法が「各労働者の週当たり労働時間を削減することによって、現存する仕事により多くの労働者を雇い入れるよう」会社に強いるであろう、と声明している。当初はこの規約に効果があるのかどうか、疑いも持たれた。しかしながら、この規約の非弾力性に強い不満を持つ自動車産業のあるお抱え経済学者は、労働時間標準が、もしそれがなかった場合予想されるよりも高い雇用水準を三三年以後もたらしたことを認めた[128]。

ルーズヴェルトとALBは、労働組合からの要求を受けて、自動車産業の雇主に雇用の季節的不安定性を緩和する何らかの方策をとるように強いもした。政治的な圧力と広い社会問題にされることへの恐れとが結びついて、この産業の業界団体は一九三五年初頭、会員企業が一月にではなく秋にニューモデルを導入すると声明するに至った。この転換は、通常、販売が停滞する季節に需要を喚起することによって、従来より安定的な雇用をつくり出した。このように外部からの強制が、これまで二〇年にわたり雇用安定化の提唱者が追求してきた課題を達成

したのである。(129)

さまざまな労働委員会の決定もまた、労働組合慣行のなかに起源を持つ仕事権《ジョブ・ライツ》の概念に、正当性と準法制的な足がかりとを与えた。雇主の差別により仕事を失ったことを立証できた労働者への委員会の標準的救済は、以前の地位の回復命令であった。この回復命令には強制力はないが、とはいえ、それは雇用を契約あるいは「自由意思」によるものとする教義への歴史的挑戦を意味したのである。同じくいくつかの差別事件で、委員会は労働者を懲戒する雇主の権利を承認したが、懲戒は矯正的なものであるべきだという考えを支持した。すなわち態度の悪い労働者も、雇主が解雇という最終的な制裁に踏み切る前に、自身を改善して仕事にとどまる機会を与えられるべきだ、というのである。これらの原理が結局、ワグナー法、労働仲裁、会社の人事政策のなかに浸透していくことになる。(130)

政府と組合の圧力によって巻き起こされた活動の旋風にもかかわらず、NIRAの目の黒いうちに制度化された諸改革は、産業の進歩的少数派を越えてそう遠くにまでは届かなかった。大部分の会社は規則も節度も持たぬという特徴を持続していた。一九三五年でもまだ全企業の半分以上が職長に解雇の単独裁決を認めており、五分の三以上が解雇規則を持たず、五分の四が明確なレイオフ手続きを定めていなかった。先任権は労働者配置の決定要因として広く認められてはおらず、また大部分の労働者が雇用の保証、再雇用規則、安定化政策のように職務を保障するその他の企画によって保護されてもいなかった。(131) 人事管理者が全社的な昇進政策を求めたにもかかわらず、はっきり表現された職歴階段は希だったし、職長が部門間の昇進を邪魔し続けているという多くの不平が聞かれた。(132)

かようにして多くの企業では、大企業でさえ、ライン管理者と伝統が一九三五年当時の雇用政策を支配していたのであった。人事部は状況を変えようと努力したが、そのほとんどが成功するには新しすぎ弱すぎたのである。彼らには政策を強行する権力と最高経営陣の支持の双方が欠けていた。三四年にある管理者は、「自分の利益のため、伝統にただ盲目的に固執する」者たちへの不満をもらし、また別の管理者は「〝そこの下の人事部というところから、事業をどう運営すべきか教示しようなどしているお前はいったい誰だ〟といいかねない重役」を非難した。彼は続けていう、「私は、その恐れ、その態度が人事部を〝そこの下のほう〟においてきた理由ではなかったかと怪しんでいるのだ」[133]。従業員一〇〇人以下の小企業は、自分たちの産業のペースメーカーである大会社から合図を受け取って行動する。その結果、これらの企業の大部分は三五年までにはまだ人事部を設置していなかった(表7・2参照)。

しかし、時間と伝統以上に、新しく形成された人事部に反対に作用したものがある。一九三五年半ばのワグナー法通過以前には、労働組合と政府の外部圧力が、雇主に人事管理戦略は自分たちに有利であると確信させるには、要するに弱すぎたのである。作業管理者たちの目から見て、この戦略の利益はその費用を正当化するようなものでなかった。この近視眼的見地のゆえに、内部改革はしばしば、組合組織化を押しとどめるには遅すぎるころになってやっとなされたのである。

ワグナー法に引き続く数年間、経営者たちは、産業における労働組合の目を見張るような成功を許したかどで非難するいけにえ探しに汲々としていた。ある者は新しい全国労働関係委員会を、さらには行政府全体をさえ、労働者寄りだと非難した[134]。ほかの者は職長に責任をかぶせた。ある経営者はストライキの六〇%以上が「経営陣によってなされた約束を履行する」のをライン管理者がさぼったせいだと主張している[135]。だが職長への非難は、彼が誤用を糾弾されている権力を彼に与えたのが、ほかならぬ最高経営者であった事実を不当にも見過ごすものである。組合組織化をもたらした自身の役割を認める経営陣こそ、正直な態度といえよう。人事管理者が第一次大戦時から海図を描いた方向に一九二〇、三〇年代を通じて船を進めるのに、あまりに多くの企業があまりに遅かったのである。少数の傑出した経営者だけが自身の責任を認めていた。その一人が一九三七年に語っている。

何人かのいわゆる進歩的雇主が、二〇年代という時代に、彼らの永続的な信用につながる多くのことを自発的に成し遂げてきた。問題は、多くの雇主がそうしたのではなかったということである。それをよく保持したのは、よくいわれるように、一〇％である。先頭に立ったのが一〇％だったというほうが、より正確であろう。合衆国において、先頭に立ち、前進を続け、自発的にことごとを実施し、そうやればここ三年起こったような事態の展開の一部を防ぎうるだろうといった期待と先見性の下に実施した、そういう会社のリストは、あまり長いものにはならないであろう。(136)

第八章　もうひとつの大転換――一九三六―四五年

1　第二次大戦前――労働組合が苦情をいい、経営者が腰をあげる

五〇〇万人ちかい労働者が、一九三六―三九年の間に労働組合に参加した。組合員増加の多くが、労働者組織化の分水線となった三七年に起こっている。第二次大戦前夜の四〇年には労働組合は、製造業労働者三人のうち一人が組合員だと誇れる状態にあった。一九三四―三七年の経済好転――産業の雇用が二〇％以上増加した――とワグナー法の制定に支えられて、新しい産業別労働組合会議（CIO）が、鉄鋼、運輸機械、ゴム、電機といった重工業における労働組合運動への妨害の時代を乗り越えたのだった。[1]

ワグナー法成立とともに、雇主は断固たる反抗に乗り出した。彼らは新しい全国労働関係委員会への協力を拒み、同法の憲法違反を主張してさまざまな異議申し立てを開始した。ベスレヘム・スチールの社報に書かれたように、この法律は会社組合の排除によって「労働者と経営者の調和した関係を破壊する」であろうと、従業員や国民に信じさせるための積極的宣伝キャンペーンを展開した。[2]

ルーズヴェルトの再選と一九三七年、同法を支持した最高裁判決で、法律を撤回させようとする公然たる作戦は沈静し、一部の雇主は深い失望を味わった。「われわれの知っていたアメリカは死んだ」と、その一人は言明している。(3) だがこれらの事件も、産業の攻撃の、これほど目立たない別の側面にはほとんど影響を与えなかったのである。

労働組合主義を抑止するために、雇用改革を利用する戦略が息を吹き返した。NIRA時代にいやいやこの戦略を採用していた会社が、今や本気でこれを追求するようになった。たとえば、ワグナー法通過の一カ月後に、ゼネラル・モーターズ社は、「従業員の苦情を減少させるプログラム」を討議するために最高経営者の緊急会議を開いた。工場管理者は「労働者の付き添い《ハンドラー》」たる職長の能力を至急、点検すべきである、採用業務は統合さるべきである、賃金格差への不満が原因となる「いらだち」を静めるべきである、内部からの昇進にもう少し力点をおくべきである、と。(4) 早くから人事管理を導入してきていた会社では、雇用の集権化と標準化への傾向が強まった。その結果、人事管理者は一九三七年に、「管理機能のなかで新しい重要性を持つ地位へと上昇中」といわれた。(5)

一九三五年以前には人事戦略に目もくれなかった会社が、今や進んでこれを利用しようとした。中小企業を主力メンバーとする全国製造業者協会は、三七年初期のある報告のなかで、「労働争議」を予防するべく設定された一連の雇用改革を採用するよう勧告している。この勧告は、NAMが以前の好戦的態度から転進し、人事管理無視の傾向を取り消したことを示す。労使関係カウンセラーのC・E・フレンチは、「以前は労使関係についてほとんど考えることのなかった」会社が、「法の制定以来、彼らの手法や態度全体の変更を最重要事項と見るようになった」と観察している。(6)

だが企業によっては、この三五年以後でさえ動きがごく緩慢で、組合が動き出し、現存の規則、職務保障方法、標準手続きのなんであれ拡大しはじめる以前には、ほとんど変化を示さなかった。時には、労働組合が労働者を組織してしまったのに、まだ人事部さえない会社もあった。[7] ただし、より普通には、組合の組織化は会社がすでに一連の雇用改革を履行した後に起こったといえる。そういう場合、組合は現状に適応し、新しい要求を作成したり時には労働協約と企業の人事政策を合体させたりする基礎として、すでに存在している政策を利用したのである。労働組合が組織された部門での事態の展開は、組合排除をやりぬいてきた企業によって子細に観察され模倣された。

雇用保障への模索

組合が組織された部門から発した最も重要な革新は、職務保障に関するものである。CIOは、「アメリカの産業に新しい原理、すなわち経営者はまじめに働く従業員を一度雇い入れたならば……その従業員に雇用または雇用への優先権を与え続けなければならないという原理……を導入した」。一九四一年、鉄鋼労働組合出身の二人の組合幹部が、こう主張することができた。[8] この争点を闘う組合の活力は、時代という、雇主の統制の及ばぬ力の反映であった。恐慌で破滅的な打撃を受けたおかげで、レイオフ条項を含む労働協約の割合が二〇―三〇年代にほぼ倍増したことに証されるように、労働者は以前にもまして自分の仕事の保護に関心を持ったのである。[9]

職務保障は決して新しい問題だったわけでない。三〇年代はむしろ、多くの産業労働者にとって、以前は自分たちの関心事に耳を傾けたことのない雇主と、効果的に対話する初めての機会になったのだった。一九三五年でもなお会社の多数派が駆り立て方式の信条に固執していた。いわく、職長の権威は絶対である、規則過多は弾力性を阻害する、職務保障は動機づけに有害である、と。いくらかの進歩的雇主が、二〇年代を通して異なった哲学に従うべく試みたのは事実である。しかし彼らは、恐慌の絶頂期に、雇用保障という暗黙の約束に背いて彼らの労働者の信頼を失ってしまった。

組合に組織化された部門が生んだ重要な革新のひとつは、レイオフ、再雇用、昇進の決定に先任権基準を適用することである。この先任権自体には経営者も反対しなかった。前述のように、一部の企業は大恐慌前から労働者配置基準としてこれを利用してきたのである。ただ、組合がここで要求したような厳格で全面的なやり方を採用してきたところはほとんどなかった。先任権への反対は、それが配置決定とりわけ昇進に際して能力の要因を低くすることで、能率が減退するだろうという信念から生じていた。生産管理者も、これの組合的なやり方では労働力を需要の水準や構造の変化に柔軟に対応させにくくするだろう、と懸念を表明した。(10)

先任権

先任権は仕事の保障を強めたから、労働者たちによくアッピールした。年上の労働者はそれを、これまで会社がレイオフの際よくやってきた差別扱いから保護してくれるものと見た。若い労働者のほうも、三〇年代初めに目撃した事態の再現は防がなければ、と決意していた。ある若い電機労働者がいう。「俺は五〇、六〇って年の男たちがレイオフされるのを見てきた。……俺はいったんだ。〝俺もいつかは年をとる。だから保障が欲しい〟」(11)。先任権は、現在仕事に就いている者に将来の仕事の機会を権利として設けるのだから、老若を問わず労働者に魅力があった。先任権規則の下では、外部者に対して現在および過去の従業員が、昇進あるいは再雇用の優先権を与えられた。

労働者の目に映った先任権のもうひとつの魅力的特徴は、それが職長の褒賞・懲戒の権力、好き勝手や乱用の基盤を、深く掘り崩したことである。先任権規則の導入は、仕事の機会の配分に筋の通った秩序ある手続きを設けるのに役立った。労働組合幹部は、職長の組合支持者差別を阻止するという理由でこの規則を歓迎した。ワグナー法が差別を違法としたあとも、この問題に関する経営不信は強く残っていた。一九三八年、ラバー・ワーカーズ紙は、ある企業が一七人の若年労働者を(レイオフからの)除外リストに残したことに対し、この会社が八〇〇〇人以上の労働者を雇用していたという事実にもかかわらず、「えこ贔屓と差別の逃げ口上も同然だ」と糾弾している。(12)

表8・1　組合企業・組合不在企業における先任権の適用(1934-54年)

	1938 [a]		1948-54	
	組合企業	組合不在企業	組合企業	組合不在企業
先任権を				
レイオフに利用する	95%	50%	99 [d]	85 [d]
再雇用に利用する	—	—	81 [b]	—
昇進に利用する	—	—	73 [b]	—
先任権が				
レイオフを決める	69	8	73 [b]	11 [c]
昇進を決める	—	—	38 [b]	5 [c]

出所) a) NICB, "Curtailment, Layoff Policy and Seniority," Studies in Personnel Policy No. 5 (1938), pp. 7-9. b) "Survery of Contracts Under Taft-Hartley Act," *Labor Relations Reference Manual* (Washington, D.C., 1948), 22 : 5 ; U.S. Bureau of Labor Statistics, "Analysis of Layoff, Recall and Worksharing Procedures in Union Contracts," Bulletin No. 1209 (Washingtion, D.C., 1957), p. 30. Data refer to proportion of collective bargainning agreements. c) NICB, "Seniority Systems in Nonunionized Companies," Studies in Personnel Policy No. 110 (1950), p. 5. d) H. Ellsworth Steele, William R. Myles, and Sherwood C. McIntyre, "Personnel Practices in the South," *Industrial and Labor Relations Review* (January 1956), 9 : 248.

こうして少なくともレイオフに関しては、先任原則が早い時期から広範に確立したのである(表8・1)。一九三八年までには、組合の組織されている企業で、就業中の労働者とレイオフ中の労働者の名前を先任権順に大きな掲示板に書き出すようなことが、珍しくなくなった。(13) とはいえ、組合的な先任権制度がいよいよ深く根づくのは、むしろこの三八年から五〇年にかけてのことである。その期間に先任権は、職務のより大きなグループ分けに適用(したがって工場規模、会社規模の範囲に進んでいく)、より多くの種類の配置決定に適用(昇進、再雇用、職務割当、配置転換、等等と)、という両面で拡大するのである。

その期間に先任権が意思決定の新しい領域に伸長したのは、ひとつに第二次大戦中と戦後における労働者の交渉力の増大のせいである。そしてまた、経営者が恐ろしい予兆を避けがたいことを知るにつれ、あるいは労使双方が先任権規則が提起したしばしば高度に技術的な問題になじむにつれて進展した、制度化への正規の歩みだともいえる。連邦政府は、復員軍人の先任権に特別の保護を与えることでこの発展を加速したが、この優遇が他方では、軍需工場で働いていた婦人たちの先任権要求を切り捨てた。(14)

組合を認めない企業もまた主に防衛的手段として、三五年以後、先任権に大いに依存するようになった。先任権に関する一九五〇年の調査は、「非常に多くの組合不在企業が、もし人事手続きを誤ると組合が組織されるという脅威を常に感じている。自分の家を整頓しておくかぎり組合なしでいられる、というのが彼らの態度である」と報告している。[15] こうしたいわゆる威嚇効果のほかに、人事部の存在が、組合不在企業が先任権規則に従いやすい状態をつくっていた。人事管理者のなかには、先任権制度に内在する労働者配置の集権化が、自分たちの権力を増大させるというわけで、その導入を喜ぶ者もいた。[16]

だが組合不在企業は、人事考課と管理者の裁量をとりわけ重視し続けており、先任権を狭く弾力的に適用したにすぎない。表8・1のデータが示すように、第二次大戦終結の時点で、先任権に基づく昇進やレイオフを実施している企業の割合は、組合を認めている企業では組合不在企業のおよそ七倍である。が、だからといって、組合不在企業が恣意的に決定を下していたわけではない。事実は、そこでの配置手続きが、組合のある部門と比べて、規則に基づく程度がほんのわずか小さかったということなのである。公式手続きは監督者が一貫性と公平性をもって行動する助けとなり、そうして組合の侵入に対するもうひとつの防衛線として役立ったのだった。[17] たとえば、明確なレイオフ手続きを持つ組合不在企業の割合は、一九三五年以降、三八年の五〇％が五〇年の八〇％以上へというように急増した。[18]

レイオフ

調整メカニズムとしてのレイオフ（時間短縮やワークシェアリングに対置される）は、組合不在企業が組合化された部門のまねをしなかった領域である。一九三〇年代遅くにやや似た政策をもって出発しながら、両部門は時とともに違ったものになっていった。組合不在部門は、組合化された企業でおそらく標準的な実務となってきた複雑な折衝手続きに足をとられるのを避けようとして、まずは労働時間で調整するのを選ぶ傾向を強めた。一方、組合化された部門では、より強くワークシェアリングからレイオフへ向かう際立った移行を見せていた[19]（表8・2を見よ）。

表8・2　組合企業・組合不在企業における調整政策(1938-54年)

	1938[a]		1950-54	
	組合企業	組合不在企業	組合企業[b]	組合不在企業[c]
時間短縮	60%	53%	30%	64%
それのみ	18	26	24	—
のちレイオフ	42	27	6	—
レイオフ	32	35	64	25
それのみ	10	11	—	—
のち時間短縮	22	24	—	—
双方の適用または特定の政策なし	8	12	6	11

出所) a) NICB, "Curtailment, Layoff Policy and Seniority," Studies in Personnel Policy No. 5 (1938), p. 5　b) U.S. Bureau of Labor Statistics, "Analysis of Layoff, Recall and Worksharing Procedures in Union Contracts," Bulletin No. 1209 (Washisgton, D.C., 1957), p. 36.　c) NICB, "Seniority Systems in Nonunionized Companies," Studies in Personnel Policy No. 110 (1950), p. 37.

正確にいうと、一九三〇年代末に組合が選好した政策は、各人の労働時間がある最低限以下(普通は週二四—三二時間)になるまでは仕事を分け合い、その後、先任権の逆順でレイオフに入る、というものである。[20] ワークシェアリングは、それがたぶん高度に平等主義で組合の伝統にも時代の精神にも合致していたので、三〇年代末の労働者と労働組合に強力に支持された。三八年の景気後退期になされた調査では、ある大製造工業企業の労働者の九七%が何らかの形態のワークシェアリングを歓迎しているという結果が見られる。[21] 組合指導者も、労働組合発展のこの重大時期にヒラ労働組合員の団結の維持を助けるがゆえに、それを好んだのである。

しかし、雇主が労働時間を生存水準以下に短縮した三〇年代初期の記憶があるので、労働者は無制限のワークシェアリングを支持することには躊躇していた。そのうえ、今ではＷＰＡから当座しのぎの仕事を手に入れることができ、若年労働者にとってレイオフの期間の食いつなぎが以前より容易になったために、年上の労働者がこの政策に反対しても以前ほどの抵抗がなかった。新しいＣＩＯ組合の指導者は、無制限のワークシェアリングが生み出す仕事ローテーションと低収入との結合が、組合から組合費納入者の安定的な核を奪い取るかもしれないと懸念した。そこで、ワークシェアリング後にレイオフが続く二段構え手続きが、自動車、ゴム、鉄鋼、電機の労働組合によって採用されたのだった。[22]

この二段構え手続きからの脱却が、その後の二〇年間、徐々に進行することになる。その移行の重要な一要因が、失業保険の利用可能性だった。もっともその給付額は、第二次大戦後しばらくは全くわずかなもので、一九五四年になってようやく、失業給付額の不足に組合と経営者との双方から懸念が表明されるのである。給付額が穏当なものになり、私的な制度によって補足されるまでは（SUBプランが五〇年代末に協定された）、主要組合は中間クッションなしの即レイオフに最終的な支持を与えなかった。[23]

第二次大戦後、とりわけ組合化された企業で、福利厚生あるいは付加給付の水準が次第に高まったことが、レイオフ一本を求める組合の要求に雇主が同意する誘因になった。諸給付は従業員が何時間働いたかに関係なく支払われるべき固定費だから、会社にとって景気下降期にレイオフを好むことは経済的に意味がある。[24]

こうした経済的諸要因は重要ではあるが、それですべてが語り尽くされるわけではない。レイオフ一本への移行はまた、組合化された部門が先任権を公平な配分の原理だとして受け入れるようになったことからも説明される。戦後、組合に組織された労働者は未組織の労働者に比べて、昇進から優先駐車権までさまざまな分野で先任権の影響を受けていたようである。彼らは、先任権がニーズと考課を軽視したにもかかわらず、それを公正なものと見なすことに慣れていった。五〇年代後半の手工労働者の調査では、本人自身の先任権がどうであるかにかかわらず、労働組合員や、組合員だった者は、組合に属したことのない者の二倍も、先任権によるレイオフに賛成していた。[25]

最後に、歴史家ロナルド・シャッツが指摘するように、第二次大戦時と戦後に、新しい若い世代が工場に入ってきた。彼らには、恐慌やワークシェアリングを支えた平等主義の精神の記憶はおぼろげだった。時代も変わってしまった。繁栄の戦後は、三〇年代のように平等主義を生み出すのに好ましい地盤ではなかった。先任権の普及それ自体が、ワークシェアリングに対立する価値を育んだこともあるかもしれない。戦前の一部組合指導者が先任権制を、「団結の理想と組合全体としての最高利益とに反する、利己的個人主義的哲学の望ましからざる助長をなすもの」と見なしたのも、あながち不当とはいえないのである。[26]

保証制度《ギャランティ》　不安定な季節的雇用という未解決の問題が、もうひとつの組合主導の提案を導いた。労働者に季節的な所得損失を補償する、賃金または雇用の保証プランである。一九三四年に自動車労働者たちによって口火を切られ、新しいCIO組合の組合員に支持されたこの考え方が、三〇年代末に新たな関心を呼び起こした。鉄鋼労働者は、三八年のパンフレットのなかで、伝統的な技法と産業規模の計画化との双方を用いて雇用を安定させるよう雇主に求めた。[27]

いくつもの保証プランが一九三五―四〇年間に簇生している。もっとも、それでもなお労働者全体のほんの一部に及んだにすぎない（表7・2参照）。保証プランを持つ企業の三分の二に労働組合があった。AFL傘下の組合は季節性を高い職能賃金で正当化してきた伝統もひとつの理由になって、この考え方を白眼視する傾向があった一方、CIO傘下の組合のほうが、このプランに組み込まれることを好んだ。このプランの数が増加したのは、組合の圧力のせいだけでなく、三八年の公正労働基準法（FLSA）が、賃金保証プランを提供する雇主に法の時間外労働条項の適用を除外する規定を設けたことにもよっている。[28]

だが、大企業の大部分は保証プラン要求に抵抗した。プランのわずか一〇％が一〇〇〇人以上雇用の事業所のものだったにすぎない。一九二〇年代におけると同様に、保証を提供している会社の多くは、小売業者か非耐久消費財の生産者であった。[29]ほんの例外がゼネラル・モーターズ社で、同社は三九年に（組合に通知することなく）、「所得保障《インカム・セキュリティ》プラン」を導入した。これは保証ではなく年上労働者に対する賃金前払い制であって、彼らは季節的あるいはほかの閑散期に前払い賃金を受け取ることができたが、労働時間が正常またはこれを超過する水準に戻ったときにその金を返却せねばならなかった。[30]

ほとんどの大会社が組合からの保証要求を無視した、というわけではない。しかし、雇主は費用のかかる年間賃金プランの制度化のかわりに、再び雇用安定化技法に関心を向けたのだった。一九三〇年代末―四〇年代初頭の経営出版物は、このテーマの資料で満艦飾であった。その多くが、安定化の成功は組合の保証要求を弱めるだろうという雇主たちの期待によって鼓舞されていた。(31)

政府の新しい積極的な労働市場政策のうちには、私的な雇用安定策を助成する一定の意図の下に設計されたものがある。各州の失業保険法の経験料定条項は、不安定雇用の雇主に罰金を科した。もっとも、当時の調査では、この条項に反応して明確な安定化努力をした企業はほとんど見つかっていない。またさらに、FLSAの時間外労働条項は、NIRAの労働時間規約と同様、生産の変動を平準化させるような刺激を意図していた。(32)

しかしながら、少なくとも総体として、三〇年代を通じて産業雇用の季節的な不安定性は改善されなかったというのが、資料の示唆するところである。雇主は、語ること多くしてなすことが少ないか、あるいは国防準備がこの問題を俎上に乗せるまで行動に移る機会がなかったかであった。四〇年以後、産業が設備を完全操業するに伴い、両陣営とも一時的に保証プランへの関心を失った。ゼネラル・モーターズは四二年に所得保証プランをひっそりと取り下げた。(33)

昇進制

労働組合はまた、組合員への保障を改善しようと、昇進方法を変更するよう企業に圧力をかけた。一九四一年、ある組合幹部が、大部分の組合、「特に大量生産その他産業の組合は、労働者をより良い支払いの地位に昇格昇進させる、体系的なプランをほとんど見つけてはこなかった」と慨嘆している。(34) 組合は、職長の権力乱用を抑止し組合員にも職務を開放するように、より画一的で公式的な昇進政策を追求した。彼らは昇進において先任権にもっとウエイトをおくこと、そして内部の欠員に欠員応募制度《ポスト・アンド・ビッド》を導入することを主張した。また、会社が内部の昇進ラインをつくるか、あるいはそれをもっと入念に規定するよう要求した。(35)

経営者のある者は組合の要求を見越して、急遽、昇進方法の改善に取り組んだ。ゼネラル・モーターズとウエスチングハウスの両社がワグナー法の制定後まもなく、新しい内部昇進政策を告示した。両企業は、ほかのRCA、キンバリー・クラーク、LOFなどの会社とともに、可能なかぎり内部から昇進させるよう職長に圧力をかけはじめた。人事管理者は、内部昇進制が公正に運用されれば、労働組合は先任権に基づく昇進という要求に固執しないだろうと考えた(36)。だが、職長からの一貫した抵抗もあって、この分野での制度化の進行は遅々としたものであった。プリンストン大学の労使関係セクションによる三九年の調査は、明確な昇進ラインの設定がいまだ「希であり」、「労使関係の分野で通常指導的な」会社も「雇用管理関係のこの側面にはあまり大きな関心を持っていない」ことを見いだした(37)。

経営側の防御

一九三五年以後の雇用政策の革新は、もっぱら組織労働者の側から出たわけではない。組合不在企業では、経営者は、組合組織化の機先を制するためと、組合が入り込んできたときに経営側の裁量権を確保するためとの両方から、いくつかの分野で先手を打った。組合が組織されている企業では、経営者は自分の確保している領域に組合が侵入するのを阻止しようと闘った。また組合化のいかんにかかわらず、労働力の忠誠を得るためのイデオロギー戦線で、懸命の努力がなされたのである。

経営者が先導した革新のひとつは、会社の雇用政策の定式《フォーミュレーション》化と公表《アナウンスメント》にかかわるものである。少なくとも一九三〇年代半ばまで、多くの会社は、「そんなことをしたら自分も重役もそれの効果的な実施を約束することになる」と称して、にべもなく労務政策の文書化を拒否した雇主と似たようなものであった(38)。だが一九三五年を境に、会社ハンドブックや政策表明が突然に噴出した(表7・2参照)。会社が「規則の網の目」がつくり出す多くの利益を自覚するにつれて、政策の文書化へのためらいは薄れていった(39)。

第一に、明確な政策は、人事部が職長を統制するのを助けた。組織全体にわたる雇用手続きの標準化によって、独立の監督者が組合組織者に門戸を開いてしまう愚を犯しにくくしたわけである。第二に、組合化された企業では、政策表明や規則書は、組合の職場委員《ユニオン・スチュアード》や労働者との紛争における職長の権威を強化し、経営者に苦情の仲裁を果たし裁量権を保持する、より良い機会を与えたのである。最後に、政策表明は、組合でなく会社が慈悲ぶかい雇用慣行の源泉であることを示すのを助けてイデオロギー的機能を果たした。そして、現在および将来の団体交渉協約のどれもを、何か付け足し的で確実に印象の薄いものにさせた[40]。

産業内の複雑で不合理な賃金構造――工場管理者と職長との分権的非調整的な賃金設定の積年の遺産――が、多くの労働者の不満の種であった。その悪名高い実例が鉄鋼業である。一九三〇年代末、カーネギー・イリノイには一万五〇〇〇、アメリカン・スチール・ワイヤーにいたっては一〇万を超えるばらばらな賃金等級があった[41]。この多種多様さに不可避的に伴う不公平が、組合組織者の格好の標的となった。鉄鋼労働組合が最初の協約を勝ち取る前に、その組合の調査部は、

　ほとんどもっぱら賃金の不公平を探し出す機関として機能した。……すかさず通報を受けた組織担当者は、その材料が絶好のアジテーション爆薬と見なした。拡声器が工場の門前でがなり立てる。「諸君の工場はどうか。分塊圧延機の保全工は電気炉保全工より一八セントも高い価値があるのか。否、否、千回も否！　組合に加入せよ、全労働者に公平を勝ち取ろう！[42]」。

そうした不公平が「アジ爆薬」になるのを阻止するために、経営者たちは三五年以後、職務評価制の導入を急いだ。このプランは賃金支払いを非人格化し、会社に自分のところの賃率を同じ分野や産業に普及している賃率と比較することを不可避にさせ、かくて賃率のより大きな整合性を促進した。不公平の是正は全分野の賃金を引き上げるより労働者の意欲を高めるのに安価な方法でもあった[43]。AMAのようなリベラル派経営者団体や労使関係カウンセラーはメンバー企業に職務評価の採用を強く促した。保守的な全国金属産業協会さえもそうしたのであって、この協会は会員の利用に供するための標準職務評価プランを開発した[44]。

こう急いだのには、ほかの理由もある。労働組合とりわけ新しいＣＩＯ傘下の組合は、すべての賃率を押し上げる一方で熟練度別格差を狭めようとしていた。職務評価は経営者に、適当な格差を維持して組合の賃金要求を抑える装置を与えたのである。賃金格差について交渉しなくてはならなくなるという見通しから、組合を抱えた多くの企業が先制的に職務評価を採用した。ある研究によると、一九四六年に存在する同プランの二分の一は四一年以前に設けられたものであり、普通はこの賃率合理化の過程に一切、労働組合を関与させていなかった。[45]

組合指導者はしばしば職務評価を「経営者の道具」だと非難した。ある調査では組合幹部の三人に二人がこれに反対しているのがわかった。[46]彼らは、団体交渉を通じてこそ不公平はよく除去しうるのであり、職務評価はこの分野における労働組合機能のバイパスとして意図されたものだ、と主張した。職務評価が職務の価値の唯一の決定因子であるべきだとの経営者の態度にも、不満が持たれた。だが後述するように、第二次大戦後、職務評価は少数派ながら、かなりの数の組合によって支持されるようになっていく。それらの多くがＣＩＯ傘下の組合で、彼らはそれを既成事実として受け取ったというよりも、経営者と合同して職務評価を導入する力を持っていたのである。[47]

職務評価と同様、一九三五年以後の人事考課の増大も、雇用手続きへの支配を留保しようとする経営者の試みであった。人事考課制は、労働者の仕事上の業績と態度を評定するために、標準化された基準を利用するものだったから、賃金や配置の決定は厳格に先任権に基づくべきだとの組合の要求への、防御的な代替物をなしていたのである（表７・２参照）。人事考課は、これまた職務評価と同様に、山積された管理問題への高度に技術的で準科学的な解決策であると描写されたのだった。[48]

人事考課は組合不在企業において戦術上、欠かせないものと見られた。トムソン・プロダクツ社は三九年に人事考課を採用したとき、組合組織化の渦中にあった。同社は職長を信用せず、人事考課制が差別に関する労働者からの非難を弱めるだろうと考えたのである。会社が職長たちに告げたところでは、このプランは「もし将来いつの日か」厳格な先任権制が要求されたとき、「測り知れない価値」を持つはずでもあった。[49]

組合化された企業のほうも、人事考課の採用の動機には似たようなものがある。第一に、職長に、より公正で一貫した態度を強い、かくて先任権を重視せよとの組合の要求の基礎を弱めた。第二に、先任権からの離脱を正当化する確固たる資料を用意し、経営者に苦情論争に勝つ機会を与えた。[50]

ごくわずかの例外はあるが、組合は人事考課に強く反対した。彼らの見るところ、それは先任権を侵害するのみならず、客観的非人格的業績評価という名の下で、職長に過度の権力を留保するものでもある(一部の経営者たちはそれをすすんで認めていた)。[51]だが、主観的な、態度にかかわる要因を人事考課に含めたことくらい、組合を立腹させたものはなかった。プランのなかには、職長に労働者の「忠誠」や「熱意」を評価させたり、組合に対する労働者の傾斜の具合を測ったりして、組合活動家への差別を容認するものがあったのである。あるプランは、職長に、労働者の「職場生活への反応と全般的意欲の現れ(彼は積極的あるいは消極的に反抗する男か?)」につきコメントすること、その労働者が「他人に追随する」型か、あるいは「少数グループの意見形成」を助ける型か、判定することを求めていた。[52]

会社を労働者に売り込む

会社は、経営者、労働組合、そのほか関連する事項に関して労働者がどのように感じているかを測定する、ほかの技法も実験していた。一九三〇年代末、アームストロング・コーク、シアーズ・ローバック、ウエスチングハウスその他の企業で、精巧な態度判定プログラムが開始された。シアーズ社では、会社への態度に関する質問への従業員の回答に基づいて、「勤労意欲得点」を計算した。[53]諸会社は、そうした調査結果が、意欲の低い部門、悩みの種になりそうな数々を組合よりも早く発見するのを助けるであろうと期待した。また人事管理者は、人事戦略によって「従業員の望ましい態度」が生まれることを、この判定結果が最高管理者に立証してくれるだろうと考えた(54)。

じつに多くの会社が、広範な情報、広報作戦を用いて従業員の態度の陶冶に取り組みはじめた。労働者たちは数限りないパンフレット、雑誌、月報、映画などの機銃掃射にさらされた。経営者は宣伝戦のなかで、単に労働者の敵対的態度にばかりでなく、資本主義の基礎に対するイデオロギー的脅威にも対抗しているかのように振舞った。一九四〇年、労働者六人のうち一人が、「アメリカの経済制度」についての情報を自分の雇主から受け取った(55)。

一九三五年以後、労働者の忠誠を促進するよう設計された雇主の活動のなかで、福利厚生給付の復活と拡張が、最も費用のかかるものだった。この期間に、年金、利潤分配、有給休暇、健康保険制を適用される労働者数が、着実に増加している。四〇年にこうしたプランを持つ企業の割合は、一〇年前の水準をはるかに超えた。雇主は労働組合をくじくためか(インタナショナル・ハーヴェスターが、CIOの攻撃の真っ只中で利潤分配制の適用を二倍に緩和したごとく)、組合に対する労働者の忠誠を弱めるためかに、このプランを利用した。大多数の会社が、給付についても保障についても、組合のおかげを被っているのでないと従業員に確信させる望みから、福利厚生諸給付についての交渉を断固として拒否した(56)。

一九二〇年代から受け継いだ福祉資本主義の遺産の残る半分である会社組合の、明らかな失敗にもかかわらず、労使関係カウンセラーやそのほかの経営者団体は、なおこのプランのために努力を続けた。私的な努力で政府の福祉事業を食い止めうるかもしれないという望みはニューディールで消滅したが、雇主たちは闘いをあきらめなかった。むしろ、三五年にジャージー・スタンダードの重役が語ったように、彼らは「自分の従業員を、資本主義者としてこの体制を支持しつづけるに足る十分な利害関係を持つように仕向けるべく、政府の経済的保障計画を明確な協同的給付によって補足している」のだった(57)。政府の年金分野への参入は、それまでの私的な努力に置き換わるどころか、むしろ最低標準を設定したことで、労働者、雇主双方の、この問題への関心をかきたてたのである。三九年のある調査によると、三五年の社会保障法制定に引き続いて年金制度を採用した会社の数は、それを廃止した会社数の二倍にのぼる。経営出版物が好んで指摘したように、企業は政府が用意する不十分な年金を補足することによって、ほんのわずかの出費で従業員の感謝を獲得できたのである。(58)

人事管理

先に示唆したように、組合化された企業と組合を認めていない企業とでは、人事管理はやや異なった機能を果たした。組合不在会社では、その機能は予防的なものであった。組合化を避けえた会社は「良い」人事管理をしているのだと、広く信じられた。今や最も伝統的な雇主でさえ、人事管理が「必要悪」かつ「よき保険」であることを、すすんで認めるようになった。(59)

人事管理につきまとった皮肉な巡り合わせは、それが組合が求めているものと同じ改革を導入して、組合運動潰しに最も役立ったということである。三七年、人事問題の熟達者の言を借りれば、「労働運動のオルグの握りこぶしが、あなたの事務室のドアをドンドンたたくまで待つくらいなら、もう少し状況に妥協することを考えなさい」。(60)大多数の重役は、職務保障やその他の事項への組合の硬直的態度にほれ込むわけにいかなかったから、組合のない自分たちの状態を保持するためには、喜んで「状況に妥協」したのである。労働組合主義への反目はただ経済上の事柄だったにとどまらない。それは経営者の自由を保持することへの願望、あるいは少なくともその幻想から出てきたのだった。

組合化された企業での人事部の機能は、まずは多義的であった。一部の会社は、開明的な人事政策と好戦的な合法戦術の助けで組合がすぐに駆逐されるだろうと期待した。また別の会社はむしろ敗北的な気分で、企業は持たねばならぬものを持ったのだ、組合化は過去の人事技法の失敗の証だ、という広まりつつあった考えにとらえられていた。第三の立場は、組合を、企業環境の時の流れとして受け入れながらも、しかし積極的な人事管理は組合の影響を牽制できるとするものである。大戦の終了までに、この見地が支配的になっていった(61)。

合意を得たこの第三の見解に従うと、組合・経営関係はひとつの武装停戦であり、そこで人事管理は、経営者の裁量権を防衛するため、労働者の忠誠を競い取るために利用さるべきものである。会社主導の雇用改革が労働者の不満の源泉を除去するように働けば、組合の支持基盤もついにはがたつくはずだ。大戦後の、ある重役の回想によれば、

> 人事制度が三〇年代に開始されたのは、多くの経営者がそこに組合化阻止の工夫を見たからである。それでも組合ができてしまうと(通常そうだったのだが)、これらの会社における人事管理への熱意はしばしば衰退の極に達した。人事部を組織するより早く組合が従業員を組織した会社では、経営者がしばしば、人事部は組合の必要を予防するもののはずだから、人事技法のリベラルな利用は組合を弱小で柔順な状態にしておくだろうという理由づけを行った(62)。

一面で労働組合運動の広まりは、組合化された企業にも組合のない企業にも同様の影響を与えた。つまり人事部の地位と権威を押し上げたのである。大企業における人事機能は最終的に製造部門から取り上げられ、ほかの大部門と同格の地位が与えられることになった(63)。最高経営委員会さえ人事部の必要性と、伝統色を薄めた労働問題への接近の必要性を受け入れるようになった。人事管理者は「もはや孤独な改革運動家ではない」と、ややパルチザン的な観察者の一人がいっている(64)。

この時期には、ひとつに政府規制の最新の展開に関する情報や人事管理の技術的側面についての情報を得たいという広範な要求に応えるためもあって、地方および全国諸組織を結ぶネットワークの形成が見られた。その点、第一次大戦時に通ずるともいえよう。全国組織のなかで最も積極的だったのが、アメリカ経営者協会(ＡＭＡ)である。一九三〇—三五年間に会員の半分近くを失ったＡＭＡはその後、急速に再建され、全国一円でさまざまの会議を援助しはじめ、一連の資料も出版した(65)。

ＡＭＡは、特別協議委員会（ＳＣＣ）を構成している大企業と密接なつながりを持ち、ＳＣＣはＡＭＡへの資金その他の支援のパイプ役を果たした。ＳＣＣが三七年、ラフォレット委員会によって摘発された後、資金は姉妹組織である労使関係カウンセラーズ（ＩＲＣ）に移管された。三つの組織のすべてに理事として入っていたクラレンス・Ｊ・ヒックスは、多くの有力私立大学に労使関係センターを設立するのを援助するために、ジャージー・スタンダードの金をＩＲＣを通して流す役割を果たした。これらの大学は人事管理コースへの入学者数を増やし、会議を開催し、自前で出版物を刊行しはじめた。(66)

第一次大戦期にルーツを持つほかの団体も、三〇年代末に復活した。ＡＭＡ以上に調査に肩入れするＮＩＣＢは、三五年以後、特に人事管理を重視した。人事調査連盟は、今や管理改善協会と改称したテイラー協会が得たと同様に、名声を博した。これらすべての組織の会員が、いまだにＹＭＣＡの年次シルヴァー・ベイ産業会議に顔をそろえていた。こうした組織的結びつきと共通の情報源泉が、経営者の間に、労働組合や政府の規制に関する問題にどう対するのが最善かの合意形成を容易ならしめた。(67)

人事管理者とそのアカデミックな支援者は、再び人事管理のための専門職業的基盤の確立に関心を持ちはじめた。同時に、人事管理を企業内における公正な第三勢力と見る、一九二一年以前的な観念がよみがえってきた。スウィフト社の人事管理者は四〇年、「良い人事担当者は自分の決定が経営と従業員の双方に公正であるよう、あくまで真摯でなくてはならない。……彼はいずれの側の弁護役でもない。胸に一物ある者に公平な判定は不可能であろう」と書いている。(68)

しかし、組合化された企業の人事管理者は、組合指導者が彼らの中立性の主張など即座に見くびったため、このイメージの維持が難しいとわかってきた。一人の組合幹部が人事管理者の会議で語っている。「あなたがた紳士は労働者たちに自分を専門家、技術者、私心ない専門職業人と見せるけれども、彼らは葉巻の端をちょっと嚙んだり紙巻きたばこの端から吸い込んだ葉っぱをペッと吐いたりしていうのだ。〝わかった。だが誰があんたに金を払っているのかね？〟と」[69]。

組合のない企業の人事管理者には、専門職業的中立性ゆえに職長と労働者の間の紛争に介入できる、従業員の権利の保証人だと見せることが、いくらか容易だった。若干の企業は、職長にも関係のある苦情を直接、人事管理者に訴えることを労働者に許した。公式の組合不在苦情処理制度は大戦開始までは開花しなかったとはいえ、それでも専門職業的な態度は、人事管理者が、「従業員との間に緊密な信頼関係をつくり、それによって従業員の多くの不満を非公式に話し合う」ことを容易にしていったのだった[70]。

マージナル・マン

ライン管理者についての苦情を聞いてやろうという人事部門の姿勢は、第一次大戦中にそうであったように、摩擦の原因たるべく運命づけられていた。しかも、職長はなお実行すべき重要な任務を持っていたとはいっても、もはや採用、昇進、賃金決定、解雇など多くの領域の決定が集権化されあるいは厳格な規則や手続きの対象になって、権威と特権を剝奪されつつあったのである[71]。一九三八年、ＡＭＡのローレンス・アプリは、過去三年間の出来事を以下のように要約している。

専門家たちが突然、活動に割り込んできた。もろもろの特別調査が実施され、どの場合も、職長か監督が――この組織の全活動が労働者をそこで統括する、その場所にいるからという理由だけで――攻撃の中心になった。……ひとつまたひとつと彼の責任は彼から取り上げられていった[72]。

職長は、人事部によってのけ者にされ、会社の計画や問題にうとくなり、しかもそれが最高経営者によっても当然視されることに不満を持った[73]。

組合化された企業の職長は、とりわけ辛い時を過ごしていた。経営者は契約交渉の間に職長と相談することはめったになく、労働協約の写しを彼に渡すのさえ時々忘れた。そして組合は、人事部以上に、彼の名誉や権威をめちゃめちゃにした。組合の職場委員《ショップ・スチュワード》は、彼の一挙手一投足に挑戦した。職長に力がないことを正しく見抜いて、苦情手続きにおいてしばしば彼を飛び越したりもした。経営者のほうも、職長の能力にあまり信をおかず、これに合わせた。[74] ある経済学者は、組合のせいで職長は、「もはや自分の下で働く男たちの雇用を統制できない。無能力な労働者の解雇を進言しても、組合がその労働者を復職させることができるのが普通だ。……一般的にいって彼らは、双方の側からとことん蹴り上げられた」と論評している。[75] さらに悪いことに、職長は、組合に組織された生産労働者の賃金と労働条件が改善されていくのに、自分たちの雇用条件が低迷するのを見ていた。生産労働者には職務保障が与えられていくが、多くの職長はただの一時的な組作業集団《ギャング・ボス》の長にすぎないのである。[76]

デトロイトの自動車企業キルシー・ヘイズ・ホィールの職長が一九三八年に職長監督連合という組合を形成し、これが三九年、生産労働者との労働協約に調印したばかりのクライスラーに広がるまでは、ほとんどの経営者が事態の重大性を認識していなかった。この組合はUAWに忌避されたので、CIO傘下に入った。だが後にCIOにも追われた。NLRBもこの組合の申し立ての聴取を拒み、そして一部の職長組合員は解雇された。こうした労働、経営、政府の統一戦線を向こうにまわしたのだから、この組合が四〇年に解体したのも驚くにあたらない。だが、それは第二次大戦期のもっと大きい職長諸組合の先駆だったのであり、またそれが悦にいっていた経営者を動揺させたのだった。職長は多くの責任を剥奪されていたとはいえ、なお現場での規律維持に不可欠の存在だった。彼はまた、ヒラ労働者の労働組合運動の影響を抑制する鎖の、決定的環であった。最高経営者は、組合を結成した職長がそちらへも忠誠を分けることで役に立たなくなるのではないかと憂慮した。[77]

一九三七年以降、職長訓練プログラムは、職長に特権の喪失を納得させるとともに、それでもなお経営陣の一員だと思わせることを目指した。研修や会議で会社の新しい雇用政策が詳しく説明され、その背後の論理も解説された。[78] さらに興味ぶかい進展は、職長クラブの組織である全国職長協会(NAF)の再現である。三〇年代初めには瀕死の状態だった協会が、中西部の雇主とりわけ自動車産業の雇主から財政その他の援助を受けて、三六年ころに蘇生したのである。そして三七年には会員二万人を呼号した。(79) YMCAの職長クラブ全国協議会と異なって、NAFは公然と職長組合に反対していた。その三七年大会(クライスラー社が主催)で、職長組合に加入したどんな職長クラブも組織から放逐さるべしとの決議が採択された。YMCAの職長クラブとは対照的に、NAFの諸クラブは単一企業の職長や監督によって構成されていた。この設定によって経営者の統制が緻密となり、組合的気質の発展が阻止されたのだった。職長に経営者的観点を持たせるために、NAFは職長訓練プログラムを策定し、魅力的な雑誌『ナショナル・フォアマン』(後に『スーパーヴィジョン』と改題)を発行した。(80)

政府と例外小企業

こうしてワグナー法から第二次大戦までの間に、雇用政策と管理構造は、あらゆるタイプの産業と組織を貫いて顕著な変化を被ったのである。だがそこには小規模中規模の(労働者一〇〇〇人以下の)企業における重要な例外がある。これらの企業は、しばしば人事領域に関する手がかりを同業大手業者から得ていたのであるが、しかし、より保守的非公式的になる傾向があった。四〇年になってなお、ある人事コンサルタントの言によれば、小企業の多数がまだ人事管理を「贅沢品」扱いしていた。(81)

それでも、組合組織と、政府規制に対処する試練との結果、一部の中小企業がこの期間に人事部を創設し、雇用慣行を定式化した。新しいNLRBは、企業の大小を問わず、雇用慣行に十分な注意を払うこと、決まった手続きを採用することを強いた。ワグナー法制定に対応して、全国製造業者協会は比較的小規模の会員企業に、しっかりした雇用記録を持つよう、常勤の人事管理者を採用するよう薦めた。(82) 失業保険、社会保障、最低賃金などの法律の複雑な規則と資料収集要求も、人事機能の集権化を不可避とした要因である。たとえば公正労働基準法は、企業に全従業員の賃金と労働時間の資料を保存するように要求した。かくて政府規制の拡大は規模のいかんを問わず、すべての企業で労務管理の分権的システムの衰退を早めたのである。その効果はとりわけ第二次大戦時に顕著であった(83)。

2　第二次大戦——原型が設定される

大戦の勃発は、人事部の数の増大、とりわけ中小企業における増大のもうひとつのラウンドとなった(表7・2参照)。規模の小さい企業は、強化する労働運動と拡大した政府規制の陣だてに対処するのに、熟達者が必要になった。大戦中に人事管理の実際知識がより価値ある商品になっていくにつれて、力点が移動した。つまり、問題はもはや人事部を持つかどうかでなく、人事部をいかに運用するかになったのである(84)。

大企業では人事部の地位が空前の高さに達した。一九四五年の一調査では、大製造工業企業の八社中七社で、人事部が独立の単位をなし、その長がほかの部長と同じく社長に直接、報告しているのが見られた。人事部は、地位とともに規模も大きくなった。移民や婦人が大きな部分を占めた戦時労働力の特別な必要に対処する新しいポストの設置などによって、従業員数に対する人事部スタッフの割合が増大したのである。のみならず、この拡張は、人事管理と自己規制政策に対する最高経営者の高い関心の反映でもあった(85)。

雇用政策は、三〇年代に敷かれた路線の上を、一層、急速に動きはじめた。職長は人事部に従い、全社的な手続きに沿うよう強いられた。配置業務と賃金設定は次第に厳格な規則の網の目に織り込まれた。最後に、労働者を現在の雇主と結びつける雇用保障やその他の紐帯が強化された。こうした展開すべての背後にあった機動力は、労働組合と政府規制の継続的発展であり、希少な労働を確保しようという新しい必要であった。

労働組合は戦時下、五〇〇万に及ぶ組合員を名簿に加えたが、この数字は、製造工業の生産労働者のほぼ三分の二が一九四五年までに組合員になったことを意味する。しかし数字だけではすべてを語り尽くせない。戦争前夜に労働組合はまだ、ウエスチングハウス、フォードなどの産業巨人と独立系鉄鋼各社《リトル》(ベスレヘム、インランド、レパブリックを含む)に浸透できないでいた。調印された協約も、しばしば組合保障条項を何ら含まぬものであった。この状態が一九四〇年以後に変化したのである。第一に、四一年以後、国防生産の利益が増えはじめるにつれ、ストライキに対して雇主が抵抗を続けるのは前より費用のかかるものとなった。第二に、戦時のストライキを避ける願望から、政府がますます強力に団体交渉を支持しはじめた。四二年に設置された全国戦時労働委員会(NWLB)は、雇主たちに労働組合と交渉するよう、組合員保障を認めるよう強いた。その結果として、四五年の労働組合は、より大きくなったばかりではなく、より強力かつ確固たるものになっていたのである[86]。

だが労働市場に対する政府のインパクトは、団体交渉などをはるかに越えて進んだ。大統領や戦時人的資源委員会などの機関が、企業内および企業間の賃金と労働力配置に影響する重要な決定を下すにつれて、戦時下の合衆国はほとんど軍司令下労働市場の国に近づいた。政府の介入は、産業全般にわたり標準化された雇用条件を結果させた。政府は大会社と組合によって設定された人事慣行に承認を与えた。実際、これら人事慣行の宣伝普及が、NWLBの公然たる政策のひとつとなった。合衆国雇用局は私的企業のために人事管理者を訓練した。第一次大戦中と同様、政府のこの活動が、新しい国防産業(航空機)や遅れていた産業(造船)に、近代的人事管理技法とその哲学をもたらしたのである[87]。

労働力不足ということが、第一次大戦のもうひとつの記憶を呼び覚まさせた。軍需労働者を引き寄せ引きとめる争奪戦が、人事部の権力を押し上げたのである。労働力が希少資源である今、雇用は急に職長に任せておけない重要な事柄となり、残っていた職長の管理義務がまた削り取られた。職長の職務そのものは、職場での問題が増えたことで、かえって一層困難にさえなった。一九一七年と同様に、雇主は労働力不足が「労働の側の服従心を損ねている」と慨嘆している。自発的離職と欠勤が増加し、生産性が低下した。それでも職長は、労働者を保持せよという経営者の圧力のせいもあって、もはや自由に労働者を懲戒できなかったのである。[88]

内部労働市場──拡大と深化

戦時下の労働力不足が進むにつれて、非公式《インフォーマル》の採用方法は、急速に拡大している会社の求人を扱うのに不適当であることがはっきりしてきた。その結果、募集と採用は人事業務のなかで最も集権化され標準化されたものになった。職長が自分で労働者を採用するのを依然、認めていた大企業はごく少ない（表7・2参照）。そうではなく、労働者たちは準備を十分かけて募集され、続いて応募書類、面接、採用試験といった官僚制的な、だらだらした長丁場を試させられた。第一次大戦中よりももっと大々的に、軍隊の知能テスト・心理テストが民間産業に伝播した。四七年までに全産業企業の約五分の一が、採用試験に頼るようになっていた。[89]

募集と採用に関する一層の束縛は、連邦機関が、軍需労働者を最も必要とされている産業に配分しようとしたところからもたらされた。たとえば戦時人的資源委員会（WMC）は、労働者を引き抜きした企業を処罰する権限を与えられ、一方、合衆国雇用局は、特定の雇主たちが局の紹介した者を必ず雇い入れるように明記した。労働がとりわけ希少な分野では、WMCが採用を規制し、労働退蔵を防止するための「安定化プラン」を設定した。[90]

組合の圧力も、募集と採用の集権化に一役を演じた。ある経営研究は、新しい従業員の半分以上が、仕事を始める前に自分たちの雇主に不満を抱いたことを発見した。したがって人事部は、労働者を採用し彼らに会社についての良い第一印象を与えるという大切な仕事について、職長を信用したがらなかった。新入り労働者たちは、映画、談話、そのほか彼らの感謝と忠誠を喚起する意図のさまざまの周到な入社儀式を経験させられることになった。[91]

訓練と昇進　労働力不足問題への対処として、戦時下の産業は大規模な訓練プログラムに着手せざるをえなかった。従来の訓練方法では、必要とされる早さで熟練労働力の供給を増やし続けることが、到底できない。そのうえ訓練は、婦人や農村地帯からの移住者など、これまで工場で働いたことのない何百万もの新入りに提供されねばならなかったのである。

こうした問題すべてに対する標準的な解決策は、人的資源計画、職務の単純化、それと単純な職務から別の職務に前進させる訓練を、ひとつに組み合わせる行程であった。人的資源計画は、企業が自分の欲しい労働と訓練要件を確定することを可能にした。政府は、産業の訓練プログラムのほかの側面に対してと同様に、この分野にも大いに力を入れた。ＷＭＣは開設まもなく全企業に対し、それぞれの現在および将来に必要な人的資源を概括した「産業別定員表《マンニング・テーブル》」プランを用意することによって、労働部隊の秩序だった展開の助けとするよう求めた。最も必要とされる分野への労働の訓練と移転とを促進するために、企業は、当時編集された『職種名分類辞典』に従って標準用語で職務を記述するよう求められた。この要望から、企業は否応なく広範な職務分析を実施し、はっきり定義され、しかし硬直的な職種名の合理的な構造をつくり出すよう迫られたのである[92]。

次いで、職務は産業工学の技法によって単純化された。熟練職務も、速修できるより単純な一連の課業に分解された。一九四〇年、ＷＭＣは産業内監督者訓練（ＴＷＩ）プログラムを設置して、職長訓練コースを提供した。これらのコースのひとつ「職務技法」では、二五万人もの職長に、どのように職務単純化分析を実施するかを教えた[93]。

この過程の最後の段階が内部昇進制の確立であって、これによって労働者は、徐々により複雑な職務へと鎖をたぐって前進する。これに関連して、同種の熟練を要求される職務の系統図が確定され、そのうえで現存する職務群から論理的な昇進線がつくられた。ＷＭＣとＴＷＩプログラムの双方が、雇主による職務階梯の設定を助けた。ＴＷＩの長のＣ・Ｒ・ドゥーリーが次のように指摘したとき、そこには昔の職業主義者の声がこだましている。「職務は静的なものではない。……ある職務の後ろにはより良いほかの職務が続く。そして一歩一歩、従業員は訓練され、技能を向上させる。職務は進歩の階梯の踏み段なのだ。これはアメリカ的やり方と同じように能率

表 8・3　職務応募制——該当する職務を有する企業の割合（1952 年）

	組合企業	組合不在企業
人事部を持つ	43%	5%
人事部を持たない	38	7

出所）H. Ellsworth Steele, William R. Myles and Sherwood McIntyre, "Personnel Practices in the South," *Industrial and Labor Relations Review* (January 1956), 9 : 248-250.

的である。格上げは労働者を向上させる方法である」[94]。

同様に、戦時労働委員会（WLB）の賃金統制規則は、真正な昇進から生ずる賃上げには委員会の認可を要せずという規定によって、雇主に公式の昇進政策を採用させる力になった。昇進階梯か職務分類表かの書式を用いて「等級調整の範囲内で賃上げする、秩序だった確定された手続き」を委員会に示せば、企業は昇進の正当性が証明できたのである。そのうえ委員会は、（賃金凍結にもかかわらず）ある上限率までの自動的な勤続昇給を認めることによって、産業の規範に賃上げを先任権に結びつける慣行を持ち込ませたのだった。一九四三年までには、企業の五分の三が、いわゆる等級内昇給による賃上げを支払うに至った[95]。

労働組合もまた、戦時下の内部昇進制の普及を加速した。新しい交渉力を得たおかげで、組合は、職務の欠員を埋めるのに誰が適任かを決める経営者の裁量の限度について、折衝することができた。昇進階梯は、その欠員のすぐ下にいる誰かというところまで適格者のグループを絞りこませた。先任権条項がその幅をさらに狭めることになる。内部者に最初に声をかける欠員応募制の採用は、組合員への機会を大きくした。こうした欠員応募方式は、組合活動と結びついていて、人事部のあるなしではなかったのである（表8・3参照）。最後に、先任権が制度化されるにつれて、組合は、レイオフされるより配転を選ぶ下位の労働者にどんな職務がひらけているかを示す交錯単位を特定化するのに、昇進階梯が助けになるのを知った[96]。

もちろん、こうした発展がいつも滑らかに進行したわけではない。一部の職長は好き勝手を続け、デトロイトの労働者が一九四五年、「昇格なんて俺の知ったことじゃない。それはあんたが何を知っているかではなく、誰があんたを知っているかだ」と不平をいう原因をつくっていた。[97]職長は、部門間の壁を破って彼らの自治権を奪う職務の応募制に反対していた。それにもかかわらず戦争は、厳格に規定された職務によって構成される内部職歴階梯の特殊アメリカ型を打ち出すについて、多くのことをなしたのである。

賃金決定

多くの会社、とりわけ団体交渉に備えて自分の賃率構造への統制力を持ちたいと望んでいた比較的小さい企業は、一方的な職務評価制を（組合と協議することなく）採用し続けていた。しかし大戦中しばしば、組合との協議は評価が実施された後にすべきだという経営者たちからの警告にもかかわらず、経営者と組合が自発的に協力し、合同職務評価を制度化していった。ここでもまた、戦時労働委員会（ＷＬＢ）の賃金安定化規則が、特定の人事慣行を採用させる刺激になったのだった。[98]

委員会は、内部賃率構造の不平等を減らすことを求めて提出される、おびただしい苦情の扱いに忙殺された。そこで、不釣り合いを解消するための賃上げを認めたが、その際、通常は評価プランに照らして賃上げが正当であることを求めた。この要件が賃金凍結を迂回する二つの道を用意することになった。第一に、委員会の幹部が想像していたように、職務評価の導入は評価基準よりも下の賃率を上げる一方、基準よりも上の賃率を切り下げなかったから、全体賃金が増大した。[99]第二に、プランが一度設定されると、組合と経営者は追加的な不平等是正という委員会に対する口実に、これを利用できた。たとえば一九四一年、委員会はブームに沸くカリフォルニア航空機産業に、複数の雇主共同の職務評価プランを採用するよう命じた。委員会はその後、この産業の全般的賃率引き上げに関するいくつかの要求を拒否した。それでも不公平条項の度重なる利用によって、「賃金全体を次第により高い水準に引き上げることを許し」、一九四三―四五年間に「平均賃金を一時間当たり一五セント以上引き上げる結果になってしまった」。[100]

いくつかの事例では（鉄鋼石、鉄鋼、綿紡績、ゴム、造船の諸産業、および個別の企業で）、委員会は、不平等

表 8・4　製造工業における時間給労働者の福利厚生給付——適用企業の割合（1940-46 年）

	1940	1946
健康保険	36%	68%
入院保険	33	64
利潤分配プラン	7	12
年金プラン	8	23

出所）National Industrial Conference Board (NICB), "Personnel Activities in American Business," Studies in Personnel Policy (SPP) No. 20 (New York, 1940), p. 24 ; NICB, "Personnel Activities in American Business (Revised)," SPP No. 86 (New York, 1947), pp. 22-23.

から生じた緊張を緩和するために、職務評価プランを協議し採用するよう労使双方に命じた。鉄鋼業の職務評価は、工場間と工場内の賃率不平等を除去せよという四三年の組合要求の結果であった。USスチール社に記録されている四二年の苦情事項をみると、その半分ちかくが賃率不平等の関係である。委員会は企業間の支払いの平等化要求を却下したが、九〇以上の会社に、企業内賃率構造を合理化するために職務評価制につき組合と折衝せよと命じた(101)。

職務評価と内部昇進制とが行き渡っていくにつれ、新しい重点は個々の企業内賃金構造の整合性におかれるようになった。賃金制度は、企業内の地位と機会の構造に対応してかたちづくられるようになった。これと照応して、外部労働市場の発展に振り向けられる注意が減退した。戦後まもなく、ある経済学者は、「職務評価が職業別賃金格差を確定しているところでは、その決定基準が、地方によって普及している市場賃率格差やその他の職業別賃金格差にかわって支配するようになっている」と報告している(102)。

職務評価に加えて、NWLBは、福利厚生の金銭給付における劇的な拡張の引き金を引いた。企業はNWLBの認可なしでも、「適度な」団体保険、年金制、利潤分配制、有給休暇制を適用することを許された（表8・4）。企業はこの付加給付を、労働者の忠誠を喚起し戦時賃金凍結の影響を緩和するために、利用したのである。労働組合にとっても福利厚生給付は、賃金水準問題に立ち入れない当時としては、団体交渉の範囲を広げるひとつの道であった。そして戦後になっても、こうした諸給付への労働者の要求はかなりのものだった(103)。

だが雇主の大部分は、まだ、これらの給付の管理や規模の管理は経営者の裁量権であると主張して、組合との交渉を拒んでいた。戦後、一部の雇主たちは、付加給付は法によって団体交渉の項目から除外さるべきだと主張した。金銭給付による福利厚生事業に隠れてコーポラティスト攻撃を持続しようとしたこの最後の戦闘は、組合の圧力によって、そして終局的には、そうした給付を団体交渉の領域に持ち込んだ一九四九年最高裁インランド・スチール判決によって敗退したのだった。[104]

雇用保障——保証と解雇

一九四三年、鉄鋼労働組合（USWA）は、鉄鋼諸会社に年間賃金保証を要求して、雇用安定化問題をむし返した。そのようなキャンペーンに取りかかるには似つかわしくない時代だった。軍需労働者たちは周年雇用されており、大部分が超過勤務までしていたからである。しかし、戦争はすでに峠を過ぎて勝利の見通しが生まれ、それにつれて戦後の不況への恐れに火がついたのだった。四四年に実施されたさまざまな調査でも、労働者は、高賃率の維持を別とすれば、ほかのどんな問題よりも賃金の規則性を重視している。さまざまな年間賃金プランが、労働者の保障への感覚を高めた。そしてこのキャンペーンには、当時の組合の交渉力の強さや会社の利益水準の高さという、別の理由もあった。四四年にUSWAは、産業の雇主に、あなた方は容易に雇用安定化できるし年間賃金を支払えるはずだ、と告げた。[105]

NWLBはこの組合要求を「実施不可能」と斥けたが、問題は収まらなかった。[106] 戦後もUSWAは、年間賃金制を要求して圧力をかけ続け、そして今や、UAWや精肉場労働組合を含むいくつかの強力なCIO傘下組合がこれに加わった。ウォルター・ルーサーは年間賃金を、労働者に確実な仕事を確保する「経済的必要事」と呼んだ。経営側が「規則的雇用へ前進するためにほとんど何もしていない」と、繊維労働組合のために調査を引き受けた責任者は、四六年、次のように警告する。「不規則雇用の費用と危険を労働者に背負わせる現在の慣行に、労働側はいつまでも無関心ではいられないだろう。かなりの程度の進歩がないかぎり、政府の行動が求められることになるであろう[107]」。

雇主は、賃金あるいは雇用の保証プランはあまりに拘束的で実際的でないと抗弁し、組合の要求を遅々として受け入れなかった。一九四三—五〇年にこのプランの数は増大したが、五〇年でも対象労働者数は二五万人を超えていない。それでも戦後の組合の強さゆえに、経営者はこの問題を無視し続けることができなかった。組合の保証制要求をいなすためには、経営者がもっと雇用安定化に努めなければならないだろうというのが、共通の了解になった。[108] 当社は「仕事と収入の保障」(アームストロング・コーク)、「雇用の安定」(コダック)、「収入の安定と雇用の継続」(ジャージー・スタンダード)を提供しますと、「従業員必携」が約束しはじめた。こうした約束は、労使協約のような法的強制力を持たなかったが、会社が自分の言葉に忠実であろうとした、なにがしかの証拠にはなろう。戦後、産業雇用の季節変動は、一九一九年以後のどの時期に比べてもかなり小さかった。季節性の歴史的な低下傾向が、五〇年代末に産業がSUBプランを受け入れる道を容易にしたといってよいであろう。[109]

雇用保障への最大の組合圧力は、懲戒と解雇への規制を通じて発揮された。懲戒手続きと苦情制度の創設は、新しく組織された組合がまず経営者と話し合うことを望む項目のひとつであった。一九四〇年までに、自動車と鉄鋼産業の二大協約が、仲裁を終点とする多段階苦情処理制度を備えるに至った。戦時中、苦情仲裁慣行は、「至上の重要事項として、苦情手続きの終点としての仲裁を主張した」NWLBからの支援を受けた。[110] そのうえ組合は、戦時ノー・ストライキ誓約のため、否応なく、より真剣に苦情手続きに頼らざるをえなかったのである。経営者たちは山猫ストライキを避けたい願いと、労働者の数と経験の不足から発生する規律問題の洪水に圧倒されて、しばしばこの分野の組合要求に降伏した。戦争終結時、八五%の労働協約が苦情仲裁条項を含めていた。[111]

組合の圧力と、仲裁規範の骨格ができあがってきたことの結果として、経営側の懲戒実務は、労働者が事前に規則や罰則の知識を持つ権利、懲戒の聴聞に証拠を提出し、決定への不服を訴える権利を含む、さまざまな必須手続き規制を備えるようになった。経営者は詳細な懲戒規則を作成し、この作成過程に組合を参加させることを強いられた。[112]

組合活動の最も重要な成果は、労働者がまさに正当な理由のあるときだけ、また必須の手続きで権利を行使した後に初めて解雇されうるという原理を広く行き渡らせたことである。この正当な理由原理は、不公正に解雇された労働者を復職させる仲裁人の能力とあいまって、駆り立て方式の切り札たる、意のままに労働者を解雇する職長の自由を無力にした。戦争直後、ある研究者は、鉄鋼労働組合が職長に対して「人を解雇する前に有効な、通常は統計的な、根拠となる理由を示せなければならぬ」という立場をとっており、「伝統的な職長にとって、そうした要求が、彼の管理者的立場にとどめを刺したとまでいえないにしても、彼の権利への耐えがたい侵犯になる」ことを認識しているのだ、と看取している。(113)

集権化と職長の位置

戦争終結時、大部分の会社は、もはや職長に労働者を解雇する制約なしの権威を与えてはいなかった。一九四五年のある研究は、職長が調査企業の一一％でしかこの権力を保持していないと報告している。人事管理者と工場管理者が解雇過程に以前よりも多く関与するようになった(表7・2参照)。第一次大戦のときもそうだったが、人事部は職長に、労働者は今や「君のことを、自分たちに鞭を振るう人物としてではなく、違反につき助言してくれる友人として考える」であろうから、君たちの声望は高まるだろうと、いささか疑わしい慰めを与えた。(114)職長の権力喪失の理由には、組合の圧力ばかりではなく、労働力不足や、公正に規律を扱う職長の能力への経営側の不信もあずかっている。戦時の職長の多くが経験不足で、最近ヒラ労働者から昇進したばかりの者だった。四三年、ゼネラル・モーターズの職長の四二％は、その地位に就いてからまだ一年たっていなかった。(115)

こうした上からの抑制の結果として、組合の職場委員が現場の規律の運用にあたって、しばしば職長以上の権力を持つことになった。一方、人事部は、自分たちの集権的な支配を維持しながら同時に職長を支えるために、職長の「人間関係」訓練を強化しようと決心した。戦時下、職長のためのデイル・カーネギー風の訓練が流行した。ソシオドラマ、ソシオメトリックス、ロール・プレイングといった洗練された行動科学的技法を利用して、これらのコースは職長が温厚な説得者になるように、そうしてよりよく規律を維持でき、組合の職場委員とどちらが労働者の忠誠を獲得できるか競えるように訓練した。[116]戦時中、ゼネラル・エレクトリックで実施されたある人間関係訓練プログラムの結果概要が、次のように記述されている。「一週間にわたって、職長は従業員と相互に関心のあるいくつかの一般的な問題を話し合うのを眼目とする。労働者が彼を煙たがっているかどうか知るのに時間はかからない。……こうした会話の後、職長は短い報告書を書く。これらの報告は工場長の執務室に毎晩届けられる」。[117]

政府も大戦中に、自前の職長訓練プログラムに乗り出した。たとえばハーヴァード・ビジネス・スクールのフリッツ・レスリスバーガーなど人間関係論的アプローチを提唱した経営学者たちによって開発されたTWIプログラムが、職長に「人々とともに働き」、「人々を個々人として扱う」よう教えた。このコースは民間産業の職長五〇万人を訓練し、苦情の件数の減少により軍需生産を増進させたと、TWIは誇っている。[118]

組合のない大会社は、組合なしで済んでいるのは自分たちの工場の監督の質と結びついているという確固たる信念を持っていた。そうした会社は職長に訓練を与えたがり、また集権的な懲戒制度を持ちたがった。いずれも、不公正な懲戒や解雇についての労働者の苦情を減少させようと意図したものである。大戦中、少数の組合不在企業が公式の多段階苦情処理手続きを採用した。これは通常、社外の仲裁人ではなく、人事部や会社社長が手続きの終点になっている（いわゆるオープンドア・システム）ことを除けば、組合化された企業に見いだされるものによく似ている。[119]これら組合が介在しない不平申し立て制は、もし苦情が職長に関係があれば、労働者は一足飛びに直接、人事部に赴いてもよいとしていたので、会社に職長の仕事ぶりを見る方法も用意したのである。同時にこうした制度は、不満を持った労働者に、組合に入るか自発的に離職するかのほかに、不満を表現する、なにがしかのはけ口を与えたのであった。[120]

もちろん集権化は、懲戒や解雇の領域をはるかに越えて拡大した。大戦中の人事部は、かつては職長の裁量であった採用、賃金設定、昇進を含む一連の活動に深く関与していった。組織図、新しい経営の階層、会社規則や法律主義が流行した。たかだか二、三百人の労働者たちを雇っているにすぎぬ企業でさえも、雇用に関する大部分を集権化する傾向があった。[121] 人事管理者は、職長の責任をこのように急速に取り上げることに伴う危険性に気づいてはいた。しかし彼らは、集権化は政府規制、労働力不足、労働者と職長の経験不足という戦時の緊急事態によって、また労働組合のさらに一層の侵入を阻止する必要によって、不可避となったのだと感じていた。なしえたことのすべては、せいぜい職長を人事部にいくらか「親密に」させたことくらいだと、ある人事管理者は語った。[122]

職長がこうした展開のなかで意気阻喪したのは驚くにあたらない。戦争終結時に調査を受けた九〇〇人ほどの職長の五分の三が、自分はもう経営者側の外におかれて、命令に従っているだけだと感じている、と報告されている。八つの主要産業に関する別の調査では、大部分の職長が責任は持たされても対応する権限はない、と不満を持っているのが見られる。ほかにも、特に年配の職長たちが、彼らの活動へ人事部から発せられている抑制で不利益を被っていると語っている。組合化された会社の職長は、苦情手続きの最中、経営者に「飛び越し」されることに困惑していた。[123]

職長は別の問題にも悩んでいた。なかでも主なものが職務保障であった。彼らは、もし戦時発注が削減されたり打ち切られると、自分たちがレイオフされるかヒラ労働者に格下げされるのではないかと脅えていた（そしてそれは杞憂ではなかった）。労働組合は、格下げされた職長が経営者側で働いた期間を先任権の記録に記入することに難色を示した。給与額も、別の大問題だった。時間払い労働者たちが大量の超過勤務を行って、俸給制の職長よりもかなり多く稼ぐのは珍しいことでなかった。最後に、組合に組織化された会社の多くの職長はつい先ごろヒラ労働者から昇進したばかりであり、ヒラのときには団体交渉による協約や苦情処理手続きの保護を享受していたのである。だが、経営者側の一部としての職長は、自分たちを保護する明確な政策をほとんど持たず、何らかの種類の苦情処理制度を利用できるのもきわめて希だった。[124]

いくつかの職長組合が戦時中に設立された。最大のアメリカ職長協会(FAA)は一九四一年にフォード自動車で形成され、その後、パッカード、クライスラーなどの会社に広がった。四四年までに会員になった三万三〇〇〇人は、デトロイト周辺に集中していた。こうした組合に参加したのは職長のなかの少数派にすぎなかったとはいえ、経営者は監督者の組合運動を深く憂慮し、その発展を阻止しようと決意を固めた。[125] 彼らはこの脅威に三つの方法で対応したのである。[126]

第一の対応は、職長への支払いと役得の改善である。時間払い労働者との賃金格差は拡大され、付加給付は格上げされた。そのほか些末な変更が職長の地位を押し上げるためになされた。彼は机と電話と特別の駐車場所とを与えられた。何かを通達したり特別の表彰を手渡したりするときには、経営側を代表することが許された。[127]

第二に、会社は、職長の経営者への親近感や一体感を強化することを意図する公式プログラムに、より多く支出した。民間の訓練コースと会議は拡充された。職長たちがすでにそのころ、「経営者が彼らを買い取り啓発する馬鹿馬鹿しい訓練プログラムに非常に批判的」だったにもかかわらず、である。加えて、職長クラブの数が増えた。しかし、職長クラブに組合組織が乗っかるかもしれないことへの恐れから、YMCAは職長クラブを経営者のあらゆる階層に開放して、彼らの一体感を薄めようとした。[128]

第三の対応は、人事業務の分権化によって職長に権力と権威を与えることであった。戦争が終結に向かい、動員が解除され、労働力不足が解消し、政府の規制が緩和されるにつれて、ライン業務への人事部の関与の縮小がより実施しやすくなった。戦後、一部の会社は、普通、小会社だったが、採用と解雇についての職長の権威を強めた。他方、分権化の最も普通の形態は、人事部によって選抜された従業員を拒否する権利を職長に与えるというものであった。[129]

こうした控え目な対応以外には、ほとんど何事も起こらなかった。第一次大戦後に起こった(表7・2)ような、職長への広範な権力回復はなかった。AMAやIRCのような経営側の助言団体も、分権化に反対していた。分権化したと称する会社も、実際にはごく限られた数歩をそちらに進めたにすぎない。いわゆる分権化は、たとえば職長が人事の決定や政策を知らされるといった、職長に権力の実態というよりは権力の感覚を与える以上のものになりえなかったともいえよう(130)。

分権化が限られた進展しか見せなかった理由は、監督者組合運動の脅威が、すでに戦争終了以前に後退しはじめたことにもあった。そして四七年、議会はタフト＝ハートレー法を通過させたが、そこで職長組合は、全国労使関係法の保護から除外された。ある経営者は四八年に、雇主はタフト＝ハートレー法が「職長問題」を「解決」したと感じた、と記している(131)。

しかし、もっと重要な要因とすべきは、労働組合が今や堅固な堀を巡らしており、一九二一年のように急速に力を失うことはない、という経営者の洞察である。終戦とともにストライキの波が堰を切り、全国至るところ、権力を求める厳しい闘争が組合のある企業内で始まった。経営者は自分たちの権利を、とりわけ組合が最も深く侵入してきた人事の領域で確定し防衛するという、前代未聞の事柄に心を配ることになったのだった。組合の侵入を許さぬ領域の輪郭を示す経営権条項が、初めて団体交渉による協約に挿入された。分権化は職長に、組合を水際で押しとどめる責任を負わせることになるが、経営者は職長がその責任を担う性向または能力を持っているとは信じなかった(132)。

最後に、分権化は、過去一〇年の雇用改革への巻き返しを意味するものになるはずだった。それらの改革は、公正と画一性を確保するため、本来的に集権的統制に依存するものだったからである。職務保障の手段でいえば、それは工場規模の労働配置制度と結びついていた。だが、組合の力がいかなるそうした巻き返し策をも遮断した。しかしこれは、人事部が戦後の削減を免除されたことを意味しない。戦時契約の停止とともに、人事予算削減の圧力が強まった。削減は、戦時の労働問題を扱う便法として人事部を創設した中小企業で、ごく普通だった。戦時の特別福利厚生プログラムは廃止された。また同じく、従業員カウンセリング、従業員テストのような人事管理の何か新しい手法と目されたものも、「最高経営者や予算担当者がそれを贅沢品、〝奇をてらう〟思考にすぎないとの疑念をふかめるにつれて」姿を消していった。[133]

第一次大戦後と同じく、人事管理者は自分たちの予算を正当化する新しい方法を探索した。ひとつの方向は、たとえば労働異動や欠勤の趨勢、態度調査の結果など、人事部活動の便益を誇示する一見、客観的な数量的方法を発展させることだった。予算防衛のもうひとつの方法は、専門職業主義を高めることだった。戦後、人事管理者は、専門職業意識の突然の高揚を体験し、専門職業人協会と倫理規定の発展に絶大な関心を表明した。新しい雑誌、組織が、大学の研究者との接触と並んで、人事管理の客観的専門職業主義という風潮に力を貸した。[134]

こうした発展は、人事管理への科学的中立的態度を提唱してきたかつての提唱者たちを喜ばせるはずである。だがこの専門職業主義は、今では人事管理の初期のリベラル派が持っていたより限定された意味しか持たなかった。自分を企業内変革の中立的な力だと感じていた戦後の人事管理者は、ほとんどいなかった。むしろ専門職業主義は、会社位階制のなかでより高い給料とより大きい名声とを確保するための仕掛けになったのだった。人事管理者は自分たちを経営者側の一員だと考えた。そして管理は、ブランダイスやテイラー主義者がやがてそうなるだろうと期待したような、独立の専門職業ではなかったのである。

かくして、ワグナー法に続く一〇年間は、内部労働市場の加速的な普及と制度化の時代であった。賃金、昇進、在職権が一層、緊密に結びあわされた。職務評価が昇進階梯と連係し、先任権原則が強化され、職務とそれに対応する賃金構造が一層、厳格になった。雇用はかなりの程度、より規則に基づいた、より保障されたものになった。しかしながら、この過程は、ひとつの犠牲をも生んだのであった。かつての強力な職長は、今や経営者側の「マージナル」マンあるいは「忘れられた」人として描かれるようになった。これらの言葉が、駆り立て方式か

ら内部労働市場の雇用官僚制への、四〇年にわたる産業の推転を象徴していた。(135)

第九章　一九五〇年代から今日まで

第二次大戦が終結したころ、労働経済学の分野では学者たちが、産業の新しい雇用制度の結果に対する評価をめぐって、一種の知的興奮状態にあった。誰もが変化の起こったことは認めたが、それが良い変化なのかどうか疑問視する人々もいた。たとえばサムナー・スリクターは、一九四七年に、組合の圧力で「以前は一日きざみで雇われていた何百万もの仕事が永続的な雇用関係に転換した」と述べたが、翌年には、組合運動の大波は合衆国が「次第に資本家社会から労働者社会に移行しつつある」ことを意味する、と警告するようになった。(1) 保障の求めに応じてあまりに多く手放してしまったのではないかと、不安を持つ者もいた。労働市場の弾力性、経済的効率、さらに産業の自由さえ損なわれつつあるように見えたからである。クラーク・カーは内部労働市場の普及をもって、「ますます多くの職務の市場に〝立ち入り禁止〟の札を掲げて、個々人の自由よりも共通目的を優先させる」ような社会、「広く開放された社会から部分部分に囲い込まれた社会に」移っていく一般的傾向の一部である、と論断した。(2)

懸念の火に油を注いだのが、労働組合は労働者の利益を増進することに成功しすぎた、という見方である。組合は、彼らが強大な勢力になった政治の分野で、団体交渉を通じてすでに得た獲得物である諸プログラムのさらなる拡張――全国的失業保険、最低賃金の引き上げ、完全雇用に関する立法――を目指している。職場では、組合員は幾多の雇用保障プランによって保護され、組合のない会社も、必要と感ずる範囲内で同じようなことをやっている。こうしたプランが労働市場の弾力性を弱め、労働力の移動性を低下させてきた、というのだった。労働者はもはや自分の仕事を離れることを許されない。批判者たちはこの事態を新しい産業封建制と名づけ、今や金の手錠が労働者をそれぞれの職務に縛り付けていると主張した(3)。

実際、労働異動率《ターンオーバー》は、一九二〇年以前にあったきわめて高い水準から目立って低下した。二〇年以降の移動性《モビリティ》低下を正確に図示することは不可能であるが、データは、二〇年以前の高移動性が、ごく低い階層の製造業雇用を除けば、第二次大戦終結までに至るところで姿を消したことを示している。労働異動の低下と並行して、地理的な移動にも低下傾向が見られた。つまり一九二〇―五〇年の間に、労働者は彼らの職場のみならず、住んでいる地域社会にもよくなじむようになったわけである(4)。

この移動性の低下が、製造業労働者向けに広がった雇用制度の重要な帰結のひとつだといえよう。先任権規則と内部昇進政策は、自分の雇主のところにとどまる理由を労働者に与えた。苦情処理制度と組合が関与しない不平訴え手続きは、自発的離職への代替物を提供し、解雇される確率を減少させた。もちろん、解雇の減少はこれまでより頻繁なレイオフの利用で埋め合わされたが、しかし再雇用の約束、また先任権がかなりの期間、有効であることが理由になって、レイオフ中の労働者はあまり転職しようとしなくなった(5)。

新しい産業封建制という主張になにがしか実体があることを認めたとしても、このような移動性の低下には、雇用慣行の変化だけでないもっと広い源泉があるのを指摘しなければならない。決定的要因のひとつが、一九二一、二四、二九年に発効した移民規制法であろう。これらの法律は、いったん出国した外国人の合衆国への再入国を難しくしたことで、かつての膨大な還流を防いだ。二〇年代、三〇年代ともに、出国は以前の水準の半分以下に低下した。以前なら生国に帰ったかもしれない労働者が、そうではなく根を下ろし、家庭をつくり、特定の雇主や地域社会とかかわるようになった。それらの法はまた入国移民の水準の際立った減退をもたらしたから、一九二〇年以後、新来者の労働力への参入はずっと少なくなった。新来者というのは、通念上、特定の土地に強い結びつきを持たず、それゆえ潜在的に移動性が高い人々である。これに対して、入国移民の減少は、今や以前の移民の波の子供たちが製造業労働力の大きな部分になることを意味する。おそらくこの第二世代は、両親が最終的に定着した地域社会に自分もとどまることを選んだ。いいかえれば、労働力の構成における変化が地理的移動性の低下を結果し、これはさらに職業移動性の低下に貢献したのである。移民は、一九七〇年代に再び光が当てられるようになるまでは、労働市場の大きな要因でなくなった。(6)

地理的移動性の低下はまた、職場を中心にした安定的な労働者階級共同体《コミュニティ》を(普通考えられているよりずっと遅くにだが)つくり出すのを助けた。二つの点がここで指摘さるべきであろう。第一に、この現象は疑いなく三〇年代を通じて労働組合組織化の取り組みを容易にし、間接的に職務移動のより低い水準をもたらした。第二に、それは三〇年以後の労働者たちによる職務保障の熱心な追求が、単に失業への恐れからでなく、社会的安定性のこの新たな形態を守りたいという衝動から出たものであることを示唆している。このように、職場と地域社会が相互に安定化の趨勢を強めあったのである。

前述したように、戦後、一部の経済学者は、労働市場を経由する人的資源の流れの減退を、経済効率を減退させるものと受け取った。しかし近年の経済調査は、その心配が根拠のないものだったことを示唆している。一方、異動と選別《スクリーニング》に基礎をおく労働力保持の理論によれば、労働市場の流動性の長期的な低下は望ましくないとは必ずしもいえない。内部労働市場によってつくり出された非移動性は、離職の雇主側費用を減少させるから労働配分上、効率的だというのである。しかしながら、この新しいどちらの理論も、内部労働市場の形成に効率性という要因が演じた役回りを強調するあまり、逆方向に行きすぎているといわねばならない。(7)

歴史記録の示しているところでは、第一次大戦中と一九三三年以後とに導入された雇用改革は、労働組合の勢力の伸長や人事部の他部門に対する優位が貢献したほどには、競争的市場の諸力からの規定を受けたとは、とうていいえない。労働組合と人事部という二つの要因こそが――深刻な不況および労働力構成の変化に呼応しながら――ロバート・ソローが「社会契約あるいは妥当な行動の原理」と呼んだ変化を導き出し、雇用を日雇いの形態から脱せしめ、駆り立て方式の専横にたがをはめるよう、企業に強いたのである。(8)

われわれは半世紀以上たって見ているおかげで、こうした政策が、労働異動を減じ意欲を喚起することによって、あるいは労働能力を向上させるプログラムを刺激することによって、しばしば効率を高めた事実を確認できる。しかしそういう効果は、移行期のさなかにあった企業の経営者には必ずしも明らかでなかった。むしろ彼らは、内部労働市場の編成が費用を低下させるなどということに懐疑的だった。効率性の刺激は、現代的な内部労働市場を生み出すのに、決して十分、強くも理解しやすくもなかったのである。

一九四〇年代末から五〇年代初めにかけての経済学者も、安定的かつ長期の雇用関係が労働者の「創意性や自恃」をだめにするのではないかと恐れ、産業の新しい雇用制度がもたらす社会的結果を懸念した。クラーク・カーは、労働異動がなければ社会は「精神の独立、自恃、競争心のない」ものになってしまうだろう、と論じた。ここでカーは、官僚制が世界を侵食しつつあると彼が見た趨勢に対抗すべく、限定的なコミットメント、移動の自由といった一九世紀的自由主義の価値を擁護しているのである。明らかにカーは、おかれた事態を誇張し過去をロマンチックに描き変えている。もちろんある種の価値――特に気ままに動き回る自主性のごとき――が市場順応型の雇用制度から離脱するなかで失われたことは否定できないだろう。だが同時に、この離脱が、ほかの諸価値――公平、保障、とりわけホワイトカラーとブルーカラー従業員間の収入の平等化といった――の興隆を可能にした。一九二〇年代に比べて五〇年代、六〇年代に、労働者が共同体への帰属性を強め、不平等を多少とも解消したことがあったからこそ、社会資本の貯蔵所がつくり出され、ボランティア活動からボウリング連盟に至るあらゆる種類の市民活動の盛況を見るに至ったのである。(9)

本書で論じた雇用改革（と労働組合活動の潜在的な機能）のひとつの明白な効果は、雇用保障の分野における差別をはじめとして、俸給制従業員と時間払い従業員の間にあった差別のいくらかを解消したことである。一九五〇年代初めには、ブルーカラー労働者は、ウイリアム・ホワイトのオーガニゼーション・マンとともに次のようにいうことができた。「この組織と自分との関係は永続すべきものだ」、なぜならもし自分が「会社に対し忠実であるなら」私に対し「会社も忠実だろう」からだと。紳士として遇せられるというにはほど遠かったけれども、ても理由なしには解雇されなかった。さらに調査の示すところでは、以前は俸給制従業員に限られていた有給休暇、年金、有給疾病休暇などが、一九五〇年半ばまでにブルーカラー労働者の大部分を含むところまで拡張された。こうして、重要かつ制度的な差異を残しつつも、カラーラインは永続的に塗り消されていったのである。一例をあげると、一九七〇年代にブルーカラー職務に就く全労働者の四九％が一〇年以上の勤続者となった。同じ時期に管理的な職務の従業員の一〇年以上勤続者は八二％であった。それでもこれを一八九二年のサンフランシスコにおける調査の数値と比べると、かつてはブルーカラー、ホワイトカラーを合わせても一〇年以上の勤続者は二七％にすぎなかったのである。(10)

この変化に対応して、経営者が抱く労働者についてのイメージが、より積極的なものへと進んできた。伝統的に、経営者の頭のなかで手工労働者は、貪欲で堕落していて怠惰で当てにならぬ、辛うじて人間と認めうるにしても紳士にはほど遠い創造物だった。だが一九一五年以後に雇用改革を促したその同じ力――開明的な人事管理、労働組合の圧力、政府の労働基準――が、うんざりするほどゆっくりとではあったが、このイメージを変化させた。事実、ラインハード・ベンディックスは、さまざまな経営刊行物の内容を分析して、一九四〇年代までは経営者たちが、ブルーカラー労働者のことを人格、態度、尊厳、諸権利を有する「人間存在」であると完全には意識していなかったことを見いだしている。しかしながら本書で後述するように、経営陣はようやくこのころ、労働者には労働者なりの考えや態度があって、それが一方ならぬ仕方で経営への影響を広げてきていることを発見したのだった。[11]

最後に、従業員に対する経営者の責任という新しい感覚をもたらした要因として、経済学者バーリ＝ミーンズが一九三〇年代に初めて明らかにした、会社所有が会社経営から顕著に分離した事象をあげなくてはならない。第二次大戦後の経営者は、自らを会社所有者（株主）に対してだけでなく、消費者、公衆一般、従業員にも責任があると受けとめるようになった。トップ経営者の典型的な心情は、「会社ファミリーのために成長と多様化と機会をどうつくるかに心を砕く……内向型の会社観」になってきている。「それは、社会と法律がもたらした環境が、経営者に対して、会社を構成するさまざまな層に多元的に責任を負うという観念を持たせるようになった時代の反映である。生え抜きの従業員にほかならない経営者にとって、事業に長期にわたって投資している全構成員を同一視すること、株主をもそれと同じ光の下で見ることは、まことに自然である」。そうした事実の認識が、会社をして、「良い」雇主であるために本気で責任を担う気にさせたのだった。[12]

1　心理学と人事管理

第二次大戦後におけるもうひとつの重要な変化は、人事管理のなかに心理学が大きく入り込んだことである。大戦以前には、選抜試験や態度調査のような心理学的な手法は、ほんの一握りの会社によって、しかも主に幹部登用の際の指針か、従業員の勤労意欲《モラール》研究のためにしか用いられていなかった。アメリカ電話電信会社やウエスタン・エレクトリック社などが先駆的に大規模な従業員態度調査に着手したが、とりわけハーヴァードの人類学者エルトン・メイヨーが率いたウエスタン・エレクトリック社ホーソン工場の実験がよく知られる。メイヨーが到達した考え——彼の後継者によってヒューマン・リレーションズと名づけられたもの——は、一九三〇年代以前に人事管理という分野を特徴づけてきた経済的な刺激と管理過程への依存に、根本的な見直しを迫った。メイヨー学派は、管理者はもっと労働者の心理状態、仕事上の人間関係とくに従業員と監督者との関係に気を配るべきであって、賃金や付加給与にばかりかかずらってはならないと主張した。大戦中に政府がつくり上げたＴＷＩ（産業内監督者訓練）プログラムは、五〇万人ちかいフォアマンに従業員への動機づけの仕方を教えるのに、このメイヨーの考えを採用した。ほかにも行動科学者たちが、陸軍における人事の格付け・選抜の部署——ここで適性検査やＩＱテストの開発が進められた——や、勤労意欲担当部門、戦時情報局——ここが兵士と文民の態度調査を指揮した——のようなところに雇われた。戦争が終わると多数のこれら行動科学者が民間部門に起用され、経営コンサルタントや人事管理スタッフとして働くようになった。一九四八年には、大会社の三〇％以上が給与者名簿に心理学者の名を載せた。選抜試験、態度調査にしろ、リーダーシップ・トレーニングやその他行動科学に基づいたほかのプログラムにしろ、その利用が以前よりはるかに大掛かりなものになった。人事管理のアカデミックな分野が次第次第に応用心理学者の活動領域になった[13]。

　人事管理に行動科学が及ぼした影響は、一九六〇年代、さらにその後にまで続いたといってよい。従業員の動機を分析し、そこで得たことを報酬のしくみや職務の再構築に使おうという研究が相次いだ。そこから生まれたのが、「垂直的仕事分担《バーティカル・ジョブ・ローディング》」のようなアイデアで、これはどのように日常的な作業に興味を持たせ、同時に監督の場所を減らすかを示している。特に幹部や専門職の従業員に対して、行動科学の最も高度な成果である、センシティヴィティ・トレーニング（経営者に、人の心理状態をキャッチする力を涵養する）や管理グリッド（管理者に「人的」問題と「生産」問題とのバランスをとる力をつけさせる）がほどこされた。人事管理者が会社に行動科学を導入する動きの先頭に立ち、管理者訓練や組織開発にもっと出費させる理由づけに、大学の行動科学に関する学科や学会を利用した[14]。

戦後数十年間に生じたもうひとつ別の展開は、「労使関係《レイバー・リレーションズ》」と「従業員関係《エンプロイー・リレーションズ》」とのギャップの拡大である。労使関係は、団体交渉と協約の執行を担当する専門家の領域となり、他方、従業員関係は従業員と企業との間に生まれるその他すべての側面を扱うものとなった。労使関係に関する部署は労働組合がある企業にだけ設けられたが、そうした企業の全体規模の成長は一九五〇年初めに停止した。組合組織化のテンポが緩み、産業界の資本・労働関係がより秩序立ち予見しやすくなるにつれて、人事管理のなかの労使関係的側面は以前ほど重要でなくなった。行動科学をさらに掘り下げようなどという労使関係管理者は多くなく、時には組合と同じように行動科学を胡散臭い目で見た。それと対照的に、従業員関係を扱う部署は、組合がある企業、部分的に組合がある企業、組合のない企業といった違いを越えて、新しい行動科学的なアプローチを行う本拠になった。その代表例というべきものが、自動車産業ビッグ・スリーのうちで戦後最も早く首尾一貫した資本・労働関係戦略を開発してきたゼネラル・モーターズ(GM)であった。(15)

2　会社の組織構造と人事管理

労働組合が強固に組織されている企業においてさえ、労使関係はもはや人事管理の最優先の要素ではなくなった。大企業を対象としたある研究によれば、人事に関する活動で労使関係が支配的位置を保っていると答えた企業は対象企業の七%にすぎず、五五%は重要とさえ考えていなかった。GMのように組合組織がある企業で真実であることは——GMは労使関係でなしに従業員関係で巧緻な心理学的手法を駆使してきた組織である——ほとんどあるいは全く組合がない企業における真実でもあった。組合なしの企業は、組合がある企業からさまざまな官僚制的雇用ルールやキャリア・ジョブ政策を借りてき、それに一連の新しい心理学的手法を継ぎ足した。態度調査、人事リサーチ、心理コンサルタントなどはみな、組合のない企業のほうにより広く普及したものである。その種の大企業の内部で人事部門は、労働者とライン管理者との対立を調停したり、時に監督者に「疑わしきは罰せず」と唱えて労働者をかばうなど、「第三勢力」として機能した。組合がある企業では、時に対立する資本・労働関係が人事管理の独立性を妨げたから、労使関係担当の管理者が第三勢力として行動することはもっと難しかった。そうしたことから次第に、一九二〇年代型のウェルフェア・キャピタリズムの諸要素と「組合型」の雇用規則を結びつけたような、一部の人々によって新しい非組合モデル《ニュー・ノンユニオン・モデル》と呼ばれたものが生まれたのである。イーストマン・コダックなど老舗企業にもモトローラはじめ新興企業にも見られるようになったこのニュー・モデルは、相対的に独立し活動性に富む人事機能、強い雇用保障政策、行動科学的手法への大きな依存等を特徴とした。(16)

一般的にいって、一九六〇年代の人事部門や従業員関係部門は、管理者の啓発、従業員への諸給付、訓練、コミュニケーションに、これまでよりはるかに大きな精力を注いでいることを報告した。こうした活動の重点移動が、労使関係の安定からばかりでなく、「管理職の空きポストを満たすのに人材を企業外に求めるのは好ましくないという固い決意」をした事実からもきていることが、興味ぶかい。「企業は可能なかぎり内部から採用する……［そのために］企業に入社しそこに長くとどまる良い従業員に対し、企業の将来の必要に向けた人材育成や、部門間の移動・昇進をもっと効率的に行うシステムの開発と併せて、金銭的およびその他の動機づけをしていく［必要がある］のだ(17)」。

このような焦点の移動は、驚くほどのことではない。つまるところ一九五〇、六〇年代は、中間管理者層《ミドル・マネジメント》が企業内で急増した時代である。管理職の適材をより強く企業に結びつけるために、一面では社会的に手薄の人材（大恐慌下に生まれ一九五〇年代に大学を卒業した同齢集団は相対的に小さかった）を引きつけ維持する施策が、また他面では「大恐慌の子供たち」が持つとりわけ強い保障への懸念に応える施策がとられた(18)。

中間管理者の増大は、合衆国の企業が多角化され複数事業部を持った会社構造(いわゆるM型構造)に大きく変わり、事業単位ごとの本部《ヘッドクォーター》が半ば自主的に行う部門活動を指揮するようになったことから生じた。この時代にはまた、多くの企業が事業を海外に展開し、ますます多国籍化した。こうした変化から、事業部ごとや工場ごとに新しい本部的な人事活動単位が創出された。一九六〇年代中ごろに存在した本部部隊の半分以上は、終戦後に生まれたものである。そうした本部集団は、全社的な政策および上級経営者への昇進階梯につながっており、職員たちの少なくとも上層は管理的従業員を目指していた。かくして会社の分権化にもかかわらず本部人事スタッフの数は一九六〇年代を通じて増加し――ほとんどの会社で人事部門は活動の幅を広げてスタッフ数が会社全体の趨勢よりも急速に増加した――また本部職員層の圧倒的多数が、組織内における自分たちの地位が上がってきたというふうに実感した。(19)

こうした変化が、事業部やその他事業所などの単位の人事管理者――その活動が今や一般従業員《ランク・アンド・ファイル》と日々の操業上の事項に直接かかわるようになった――にとってどんな意味を持ったかは、簡単に断言できない。一方でこれらの事業単位は、もともと集権化を排した結果として増大してきたものであるが、他方でそうした部門組織は、以前よりもはっきり事業部あるいは事業単位のライン管理者の統制下におかれ、より低い従業員に視点を合わせて、管理のシステムを――発展させるというより――ただ適用したのだった。

一九六〇年代に書かれたいくつかの研究から、おそらく分権化の結果として人事管理者のなかに生じた社会的地位に関する懸念を窺うことができる。人事管理者の不満の最たるものは、事業部のライン管理者に対する報告のことであり、三分の一以上の者が彼らの部門が小さすぎると感じ、半分以上の者が人事の機能を徐々に広範囲にわたって変える必要があると感じていた。一部の人事管理者が――一九一〇―二〇年代の先祖と同じく――彼らの組織影響力を強める方策として専門職業主義《プロフェッショナリズム》に再び転じたのも、驚くにあたらない。彼らはアメリカ人事管理協会のような組織に入会し、プロである証明を手に入れようとし、また企業外部の権威者の助言や理屈を求めて回ったのである。[20]

といって、組織の一番高いレベルの、人事担当重役が自分の影響力がいや増してきたと報告したような場所でさえ、すべてがうまくいったわけではなかった。大戦後のM型組織構造の広がりが、会社の財務機能に大きなウエイトづけをもたらした。近代的な財務管理者にとって、企業は資産の堆積物にすぎない。財務上の道具立てが事業部など諸単位の達成度を判定するのに用いられ、そして事業単位は発行証券への総収益率を高めるために売り買いされる。一九六〇年代を通じて多くの企業がこの財務モデルを適用したことで、企業の合併・買収(M&A)数が急増した。その理屈を推し進めて関連性のない分野に多角化展開するコングロマリット・モデルを追求した企業も少なくなかった。最高経営責任者(CEOs)や社長も次第に、製造や営業部門からでなく財務部門から輩出されるようになった。財務担当重役にとっては数量的に測定できる経営成果が至上のものである。だが残念ながら、彼らはしばしば人事の分野では何事もなしえなかった(また何事か――年金など付加給付の扱いのごとき――にタッチしたときには、その切り盛りを人事管理者と競うことになった)。一九六〇年代前半に人事担当重役が、いかなる他の機能部門とより財務部門といざこざを起こすことが多かったという報告があるのも、うなずけるのである。人事担当者の観点からすれば、問題は「トップ経営陣のなかで考慮されるほとんど唯一の事柄が財務である」ところにあった。一方、その他の上級管理者(財務を含む)の観点からすると、問題は人事部門が「ルーティン、維持・整備、日常業務」以上のことにあまりに関心が低いところにあった。人事部は「危険の引き受け《リスク・テイカー》」から逃げ、物事を「ビジネス本位《ビジネス・オリエンテッド》」に考えない、と非難された。あとのほうの非難は、そう的外れともいえないだろう。企業にますます財務志向が強まり数字がはびこるようになると、人事担当者たちは――トップの人事担当重役まで含めて――会社が今足を踏み入れつつある素晴らしい新世界に対応する準備がさっぱりできていないことを、思い知らされたのだった。[21]

3　一九七〇年代の労働改革と政府規制

事態がこのように人事管理者を昏迷に追い込んだまさにその時期、四つの出来事が一時的に彼らを救った。(1)一九六九年から株式市場の後退が始まって最高財務責任者(ＣＦＯｓ)を面食らわせ、彼らの合併・買収・コングロマリット化への執念を砕いた、(2)労働者の不満に対する懸念――いわゆるローズタウン・シンドロームやブルーカラー労働者の憂鬱《ブルー》――が高まった、(3)企業が労働組合なしという経営環境をつくる機会と動機が生まれ広がった、(4)職場への政府規制がさまざまな側面で強化された、といったことがそれである。

オハイオ州ローズタウンは、ＧＭの組立工場で働く若い労働者が一九七二年に起こしたストライキをもって有名になった町である。ここの労働者たちは、けっこうな収入がありながら仕事内容そのものに満足できなかった。そうして起きたストライキは労働生活の質《クオリティ・オブ・ワーキング・ライフ》(ＱＷＬ)という新しい課題を生み、組合企業と非組合企業の両方、また民間と政府部門の両方でのさまざまな仕事充実「実験」を導いた。その種の実験のうちには、課業と技術の組織変更、主体的に仕事を進める作業チームの編成、問題解決グループの連携、といったことが含まれる。これと同時に企業は、管理者間および管理者と部下との間のコミュニケーション改善を求めて、管理体制に関する関連した変更をも試みた。

人事管理者の立場からすると、こうした取り組みは組織開発(ＯＤ)スタッフの増加を招いたのであって、一九七〇年代の新しい人事活動で最も急速に成長したのがこのＯＤである。その効果は、人事部門がさまざまな心理学者を含む新たな専門家スタッフを獲得した会社本部において、抜群に発揮された。彼らを新採用したことから、人事の機能は、計画的な組織変更とコミュニケーションの分野における専門技術の開発に向かった。「ヒューマン・リレーションズ」の分野でまずできていた大学研究者とのつながりが、一層拡大された。会社レベルの開発と並行して、学界における組織行動（ＯＢ）の研究――ヒューマン・リレーションズの承継――が、一九七〇年代に多額の助成金を受けて幅を利かすようになった。だがこうして本部スタッフが拡充されたところで、ライン管理者の義務も拡張されたのであって、ライン管理者こそ職場改善活動を導いてそれを成功に至らしめる決定的な要素だと考えられた。実際、当時の最も革新的な企業とは、ライン管理者が人事の決定に最も強い裁量権を持つ企業のことだった。こうして事業部および工場ごとの人事部は次第に経営の視野の外に押し出されていった。(22)

労働組合と経営側が共同して取り組むＱＷＬは一九七〇年代に世に知られたが、同時にもっと進んだ職場改善の多くの実験が、新設された非組合工場で施行された。カンザス州トペカにできたゼネラル・フーズのペット・フード工場などがそれである。その理由として説明されたひとつは、手を入れていない場所での職場改善のほうが、労働者も初代のライン管理者も物事の伝統的な受けとめ方や仕方に拘束されないからやりやすいということである。また別の説明として、全米自動車労働組合（ＵＡＷ）のようにＱＷＬに率先して取り組む組合もなかったわけでないが、多くの組合が（ＵＡＷの地方支部にもそういうのがあった）職場改善を経営側が組合を弱めるための施策ではないかと、猜疑の目で見たことがあげられた。だが端的なもうひとつの要因として、一九七〇年代の企業が組合排除の活動のペースを上げ、この一〇年を通じて組合を持たない工場の新設が相次いだことがある。一九七〇年代に組合排除が前より広がった理由としては、組合が弱体化してそれがやりやすくなったこと、対組合の運営コストが七〇年代のインフレ基調の下で急増し非組合工場を開設する動機を与えたこと、労働組織への新しい行動科学的アプローチが非組合工場での組合の組織化を難しくしたこと、などがあるだろう。力をつけた労働者たちは以前よりも経営者に対して忠実で、労働組織というものに関する別なコンセプトの下に組み立てられている伝統的な組合からの問題接近に、あまり関心を持たない傾向を見せたのである。(23)

人事管理者にとって、この新しい非組合方式の強調はいくつかの結果を伴った。まず労使関係と従業員関係との区別が一層広がった。労使関係は以前よりもっと全社的な集中性を欠いて活動の威信を落とし、従業員関係——このころから人的資源《ヒューマン・リソース》（ＨＲ）と呼ばれだした——はますますダイナミックな取り組み（たとえば管理の開発や戦略的な計画）で信頼をかちえ、組合排除の活動にも前よりも支持を集めるようになった。組合排除と職場改革との両方の鍵を握る地域ごとのライン管理者が、次第にこうした活動に深入りし、ここでまた事業単位ごとの人事部の仕事を奪った。そしてキイ・プレーヤーがライン管理者と本社の人的資源部門の両方だということが、両者の摩擦をも増大させた。たとえばライン管理者は、昔のように「本部」がでしゃばりすぎて「地方」が何もできない、こんなことでは組合が会社を乗っ取ってしまうかもしれない、という感じを持った。(24)

一九六〇年代と七〇年代に「労働組合問題」の重要性が後退したのには、労働力のなかに大学で技術やほかの専門を学んだ人々——昔から組合にあまり関心を示さず、組合のほうも彼らにあまり関心を示さなかった集団——が大きな割合を占めるようになったという理由があったことを留意しよう。そのような従業員を管理するのには、コミュニケーションと小グループでの意思決定を促進するような人事管理が求められたが、それはじつはブルーカラー労働者に適用される作業組織や組織行動原理で目指された成果にほかならなかった。だから教育水準の向上は、ブルーカラーの憂鬱《ブルー》と同じ結果を生んだのである。ブルーカラーの憂鬱も人事管理における行動科学の重要性を喚起したことから、これによって本社従業員と現場従業員が管理される仕方の調和をつくり出した。高学歴の従業員と学歴を持たない従業員の両方を擁する企業のなかには、両者の調和が階層による違いのない単一人事政策に帰着し、ただひとつの会社文化ということを強調するようになったものもある。(25)

労働組合は会社の人事管理者にとっての重要性を減じたが、多種多様な新しい政府規制に従うことが、やたらに時間のかかる仕事になった。一九六二年の人的資源開発訓練法に始まって、連邦政府は一九三〇年以降ではついぞなかった規制の革新を着実なペースで持続することになった。同一賃金法（一九六三年）、公民権法（一九六四年）、経済機会法（一九六四年）、労働安全衛生法（一九七〇年）、平等雇用機会法（一九七二年）、職業訓練総合法(一九七三年)等の法律がそれであり、さらに連邦契約遵守計画局の設置をはじめ数々の行政命令もこれに加えられた。容易に予想できるが、諸々のプログラムを遵守するということは、本社の人事部門が記録保持の責任を持ち各事業所に法を遵守させる全社的なシステムを設計することになるので、集権化につながる意味がある。一九七〇年代半ばに大企業を対象にして行われた調査では、平等雇用機会法と職業の安全性に関する諸法とがこの一〇年間の人事活動で最も重要な変化であり、そのため活動の多くが会社本部に集中したとされている。その報告がいうには、「集中化《セントラリゼーション》は、経営陣と管理者層が人事機能の組織化における発展の趨勢を表現するのに最も頻繁に用いる用語である。集中化を強めると彼らがいうとき、それは部下の採用、解雇、規律、命令、訓練、昇進、報酬等々を行う際に感ずる、相当な新しい諸拘束を意味している」。訴訟に巻き込まれたり世間の評判を落としたりしないために、最高経営責任者も社長も各級の長もそうした活動に気を配るようになり、そのことが上級管理者と全社レベルの人的資源機能との接触を以前よりも緊密にした。この報告に従えば、政府規制の変化がもたらした最終的な効果は「人事に関する事項の権限を地方の[ライン]管理者に委ねる、ここ二〇年来の趨勢を断ち切った」ところにある。しかしながらそれは、小休止にすぎなかったのである。(26)

4　岐路に立った人的資源管理——一九八〇年代と九〇年代

一九八〇年代の初めから振り子は再び反対方向に振れて、人的資源部門は会社全体の業務のなかで縮小され、影響力も後退する。会社内部での人的資源管理の役割を増強せしめた、そのすべての要因がマイナス要因に転じたのである。第一に、運輸、通信、その他産業における規制緩和がジミー・カーター大統領の下で導入され、レーガン大統領時代にそれが加速された。雇用関係の立法をめぐるやりとりは相変わらずごたごたしていたが、連邦政府の監視は次第に厳しさを減じ、雇主の切迫感が大いに緩和された。このことは、資源を人的資源にこそ振り向けよという一九七〇年代にあった主張を弱めさせた。第二に、労働組合が一九八〇年代を通じて一層弱体化した。譲歩的交渉《コンセッション・バーゲニング》と民間部門での組合運動の持続的な縮小とが見られた。第三に、労働市場において労働力不足が緩和された。連邦準備銀行がインフレ対策として一九八〇年代のほとんどと九〇年代の初めに高金利を保ったことが、失業を増大させた。金融逼迫は、国際競争の激化とダウンサイジングの波を生んだ規制緩和ともつながっていた。永続的に仕事がない事態が、一九八〇年代にはブルーカラー労働者に集中して起き、一九九〇年代前半にはそれがホワイトカラー労働者の間にも広がった。[27]

一九八〇年代と九〇年代にはまた、会社間の敵対的な乗っ取り合戦の激化や市場を会社支配目的に使う趨勢が証するように、コーポレート・ガヴァナンスの内容に移り変わりが見られた。株主――多くが大機関投資家である――が、会社で唯一の残余財請求権者の資格を持つかのごとく、居丈高に振る舞うようになった。八〇年代の権力の移動につれて、会社は投資家を満足させ乗っ取りを回避するために、より大きなリスクを冒しても高い収益を次々あげる責務を自らに課した。上級管理者によっては、大衆株主を増やす方向をあきらめて、いわゆるレバレッジド・バイアウト（ＬＢＯｓ）で企業を特定個人に売り渡してしまう者も出た。こうした会社の再編と高収益追求が、標的をブルーカラー労働者から中間管理者へと移して、中間管理者が次第にリストラの対象になったのである。一九九〇年代前半には、従業員削減の長期趨勢が管理職と専門職に集中して生じた。コダック、デジタル・エクイップメント、ＩＢＭといった、かつて長期雇用と高い諸給付を誇った企業群が、今や数千人の解雇を断行し、中間管理者との間に暗黙に結んでいたキャリア・ジョブ協定を反故にした。[28]

人的資源部門にとって、これらの変化は控え目にいってもシステム全体に対する衝撃だった。この部門が伝統的に担ってきた三つの主要な役割――第一に給付、訓練、開発等を通じて従業員のキャリア形成を促すサーヴィス提供者としての役割、第二にライン管理者に対してプログラムを供給しモニターする役割、第三に会社執行部とライン管理者に対して従業員の利益を擁護する役割、この第三の役割が人的資源部門をしばしば従業員と監督者との中間部においていたのだが——それぞれが、甚大な影響を被ることになったのである。

今やこの三つの役割すべてが問題視された。一九八〇年代と九〇年代前半の困難な経済環境の下で、企業はキャリア雇用に関するかつての約束からバックペダルを踏み、これまでよりも労働市場の動きを活用する雇用慣行を編成しようとした。この新しいアプローチによって、人的資源分野で訓練、開発その他サーヴィスに打ち込んできた大量のスタッフが切り捨てられた。労働市場の動きを活用する雇用慣行とは、人的資源部門がライン管理者に提供するものが、前より少なくなることを意味する。何とか残されたプログラムについても、費用削減のために人的資源管理の活動は可能ならいつでもアウトソーシングされた。一九八〇年代のこの趨勢は、財務機能に大きなウエイトづけをするような経営の復活に対応していた。これらの結果として、人的資源管理スタッフの規模も、それに関連する管理者が全従業員に占める割合も、大幅に低下していった。(29)

一九八〇年代と九〇年代にはまた、一九六〇年代を発端にずっと続いてきた組織の分権化に新しいうねりが加わった。分権化は、一面では肥大だと当時見られた本部の規模を縮小してコストを削減しようという動きであるが、他面ではまた、市場におけるニーズの急速な変化と多様化に各事業単位がより柔軟に対応できるよう、事業単位ごとの政策に差異をつける方策である。そのことからラインを動かしている管理者たちが、従業員の採用、評価、給与などに以前より多くかかわるようになった。この分権化を可能にした要因として、コンピューターのおかげで組織全体をつなぐことがはるかに容易になった事情があげられる。それによって企業は、採用から退職に至る人的資源管理システムの多くをオンライン化し、この部門のコストを縮減することができた。人的資源部門からライン管理者に権限を委譲させたもうひとつの発展は、品質向上と「達成度を高める」運動で、経営の意思決定に従業員を参加させることを通じて製品とサーヴィスの質を改善しようという広範な取り組みが、それであった。人的資源管理スタッフはしばしば作業現場の品質への取り組みなどに無関係だと見なされたから、この取り組みはＱＷＬ（労働生活の質）運動と違いライン管理者によってイニシャティヴがとられたのである。この点に関してライン管理者は、人的資源部門が用意したプログラムをもらうのでなく、自分が率先してプログラムをつくることになった[30]。

会社が再構築《リストラクチャリング》を進めウォール・ストリートとの接触を強めたことが、人的資源管理者を窮地に追いやった主要因である。経営が財務に引きずられるとは、意思決定が次第に費用・利益への短期的考慮に基づいて行われるようになること、またその費用・便益を数値で示さねばならないことを意味する。もちろん人的資源の場合、費用は短期的で計算可能だがその便益はそうでもないというのが、昔からの問題であった（たとえば多国籍大企業の内部で上級管理者を養成するには一〇年から一五年かかる）。レイオフを避ける政策やキャリア開発政策などを正当化することが、年々難しくなった。従業員が費用という面からとらえられ、ライン管理者が実権を強めるにつれて、人的資源管理者はひとつの選択を迫られた。彼らには、会社の潮流に抗して「従業員本位」にやる自分たちの政策の徳を説き、長期の観点を強調し、従業員の擁護者たる姿勢を貫く選択がありえた。そうでなければ、もっと抜け目のない世渡りの術を巡らして、ライン管理者との事業のパートナー、財務・会計担当者との戦略的パートナーとされるよう努める選択もありえた。仕事を失いたくないと思う人的資源管理者にとって、意思決定で考え込むことはなかった。その一人が次のようにいっている。「われわれの役目は、従業員の不満を静めることから社内の顧客と話し合うことへと、劇的に変化してきている。われわれは従業員にだけかかずらうことから事業全体の枠組みへと焦点を移してきた。主として事業を支えるためにここにいるのだということが、考え方の変化の基本をなしている[31]」。

こうして古い役割が認められなくなったのに、では新しい事業のパートナー、戦略的パートナーという役割の下で人的資源管理の真の責任はどこにあるのかということが、さっぱりはっきりしなかった。ライン管理の事業パートナーだというと聞こえはいいが、それはライン管理者に管理的従業員としての平凡な職務をしたいようにさせるだけの、不本意な結果になりかねない。当時の調査でも、ライン管理者がもともと持っている熟練は有能な監督者になるような類のものでないことが示されていた。彼らは現場の仕事に技術的な専門性を生かすこと、顧客の求めに応じて物事をするのには強いが、部下と相談しながらチームをつくり上げる、従業員を選び動機づけするといった面には弱い。人的資源の専門家が貢献できる領域は、むろんそこにあった。だが多くのライン管理者の態度は、「こっちに電話しないでくれ。必要ならこっちから電話するから」というものであり、そしてベルは決して鳴らなかったのである。政府など外部からの規制圧力を欠き労働市場が買手優位の状況にあったとき、人的資源管理は、その機能を組織内のほかの機能より重要でないと見なすライン管理者に対して影響力を失うのを如何ともしがたかった。一九九五年に出された報告にいう。「人的資源部門はライン管理者とビジネス界の人々からの信用・信頼の喪失に直面していることを自覚している[32]」。

「無情《ハード》な」アプローチということが、企業内の風潮に人的資源部門が歩調を合わせたことの結果だった。ある上級の人的資源管理者の言によれば、「われわれは昔のように、クリスマス・パーティの手立てをしたり赤ん坊に贈り物を届けたりするばかりが使命だと見られた、思いやりあつい《ソフト・ハート》(あるいはセンチメンタルな《ソフト・ヘッド》)人事管理者でないことを示したいと願っている」。しかしその「無情」を強め、より数字志向になると、人的資源部門はさらなる削減という予期せざる結果を招来した。最も容易な削減対象は資源を消費する部分だからである。そのうえ「無情」の強調は、良い達成に対して良い給与という以上に分権的かつ市場志向の組織内で従業員を管理する術を何も持とうとしないライン管理者の信条に、暗黙の信認を与えることになった。だがこれは、一九〇〇年代初頭にかの生産管理技師フレデリック・W・テイラーが説いたことにほかならない。従業員を管理するのに心理学や社会の複雑性をめぐって六〇年がかりで行ってきた研究など、まるでなかったことのようである。責められるべきは、人的資源管理者の側にもあったといえよう。彼らのなかにはそうした研究の根幹の理解を欠いた者が少なくなく、そのことが活動の理論的な合理性を説得的に人々に向かって語る力を弱め、コンサルタントへの外注に抵抗できなくさせたのである。そのうえ彼らは、しばしば会計や財務に関する基本的な理解をも欠いていた[33]。

最後に、人的資源管理者が「戦略的パートナー」のポーズをいくら強めても、実のところ彼らの機能は、全社レベルの重要な決定からは排除されたままだったということがある。事業単位を見直すとか、合併・買収提案を作成するとかいうときに、基本方針が決まるまでは意思決定に参加できなかった。つまり彼らは戦略の実行役は演じたが、立案者にはなれなかった。一九八〇年代に一層進行した分権化、財務主導、略取・買収といった企業活動の方向は、人的資源に最もコミットしにくい分野だった。かくして、大胆にものの言い方は変えてみたが、人的資源管理の機能は相対的に低い地位におかれたままだった[34]。

5　内部労働市場の脱構築《デコンストラクション》か？

一九五〇年代から六〇年代にかけて、合衆国には新しい雇用関係が構築されたように感じられた。そのひとつとして、ブルーカラー、ホワイトカラーの労働者がともに、雇主は自分たちのためにさまざまのリスクを担ってくれると期待するようになったことがある。企業業績の好不調を問わず仕事を保証する、疾病や高齢その他の給付を用意する、景気変動に応じた賃金カットは避ける、といった暗黙の約束を雇主が提供した。本書を通じて見てきたことからして、新しい雇用関係を生み出した力には次の諸点が含まれていたと考えられる。技術と労働力の編成の変化、大恐慌下で労働運動と政府の介入が結びついて生んだ新たな社会規範、経済における政府の役割の増大、コーポレート・ガヴァナンスの管理者責任《マネジアライゼーション》、経営の専門職化《プロフェッショナライゼーション》、雇用関係の永続性を強めるための従業員訓練その他能率向上に向けての方策、などがそれである。

しかしながら、一九八〇年代と九〇年代の大量レイオフが、古典的な内部労働市場の破綻と崩壊を印象づけることになった。そうした感覚は今日さらに、労働組合組織化の急速な退潮と労働市場の規制緩和とによって強められている。これに加えて、社会規範も変わってきている。今や若い労働者は――シリコンヴァレーやウォール・ストリートで働く高学歴者ほどそうであるが――労働力の移動性をむしろ称賛する。雇主を変えて動き回るのは熟練を蓄積する方法なのだと(そういう言い分が昔の職人社会の伝統への回帰だとは、ほとんど気づいていないのであるが)彼らはいう。工場閉鎖やダウンサイジングに対する世間の寛容は、社会規範が静かにより大きな規模で変わりつつあることを示唆する。

社会学者リチャード・セネットが、一九九八年刊行の著書『侵食される人格』によって、この新しい風潮を雄弁にとらえている。セネットは、会社のダウンサイジングの隆盛は労働市場の範囲を大きく越えてさまざまの分岐に及ぶ、ポストモダン時代の象徴的な出来事だと主張する。労働市場でキャリア持続性の約束が反故にされると同じことが、われわれの時間の世界にも、個々人の関係にも生じているというのである。セネットが「長からぬ期間《ノー・ロング・ターム》」と呼ぶのは、われわれの道徳を蝕む広範な侵食力のことである。「長からぬ期間」という規範が、「長い期間にわたるような行為を混迷に導き、信頼や責務による人々の結びつきを弱め、行動から意志を引き離す」と彼は述べる[35]。

ただし制度面での対応は、セネットの「長からぬ期間」が示唆したよりずっと緩慢にしか変化していない。あえていうならば、新しい雇用関係の多くの特質が、ほとんどそのまま残っている。キャリア・タイプの雇用慣行は依然として優勢だし、雇主は従業員のためにさまざまのリスクを背負い続けている。一部の識者が雇用関係は一九世紀末のパターンに戻ってきたと説くのは、誇張にすぎない。だがそのことは決して、一九八〇年代と九〇年代の震動を否定するものではないのである。雇用関係の構成を決める市場原理と組織原理の混ざり具合からすれば、今は市場要因のほうに――特に管理者の地位のなかで――ウエイトがかけられるようになった。また雇主が従業員に責任をより多く転嫁することで、リスクの分け合い方にも変化が起こっている。しかしこれらは程度の問題であって、性格が変わったというようなことではない。つまり段階《フェイズ》の移行ではなく、持続する制度的構造の内部における責任・関与の再配分というべきものであろう。

たとえば雇用の安定性を取り上げてみよう。一九八〇年代と九〇年代における平均の在職年数が通常いわれてきたよりずっとわずかしか変化しなかったことを、近年増えてきた実態調査を踏まえた文献が示している。一九九〇年代後半に、合衆国成人の三五%がキャリア・タイプの職に一〇年以上、持続的に勤務していた事実を知っておくことは重要である(その数値は一九七〇年代後半の四〇%から低下している。ただしその時点から九〇年代までの女性の勤続年数は延びてきている)。こうした「粘着性《ステイッキー》」職務に味方する人事が今なお組織面からの配慮としてとられているのであり、それには雇主提供の多大の企業内訓練も随伴している。賃金は勤続年数につれて上昇を続けており、実のところ先任権は一九七〇年代以降やや強まってさえきている。さらにまた、一九九〇年代における大企業と中小企業の従業員に対する報酬格差の実態は、少なくとも一九七〇年代後半のそれと違わない。大企業の給与は上昇し続けている(つまり市場の圧力から遮断されている)し、その職種ごとの賃金構成は中小企業における同じ職種の賃金構成に接近するということがない。企業の規模は(製造工業を除いて)一九九〇年代に拡大した。それは情報技術、従業員訓練、その他の要因に規模の経済が働いたからである(36)。

既存の職業と対照される、新しい働き口についてはどうか。一九九〇年代に創出された新しい職種は、実質賃金の水準とかフルタイムとパートタイムの従業員比率などの点で既存のものと大きな違いがない。新しく生み出された仕事の多くはマクドナルドやマリオットでの新規募集に見られるように質の低いものだったが、それでも一九九〇年代に雇用を拡大した企業のうちには、モルガン・スタンレィ、ディズニー、ノーウェストのように安定度の高いキャリア・タイプの職を提供してきた雇主も含まれる。相対的に質の高い仕事が、他企業が人減らしをやった、その同じ産業に属する企業で増えたということが興味ぶかい。たとえばシアーズが人減らしをやったその一方で、競争相手のデイトン・ハドソンやホーム・デポットなどが二〇万人ちかくも人員を増やした。情報産業では、AT&Tが雇用を縮減し、SBC、MCI、モトローラなどがAT&Tでの減少以上に雇用を増やした。同じくEDSとインテルでの増員数はDEC、IBMでの減員を凌駕した。一部の化学企業は――コダックと異なって――プラクスエア、メルク、イーストマン・ケミカル(かつてコダックの一部門だった)等を含め、新たな多くの職種を加えた。(37)

　地理的移動に関するデータも、裏づけとなる証拠を提供する。居住地を変える人々は、特に州外への移動の場合にそうであるが、仕事も変える場合が少なくない。リチャード・セネットの主張に一役買った一人のハイテク・ベンチャー・キャピタリストは、一二年間に四度全国を遍歴し、新たなキャリア・パターンがもたらす「友情と地域社会のはかなさ」をもってセネットを慨嘆させた。だがアメリカ人は、「組織人間《オーガニゼーション・マン》」と郊外住宅の最盛期だった一九五〇年代に比べて、今日のほうが移動性が高まったというのは真実だろうか。じつは真実でないのである。州際の地理的移動率は、現実に一九五〇年代より一九九〇年代のほうが多少とも低下している。(38)

　一九九〇年代の変化要因の中心は非正規《ノン・スタンダード》職種(臨時、呼び出し待機、契約等々の形態でなされる)の爆発的な増大といわれる事象にある、と説く人々もいる。しかしそうした正規外の働き口は通常思われているほど多くはなく、全体として合衆国労働力の三%を占めるにすぎない。労働統計局は、表現は違うが同じような内容の言葉を用いて、「常雇用外の労働者《コンティンジェント》」が全雇用の二%から四%だと推定している。一九七〇年代前半からその増大が見られるのは事実だが、とても大変化といえるほどのものではなく、そのうえ、一九九〇年代後半、労働市場の人不足度が強まって正規の職に就くチャンスが増したことから、その数値はかえって低下した。雇われないで働く《セルフ・エンプロイメント》人々の割合も一九九四―九九年に一一%から一〇%に後退しており、これは、起業家精神が称揚されているわりには、自分のリスクに立ち向かうのが雇主にリスクから守ってもらうよりも一般に魅力的でないことを示唆している。最後に、パートタイマーは一六%とこれはたしかに大部隊を構成しているが、とはいえ割合としては一九七〇年代前半と全く変わっていない。(39)

だがこうした事実を知ったところで、それで満足して終わるわけにはいかない。労働市場には、労働組合の手が及ばず法律が対象にしておらず経営者も労働者も互いにそれほど期待していない、多くの分野が残されている。そのような周辺的あるいは二次的な分野のなかでは、キャリア・タイプの雇用関係が見られることはめったにない(40)。この分野における仕事は総じて安定性を欠き長期雇用の保証もなく、そこに駆り立て方式《ドライヴ・システム》の要素がまだ存在する。この種の仕事とキャリア・タイプの職務との差異を縮める最も良い方法は何かということが、労働運動を再び活気づけさせるかもしれない労働法制改革の問題と密接に関連しながら、公共政策の頭痛の種として残っているのである。

なおかつ、ひとつのパラドックスがある。一九八〇年代からこれまで、アメリカの労働者は、高水準の常用職喪失と緩やかな勤続年数低下とを経験してきた。しかしながら他方で、付加給付、養成・訓練、雇用持続の期待を提供されるキャリア・タイプの職に就く労働者の割合は、決してそれほど低下していない。それでは、「長からぬ期間」といった観察と、長期安定雇用が合衆国労働市場に——少なくとも労働市場の中枢を構成する部分で——広く残っている事実との間のギャップを、どう考えればよいのだろうか。

6　パラドックスの説明

これに対する答えは、リスク移動の概念と併せてなされなければならない。一九八〇年代と九〇年代における仕事喪失の直接的な影響は、これまで誇張されてきた。多くの労働者はその直接の影響を被らなかったし、失われた職務とそう異ならない多くの新しい職務がこの間に創出されたのである。しかしながら、従業員たちが、仕事を失うかもしれないリスクに前より強くさらされたという意味では、たしかに間接的な影響があった。別の見方からすれば、雇主が、従業員にこれまでより多くのリスク負担を移してきているのである。これこそ、管理医療《マネジド・ケア・ヘルス》制度や健康保険の被保険者負担増——いずれも一九八〇年代以降ほぼ一貫して進行してきた——の論理にほかならない。確定給付年金制度から定額拠出年金制度への変換の背後にある、根本的な理由も同じである。そのうえ雇主たちは、自由裁量によるボーナス制、集団刺激方式、利益分配制、ストック・オプション、その他達成度に応じた給与支払いの諸形態を用いた、従来より格段に多様な給与パッケージを導入しつつある。(41)

リスクの再配分——キャリア・タイプの職務の消滅ではなく——こそ、今日の第一次労働市場で起こっている雇用関係の劇的な展開の中心をなすものである。雇主は今なお失業、疾病、高齢といった災厄から従業員を保護している。そして規則化された非人格的な雇用の意思決定を続けてもいる。だが彼らは今日、一九五〇年代と六〇年代にあったよりも物騒な環境のなかで、それを行っているのである。企業間競争が激化し、技術変化が急速になり、間断ないリストラが進行している。一言でいえば雇主は以前よりリスクの大きい世界に身をおいているのであり、だから従業員のために負うリスクを軽くしたい。雇主がリスクを背負いたがらないだけでなく、従業員の側も、これまでに勝ち取ったリスク協定を守らせる力を失ってきている。労働組合が弱体化し、政府が雇用条件の基準づくりに熱心でなくなり、そして一九九〇年代後半の一時期を除いて失業率が一九五〇、六〇年代よりも高まる傾向にある。

ではこのことは、最終的にリスク負担が完全に従業員に移行する展望につながるだろうか。雇主は付加給付、年金、キャリア職務等々を提供しなくなるのか。われわれは一九世紀の労働市場を特徴づけた「移動の市場」、「駆り立て方式《ドライヴ・システム》」に回帰するのか。つづめていえば答えは否である。近年の潮流がこのままずっと進行すると想定するのは、理屈の独り歩きであって、一八八〇年代にこれからはすべての職務がキャリア・タイプの位置につくだろうと予見したのにも似た空論といわなければならない。リスク再配分の過程には、経済的、人口学的、政治的な側面からの限界がある。そうした限界があくまで会社を、アメリカ社会におけるリスク支持制度の中心部にとどめるだろう。

その限界のひとつは、労働力編成を管理する組織活動の現実のなかに現れざるをえないものである。大部分の雇主にとって、キャリア・タイプ雇用関係がもたらす経済的な純利益は依然としてプラスである。従業員の会社に対する忠誠やコミットメントは、特に増大するサーヴィス分野の労働では直接の監視がしばしば難しいため、依然として管理者の大きな関心事である。新入りの労働者に訓練をほどこさなければならないことも、労働異動が会社の経費を増やす結果をもたらす。過去におけると同じく、熟練労働者はブルーカラー、ホワイトカラーともに、今なお多くの職業で不足気味なのである。実のところ従業員の熟練は、どちらかといえば昔よりも今日のほうが――特に変化が急速で手順がきちんとマニュアル化されず知識が継承されにくいような状況の下で――重要にさえなっているといえるかもしれない。自主管理《セルフ・マネジド》チームといった、労働組織の新しい形態が、近年急速に広がってきている。(42)それらの形態では、総じて訓練の水準が従来より高く、キャリア・タイプの職務と結びつく傾向が強い。なぜなら職務の安定性が、チームを効率的にする個々人の関係やその他この企業に特有の熟練を支えているからである。だからそうした形態が増殖を続けるかぎり、永続的な雇用関係を維持しようという雇主側の動機も次々生み出されることになる。

これらの理由から、たとえば3Mやモトローラのように労働者をレイオフしてきた会社でさえ、残った従業員にはキャリア・タイプの職務を提供し続けているのである。企業内訓練、利潤分配制、参加型労働制といったキャリア職務政策を伴ったこうした諸慣行が、企業の経済的な達成と積極的に関連している例は、枚挙に暇がない。(43)従業員の責任を高めるのと引き換えに学習体験を提供する「適性向上《エンプロヤビリティ》」契約を履行してきた企業群に関しての近年の一研究は、成功事例の大部分が「従業員の職務を守ることが自己の責任だと心得ている」ような企業によるものだと結論づけている。(44)

一部には、シリコンヴァレーのような変転の激しい部門にいる企業が、それと違う、もっと市場原理に強く引かれた経営をしているという主張もある。そこでの労働者は相対的に若く高学歴で、仕事から仕事へと容易に渡り歩くことができるし、雇主のほうもそんな移動性が競争企業関係の横並びを助けるので、あえてこれを減点にしない。実際、シリコンヴァレーには広範な企業間移動が認められ、従業員はしばしば彼ら自身の給付を買い取るか、あるいは自分で管理する携行型の退職給付制度、401(k)に頼っている。だが彼らはあくまで非典型のエリートなのであり、彼らを雇っている企業も、アメリカ会社制度の多数派に属する典型だとはとてもいえない。今日、合衆国の大部分の企業は、成功への道を生産技術面の革新から引き出すのでなく、顧客を吸引し保持することにかけるサーヴィス提供者なのである。顧客忠誠度の鍵は従業員の忠誠度である。経験豊富で満足している労働者は、採用したての若造よりよほど顧客を見つけ確保する術に長けている。サーヴィス産業で最も急速に成長している職種は、人づきあいの技術を要する分野のものであり、それは会計のようにコンピューター化された情報システムに置き換えることが難しい分野なのである。もちろん、サーヴィス部門のすべての職がそのような性格を持つというのではない。相対的に低い熟練、あるいは容易に自動化されうる分野の仕事も、一部にはある。(45)

高度の技術に支えられた企業といえども、急な労働異動や短い雇用期間が企業の不利に働くことを認識しはじめている。たとえばノースカロライナ州に本拠をおくソフトウエア会社SASインスティチュートの話を聞くと、ウェルフェア・キャピタリズムの最盛期まで投げ戻されたかのようである。週三五労働時間、モンテッソーリ法による介護の出張サーヴィス助成、多様なトレーニング施設、ライヴのピアノ演奏付バーへの助成、等が提供され、また従業員の健康維持のために、自前の診療所に臨床看護婦五人、家庭医療医師二人、マッサージ・セラピストと精神衛生看護士各一人が配されている。移動する可能性のある知識労働者をつなぎとめるために、競争企業に移るより自社内でキャリアを高めていくように仕向ける工夫もしている。同社の人的資源担当副社長がいうには、「午後六時になると、わが社の資産の九五%が退室してしまうのです。彼らが翌朝、ちゃんと戻ってくる気になるような環境をつくらなければなりません」。明らかにSASは、所有が分散した株式会社ではもっと難しいかもしれないことを私的に所有された会社がやってのけた、先端的な見本である。われわれはここに、投資家優先のコーポレート・ガヴァナンスのシステムと、より合理的な人的資源管理アプローチとの不一致を窺うことができる。(46)

リスク再配分過程に対する第二の限界は、人口学から説明されるものである。過去一〇年間にレイオフされた労働者の多くが、ベビーブーム世代に先立つ相対的に少ない一九四五年以前の出生者だった。たとえばある銀行重役によれば、「首切りのマシンガンは［企業合同の］翌日から最前線にいる五〇代に向けて無差別に火をふいた」。(47)中高年は給料が高いからというのでレイオフの標的になり、結果としての収入減を味わうことになった。年配の労働者に対する雇主の冷酷さが、次の重要な事実を浮かび上がらせる。会社は管理体制を簡素化し執行役員を減らすというお喋りをいくらやっても、現実にはピラミッド型、キャリア・タイプの組織を堅持し、そこで年功とそれに基づく俸給を積極的に運用している。だから年配の労働者を標的にしたレイオフによってのみ、労働コストを削減できるのである。(48)

一九八〇年代から一九九〇年代前半にかけての大量レイオフを指揮することは、ベビーブーム世代の豊富な労働力が後にひかえていたから、そう難しくはなかった。だがそのベビーブーマーの後ろに続く同期出生集団――ゼネレーションX――は相対的に小さい。近年の推定では、三五―四四歳層は二〇〇〇年から二〇一五年までに一五％減少する。雇主がそうした人口学的圧力から身軽になる見通しは大きくない。女性の労働力化の長期趨勢もほぼ横ばいに転じたし、ホワイトカラーの生産性上昇による恩恵も緩やかなものである。要するにこれから先、大量の、ちょっと考えられない移民の大波でも起こらないかぎり、雇主は労働力不足や労働力保持の問題に頭を痛めることになるだろう。

最後に、合衆国の雇主が現実にできるかあるいは追求するリスク移転の程度には、政治的な限界がある。近年の合衆国における労働組合組織率は、どの先進工業国よりも低い。また労働者一人当たりの社会保険支出も、ほかのどこよりも少ない。そして会社経営者は、もし彼らがキャリア・タイプの職務とウェルフェア・キャピタリズムを衰退させたならば、公衆が政府や労働組合に向けてその衰退分を埋めさせる圧力をかけるだろうことを知っているか、あるいはこれから知らされるはずである。一九八〇、九〇年代に顕現した合衆国企業の極度の金融中心主義は、投資家(と最高経営陣)から従業員へのリスク移転をもたらし、そしてエンロン、ワールドコムをはじめとする会社スキャンダルの原因ともなった。そうしたスキャンダルへの政治的な対処——規制の強化やコーポレート・ガヴァナンスの精査——が、その副産物として、従業員にリスク移転やリスク負担を課する特定の形態に制約をかける結果をもたらしている。二〇〇四年大統領選挙に向けた民主党候補選びのなかで、健康保険制度を各企業に保険最低水準を担わせるように改変する提案が生まれてきたことなども、従業員にリスクを移転する雇主の能力の限界を示唆するものである(49)。

リスク移転に制限などないとする唯一の観点は、リスク移転の不可避性への信念、政治学者アルバート・O・ハーシュマンが「無益のレトリック」と呼んだ、人々の気質への着目である(50)。無益性の議論は、所詮変えることなどできない深い力——経済的な論理や人間の本性——を掲げることによって説き進められる。そうした力を抑えようとすればするほど、その期待は次第に失望に転じざるをえず、さらにはその力をかえって強める結果さえ招来するものとして描かれる。経済学における合理的期待の仮説——積極的な財政支出は究極的に失業率を逓減させず、かえって長期にわたる失業増大すらもたらすという——は、まさにその一例である。類似のレトリックが、市場個人主義こそが経済を制してきたという主張を鼓舞する。市場個人主義が経験的に間違っていることが示されているときでさえ、そのように主張されることに現実的な結果が伴うのである。彼らは現存の諸制度は死滅を運命づけられているとの信念を強める。キャリア・タイプ職務であれウェルフェア・キャピタリズムであれ、そんな制度を維持することは、やがて企業を傷つけ事態を悪化させることになる無益さの学習にほかならない。そんなことをするより、官僚制を廃棄し、組織との関係を絶ち、「先頭をきる」つまりほかの誰もやらないことをやって、未来に向けて急いだほうがよほどましだ。

しかしハーシュマンが指摘しているように、無益さはしばしば早まって宣言される。それは希望的観測の一種なのである。個人主義が労働市場に行き渡っていると信じたり、われわれは一九世紀リベラル派が理想化したシステム、すなわち淡々たる社会関係と腕の届く範囲内だけでつきあう世界に住んでいると信じたりするのも、やはり希望的観測にすぎない。事実はといえば、われわれは今なお、労働市場を含むもろもろの市場が組織、規制、社会的規範、その他の諸制度と共存し、ともに進化する社会のなかで暮らしているのである。これは本書冒頭で論じたポランニーの「二重運動」、市場の拡大と市場への規制という、双方向に作用する諸力にほかならない。

過去二〇年間にさまざまな分野で生じた経済的な規制解除《ディ・レギュレーション》をよく検討すれば、決してそれが純粋な自由放任への動きなどでなく、政府責任の再定義であり、再規制《レ・レギュレーション》の過程であることが明らかである。(51) 労働市場にかぎっていっても過去一〇年、退職者諸給付から身障者保護、家族介護休暇に至るまで、規制の量は着実に増えてきている。社会には、雇主が従業員に対して、ただ賃金をその都度与えることを越えた責任を有しているという規範が牢固として存在する。ここから生まれる結論は複雑なものでない。われわれは今日の経済におけるリスク水準を変えることはできないが、リスクを経済ゲームへの参加者間にどう割り振るかの規則を変えることができるということである。本書はそうした観点から歴史を透視してみた。それは無益のレトリックなどというものに信頼がおけない一層の理由を、われわれに与えてくれる。

原注

序章

(1) Stanley Aronowitz, *False Promises : The Shaping of American Working Class Consciousness* (New York, 1973), p. 26.

(2) Jerome M. Rosow, ed., *The Worker and the Job : Coping with Change* (Englewood Cliffs, N.J., 1974) 所収の Richard E. Walton, "Innovative Restructuring of Work," ; David A. Whitsett, "Where Are Your Unenriched Jobs ?" *Harvard Business Review* (January-February 1975), vol. 53 ; J. R. Hackman and G. R. Oldham, *Work Redesign* (Reading, Mass., 1980) などを参照されたい。

(3) Harry Braverman, *Labor and Monopoly Capital : The Degradation of Work in the Twentieth Century* (New York, 1974) [富沢賢治訳『労働と独占資本——二〇世紀における労働の衰退』(岩波書店、一九七八年)] ; Dan Clawson, *Bureaucracy and the Labor Process : The Transformation of U.S. Industry, 1860-1920* (New York, 1980) などを参照されたい。

(4) Ivar Berg, Marcia Freedman, and Michael Freeman, *Managers and Work Reform : A Limited Engagement* (New York, 1978), pp. 64-74. なお、次の文献も参照されたい。Rosow, ed., *Worker and the Job* 所収の George Strauss, "Workers : Attitudes and Adjustments," pp. 73-98 ; Patricia Voydanoff, "The Relationship Between Perceived Job Characteristics and Job Satisfaction Among Occupational Status Groups," *Sociology of Work and Occupations* (May 1978), 5 : 179-182 ; Robert P. Quinn, Graham L. Staines, and Margaret R. McCullough, "Job Satisfaction : Is There a Trend ?" Manpower Research Monograph No. 30, U.S. Department of Labor (Washington, D.C., 1974).

(5) Paul Andrisani, Eileen Appelbaum, Ross Koppel, and Robert Miljus, "Work Attitudes and Work Experience," R&D Monograph No. 60, U.S. Department of Labor (Washington, D. C., 1979), pp. 32-35.

(6) Reinhard Bendix, *Work and Authority in Industry : Ideologies of Management in the Course of Industrialization* (New York, 1956), pp. 288-289 [大東英祐・鈴木良隆訳『産業における労働と権限——工業化過程における経営管理のイデオロギー』(東洋経済新報社、一九八〇年) 四一六—四一七頁]。

(7) Talcott Parsons, *The Social System* (Glencoe, Ill., 1951), p. 508 [佐藤勉訳『社会体系論』(青木書店、一九七四) 五〇一頁]。なお、次の文献も参照されたい。J. G. March, ed., *Handbook of Organizations* (Chicago, 1965) 所収の William H. Starbuck, "Organizational Growth and Development," pp. 477-479 ; D. S. Pugh et al., "The Context of Organization Structures," *Administrative Science Quarterly* (March 1969), 14 : 115-126 ; Clark Kerr, John Dunlop, Frederick Harbison, and Charles Myers, *Industrialism and Industrial Man* (Cambridge, Mass., 1960) [中山伊知郎・川田寿訳『インダストリアリズム』(東洋経済新報社、一九六三年)]。

(8) Richard Edwards, *Contested Terrain : The Transformation of the Workplace in the Twentieth Century* (New York, 1979) ; David M. Gordon, Richard Edwards, and Michael Reich, *Segmented Work, Divided Workers : The Historical Transformation of Labor in the United States* (Cambridge, 1982) などを参照されたい。

これらのパースペクティヴはそれぞれ、本書で扱った時期に関する二つの歴史モデルと相似的である。すなわち官僚制の命令に焦点を当てる組織総合理論と、改革は大企業によって大企業のために編み出され実行されたとするコーポリット・リベラリズム論である。Louis Galambos, "The Emerging Organizational Synthesis in Modern American History," *Business History Review* (Autumn 1970), 44 : 279-290 ; James Weinstein, *The Corporate Ideal in the Liberal State, 1900-1918* (Boston, 1968).

(9) Edwards, Reich, and Gordon, eds., *Labor Market Segmentation* (Lexington, Mass., 1975) 所収の Richard C. Edwards, "The Social Relations of Production in the Firm and Labor Market Structure," p. 8.

(10) Michael Burawoy, "Contemporary Currents in Marxist Theory", *The American Sociologist* (February 1978), 13 : 50-64.

(11) Karl Polanyi, *The Great Transformation : The Political and Economic Origins of Our Time* (1944 ; reprint, Boston, 1957), p. 132 [吉沢・野口・長尾・杉村訳『大転換』(東洋経済新報社、一九七五年)一八一頁]。

(12) これらの違いがもたらした帰結については、Ronald Dore, *British Factory—Japanese Factory : The Origins of National Diversity in Industrial Relations* (Berkeley, Calif., 1973) [山之内靖・永易浩一訳『イギリスの工場・日本の工場』(筑摩書房、一九八七年)]が論じている。

(13) John R. Commons, *The Legal Foundations of Capitalism* (New York, 1924), p. 311.

(14) Commons, *Legal Foundations*, p. 72. コモンズは次のように述べている。「一万人を雇っている企業が、一人の労働者を雇わないでその補充もしないとすると、その企業は労働力の一万分の一だけ失うことになる。ところが労働者が自分は働かないことにして別に雇主も見つけないとすれば、一〇〇%の仕事を失うことになる。意思というものを機会が希少な世界で実際に選択をする量的な概念であると考えると、一方の権利は他方の権利よりも大きい、いやおそらく一万倍も大きいのである」。

(15) *Ibid*., pp. 59, 303-304, 307. また Philip Selznick, *Law, Society and Industrial Justice* (New York, 1969) および Sanford Jacoby, "The Duration of Indefinite Employment Contracts in the United States and England : An Historical Analysis," *Comparative Labor Law* (Winter 1982), 5 : 85-128 を参照されたい。

(16) Alfred D. Chandler, Jr., *The Visible Hand : The Managerial Revolution in American Business* (Cambridge, Mass., 1977), p. 497 [鳥羽欽一郎・小林袈裟治訳『経営者の時代(下)』(東洋経済新報社、一九七九年)八四九頁]。経営史的アプローチに対する顕著な例外は、Daniel Nelson, *Workers and Managers : Origins of the New Factory System in the United States, 1880-1920* (Madison, Wis., 1975) [小林康助・塩見治人監訳『二〇世紀新工場制度の成立』(広文社、一九七八年)]である。

(17) Lloyd Reynolds, *The Structure of Labor Markets* (New York, 1951) ; E. Wright Bakke, ed., Labor Mobility and Economic Opportunity (Cambridge, Mass., 1954) 所収の Clark Kerr, "The Balkanization of Labor Markets," ; Richard A. Lester, "Hiring Practices and Labor Competition," Industrial Relations Sections, Princeton University, Research Report No. 88 (1954) ; George W. Taylor and Frank Pierson, eds., *New Concepts in Wage Determination* (New York, 1957) 所収の John T. Dunlop, "The Task of Contemporary Wage Theory".

(18) Walter Y. Oi, "Labor as a Quasi-Fixed Factor," *Journal of Political Economy* (December 1962), vol. 70 ; Peter Doeringer and Michael J. Piore, *Internal Labor Markets and Manpower Analysis* (Lexington, Mass., 1971) ; Arthur Alexander, "Income, Experience, and Internal Labor Markets," *Quarterly Journal of Economics* (February 1974), vol. 88 ; Oliver E. Williamson, Michael L. Wachter, and Jeffrey Harris, "Understanding the Employment Relation : The Analysis of Idiosyncratic

Exchange," *Bell Journal of Economics* (Autumn 1975), vol. 6.

(19) たとえば日本やイギリスでは賃金が合衆国ほど硬直的ではない。また、合衆国に比べると、イギリスの内部労働市場は構造化されておらず、日本の内部労働市場は構造化されている。Robert J. Gordon, "Why U.S. Wage and Employment Behavior Differs from that in Japan," *Economic Journal* (March 1982), 92 : 13-44 ; Dore, *British Factory*, chaps. 10 and 11 [前掲邦訳、第一〇章および第一一章]。

(20) John Eatwell, *Whatever Happended to Britain ? : The Economics of Decline* (London, 1982).

(21) このテーマをより広く考察したものとして、Robert Wiebe, *The Search for Order, 1877-1920* (New York, 1967) を参照されたい。

第一章

(1) Samuel Batchelder, *Introduction and Early Progress of the Cotton Manufacture in the United States* (Boston, 1863), passim ; Stephen Marglin, "What Do Bosses Do? The Origins and Functions of Hierarchy in Capitalist Production," *Review of Radical Political Economics* (Summer 1974), 6 : 33-60 [「ボスたちは何をしているか」青木昌彦編著『ラディカル・エコノミックス』(中央公論社、一九七三年)九三―一七八頁] ; Caroline F. Ware, *The Early New England Cotton Manufacture* (Boston, 1931), pp. 23, 50-51, 263-266 ; Howard Gitelman, "The Waltham System and the Coming of the Irish," *Labor History* (Fall 1967), 8 : 227-253 ; Hannah Josephson, *The Golden Threads : New England's Mill Girls* (New York, 1949), pp. 220-221 ; Thomas Dublin, *Women at Work : The Transformation of Work and Community in Lowell, Massachusetts, 1826-1860* (New York, 1979).

(2) Carroll D. Wright, "The Factory System of the United Staes," U.S. Bureau of the Census, *Report of the United States at the Tenth Census* (Washington, D.C., 1883), p. 548 ; Victor S. Clark, *History of Manufactures in the United States* (Washington, D.C., 1929), 3 : 15-16, 76-80, 473 ; Daniel Nelson, *Managers and Workers : Origins of the New Factory System in the United States, 1880-1920* (Madison, Wis., 1975), p. 4 [前掲邦訳、九頁]。

(3) フレデリック・W・テイラーによると、職長と熟練労働者の権威は「口伝えで伝授されていた知識」に基づく。「この膨大な見よう見まねまたは伝統的知識はひとりひとりの職人の重要な資産または所有物であるといえよう」。*The Principles of Scientific Management* (New York, 1912), pp. 31-32 [上野陽一訳『科学的管理法』(産業能率大学出版部、一九六九年)二四七頁]。

(4) Dan Clawson, *Bureaucracy and the Labor Process : The Transformation of U.S. Industry, 1860-1920* (New York, 1980), pp. 75-83, 115 ; John Buttrick, "The Inside Contract System," *Journal of Economic History* (September 1952), 12 : 205-221 ; Nelson, *Managers and Workers*, pp. 31, 38 [前掲邦訳、四七、七〇頁]。

(5) David Montgomery, "Workers' Control of Machine Production in the Nineteenth Century," *Labor History* (Fall 1976), 17 : 488-489 ; Clawson, *Bureaucracy*, pp. 130-166.

(6) George S. Gibb, *The Whitesmiths of Taunton : A History of Reed and Barton, 1824-1843* (Cambridge, Mass., 1943), pp. 282-286 ; Clawson, *Bureaucracy*, pp. 126-130 ; Nelson, *Managers and Workers*, p. 40 [前掲邦訳、七四頁] ; Montgomery, "Workers' Control," p. 491.

(7) Alexander Hamilton Church, "The Twelve Principles of

Efficiency : The Eleventh Principle—Written Standard Practice Instructions," *The Engineering Magazine* (June 1911), 41 : 445 ; Gibb, *Whitesmiths*, p. 184 ; Ordway Tead, "The Importance of Being a Foreman," *Industrial Management*, (June 1917), 53 : 353.

(8) David Brody, *Steelworkers in America : The Nonunion Era* (New York, 1969), p. 85 ; "The Characteristics of a Foreman," *The Engineering Magazine* (February 1909), 36 : 847 ; Evelyn H. Knowlton, *Pepperell's Progress : History of a Cotton Textile Company, 1844-1945* (Cambridge, Mass., 1948), pp. 159-161.

(9) Joseph H. Willits, "Steadying Employent," *The Annals* (May 1916), vol. 65, suppl., p. 72 ; H. Keith Trask, "The Problem of the Minor Executive," *The Engineering Magazine* (January 1910), 38 : 501 ; "Fall River, Lowell, and Lawrence," Massachusetts Bureau of the Statistics of Labor, *Thirteenth Annual Report* (Boston, 1882), p. 381.

(10) Brody, *Steelworkers*, p. 120 ; Virginia Yans-McLaughlin, *Family and Community : Italian Immigrants in Buffalo, 1880-1930* (1977 ; reprint, Urbana, Ill., 1982), p. 43 ; Arthur Hanko, "Reducing Foreign Labor Turnover," *Industrial Management* (May 1921), 61 : 351.

(11) Fred H. Rindge, Jr., "From Boss to Foreman," *Industrial Management* (July 1917), 53 : 508-509 ; C. J. Morrison, "Short-Sighted Methods in Dealing With Labor," *The Engineering Magazine* (January 1914), 46 : 568.

(12) Charles E. Fouhy, "Relations Between the Employment Manager and the Foreman," *Industrial Management* (October 1919), 58 : 336 ; Henry Eilbirt, "The Development of Personnel Management in the United States," *Business History Review* (Autumn 1959), 33 : 346 ; Willits, "Steadying," p. 72.

(13) "Detroit's Great Growth Due to Its Open Shop Policy," *Iron Trade Review* (July 15, 1915), 57 : 143-145 ; Clarence E. Bonnett, *Employer's Associations in the Unitd States* (New York, 1922), p. 80 ; Edwin E. Witte, *The Government in Labor Disputes* (New York, 1932), pp. 211-218.

(14) Charlotte Erickson, *American Industry and the European Immigrant, 1860-1885* (Cambridge, Mass., 1957), pp. 17-28, 67-87 ; Brody, *Steelworkers*, p. 109 ; J. R. Commons et al., *History of Labor in the United States* (New York, 1935)第三巻の Don D. Lescohier, "Working Conditions," p. 188 ; Isaac A. Hourwich, *Immigration and Labor* (New York, 1912), pp. 93-101 ; Harry Jerome, *Migration and Business Cycles* (New York, 1926).

(15) Yans-McLaughlin, *Italian Immigrants*, pp. 59-64, 72-73 ; William I. Thomas and Florian Znaniecki, *The Polish Peasant in Europe and America*, abridged by Eli Zaretsky (1918 ; reprint, Urbana, Ill., 1984), pp. 139-255〔桜井厚訳『生活史の社会学——ヨーロッパとアメリカにおけるポーランド農民』(お茶の水書房、一九八三年)。引用個所は訳出されていない〕。

(16) Sumner H. Slichter, *The Turnover of Factory Labor* (1919 ; reprint, New York, 1921), p. 319 ; Dwight T. Farnham, "Adjusting the Employment Department to the Rest of the Plant," *Industrial Management* (September 1919), 58 : 202 ; Commission of Inquiry, Interchurch World Movement, *Report on the Steel Strike of 1919* (New York, 1920), p. 139 ; Nelson, *Managers and Workers*, pp. 44-45〔前掲邦訳、七九—八一頁〕; John P. Frey and John R. Commons, "Conciliation in the Stove Industry," U.S. Bureau of Labor Statistics (BLS) Bulletin No. 62 (Washington, D.C., 1906), p. 128.

(17) John R. Commons, "Labor Conditions in Meat Packing and the Recent Strike," *Quarterly Journal of Economics* (November 1904), 19 : 8 ; Nelson, *Managers and Workers*, p. 43〔前掲邦訳、七

九頁]; Slichter, *Turnover*, p. 202.

(18) Lloyd Ulman, *The Rise of the National Trade Union* (Cambridge, Mass., 1955), p. 549.

(19) Philip Klein, *The Burden of Unemployment* (New York, 1923), pp. 13-37; Paul F. Brissenden and Emil Frankel, *Labor Turnover in Industry: A Statistical Analysis* (New York, 1922), pp. 80-81; Slichter, *Turnover*, p. 184; *Industrial Relations* (*Bloomfield's Labor Digest* としても知られている) (May 12, 1923), 15: 1530.

(20) Alexander Keyssar, "Men Out of Work: A Social History of Unemployment in Massachusetts, 1870-1916" (Ph. D. dissertation, Harvard University, 1977), pp. 43, 72, 76-77, 79, 107; Robert A. Gordon, *Business Fluctuations* (New York, 1961), p. 251.

(21) Paul H. Douglas, "Can Management Prevent Unemployment?" *American Labor Legislation Review* (September 1930), 20: 273; Mary Van Kleeck, "The Effect of Unemployment on the Wage Scale," *The Annals* (September 1915), 61: 97-98; Irene O. Andrews, "The Relation of Irregular Employment to the Living Wage for Women," *American Labor Legislation Review* (June 1915), 5: 319-374; Massachusetts Commission on Mimimum Wage Boards, *Report* (Boston, 1912), passim; U.S. Bureau of the Census, Census of Manufactures: 1909 (Washington, D.C., 1912), pt. 1, pp. 37-54; "Fall River," p. 306.

(22) Slichter, *Turnover*, pp. 126-127, 129.

(23) Keyssar, "Out of Work," p. 129; "How to Meet Hard Times: A Program for the Prevention and Relief of Abnormal Unemployment," Mayor's Committee on Unemployment, City of New York (New York, 1917), p. 24; "Guaranteed Wages: Report to the President by the Advisory Board," Office of War Mobilization and Reconversion and Office of Temporary Controls (Washington, D.C., 1947), app. C, pp. 290-293.

(24) Keyssar, "Out of Work," p. 153; Morrison, "Short-Sighted," p. 568.

(25) *Industrial Relations* (December 11, 1920), 5: 484.

(26) ワグナー法までの最高値を示した一九二〇年現在，組合に所属していた非農業従業員の割合は一八・五%であった。Leo Wolman, *Ebb and Flow in Trade Unions* (New York, 1936), pp. 172-193.

(27) Jacob H. Hollander and George E. Barnett, *Studies in American Trade Unionism* (London, 1906) 所収の F. W. Hilbert, "Trade-Union Agreements in the Iron Molders' Union," pp. 221-260; Bruno Ramirez, *When Workers Fight: The Politics of Industrial Relations in the Progressive Era, 1898-1916* (Westport, Conn., 1978), pp. 17-48; Brody, *Steelworkers*, p. 52.

(28) James M. Motley, *Apprenticeship in American Trade Unions* (Baltimore, 1907); Paul H. Douglas, *American Apprenticeship and Industrial Education* (New York, 1921), p. 74; U.S. Industrial Commission, *Report on the Relations and Conditions of Capital and Labor* (Washington, D.C., 1901)第七巻所収の "Testimony of Samuel Gompers", p. 620.

(29) Sumner H. Slichter, *Union Policies and Industrial Management* (Washington, D.C., 1941), p. 63; "Gompers," p. 603; Sanford M. Jacoby and Daniel J. B. Mitchell, "Development of Contractual Features of the Union-Management Relationship," *Labor Law Journal* (August 1982), 33: 515; Howard T. Lewis, "The Economic Basis of the Fight for the Closed Shop," *Journal of Political Economy* (November 1912), 20: 928-952; D. P. Smelser, *Unemployment and American Trade Unions* (Baltimore, 1919), pp. 57-74.

(30) Sidney and Beatrice Webb, *Industrial Democracy* (1897; reprint, London, 1920), pp. 279-323 [高野岩三郎監訳『産業民主制

論』(法政大学出版局〔復刻版〕、一九六九年)三三〇—三九〇頁〕; David A. McCabe, *The Standard Rate in American Trade Unions* (Baltimore, 1912), pp. 101-111; Hollander and Barnett, *Studies* 所収の William H. Buckler, "The Minimum Wage in the Machinists' Union," pp. 111-151.

(31) Ulman, *National Trade Union*, pp. 483-484.

(32) Montgomery, "Workers' Control," p. 496.

(33) "Regulation and Restriction of Output," Eleventh Special Report of the U.S. Commissioner of Labor (Washington, D.C., 1904); Slichter, *Union Policies*, pp. 166-167; Montgomery, "Workers' Control," p. 491; G. G. Groat, *An Introduction to the Study of Organized Labor in America* (1916; reprint, New York, 1926), pp. 358-365. 組合が産出量規制を行ったのは、失業を食い止めようとしたからでもあった。Smelser, *Unemployment*, pp. 46-50.

(34) Ulman, *National Trade Union*, pp. 542-543; Frey and Commons, "Stove Industry," pp. 128, 157; Commons, "Meat Packing," p. 17.

(35) Bernard L. Elbaum, "Industrial Relations and Uneven Development: Wage Structure and Industrial Organization in the British and U.S. Iron and Steel Industries, 1870-1970" (Ph. D. dissertation, Harvard University, 1982), p. 171 から引用した。

(36) Keyssar, "Out of Work," p. 107; Mayor's Committee, "Hard Times," p. 24; Commons, "Meat Packing," p. 15; Smelser, *Unemployment*, pp. 109-129.

(37) Selig Perlman, *A History of Trade Unionism in the United States* (New York, 1923), pp. 181-182.

(38) Slichter, *Union Policies*, p. 104; "Gompers," p. 832.

(39) Dan Mater, "The Development and Operation of the Railroad Seniority System," *Journal of Business* (October 1940), 13: 6-29; Harry A. Millis, ed., *How Collective Bargaining Works* (New York, 1942) 所収の Robert K. Burns, "Daily Newspapers," p. 86.

(40) David E. Feller, "A General Theory of the Collective Bargaining Agreement," *California Law Review* (May 1974), 61: 728-731; "Restriction of Output," p. 21; Slichter Papers, Littauer Library, Harvard University 所蔵の "Collective Bargaining Agreement of the Milk Wagon Drivers' Union, Local 753, International Brotherhood of Teamsters, Chicago, Illinois, May 1924."

(41) Julius H. Cohen, "The Revised Protocol in the Dress and Waist Industry," *The Annals* (January 1917), 69: 191; Earl Dean Howard, *The Hart, Schaffner and Marx Agreement* (Chicago, 1920); Harry A. Millis and Royal E. Montgomery, *Organized Labor* (New York, 1945), pp. 708-709.

(42) Millis, *Collective Bargaining* 所収の Waldo E. Fisher, "Anthracite," pp. 288-295; Millis and Montgomery, *Labor*, pp. 712-714.

(43) McCallum の言葉は Richard Edwards, *Contested Terrain: The Transformation of the Workplace in the Twentieth Century* (New York, 1979), p. 31 より引用; Slichter, *Turnover*, p. 387; Keyssar, "Out of Work," p. 153.

(44) Montgomery, "Workers' Control," p. 489; Perlman, *History*, pp. 98-99, 116; Brody, *Steelworkers*, pp. 138-139.

(45) "Restriction of Output," pp. 22, 29; Montgomery, "Workers' Control," p. 499. また、Stanley B. Mathewson, *Restriction of Output Among Unorganized Workers* (New York, 1931) も参照されたい。

(46) Brissenden and Frankel, *Labor Turnover*, pp. 41, 48; Slichter, *Turnover*, pp. 57-69; William B. Wilson, "Labor Program

of the Department of Labor," BLS Bulletin No. 247 (1918), p. 166. ある大規模な金属加工工場では，自発的退職者の数が，不況期の一九一四年に五八一名であったものが，一六年には三〇三五名に増加した。自発的退職者のうち「不満足」を理由とする者は，一四年には二七%であったものが，景気が回復しはじめた一五年には三四%に増加した。そして一六年には自発的退職者全体の六四%になったのである。これは Slichter, *Turnover*, p. 180 による。

(47) Stanley Lebergott, *Manpower in Economic Growth : The American Record Since 1800* (New York, 1964), p. 28 ; Hourwich, *Immigration*, p. 503 ; D. G. Papademetriou and M. J. Miller, eds., *The Unavoidable Issue : U.S. Immigration Policy in the 1980s* (Philadelphia, 1983) 所収の Walter Fogel, "Immigrants and the Labor Market : Historical Perspectives and Current Issues", p. 73.

(48) Ulman, *National Trade Union*, p. 9 ; Jerome, *Migration*, p. 106 ; Federated American Engineering Societies, *Waste in Industry* (New York, 1921), p. 300 ; Brody, *Steelworkers*, pp. 105-106.

(49) Yans-McLaughlin, *Italian Immigrants*, pp. 26-30, 49, 78 ; Brody, *Steelworkers*, pp. 97-98 ; Richard J. Evans, ed., *Society and Politics in Wilhelmine Germany* (New York, 1978) 所収の Stephen Hickey, "The Shaping of the German Labor Movement : Miners in the Ruhr," pp. 215-240.

(50) Herbert Gutman, *Work, Culture and Society in Industrializing America* (New York, 1976), p. 28 [大下・野村・長田・竹田訳『金ぴか時代のアメリカ』(平凡社，一九八六年)四四―四五頁] ; Daniel T. Rodgers, *The Work Ethic in Industrializing America, 1850-1920* (Chicago, 1978), p. 162 よりの引用，原典は Massachusetts Bureau of Statistics of Labor, *Tenth Annual Report* (Boston, 1978) ; Slichter, *Turnover*, p. 184.

(51) Gutman, *Work, Culture and Society*, pp. 38-40 [前掲邦訳，五七―六〇頁] ; Clarence M. Wooley et al., *Employer and Employee* (New York, 1907) 所収の H. A. Worman, "How to Secure Factory Workers," p. 57 ; A. J. Portenar, "Centralized Labor Responsibility from a Labor Union Standpoint," *The Annals* (May 1917), 71 : 193.

(52) Ulman, *National Trade Union*, pp. 57-59 ; E. J. Hobsbawm, *Labouring Men : Studies in the History of Labour* (London, 1964) 所収の "Tramping Artisan," p. 34 [鈴木・永井訳『イギリス労働史研究』(ミネルヴァ書房，一九六八年)三一頁] ; John Davidson, *The Bargain Theory of Wages* (New York, 1898), p. 178 ; Smelser, *Unemployment*, pp. 75-108.

(53) Ware, *Cotton Manufacture*, pp. 224-226 ; Norman Ware, *The Industrial Worker, 1840-1860* (Boston, 1924), p. 149 ; Ray Ginger, "Labor in a Massachusetts Cotton Mill : 1853-1860," *Business History Review* (March 1954), 28 : 84, 87.

(54) Thomas R. Navin, *The Whitin Machine Works Since 1831 : A Textile Machinery Company in an Industrial Village* (Cambridge, Mass., 1950), pp. 160-161 ; Howard M. Gitelman, *Workingmen of Waltham : Mobility in American Urban Industrial Development, 1850-1890* (Baltimore, 1974), p. 71.

(55) Rodgers, *Work Ethic*, p. 164. 事前通告なしに退職した職布工に対する判決のなかで，メイン州の裁判所は次のように述べている。「そのような損失の傾向や，今日〝ストライキ〟と名づけられているものに対して，製造業者がとりうる唯一の有効な防御策は，労働者との間に契約を交わして，もし彼らが通告なしに勝手に持ち場を離れたり辞めたりした場合は賃金の一部ないし全部を没収すると定めておくことである」。*Harmon v. Salmon Falls Mfg. Co.*, 35 Me. 450 (1853).

(56) Ann P. Bartel, "The Migration Decision : Waht Role Does

Job Mobility Play?" *American Economic Review* (December 1979), 69 : 775-776.

(57) Stephan Thernstrom, *The Other Bostonians : Poverty and Progress in the American Metropolis, 1880-1970* (Cambridge, Mass., 1973), pp. 17-23.

(58) Richard J. Hopkins, "Occupational and Geographic Mobility in Atlanta, 1870-1890," *Journal of Southern History* (May 1968), 34 : 200-213 ; Thernstrom, *Bostonians*, p. 222 ; Clyde and Sally Griffen, *Natives and Newcomers : The Ordering of Opportunity in Mid-Nineteenth Century Poughkeepsie* (Cambridge, Mass., 1978) ; James P. Allen, "Changes in the American Propensity to Migrate," *Annals of the Association of American Geographers* (December 1977), 67 : 584-585.

(59) Thernstrom, *Bostonians*, pp. 220, 289-302.

(60) Slichter, *Union Policies*, p. 100 ; Thernstrom, *Bostonians*, p. 42.

(61) Sanford M. Jacoby, "The Duration of Indefinite Employment Contracts in the United States and England : A Historical Analysis," *Comparative Labor Law* (Winter 1982), 5 : 85-128 ; Brody, *Steelworkers*, p. 78.

第一一章

(1) Sumner H. Slichter, "The Management of Labor," *Journal of Political Economy* (December 1919), 27 : 827.

(2) Stanley Lebergott, *Manpower in Economic Growth* (New York, 1964), p. 510. ゼネラル・エレクトリック社のスケネクタディ工場およびリン工場はいずれも一九一〇年に一万人以上の労働者を雇用しており、フォードの巨大なハイランドパーク工場は一万九〇〇〇人を擁していた。Daniel Nelson, *Managers and Workers : Origins of the New Factory System in the United States, 1880-1920* (Madison, Wis. 1975), pp.7-9 〔前掲邦訳、一二—一四頁〕; Victor S. Clark, *History of Manufactures in the United States* (Washington, D.C., 1929), 3 : 160-164.

(3) 以上の一般的趨勢には例外があった。生産技術が人間の熟練に依存していた(たとえば被服産業のような)産業や、生産技術が単体ないし小ロット規模であった(たとえば工作機械工業のような)産業では、生産速度を大幅に増加させることはできず、また集中度も相変わらず低かった。また、連続生産方式に先立って規模拡大と集中化が進行した農業機械などの産業もあった。Alfred D. Chandler, Jr., *The Visible Hand : The Managerial Revolution in American Business* (Cambridge, Mass., 1977), pp. 280-281, 338-365 〔前掲邦訳、四七九—四八一、五八六—六三二頁〕; David Hounshell, "From the American System to Mass Production : The Development of Manufacturing Technology in the United States, 1850-1920" (Ph. D. dissertaion, University of Delaware, 1978).

(4) Leland H. Jenks, "Early Phases of the Management Movement," *Administrative Science Quarterly* (December 1960), 5 : 421-447 ; Edwin T. Layton, Jr., *The Revolt of the Engineers* (Cleveland, 1971), p. 3. ; David F. Noble, *America By Design : Science, Technology, and the Rise of Corporate Capitalism* (New York, 1977), pp. 33-49.

(5) Tregoing の文章、Joseph A. Litterer, "Systematic Management : The Search for Order and Integration," *Business History Review* (Winter 1961), 35 : 473 より引用。また Litterer, "Systematic Management : Design for Organizational Recoupling in American Manufacturing Firms," *Business History Review* (Winter 1963), 37 : 372 も参照されたい。

(6) Henry Towne, "The Engineer as Economist," *Transactions of the American Society of Mechanical Engineers* (ASME) (1886), 7 : 428 ; Henry Metcalf, "The Shop-Order System of Accounts," *ASME Transactions* (1886), 7 : 441-447. また L. F. Urwick, *The Golden Book of Management* (London, 1956), pp. 25-26 も参照されたい。

(7) Nelson, *Managers and Workers*, p. 54 [前掲邦訳, 九五―九六頁] ; David Brody, *Steelworkers in America : The Nonunion Era* (New York, 1969), p. 19. また Horace L. Arnold, *The Complete Cost Keeper* (1899 ; reprint, New York, 1912) も参照されたい。

(8) Marc J. Epstein, *The Effect of Scientific Management on the Development of Standard Cost Systems* (New York, 1978) ; Brody, *Steelworkers*, pp. 18-19 ; F. E. Webner, "Obtaining Actual Knowledge of the Cost of Production," *The Engineering Magazine* (October 1908), vol. 36 ; "Cost-Methods that Give the Business Executive Control of His Business," *The Engineering Magazine* (June 1912), vol. 43.

(9) Litterer, "Recoupling," pp. 382, 387 ; Charles DeLano Hine, *Modern Organization* (New York, 1912) ; Harrington Emerson, *Efficiency as a Basis for Operations and Wages* (New York, 1911).

(10) Frank Richards, "Is Anything the Matter with Piece Work ?" *ASME Transactions* (1903-1904), 25 : 70 ; Daniel T. Rodgers, *The Work Ethic in Industrializing America, 1850-1920* (Chicago, 1978), p. 50 ; Litterer, "Search for Order," pp. 462-465.

(11) Frederick A. Halsey, "The Premium Plan of Paying for Labor," *ASME Transactions* (1891), vol. 12 [三戸・鈴木・上田訳『賃金論集』(未来社, 一九六七年)所収] ; Frederick W. Taylor, "A Piece Rate System : A Step Toward Partial Solution of the Labor Problem," *ASME Transactions* (1895), vol. 16 [前掲邦訳『科学的管理法』所収] ; Taylor, *Shop Management* (New York, 1911) pp. 38-43 [前掲邦訳, 七〇―七四頁] ; C. Bertrand Thompson, ed., *Scientific Management : A Collection of the More Significant Articles Describing the Taylor System of Management* (Cambridge, Mass. 1914) 所収の Thompson, "Wages and Wage Systems as Incentives". また Daniel Nelson, *Frederick W. Taylor and the Rise of Scientific Management* (Madison, Wis., 1980) を参照されたい。

(12) Samuel Haber, *Efficiency and Uplift : Scientific Management in the Progressive Era, 1890-1920* (Chicago, 1964), pp. 1-50 [小林・今川訳『科学的管理の生成と発展』(広文社, 一九八三年)九―七五頁] ; Frederick W. Taylor, *Scientific Management* (New York, 1947) 所収の "Taylor's Testimony Before the Special House Committee," p. 30 [前掲邦訳, 三五四頁] ; Taylor, "Piece Rate," pp. 892-893 [この個所はＡＳＭＥ会員との討論の部分であって, 前掲邦訳には収められていない] ; Taylor, *Shop Management*, pp. 28-29, 187-196 [前掲邦訳, 六〇―六一, 一九六―二〇三頁] ; Milton Nadworny, *Scientific Management and the Unions, 1900-1932* (Cambridge, Mass., 1955), pp. 21-22, 78-79 [小林康助訳『科学的管理と労働組合』(広文社, 一九七七年)三三―三五, 一二四―一二六頁]。

(13) David A. McCabe, *The Standard Rate in American Trade Unions* (Baltimore, 1912), pp. 226-232 ; Nadworny, *Scientific Management*, pp. 26-33, 48-66, 78-79, 102-103 [前掲邦訳, 三九―四八, 七七―一〇九, 一二四―一二六, 一六三―一六五頁] ; John R. Commons, "Labor's Attitude Toward Efficiency," *American Economic Review* (September, 1911), 1 : 469.

(14) Harrington Emerson, *The Twelve Principles of Efficiency*

(New York, 1912); Taylor, *Shop Management*, pp. 110-121〔前掲邦訳、一三〇—一三七頁〕; Nelson, *Managers and Workers*, pp. 70-74〔前掲邦訳、一三一—一三八頁〕; Thompson, *Scientific Management* 所収の "The Foreman's Place in Scientific Management," pp. 395-404; Frank G. Gilbreth, *Primer of Scientific Management*, 2d. ed. (New York, 1918), p. 10; A. Hamilton Church, *The Science and Practice of Management* (New York, 1914); Lee Galloway, *Organization and Management* (New York, 1913).

(15) Taylor, *Shop Management*, pp. 96, 110, 122〔前掲邦訳、一一八、一三〇、一三九頁〕; Frank Barkley Copley, *Frederick W. Taylor: Father of Scientific Management* (New York, 1923), 1: 272, 456; Hugh G. J. Aitken, *Taylorism at Watertown Arsenal* (Cambridge, Mass., 1960), p. 133.

(16) これと異なる見解が Nelson, *Managers and Workers*, p. 78〔前掲邦訳、一四三頁〕、および Jenks, "Early Phases," p. 430 に見られる。

(17) Henry Eilbirt, "The Development of Personnel Management in the United States," *Business History Review* (Autumn 1959), 33: 346; Fred W. Climer, "Cutting Labor Cost in Seasonal Business," *Manufacturing Industries* (May 1927), vol. 13.

(18) Taylor, *Shop Management*, pp. 110-122〔前掲邦訳、一三〇—一三八頁〕; Henry P. Kendall, "Comment on 'The Present State of the Art of Scientific Management'," *ASME Transactions* (1912), 34: 1208.

(19) "The Present State of the Art of Industrial Management: Majority Report," *ASME Transactions*(1912), 34: 1134; Boston Chamber of Commerce Papers, Baker Library, Harvard University, File 332-347 在中の Edwin F. Gay, "Scientific Management," lecture delivered to the Committee on Industrial Relations, Boston Chamber of Commerce, December 14, 1912; George D. Babcock, *The Taylor System in Franklin Management* (New York, 1918), p. 80

(20) Robert F. Hoxie, *Scientific Management and Labor* (New York, 1915), pp. 31-32, 120-121; Walter M. McFarland, "The Basic Cause of Increased Efficiency," *The Engineering Magazine* (December 1908), vol. 36; "Present State," passim; Kendall, "Comment," p. 1208.

(21) Paul Monroe, "Profit-Sharing in the United States," *American Journal of Sociology* (May 1896) 1: 685-709; Henry Towne, "Gain Sharing," *ASME Transactions* (1889), vol. 10〔前掲『賃金論集』所収〕; "Welfare Work for Employees in Industrial Establishments in the United States," U.S. Bureau of Labor Statistics Bulletin No. 250 (1919), p. 8.

(22) これらの主題のいくつかは、Pat Walker, ed., *Between Labor and Capital* (Boston, 1979) 所収の John and Barbara Ehrenreich, "The Professional-Managerial Class," および Christopher Lasch, *Haven in a Heartless World: The Family Besieged* (New York, 1977) で展開されている。しかしながらラッシュは、社会改良と社会的再生産との結合を悲観的に捉えすぎている。

(23) Stuart Brandes, *American Welfare Capitalism, 1880-1940* (Chicago, 1976), pp. 35, 140; "Welfare Work," pp. 62, 70; John R. Commons, *Industrial Government* (New York, 1921), pp. 1-2; R. T. Solensten, "The Labor Policy of the White Motor Company," *Industrial Management* (April 1920), 59: 331; Heidi Hartmann, "Capitalism and Women's Work in the Home, 1900-1930" (Ph. D. dissertation, Yale University, 1975.)

(24) Charles U. Carpenter, "The Working of a Labor Department in Industrial Establishments," *The Engineering Magazine* (April 1903), 25: 3.

(25) Brandes, *Welfare Capitalism*, p. 56 ; P. F. O'Shea, *Employees' Magazines for Factories, Offices, and Business Organizations* (New York, 1920) ; Ordway Tead and Henry Metcalf, *Personnel Administration* (New York, 1920), pp. 189-198.

(26) Mary B. Gilson, "The Relation of Home Conditions to Industrial Efficiency," *The Annals*(May 1916), 65 : 278-279 ; Brandes, *Welfare Capitalism*, pp. 112-114.

(27) Frank B. Miller and Mary Ann Coghill, "Sex and the Personnel Manager," *Industrial and Labor Relations Review* (October 1964), 18 : 32-44 ; Mary B. Gilson, *What's Past Is Prologue : Reflections on My Industrial Experience* (New York 1940), p. 213 ; Mary E. Richmond, "Friendly Visiting," American Unitarian Association, *Social Service Bulletin* (n. d.) no. 7, p. 11 ; James Leiby, *A History of Social Welfare and Social Work in the United States* (New York, 1978), p. 130.

(28) Gilson, "Home Conditions," p. 285 ; Gilson, *What's Past*, p. 138 ; National Association of Corporation Schools, *Third Annual Proceedings*(1915), pp. 689-691.

(29) Stephen J. Scheinberg, "The Development of Corporation Labor Policy, 1900-1940" (Ph. D. dissertation, University of Wisconsin, 1966), pp. 77, 212 ; "Testimony of Henry Ford," U.S. Senate, Commission on Industrial Relations, *Final Report and Testimony* (1916), 8 : 7629 ; Brandes, *Welfare Capitalism*, pp. 138-139 ; "Twenty British Quaker Employers," *The Survey* (November 23, 1918), vol. 40.

(30) Nelson, *Managers and Workers*, p. 102 [前掲邦訳、二〇三頁] ; Brandes, *Welfare Capitalism*, p. 111 ; Robert Ozanne, *A Century of Labor-Management Relations at McCormick and International Harvester* (Madison, Wis., 1967), pp. 33, 50.

(31) Commission on Industrial Relations, 1 : 343 ; Ozanne, *Century*, pp. 36-40, 83 ; Brody, *Steelworkers*, pp. 89-90. 金銭的福利厚生に関するひとつの解釈は、新たに成立したトラストの側が自らを公衆に「良い」トラストであると思い込ませようとするための広報施策なのだ、というものである。インタナショナル・ハーヴェスター社やUSスチール社でこれらの事業を推進したのはジョージ・パーキンスであったが、彼はこれらの企業におけるモルガン財閥の代表者であるとともに革新党右派の有力者でもあった。パーキンスは、セオドア・ルーズヴェルトに「良い」トラストと「悪い」トラストとの区別を押しつけたが、独占的活動の調査が行われそうになるたびにこれらの企業に福利厚生事業の実施を勧告したのである。John Garraty, *Right-Hand Man : The Life of George W. Perkins* (New York, 1960), pp. 222-226 ; Ozanne, *Century*, pp. 73-74, 80-82.

(32) インタナショナル・ハーヴェスター社で金銭的福利厚生事業が最初に拡大されたのは、熟練労働者がたびたび不足した時期であった。Robert Ozanne, *Wages in Practice and Theory : McCormick and International Harvester, 1860-1960* (Madison, Wis., 1968), p. 37.

(33) Charles H. Whitaker, *The Joke About Housing* (Boston, 1920), p. 9. ; Brody, *Steelworkers*, p. 87 ; Leslie H. Allen, "The Problem of Industrial Housing," *Industrial Management* (December 1917), 54 : 400 ; James R. Adams, "A Common-Sense Attack on Labor Turnover," *Industrial Management* (November 1921), 62 : 301 ; C. A. Lippincott, "Community Conditions Affecting Labor Stability," Industrial Relations Association of America (IRAA), *Proceedings* (1920), pt. 1, p. 60 ; "Caring for the Unskilled Laborer," *Iron Age* (February 19, 1914), 93 : 504.

(34) 会社町に関する重要文献は、Margaret Crawford, "The Design of Company Towns in the United States, 1900-1930" (Ph. D. dissertation, University of California, Los Angeles, 1985) であ

る。

(35) 残りの二五%はいずれにも分類できない。"Welfare Work," p. 119.

(36) Edward Berkowitz and Kim McQuaid, "Businessman and Bureaucrat: The Evolution of the American Social Welfare System, 1900-1940," *Journal of Economic History* (March 1978), 38 : 120.

(37) Taylor, *Shop Management*, p. 37 [前掲邦訳、六九頁]; Daniel Nelson and Stuart Campbell, "Taylorism Versus Welfare Work in American Industry," *Business History Review* (Spring 1972), 46 : 5; Haber, *Efficiency and Uplift*, p. 22 [前掲邦訳、三六頁]; Scheinberg, "Corporation Labor Policy," p. 74.

(38) Sumner H. Slichter, *The Turnover of Factory Labor*(New York, 1921), p. 402; Clarence E. Bonnett, *Employers' Associations in the United States* (New York, 1922), p. 550; Brandes, *Welfare Capitalism*, p. 139; Young Men's Christian Association (YMCA), *Summary of the Industrial Conference on Human Relations and Betterment in Industry* (1920), p. 21.

(39) G. D. Crain, "Health, Service and Welfare Work," *American Industries* (March 1917), 17 : 8; Otto P. Geier, "Human Relations Department from the Standpoint of the Industrial Physician," *Industrial Management* (June 1919), 57 : 502; Robert S. Quinby, "Organization and Functions of a Service Department," *American Industries* (July 1919), 19 : 29; Harold Ley, "Employee Welfare Work That Pays," *American Industries* (March 1922), 22 : 33; Brody, *Steelworkers*, p. 178; BLS Bulletin No. 196 (1916) 所収の Robert C. Clothier, "The Function of the Employment Department," p. 9.

(40) C. Howard Hopkins, *History of the Young Men's Christian Association in America* (New York, 1951), pp. 227, 231, 233, 456; Clarence J. Hicks, *My Life in Industrial Relations* (New York, 1941), pp. 18-29.

(41) International Committee of YMCAs, *The Jubilee of Work for Young Men in North America* (New York, 1901) 所収の John J. McCook, "The Work of the YMCA Among Railroad Men," p. 145; Galen Fisher, *Public Affairs and the YMCA* (New York, 1948), p. 72; Hopkins, *History*, pp. 235, 476; Paul McBride, *Culture Clash : Immigrants and Reformers, 1880-1920* (Saratoga, Calif., 1975), p. 68.

(42) "Brief Historical Sketch of the Industrial Service of the YMCA," pamphlet, n.d., YMCA Historical Library, New York City; Hopkins, *History*, pp. 233, 475.

(43) *Service*, Magazine of the YMCA Industrial Service Department, October and December 1918, YMCA Historical Library; Whiting Williams, *What's on the Worker's Mind : By One Who Put on Overalls to Find Out* (New York, 1921), p. 194; "Report of the Industrial Committee of the YMCA," September 1905, December 1906, and May 1907, YMCA Historical Library; Hopkins, *History*, p. 567; YMCA Historical Library 所蔵の "Report of a Conference Held Under the Auspices of the Committee on Work in War Industries of the National War Work Council of the YMCA," March 1918.

(44) Industrial Service Committee Box, YMCA Historical Library 所蔵の "The Yellow Pine Manufacturers Association and the YMCA," pamphlet, c. 1914 ; Fred H. Rindge, Jr., "Improving the Welfare of Miners," *Presbyterian Advance* (September 2, 1926); YMCA Historical Library 所蔵の "Report of the Industrial Committee," September 1905.

(45) National Association of Corporation Schools, *Second Annual Proceedings* (1914) における Charles Towson の発言、

pp. 304, 491 ; Owen Pence, *The YMCA and Social Need* (New York, 1946), p.325 ; McBride, *Culture Clash*, p. 74.

(46) "Report of a Conference," pp. 15, 35 ; McBride, *Culture Clash*, p. 74.

(47) Gilson, *What's Past*, p. ix ; Arthur Mann, *Yankee Reformers in the Urban Age* (Cambridge, Mass., 1954), pp. 84-85 ; Haber, *Efficiency and Uplift*, pp. 111-113 [前掲邦訳、一五〇頁]。

(48) Scheinberg, "Corporation Labor Policy," p. 70 ; Ozanne, *Century*, pp. 32-33, 132, 165, 169 ; Allen G. Davis, *Spearheads for Reform : The Social Settlements and the Progressive Movement, 1890-1914* (New York, 1967), p. 13 ; George Martin, *Madam Secretary : Frances Perkins* (Boston, 1976), pp. 123, 130-31 ; New York Times Oral History Project, *The Reminiscences of Henry Bruere* (New York, 1972), pp. 11-14 ; Mary Van Kleeck, "The Professionalization of Social Work," *The Annals*(May 1922), vol. 101.

(49) Brandes, *Welfare Capitalism*, pp. 21-23 ; Scheinberg, "Corporation Labor Policy," pp. 65-66 ; Nelson, *Managers and Workers*, pp. 109-111 [前掲邦訳、二二四―二二八頁] ; William H. Tolman, *Social Engineering* (New York, 1909) ; James Weinstein, *The Corporate Ideal in the Liberal State, 1900-1918* (Boston, 1968), pp. 1-33 ; Marguerite Green, *The National Civic Federation and the American Labor Movement* (Washington, D. C., 1956) ; Gertrude Beeks, "The New Profession," *National Civic Federation Review* (February 1905), vol. 1.

(50) Scheinberg, "Corporation Labor Policy," p. 70 ; Hopkins, *History*, pp. 233, 539-543 ; YMCA, *Summary of the Industrial Conference on Human Relations and Betterment in Industry* (1919), p. 7 ; E. G. Wilson, "The Social Significance of the YMCA's Industrial Conference," *Service* (October 1927), vol. 3.

(51) Ozanne, *Century*, pp. 34-45 ; Fred H. Colvin, *Labor Turnover, Loyalty and Output* (New York, 1919), p. 108 ; Frank J. Bruno, *Trends in Social Work* (New York, 1948), pp. 141-144 ; Roy Lubove, *The Progressives in the Slums : Tenement House Reform in New York City* (Cambridge, Mass., 1962) ; Lubove, *The Professional Altruist : The Emergence of a Social Work as a Career* (Cambridge, Mass., 1965).

(52) L. A. Boettiger, *Employee Welfare Work : A Critical and Historical Study* (New York, 1923), p. 128 ; Otto P. Geier, "An Employees' Service Department," *American Industries* (November 1916), 17 : 4 ; "Welfare Work," p. 119.

(53) Nelson, *Managers and Workers*, p. 109 [前掲邦訳、二二四―二二五頁] ; Scheinberg, "Corporation Labor Policy," p. 19 ; John H. Patterson, "Altruism and Sympathy as Factors in Works Administration," *The Engineering Magazine* (January 1901), vol. 20 ; Samuel Crowther, *John H. Patterson : Pioneer in Industrial Welfare* (Garden City, N.Y., 1923), pp. 190-206 ; Lena Harvey Tracy, *How My Heart Sang : The Story of Pioneer Industrial Welfare Work* (New York, 1950), pp. 138-150.

(54) Daniel Nelson, "The New Factory System and the Unions : the NCR Company Dispute of 1901," *Labor History* (Winter 1974), 15 : 168, 170-176 ; Tracy, *My Heart*, p. 164.

(55) Carpenter, "Labor Department," pp. 4, 6-8 ; "NCR Factory as Seen by English Experts of the Mosely Industrial and Educational Commissions," pamphlet, Dayton, 1904, pp. 40-42 ; Clarence M. Wooley et al., *Employer and Employee* (New York, 1907) 所収の H. A. Worman, "How to Secure Factory Workers," pp. 53, 57 ; "A Brief Exhibit of Some Training Schools of the NCR Company," pamphlet, Dayton, Ohio, 1904.

(56) Carpenter, "Labor Department," p. 4 ; Ozanne, *Century*, p.

33; Nelson, "New Factory System," p. 177.

(57) John R. Commons et al., *History of Labor in the United States*(New York, 1935) 第三巻の' Don D. Lescohier, "Working Conditions," p. 320; Ozanne, *Century*, p. 174; Slichter, *Turnover*, pp. 431-434.

第三章

(1) Marvin Lazerson, *Origins of the Urban School: Public Education in Massachusetts, 1870-1915* (Cambridge, Mass., 1971), p. 80. また Charles A. Bennett, *History of Manual and Industrial Education* (Peoria, Ill., 1937) 第一〇章および第一一章を参照されたい; "Manual Training: Compiled from the Sixty-Fourth Annual Report of the Superintendent of Public Instruction of the State of Michigan," pamphlet (Lansing, 1900); および Marvin Lazerson and W. Norton Grubb, *American Education and Vocationalism: A Documentary History* (New York, 1974), pp. 2-15.

(2) Lazerson, *Origins*, ch. 2 and pp. 53-56, 117-119, 131-133; James B. Gilbert, *Work Without Salvation: American Intellectuals and Industrial Alienation, 1880-1910* (Baltimore, 1977), ch. 8; Connecticut Bureau of Labor Statistics, *Eleventh Annual Report* (Hartford, 1895), pp. 211-256. 手工教育は公立学校のほかにセツルメントハウスでも実施された。たとえばシカゴのハル・ハウスには金属加工、木彫、料理、裁縫のクラスがあった。手工教育は産業生活の衰退を緩和するのではないかというラスキンの希望は、アメリカのセツルメントワーカーに人気があった。ジェーン・アダムスの同僚であったエレン・スターはイギリスに一五カ月滞在し、ハル・ハウスに集う若者たちに教えることができるようにと、実際的ではないが古典的な熟練である製本術を習得した。Allan F. Davis, *Spearheads for Reform: The Social Settlements and the Progressive Movement, 1890-1914* (New York, 1967), pp. 4, 12, 47-48.

(3) Paul H. Douglas, *American Apprenticeship and Industrial Education* (New York, 1921), p. 215; National Association of Corporation Schools (NACS), *First Annual Proceedings* (1913), p. 120; NACS *Bulletin* (May 1916), 3:12; National Society for the Promotion of Industrial Education, *Bulletin* No. 13 (Boston, 1911).

(4) John Van Liew Morris, *Employee Training: A Study of Education and Training Departments in Various Corporations* (New York, 1921), pp. 30, 212; NACS, *First Annual Proceedings* (1913), p. 131; Douglas, *American Apprenticeship*, pp. 225-226. NACS会員企業において訓練された一五八五名の徒弟のうち、訓練を終えた後そこに残ったのは六〇%に満たなかった。こうして、人的資本理論についての現在の経済文献の主張とは逆に、ゼネラル・エレクトリック社のような企業は(企業特殊的訓練に対する)一般的訓練に積極的にかなり支出した。しかし、労働異動問題があるにもかかわらず、大企業は公的な職業教育に対して曖昧な態度をとっていた。一九一三年の調査によると、NACSに属する企業のうち公立学校が職場の仕事を適切に訓練できると信じていたのはたったの五%にすぎなかった。また、NACS会員企業のなかには組合が職業教育運動の主導権を握るのではないかと危惧するものもあったのに、NACSは職業教育運動に積極的に関与することもしなかった。とはいえ、NACSは公立学校との関係を担当する委員会を設置しており、そこでは「企業に有利なように既存の学校の課程に影響を与える」ことを目指していた。Thomas E. Donnelley, "Some Problems of Apprenticeship Schools," NACS, *First*

Annual Proceedings (1913), p. 131 ; E. J. Mehren, "The NACS—A Factor in Alleviating Industrial Unrest," NACS *Bulletin* (May 1914), 1 : 9 ; Roy W. Kelly, *Training Industrial Workers* (New York, 1920), p. 134 ; Charles M. Ripley, *Life in a Large Manufacturing Plant* (Schenectady, N.Y., 1919).

(5) U.S. Bureau of Labor Statistics Bulletin (1917) no. 227 所収の Magnus W. Alexander, "The Cost of Labor Turnover," p. 26. また Lawrence Cremin, *The Transformation of the School* (New York, 1961), pp. 34-36 を参照されたい。

(6) NACS, *Second Annual Proceedings* (1914), pp. 350-351 ; NACS, *First Annual Proceedings* (1913) 所収の A. F. Bardwell, "Reasons for the Shortage of Skilled Mechanics and How Manufacturers Can Overcome the Deficiency," p. 125 ; NACS *Bulletin* (May 1914), 6 : 7.

(7) National Association of Manufacturers, *Proceedings of the Tenth Annual Convention* (1905) 所収の "Report of the Committee on Industrial Education," p. 143 ; Lazerson and Grubb, *Education and Vocationalism*, pp. 18-19 ; Clarence A. Bonnett, *Employers' Associations in the United States* (New York, 1922), pp. 300-301.

(8) Lazerson and Grubb, *Education and Vocationalism* に復刻されている "Report of the Massachusetts Commission on Industrial and Technical Education (1906)," pp. 69-75 ; Douglas, *American Apprenticeship*, p. 123.

(9) Lazerson and Grubb, *Education and Vocationalsim* に復刻されている National Education Association, "Report of the Committee on the Place of Industries in Public Education (1910)", pp. 16, 83 ; Raymond Callahan, *Education and the Cult of Efficiency* (Chicago, 1962) ; William P. Sears, *The Roots of Vocational Education* (New York, 1931).

(10) Edward Krug, *The Shaping of the American High School* (New York, 1964) ; Robert and Helen Lynd, *Middletown : A Study in Contemporary American Culture* (New York, 1929), pp. 181-187.

(11) John Dewey, *Democracy and Education : An Introduction to the Philosophy of Education* (New York, 1916), p. 317 [松野安男訳『民主主義と教育(下)』(岩波書店、一九七五年)一八五頁] ; National Society for the Promotion of Industrial Education, *Bulletin No. 5* (1908) 所収の Charles Eliot, "Industrial Education as an Essential Factor in Our National Prosperity," p. 13.

(12) Sol Cohen, "The Industrial Education Movement, 1906-1917," *American Quarterly* (Spring 1968) 20 : 99 に引用されている Leonard Ayres, *Laggards in Our Schools* (New York, 1908) ; Eliot, "Industrial Education," p. 12 ; Dewey, *Democracy and Education*, p. 318 [前掲邦訳、一八七頁]。イリノイ州において進学および就職という複線型学校制度をつくり出そうとして一九一二年に最初に起草されたクーリー法案を、デューイは攻撃した。その法案に対する闘いは、シカゴ労働総連盟の強力なロビー活動もあって、成功した。Lazerson and Grubb, *Education and Vocationalism*, p. 37.

(13) *Education and Vocationalism* 所収の "Massachusetts Commission," pp. 76, 78-79. また Paul Osterman, "Education and Labor Markets at the Turn of the Century," *Politics and Society* (1979), 9 : 106-107 も参照されたい。

(14) Davis, *Spearheads*, p. 52 ; John M. Brewer, *History of Vocational Guidance : Origins and Early Development* (New York, 1942), p. 57.

(15) Davis, *Spearheads*, pp. 5, 50, 53 ; John M. Brewer, *The Vocational Guidance Movement : Its Problems and Possibilities* (New York, 1918), p. 23 ; Brewer, *History of Vocational Guidance*, p.

57; W. Richard Stephens, *Social Reform and the Origins of Vocational Guidance* (Washington, D.C., 1970), p. 17.

(16) Robert A. Woods and Albert J. Kennedy, *The Settlement Horizon* (New York, 1952); Davis, *Spearheads*, chs. 8 and 9.

(17) Phillip S. Foner, *The AFL in the Progressive Era, 1910-1915* (New York, 1980), pp. 226-246; *Transactions of the Efficiency Society* (1912), vol. 1 所収の Hamilton Holt, "Arbitration of Industrial Disputes"; Davis, *Spearheads*, pp. 104, 109.

労働組合で苦情の仲裁を当初から積極的に推進した人々の多くは，後に人事管理運動の活動的な支持者となった。この連関については，David Lipsky, ed., *Advances in Industrial and Labor Relations* (Greenwich, Conn., 1985), vol. 3 所収の S. M. Jacoby, "Progressive Discipline in American Industry: Origins, Development, and Consequences" で論じられている。

(18) Arthur Mann, *Yankee Reformers in the Urban Age* (Cambridge, Mass., 1954), pp. 125-129, 130, 139; Stephens, *Social Reform*, p. 46; Brewer, *History of Vocational Guidance*, pp. 55, 302; Howard V. Davis, *Frank Parsons: Prophet, Innovator, Counselor* (Carbondale, Ill., 1969), pp. 3-47; "Professor Frank Parsons," *Vocational Guidance Magazine* (October 1925), 4: 24-25. パーソンズは一八九五年のボストン市長選挙に社会党，禁酒党，人民党の支持を得て立候補したが，たった一％しか得票できなかった。

(19) Mann, *Yankee Reformers*, pp. 133, 137; Frank Parsons, "Compulsory Arbitration," *American Fabian* (March 1897), vol. 3; Frank Parsons, *Choosing a Vocation* (Boston, 1909), p. 50; Frank Parsons, *The Story of New Zealand* (Philadelphia, 1904); Frank Parsons, *Our Country's Need* (Boston, 1894), p. 2.

(20) Brewer, *History of Vocational Guidance*, pp. 55-58; Davis, *Spearheads*, p. 53.

(21) Meyer Bloomfield, *The Vocational Guidance of Youth* (Boston, 1911), pp. 29-30; Brewer, *History of Vocational Guidance*, p. 59.

(22) Parsons, *Our Country's Need*, pp. 15, 69. 修正ダーウィン主義については Richard Hofstadter, *Social Darwinism in American Thought* (New York, 1944) [後藤昭次訳『アメリカの社会進化思想』(研究社，一九七三年)]，および Richard Boller, Jr., *American Thought in Transition: The Impact of Evolutionary Naturalism* (Chicago, 1970) を参照されたい。

(23) ＮＳＰＩＥは，職業教育の公的資金を増大させる目的で教育者とビジネスマンとを糾合した連帯組織である。ＮＳＰＩＥの創設者の多くはＭＩＴのヘンリー・プリチェットやリンにあるゼネラル・エレクトリック社訓練学校のマグナス・アレクサンダーやボストンのセツルメントハウス活動家であるロバート・ウッズなど，ボストンの人々であった。これについては，Berenice Fisher, *Industrial Education: American Ideas and Institutions* (Madison, Wis., 1967), p. 130 を参照されたい。

(24) Lazerson, *Origins*, p. 159; Brewer, *History of Vocational Guidance*, pp. 59-60; Parsons, *Choosing*, pp. 91-94; Davis, *Parsons*, pp. 110-132.

(25) Parsons, *Choosing*, pp. 4, 26-45, 114-119; Brewer, *History of Vocational Guidance*, p. 304.

(26) *Ibid*., pp. 65-88, 307; Parsons, *Choosing*, pp. 62-64, 122, 165.

(27) *Ibid*., p. 161.

(28) Lazerson, *Origins*, pp. 158-159; Brewer, *History of Vocational Guidance*, pp. 66-68; National Society for the Study of Education, *Eleventh Yearbook*, Part 1 (1912) 所収の Meyer Bloomfield, "Vocational Guidance," pp. 109-110; Meyer Bloomfield, ed., *Readings in Vocational Guidance* (Boston, 1915) 所収の Stratton D. Brooks, "Vocational Guidance in the Boston

Schools," p. 85.

(29) "Industrial Education," *Twenty-fifth Report of the U.S. Commissioner of Labor* (Washington, D.C., 1910), p. 438 ; Bloomfield, "Vocational Guidance," pp. 111, 113 ; Brooks, "Boston," p. 83 ; Paul Hanus, "Vocational Guidance and Public Education," *The School Review* (January 1911), 19 : 51-56 ; Brewer, *History of Vocational Guidance*, p. 314.

(30) Meyer Bloomfield, *Youth, School, and Vocation* (Boston, 1915), p. 91 ; Bloomfield, *Guidance of Youth*, p. 86.

(31) "Industrial Education," pp. 411, 438 ; Brewer, *Guidance Movement*, pp. 10-11, 32 ; Brewer, *History of Vocational Guidance*, pp. 72, 139 ; Truman L. Kelley, *Educational Guidance* (New York, 1914), p. 171.

(32) Bloomfield, *Readings* に復刻されている "Vocational Guidance," Report of the Commitee on High Schools and Training Schools of the New York Board of Education (1914), pp. 289, 295 ; Edward L. Thorndike, "The Permanence of Interests and Their Relation to Abilities," *Popular Science Monthly* (1912), 81 : 449-456. また，次の文献も参照されたい。Harry D. Kitson, *The Psychology of Vocational Adjustment* (Philadelphia, 1925), pp. 186-225 ; John C. Burnham, "Psychiatry, Psychology, and the Progressive Movement," *American Quarterly* (Winter 1960), 12 : 464-465 ; Matthew Hale, Jr., *Human Science and Social Order : Hugo Munsterberg and the Origins of Applied Psychology* (Philadelphia, 1980), pp. 152-158.

(33) Bloomfield, *Guidance of Youth*, pp. 3-4, 94.

(34) *Ibid*., pp. 7-8 ; Bloomfield, "Vocational Guidance," p. 114.

(35) Brewer, *Guidance Movement*, p. 189 ; *Education and Vocationalism* 所収の "Massachusetts Commission," p. 78.

(36) Bloomfield, *Youth and Vocation*, p. 175. また，次の文献も参照されたい。Bloomfield, *Readings* に復刻されている Meyer Bloomfield, "The School and the Start of Life," U.S. Bureau of Education *Bulletin No. 4* (1914), pp. 679-720 ; U.S. Bureau of Education, *Vocational Guidance : Papers Presented at the Organization Meeting of the Vocational Guidance Association*, 1913 所収の Meyer Bloomfield, "Lessons Europe Has for Us," p. 31.

(37) *Guidance Association : 1913* 所収の Owen Lovejoy, "Vocational Guidance and Child Labor," pp. 13, 15.

(38) *Guidance Association : 1913* 所収の Sophonisba P. Breckenridge, "Guidance by the Development of Placement and Follow-up Work," pp. 62-63 ; Bloomfield, *Youth, School and Vocation*, p. 169 ; Bloomfield, *Guidance of Youth*, p. 47.

(39) Bloomfield, *Guidance of Youth*, pp. 13-14, 16, 23 ; Douglas, *American Apprenticeship*, pp. 107-108. また W. Norton Grubb, "Historical Evaluation of the Family : Family and State Institutions," section 3, part B, Childhood and Government Project, Earl Warren Legal Institute, University of California, Working Paper No. 7 (Berkeley, 1976), p. 72 を参照されたい。

(40) Brewer, *Guidance Movement*, p. 261 ; Bloomfield, *Youth, School and Vocation*, pp. 68-86 ; *Guidance Association : 1913* 所収の Frank M. Leavitt, "How Shall We Study the Industries for the Purposes of Vocational Guidance ?" p. 80.

(41) Bloomfield, *Readings* 所収の Charles W. Eliot, "The Value During Education of the Life-Career Motive," Address to the National Education Association (1910), pp. 2, 4.

(42) Jesse B. Davis, *Vocational and Moral Guidance* (Boston, 1914), p. 127 ; Brewer, *Guidance Movement*, p. 4.

(43) Bloomfield, *Youth, School and Vocation*, pp. 21, 174 ; Douglas, *American Apprenticeship*, p. 108.

(44) Lovejoy, "Child Labor," p. 15.

(45) Bloomfield, "Vocational Guidance," p. 113; Bloomfield, *Readings* 所収の F. E. Spaulding, "Problems of Vocational Guidance," Address to the Cincinnati Department of Superintendence (1915), p. 73; Brewer, *Guidance Movement*, p. 117. また Bloomfield, *Readings* 所収の New York City, "Vocational Guidance," p. 324 を参照されたい。

(46) Brewer, *History of Vocational Guidance*, pp. 69-70; Ralph G. Wells, "The Work Program of the Employment Managers' Association of Boston," *The Annals* (May 1916), 65 : 111; Frederick J. Allen, "Editorial," *Vocational Guidance Journal* (December 1925), 4 : 132; Bloomfield, *Youth, School and Vocation*, p. 48. アレンのパンフレットのいくつかは、Bloomfield, *Readings*, pp. 515-541 に復刻されていることに留意されたい。

ほかにもブルームフィールドにならう人がいた。ロイ・W・ケリーは職業指導研究所がハーヴァード大学に移転した後、所長となったが、一九一七年に研究所を辞めて太平洋岸雇用調査研究所の責任者となった。サンフランシスコでケリーはその街で最初の人事管理者協会であるサンフランシスコ人事クラブを設立した。Karen Louise Jorgenson-Esmaili, "Schooling and the Early Human Relations Movement: with Special Reference to the Foreman's Conference, 1919-1939" (Ph. D. dissertation, University of California, Berkeley, 1979), pp. 54-61.

(47) Roy W. Kelly, *Hiring the Worker* (Boston, 1918) 所収の Meyer Bloomfield, "Introduction," p. 2; Kelly, *Training*, p. 117.

(48) *Proceedings of the Employment Managers' Association of Boston*, U.S. Bureau of Labor Statistics, Bulletin No. 202 (1916) 所収の A. Lincoln Filene, "Remarks," p. 12; *Proceedings of the Employment Managers' Conference, Minneapolis*, U.S. Bureau of Labor Statistics, Bulletin No. 196 (1916) 所収の Meyer Bloomfield, "The Aim and Work of Employment Managers' Associations," pp. 42-44.

(49) Meyer Bloomfield の証言、U.S. Senate, *Final Report and Testimony of the Commission on Industrial Relations* (Washington, D.C., 1916) 1 : 393 より引用; Ida May Wilson, "The Employment Manager and Applied Vocational Guidance," *The Annals* (January 1919), 81 : 145.

(50) 最初の三つの全米雇用管理者会議（ミネアポリス、フィラデルフィア、ロチェスター）は、The Bureau of Labor Statistics' Bulletin 第一九六、二二七、二四七巻に収録されている。なお、Brewer, *History of Vocational Guidance*, p. 186 も参照されたい。

(51) Kelly, *Hiring*, p. 9.

(52) *Proceedings...Minneapolis* 所収の Charles A. Prosser, "The New Apprenticeship as a Factor in Reducing Labor Turnover," pp. 45-52; John S. Keir, "The Establishment of Permanent Contacts with the Source of Labor Supply," *The Annals* (May 1916), 65 : 163; *Proceedings ... Boston* 所収の H. L. Gardner, "The Employment Department: Its Functions and Scope," pp. 49-55; National Association of Corporation Schools, *Second Annual Proceedings* (1914), p. 757; Meyer Bloomfield, "The New Profession of Handling Men", *The Annals* (September 1915), 61 : 125; NACS, *Third Annual Proceedings* (1915) 所収の "Report of the Committee on Vocational Guidance," pp. 334, 365.

(53) "Report of the Committee on Vocational Guidance," Henry C. Metcalf 執筆、p. 330; W. D. Scott, "Psychology of Business: Increasing Human Efficiency," *System* (March 1910), 17 : 254; Kelly, *Hiring*, pp. 6-7, 57-58; *Proceedings...Boston* 所収の H. L. Gardner, "Psychological Tests," p. 27; *Proceedings...Philadelphia*, U.S. Bureau of Labor Statistics, Bulletin No. 227 (1917) 所収の H. L. Gardner, "The Selection Problems of Cheney Brothers," pp. 120-125; Burtis Breese, "Vocational Guidance

Analyzed," NACS *Bulletin* (April 1916); Loren Baritz, *The Servants of Power: A History of the Use of Social Science in American Industry* (Middletown, Conn., 1960), ch. 7〔三戸・米田訳『権力につかえる人々』(未来社、一九六九年)第七章〕。

(54) "Vocational Survey of Minneapolis," U.S. Bureau of Labor Statistics, Bulletin No. 199 (1915); Bloomfield, *Readings* 所収の Anne David, "Occupations and Industries Open to Children Between the Ages of 14 and 16 Years of Age," pp. 542-556; Ernest M. Hopkins, "A Functionalized Employment Department as a Factor in Industrial Efficiency," *The Annals* (September 1914), 61: 115; Bloomfield, "New Profession," p. 126; NACS, *Second Annual*, pp. 334, 363; *Proceedings...Rochester*, U.S. Bureau of Labor Statistics, Bulletin No. 247 (1919) 所収の P. J. Nilsen, "Job Analysis," pp. 132-134; *Proceedings...Boston* 所収の Phillip J. Reilly, "Job Analysis," pp. 26-27.

(55) Kelly, *Hiring*, pp. 151-157; Bloomfield, *Youth, School and Vocation*, pp. 179-200; *Proceedings...Boston* 所収の W. C. Swallow, "Records and Filing Systems for Employment Departments," pp. 32-37; *Transactions of the Efficiency Society* (1912) 所収の Meyer Bloomfield, "Job Guidance," 1: 339; Bloomfield, *Readings* 所収の Meyer Bloomfield, "Medical Inspection at the Start of Life," pp. 704-710; U.S. Senate, *Commission on Industrial Relations*, 10: 9699-10006 および 2: 1392-1410; Arthur Williams, "The Instruction of New Employees in Methods of Service," *The Annals* (May 1916), 65: 236.

(56) Boyd Fisher, "How to Reduce Labor Turnover," *The Annals* (May 1917), 71: 139.

(57) Kelly, *Hiring*, pp. 131-136; NACS, *Third Annual Proceedings* (1915), p. 336; NACS, *Fourth Annual Proceedings* (1916), p. 304; *Employment Management: Its Rise and Scope*, Federal Board for Vocational Education, Bulletin No. 50 (1920), p. 10; Richard T. Crane, "Bringing Men Into the Game," *System* (September 1909), vol. 16; T. J. Zimmerman, "How They Hold Their Men," *System* (August 1910), 18: 150-152.

(58) P. J. Reilly, "Planning Promotion for Employees and the Effect in Reducing Labor Turnover," *The Annals* (May 1917), 71:139; Sumner H. Slichter, *The Turnover of Factory Labor* (New York, 1921), p. 189.

(59) Richard C. Edwards, Michael Reich, and David M. Gordon, eds., *Labor Market Segmentation* (Lexington, Mass., 1975) 所収の Katherine Stone, "The Origins of Job Structures in the Steel Industry," pp. 24-84.

(60) David M. Gordon, Richard Edwards, and Michael Reich, *Segmented Work, Divided Workers: The Historical Transformation of Labor in the United States* (Cambridge, Mass., 1982), ch. 5; Howard F. Gospel and Craig R. Littler, eds, *Managerial Strategies and Industrial Relations* (London, 1983) 所収の William Lazonick, "Technological Change and the Control of Work," pp. 126-127; Jeremy Brecher et al., "Uncovering the Hidden History of the American Workplace," *Review of Radical Political Economics* (Winter 1978), 10: 1-23. なお、Robert E. Cole, *Work, Mobility, and Participation* (Berkeley, Calif., 1979), pp. 105-107 も参照されたい。

(61) Harry Jerome, *Mechanization in Industry* (New York, 1934), p. 401; Lynd 夫妻、*Middletown*, p. 401; U.S. Employment Service, "Job Specifications for the Automobile Manufacturing Industry" (Washington, D.C., 1935); Slichter, *Turnover*, p. 135; Report of the President's Committee on Social Trends, *Recent Social Trends in the United States* (New York, 1933) 所収の Leo Wolman and Gustav Peck, "Labor Groups in the Social Struc-

ture," p. 906.

(62) Jerome, *Mechanization*, p. 295.

(63) Isaac A. Hourwich, *Immigration and Labor* (New York, 1912), pp. 246-249; John H. Ashworth, *The Helper and American Trade Unions* (Baltimore, 1915).

(64) G. M. Basford, "Training Men With Reference to Promotion," NACS *Bulletin* (October 1915), 2:25; Reilly, "Promotion," p. 136; Kelly, *Hiring*, p. 136; NACS, *Third Annual Proceedings* (1915), p. 408; NACS, *Sixth Annual Proceedings* (1918) pp. 382-383 所収の Mary B. Gilson 論文。

(65) Charles Fouhy, "Relations Between the Employment Manager and Foreman," *Industrial Management* (October 1919), 58: 336.

第四章

(1) 全体を概観したものとして、Daniel T. Rodgers, *The Work Ethic in Industrializing America, 1850-1920* (Chicago, 1978) を参照されたい。

(2) Henry C. Metcalf, "Report of the Committee on Vocational Guidance," National Association of Corporation Schools (NACS), *Fourth Annual Proceedings* (1916), pp. 278, 343; Lee Frankel and Alexander Fleisher, *The Human Factor in Industry* (New York, 1920), p. 16.

(3) John Dewey, *Democracy and Education: An Introduction to the Philosophy of Education* (1916; reprint, New York, 1944), pp. 262-266 [前掲邦訳、一〇六―一一一頁]; Don D. Lescohier, *The Labor Market* (New York, 1919), p. 90.

(4) Robert F. Hoxie, *Scientific Management and Labor* (New York, 1915); Milton Nadworny, *Scientific Management and the Unions, 1900-1932* (Cambridge, Mass., 1955) [前掲邦訳]; Metcalf, "Report," p. 297.

(5) Joseph W. Roe, "How the College Can Train Managers," *The Engineering Magazine* (July 1916), vol. 51; Fred H. Ringe, Jr., "Can the Human Side of Engineering Be Taught?" *Industrial Management* (November 1916) vol. 52; J. W. Roe, "Industrial Service Work in Engineering Schools," *ASME Transactions* (1914), vol. 36; "The College Man and the Industrial Worker," pamphlet (n. d.), YMCA Historical Library, New York.

(6) Harrington Emerson, "The Scientific Selection of Employees," *Transactions of the Efficiency Society* (1912), vol. 1; David Noble, *America By Design: Science, Technology and the Rise of Corporate Capitalism* (New York, 1977), pp. 275, 297; Frank and Lillian M. Gilbreth, "The Three Position Plan of Promotion," *The Annals* (May 1916), 65: 289-296; John Carmody Papers, Roosevelt Presidential Library, Hyde Park, Box 2 在中の paper delivered by F. C. Blanchard to the Efficiency Society, typescript, 1915. リリアン・ギルブレスの夫は、技術者でエマーソンの仲間の、フランク・M・ギルブレスであった。夫妻の家庭生活は Frank B. Gilbreth, Jr. and Ernestine Gilbreth Carey, *Cheaper by the Dozen* (New York, 1948)に描かれている。

能率協会理事会のもう一人のメンバーは、従業員福利厚生事業の忠実な提唱者となった独立の裕福な技術者である、H・F・J・ポーターであった。彼は一九〇五年に「工場の諸条件の改善」に邁進するためニューヨーク市に事務所を開設した。彼は労働生活と労働条件について論争を巻き起こしたピッツバーグ調査に関与し、最も早い従業員代表制度をピッツバーグのネルンスト灯製作所で発足させた。"Biography of the Secretary, H.F.J. Porter," *Transactions of the Efficiency Society* (1912), 1:33-38; H. F. J. Porter, "Discussion," *ASME Transactions* (1919), 41:193; H. F. J. Porter, "Technical Education and the Higher Industrial Life," address delivered at Clarkson School of Technology, Potsdam, New York, pamphlet, 1902.

(7) Ordway Tead, *Instincts in Industry* (Boston, 1918), p. 54; Robert W. Bruere, "Can We Eliminate Labor Unrest?" *The Annals* (January 1919), 81:97. こういう考え方は、Helen Marot, *The Creative Process in Industry* (New York, 1918) にも見られる。

(8) 産業調査局の研究員にはハーバート・クローリー、メアリー・ヴァン・クリーク、ヒーバー・ブランケンホーンらがいた。Marshall Olds, *Analysis of the Interchurch World Movement Report on the Steel Strike* (New York, 1923), pp. 396, 417-431; Bureau of Industrial Research (BIR), *American Company Shop Committee Plans* (Washington, D.C., 1919); BIR, *Workers' Education* (New York, 1921); Commission of Inquiry, Interchurch World Movement, *Report on the Steel Strike of 1919* (New York, 1920), pp. 1, 6; Robert K. Murray, *Red Scare: A Study in National Hysteria, 1919-1920* (Minneapolis, 1955), p. 155; Daniel Nelson, "A Newly Appreciated Art: The Development of Personnel Work at Leeds & Northrup," *Business History Review* (Winter 1970), 44:526-530.

(9) R. B. Wolf, "Use of Nonfinancial Incentives in Industry," *ASME Journal* (December 1918), 40:1035-1038; R. B. Wolf, "Control and Consent," *Bulletin of the Taylor Society* (March 1917), 3:5-20; R. B. Wolf, "Making Men Like Their Jobs," *System* (January 1919), 35:34-35; Ordway Tead and Henry C. Metcalf, *Personnel Administration* (New York, 1920), p. 204. ウォルフの伝記は YMCA, "Summary of the Industrial Conference on Human Relations and Betterment in Industry" (New York, 1920), p. 35 にある。

(10) Robert G. Valentine, "Scientific Management and Organized Labor" [1914], および "The Progressive Relation Between Efficiency and Consent" [1915]. いずれも *Bulletin of the Taylor Society* (December 1923), 8:225-236 に復刻されている。Nadworny, *Scientific Management*, pp. 18-20. ヴァレンタインは、最初の論文を科学的管理促進協会に提出した数カ月後に、合衆国労使関係委員会のために行われたロバート・F・ホキシーの研究の一環として科学的管理に関する見解を披露することを求められた。

(11) "Fitch Directing Courses," *Personnel* (March 1921), 3:3; Meyer Bloomfield, "Men Management: A New Profession in the Making," *Bulletin of the Taylor Society* (August 1921), vol. 6; Harlow S. Person in YMCA, "Summary," pp. 30-32. テイラー協会のモリス・クックに宛てた手紙のなかで、メアリー・ヴァン・クリークはこのような統合傾向に注意を喚起している。「ソーシャルワーカーは個人としての関心から出発してその活動領域を社会問題としての制度や組織に拡大しました。それに対して技術者は、管理や組織構造への関心から出発して、個人の福祉が経営の試金石であると認識しつつあります。つまり、この二つのグループは互いに接近しつつあるように思えるのです」。Mary Van Kleeck to Morris L. Cooke, Cooke Papers, Roosevelt Presidential Library, Box 16.

(12) Phillip S. Foner, *History of the Labor Movement in the United States* (New York, 1975), 2:240 に引用されているゴンパーズの発言。

(13) Leah H. Feder, *Unemployment Relief in Periods of Depression* (New York, 1936), p. 87; John Garraty, *Unemployment in History: Economic Thought and Public Policy* (New York,

1978), p. 108.

(14) Davis R. Dewey, "Irregularity of Employment," American Economic Association Publication No. 9, October and December 1894, p. 56 ; Joseph Dorfman, *The Economic Mind in American Civilization* (New York, 1949), 3 : 379.

(15) Dewey, "Irregularity," p. 54 ; Dorfman, *Economic Mind*, pp. 222-223 ; Garraty, *Unemployment*, p. 120 ; Paul T. Ringenbach, *Tramps and Reformers, 1873-1916* (Westport, Conn., 1973), p. 148 ; Shelby Harrison, *Public Employment Offices* (New York, 1924) ; H. Hodges, "Progress of the Public Employment Bureaus," *The Annals* (January 1917), vol. 69 ; William M. Leiserson, *The Theory of Public Employment Offices and the Principles of Their Practical Administration* (New York, 1914).

(16) B. B. Gilbert, *The Evolution of National Insurance in Great Britain : The Origins of the Welfare State* (London, 1966), ch. 5 ; Daniel Nelson, *Unemployment Insurance : The American Experience, 1915-35* (Madison, Wis., 1969), p. 10.

(17) William H. Beveridge, *Unemployment : A Problem of Industry* (London, 1910), pp. 76-78, 193, 202-207, 218-220, 230-235. 委員会の少数派報告は，シドニーおよびビアトリス・ウエッブの見解に賛同したものであって，これとは少し立場が違っていた。循環的失業は彼らのいう「国民総需要の規則化」によって緩和できると考えたのである。とはいえ，季節的失業および摩擦的失業の解決策については，彼らの見解はベヴァリッジとそれほど異なってはいない。B. B. Gilbert, "Winston Churchill versus the Webbs : The Origins of British Unemployment Insurance," *American Historical Review* (April 1966), vol. 71 ; Sidney and Beatrice Webb, *The Prevention of Destitution* (London, 1911) ; Sidney Webb, ed., *Seasonal Trades* (London, 1914) ; J. J. Astor, A. L. Bowley, W. T. Layton et al., *Is Unemployment Inevitable ?* (London, 1924).

(18) Henry Seager, *Social Insurance : A Program of Social Reform* (New York, 1910), ch. 4. 合衆国においてベヴァリッジの考えを支持して大きな影響を与えたのは，かつてジョン・R・コモンズの学生でもあったウイリアム・M・レサーソンである。これについては，J. Michael Eisner, *William Morris Leiserson : A Biography* (Madison, Wis., 1967), pp. 11, 30-33 ; New York Commission on Employer's Liability, *Report of the Committee on Unemployment*, appendix 1 (Albany, 1911) を参照されたい。

(19) Mary Van Kleeck, *Artificial Flower Makers* (New York, 1913), p. 56 ; Van Kleeck, *Women in the Bookbinding Trade* (New York, 1913), p. 113. また Louise C. Odencrantz, "The Irregularity of Employment of Women," *The Survey* (May 1, 1909) および Odencrantz, *Italian Women in Industry* (New York, 1919) も参照されたい。世界で最初に労働異動の研究が行われたのは，社会政策学会に集うドイツの社会改良主義者たちによるもので，そのなかにはマリー・ベルナイスなどのフェミニストがいたことは興味ぶかい。これについては，次の文献を参照されたい。Verein für Sozialpolitik, *Schriften* (1910) 133 所収の，Marie Bernays, "Auslese und Anpassung der Arbeiterschaft der geschlossenen Grossindustrie," 125-182 ; *Encyclopaedia of the Social Sciences* (New York, 1932) 所収の Paul H. Douglas, "Labor Turnover," pp. 709-713.

(20) Nelson, *Unemployment Insurance*, p. 13 ; "Proceedings of Business Meetings," *American Labor Legislation Review* (March 1914), 4 : 144-146.

(21) John B. Andrews, "Introductory Note," および Meyer Bloomfield, "General Discussion," *American Labor Legislation Review* (May 1914), 4 : 211-213, 350-352.

(22) Robert G. Valentine, "What the Awakened Employer Is Thinking on Unemployment," *American Labor Legislation*

Review (June 1915), 5 : 425, 427 ; "Seasonal Employment and Unemployment," Boston Chamber of Commerce Papers, Baker Library, Harvard University, File 332-353 ; "Seasonal Irregularity in Industry in Boston, Massachusetts," Report of the Committee on Industrial Relations, Boston Chamber of Commerce, Boston, 1914, in Boston Chamber of Commerce Papers, File 332-353. ポインツは後にバーナード・カレッジで教え、また国際婦人服組合の活動家となった。

(23) Joseph H. Willits, "Steadying Employment," *The Annals* (May 1916), 65 : iv, 63-91 ; Morris L. Cooke, "Responsibility and Opportunity of the City in the Prevention of Unemployment," *American Labor Legislation Review* (June 1915), 5 : 433-436.

(24) "Report of the Mayor's Committee on Unemployment of the City of New York," New York, January 1916, pp. 56-62 ; Feder, *Unemployment Relief*, p. 241.

(25) Richard A. Feiss, "Scientific Management Applied to the Steadying of Employment and Its Effect in an Industrial Establishment," *The Annals* (September 1915), 61 : 103-111 ; Feiss, "Personal Relationship as a Basis of Scientific Management," *The Annals* (May 1916), 65 : 27-56 ; Herman Feldman, "The New Emphasis in the Problem of Reducing Unemployment," *Bulletin of the Taylor Society* (October 1922), 7 : 176-177.

(26) Morris L. Cooke, "Scientific Management as a Solution of the Unemployment Problem," *The Annals* (September 1915), 61 : 147, 149.

(27) John B. Andrews, "A Practical Program for the Prevention of Unemployment in America," *American Labor Legislation Review* (November 1915), 5 : 585-587.

(28) "Unemployment Survey," *American Labor Legislation Review* (November 1915), 5 : 587. ヘンリー・ブリュエーアは、AALLやマサチューセッツ州失業委員会の努力は結局のところ大した成果をあげられなかったけれども、ただ「企業家グループの注意を喚起して、失業問題について少なくとも建設的に考える責任があるのだと多少なりとも思わせるのには役立った」と考えていた。*New York Times* Oral History Project, *The Reminiscences of Henry Bruere* (New York, 1972), p. 122.

(29) "How to Meet Hard Times : A Program for the Prevention and Relief of Abnormal Unemployment," Report of the Mayor's Committee on Unemployment, City of New York (New York, 1917), pp. 7-8, 20 ; Ringenbach, *Tramps*, p. 173.

(30) Valentine, "Awakened Employer," pp. 423, 425-426.

(31) Joseph H. Willits, "Philadelphia Association Has Interesting History," *Personnel* (April 1919), 1 : 7 ; Willits, "Steadying," p. 76 ; Mayor's Committee (1916), p. 56 ; M. C. Rorty, "Broader Aspects of the Employment Problem," および Willits, "The Philadelphia Association," *Industrial Management* (February 1917), 52 : 723-725.

(32) Ethelbert Stewart, "Informal Address," U.S. Bureau of Labor Statistics Bulletin No. 202 (Washington, D.C., 1916), p. 8.

(33) U.S. Employment Service Bulletin, July 31, 1918, p. 2 ; Paul Brissenden and Emil Frankel, *Labor Turnover in Industry : A Statistical Analysis* (New York, 1922), p. 91 ; Sumner H. Slichter, *The Turnover of Factory Labor* (New York, 1921), pp. 30-33, 56-69.

(34) 放浪者つまり住居を持たない失業者に対する関心は、失業した労働者が参加したコクシー軍[一八九四年にオハイオ州シマロンからワシントンDCまでジェーコブ・セクラー・コクシーに率いられて徒歩行進した]をめぐる宣伝と論争の結果として一八九〇年代に高まった。労働異動の場合と同じように、放浪についても個人的理由(劣悪な労働倫理)から制度的理由(近代的工場労働が生み出した疎外)にわたるさまざまな理由のせいにされた。後者の見解によれば、放浪者は「産業機構のなかで打ち砕かれもせず型にはめられもしないプロレタリアの英雄」であった。James Gilbert, *Work Without Salvation : America's Intellectuals and Industrial Alienation, 1880-1910* (Baltimore, 1977), pp. 24-26 ; Ringenbach, *Tramps*, passim ; Feder, *Unemployment Relief*, p. 87 ; Alice Solenberger, *One Thousand Homeless Men : A Study of Original Records* (New York, 1911), p. 2.

(35) Magnus W. Alexander, "Waste in Hiring and Discharging Men," *Iron Age* (1914), 94 : 1032-1033 ; Alexander, "Cost of Hiring and Firing Men," *The Engineering Magazine* (1915), 48 : 733-736 ; Alexander, "Hiring and Firing : Its Economic Waste and How to Avoid It," *The Annals* (May 1916), 65 : 128-144 ; W. A. Grieves, "The Handling of Men," *Efficiency Society Bulletin* (April 30, 1915), vol. 1 ; Irene O. Andrews, "The Relation of Irregular Employment to the Living Wage for Women," *American Labor Legislation Review* (June 1915), 5 : 319.

また、放浪と労働市場状態との関連は一九一〇年代まで気づかれてはいなかった。ヘンリー・ブリュエーアは、自分がニューヨーク市の職員であったころに市当局は市営宿泊施設に対する応募者が増大して初めて一九一三年不況の開始に気づいた、といっている。宿のない人々に対する関心から「職のない人々についての議論が始まり、それから全般的な失業状態が考えられるに至った」そうである。Bruere, "America's Unemployment Problem," *The Annals* (September 1915), 61 : 13 ; Solenberger, *Homeless Men*, pp. 139, 149.

(36) Willits, "Steadying," pp. 63-91.

(37) Paul H. Douglas, "Absenteeism in Labor," *Political Science Quarterly* (December 1919), 34 : 599 ; Don D. Lescohier, *The Labor Market* (New York, 1919), p. 120 ; Peter A. Speek, "The Psychology of Floating Workers," *The Annals* (January 1917), 69 : 73 ; Boyd Fisher, "How to Reduce Labor Turnover," *The Annals* (May 1917), 71 : 17.

(38) Lescohier, *Labor Market*, p. 115 ; Slichter, *Turnover*, pp. 33, 336 ; Brissenden and Frankel, *Labor Turnover*, p. 47.

(39) *Handling Men* (Chicago, 1917) 所収の Harry F. Porter, "Giving the Men a Chance : What It's Doing for Ford," p. 171 ; Samuel M. Levin, "Ford Profit Sharing, 1914-1920," *The Personnel Journal* (August 1927), 6 : 76 ; U.S. Senate, *Final Report and Testimony of the Commission on Industrial Relations* (Washington, 1916), 8 : 7678 ; Horace L. Arnold and Fay L. Faurote, *Ford Methods and the Ford Shops* (New York, 1919), pp. 96-106.

(40) George Bundy, "Work of the Employment Department of the Ford Motor Company," U.S. Bureau of Labor Statistics Bulletin No. 196 (1916), pp. 63-67 ; Levin, "Profit Sharing," p. 78 ; Stephen Meyer, "From Welfare Capitalism to the American Plan : The First World War and Automobile Workers at Ford," unpublished paper delivered to the American Historical Association, San Francisco, 1978, pp. 5-9.

(41) John Lee, "The So-Called Profit Sharing System in the Ford Plant," *The Annals* (May 1916), 65 : 300.

(42) H. A. Haring, "Three Classes of Labor to Avoid," *Industrial Management* (December 1921) 62 : 370-373 ; Oscar Roder, "Employment Plans and Methods," *Industrial Management* (July 1917), 53 : 560 ; Leslie H. Allen, "The Workman's Home : Its Influence Upon Production in the Factory and Labor Turnover," *ASME Transactions* (1918), 40 : 220.

(43) Emil Frankel, "Labor Absenteeism," *Journal of Political Economy* (May 1921), 29 : 487 ; NACS, *Third Annual Proceedings* (1915), pp. 673-677.

(44) Slichter, *Turnover*, p. 158 ; NACS, *Ninth Annual Proceed-*

ings (1921), p. 638.

(45) David Montgomery, "The New Unionism and the Transformation of Workers' Consciousness in America, 1909-1922," *Journal of Social History* (Summer 1974), 7 : 512-513 ; Paul Litchfield, *Industrial Voyage : My Life as an Industrial Lieutenant* (Garden City, N.Y., 1954), p. 133 ; Meyer, "Workers at Ford," p. 7.

(46) W. B. Wilson, "Labor Program of the Department of Labor," U.S. Bureau of Labor Statistics Bulletin No. 247 (1918), p. 166 ; Samuel Gompers, "Union Labor and the Enlightened Employer," *Industrial Management* (April 1921), 61 : 237 ; William M. Leiserson, "Collective Bargaining and Its Effect on Production," *The Annals* (September 1920), 91 : 47 ; Lescohier, *Labor Market*, p. 89.

(47) John M. Williams, "An Actual Account of What We Have Done to Reduce Our Labor Turnover," U.S. Bureau of Labor Statistics Bulletin No. 227 (1917), p. 188 ; F. C. Henderschott and E. W. Weakly, *The Employee Department and Employee Relations* (Chicago, 1918), p. 53 ; Lescohier, *Labor Market*, p. 90.

(48) E. H. Fish, "Employment Methods as Followed by the Norton Company," *ASME Journal* (July 1918), 40 : 558 ; Sumner H. Slichter, "The Scope and Nature of the Labor Turnover Problem," *Quarterly Journal of Economics* (November 1919), 34 : 336. また Walter D. Scott and Robert C. Clothier, *Personnel Management* (Chicago, 1923), pp. 469, 485 も参照されたい。

(49) Fred H. Colvin, Labor Turnover, *Loyalty, and Output* (New York, 1919), pp. 6-8, 11 ; Fisher, "Reducing Turnover," pp. 29-32 ; NACS, *Eighth Annual Proceedings* (1920), p. 426 ; Slichter, *Turnover*, pp. 188, 214 ; Boris Emmet, "The Turnover of Labor," Federal Board for Vocational Education Bulletin No. 46 (1919), pp. 44-55 ; R. B. Wolf, "Securing the Initiative of the Workman," *American Economic Review* (March 1919), 9 : 120-121.

(50) Magnus W. Alexander, "Cost of Labor Turnover," U.S. Bureau of Labor Statistics Bulletin No. 227 (1917), p. 27.

第一次大戦時と同様に、異動は現在も従業員のモラールの指標となっている。労働に対する態度に関する最近の研究は離職率を「労働者の不満足の増大が労働に現れた指標」であるとしている。しかも、かつてと同様に、低調なモラールの原因は政府によるある研究が「テイライズムの悪影響」と呼んだものに求められている。ずっと以前の職業主義者と酷似しているが、この研究は、「自分が自分の主人になる機会が減少しつつある」事態に直面して、「キャリア流動性」を提供することによって労働者の職務満足を増大することができるであろうと述べている。G. Staines and R. Quinn, "American Workers Evaluate the Quality of Their Jobs," *Monthly Labor Review* (January 1979), 102 : 4 ; James O'Toole et al., *Work in America : Report of a Special Task Force to the Secretary of HEW* (Cambridge, Mass., 1973), pp. 17-22〔岡井紀道訳『労働に明日はあるか』(日本経済新聞社、一九七五年)三六―四三頁〕。

(51) 簡単にいえば、経済学者は、さまざまな企業で一般に使える熟練と、ひとつの組織にのみ特有の熟練とを区別している。雇主は企業特殊的熟練を従業員に訓練するための費用を全面的ないし部分的に負担する。そのために雇主は後に従業員の異動を少なくして訓練費用を埋め合わせようとするのである。こうして、労働者の熟練が過去のある時点から一層、企業特殊的になるならば、異動に対する雇主の関心は高まるであろうと予想しうるのである。これに関しては、Gary Becker, *Human Capital* (New York, 1964)〔佐野陽子訳『人的資本』(東洋経済新報社、一九七六年)〕を参照されたい。

(52) E. M. Hopkins, "Advantages of Centralized Employment," *The Annals* (May 1917), 71 : 2.

(53) Paul H. Douglas, *American Apprenticeship and Industrial Education* (New York, 1921), p. 124 ; Anne Bezanson, Miriam Hussey, Joseph H. Willits, and Leda F. White, "Four Years of Labor Mobility : A Study of Labor Turnover in a Group of Selected Plants in Philadelphia," *The Annals*, (May 1925), Vol. 119, suppl., p. 75.

(54) Willits, "Steadying," p. 67.

(55) アレクサンダーは異動率や異動費用が高くつくのは、半熟練操作工という新しい階層が現れたからだと主張した。彼らは高価な設備や機械類を操作するので、不慣れな半熟練訓練工によって大きな損失が生じるのだというのである。しかしながら、それ以外の研究はアレクサンダーとは異なった結論を見いだしている。しかも、雇主は老朽化した機械を用いて技術指導を行い、損傷コストを軽くしようとするようになっていったのである。Slichter, *Turnover*, p. 69 ; U.S. Training Service, "Training Employees for Better Production," *Training Bulletin* (1918), Vol. 4.

(56) Ordway Tead, *Instincts in Industry* (Boston, 1918), p. 70 ; Joseph H. Willits, "The Labor Turnover and the Humanizing of Industry," *The Annals* (September 1915), 61 : 132-133 ; Lillian Erskine and Treadwell Cleveland, Jr., "New Men for Old," *Everybody's* (April 1917), 36 : 425.

(57) Slichter, *Turnover*, p. 427 ; Dudley R. Kennedy, "The Future of Industrial Relations," *Industrial Management* (March 1920), 59 : 228.

(58) Alexander, "Cost of Labor Turnover," p. 15 ; Boyd Fisher, "Determining Cost of Turnover of Labor," U.S. Bureau of Labor Statistics Bulletin No. 227 (1917), pp. 65-66.

(59) Ernest M. Hopkins, "A Functionalized Employment Department as a Factor in Industrial Efficiency," *The Annals* (September 1915), 61 : 116-117 ; Henry S. Dennison, "Methods of Reducing the Labor Turnover," U.S. Bureau of Labor Statistics Bulletin No. 202 (1916), p. 58 ; Meyer Bloomfield, "The New Profession of Handling Men," *The Annals* (September 1915), 61 : 122.

(60) C. Bertrand Thompson, "Making Each Department Pay Its Own Share," *System* (February 1915), vol. 27 ; Robert C. Clothier, "The Employment Work of the Employment Department of the Curtis Publishing Company," *The Annals* (May 1916), 65 : 109 ; Clothier, "The Function of the Employment Department," U.S. Bureau of Labor Statistics Bulletin No. 196 (1916), p. 11 ; A. B. Nevins, "How We Make It Easy to Apply the Ounce of Prevention in Management," *Factory* (June 1924), 32 : 938 ; NACS, *Seventh Annual Proceedings* (1919), p. 328.

一九二〇年代までは、労働異動の水準によって従業員のモラールと人事部の有効性を正確に測定することはできないなどとは、考えられていなかった。一九二八年にフィラデルフィアのリベラルな雇主であるモリス・リーズは、異動が「満足な労働関係の指標としてさらに注意ぶかく研究されねばならない。私の判断では、さまざまな労務政策の価値を正確に指し示しているという正当とは認めがたい仮定に立脚したうえで、そのような目的に用いられてきたのである」と述べた。この文章はHerman Feldman, "A Survey of Research in the Field of Industrial Relations," Preliminary Report of the Advisory Committee on Industrial Relations of the Social Science Research Council, New York, June 1928, p. 149 にある。

(61) *Handling Men* 所収の Leon I. Thomas, "The High Cost of Labor That Comes and Goes," p. 99 ; Frankel and Fleisher, *Human Factor*, p. 261 ; W. A. Grieves, "The Handling of Men," *100%* (1915), 4 : 5-15.

ボイド・フィッシャーは改革者たちに対し、異動は「何百万」ドルもかかると雇主に思い込ませるよう、督励した。「異動に対する徹底的な対策は非常に高くつくので」とフィッシャーはいっている、「最も懐疑的な管理者までもが確信を抱くまで、われわれは矯正策に大きな成功を収めることはないだろう」。Fisher, "Reduce Turnover," p. 17.

(62) Erskine and Cleveland, "New Men," p. 426; NACS, *Seventh Annual Proceedings* (1918), p. 328.

(63) Emmet, "Turnover," p. 14; Harry W. Kimball, "Some Reasons for Labor Turnover," *Industrial Management* (April 1919), 57 : 324; Colvin, *Loyalty and Output*, p. 37.

これらの批判はある効果を持っていた。人事管理に関する代表的な教科書が一九二三年に出版されたとき、その本は補充費用を慎重に低く見積もり、そのかわりに「興味やモラール」のような計測不能な側面を強調した。著者たちによれば異動費用は「計測が難しい。その価値を確定することは困難である。……しかし、われわれは異動そのものに関心を持つよりも労働異動の原因のほうに関心を持っている。管理が労働異動に関心を持つのは、立ち去る者にかわる者がいくらかかるかという観点からよりも、むしろ組織全体に関心と有効性が減退しつつあるという観点からなのである」。Scott and Clothier, *Personnel Management*, pp. 448-449.

(64) Slichter, *Turnover*, p. 427.

(65) 新中間階級の興隆と、それが革新主義的改革活動の推進に果たした役割については、多くの研究が積み重ねられている。有用であったのは次の労作である。Samuel Haber, *Efficiency and Uplift : Scientific Management in the Progressive Era* (Chicago, 1964); Magali S. Larson, *The Rise of Professionalism : A Sociological Analysis* (Berkeley, Calif., 1977); Robert H. Wiebe, *The Search for Order, 1877-1920* (New York, 1967); Christopher Lasch, *Haven in a Heartless World : The Family Besieged* (New York, 1977).

(66) Monte Calvert, *The Mechanical Engineer In America, 1830-1910 : Professional Cultures in Conflict* (Baltimore, 1967), pp. 63-85; Noble, *America By Design*, pp. 33-49; Edwin T. Layton, Jr., *The Revolt of the Engineers* (Cleveland, 1971), pp. 57-69; Haber, *Efficiency*, p. 3 [前掲邦訳、一一頁]; Henry Towne, "The General Principles of Organization Applied to an Individual Manufacturing Establishment," *Efficiency Society Transactions* (1912), vol. 1; Kenneth E. Trombley, *The Life and Times of a Happy Liberal : A Biography of Morris L. Cooke* (New York, 1954), pp. 47-70.

(67) Frederick W. Taylor, *Shop Management* (New York, 1911), pp. 31, 110 [前掲邦訳、二四六、三一〇頁]。

(68) Daniel Nelson, *Frederick W. Taylor and the Rise of Scientific Management* (Madison, Wis., 1980), pp. 188-189; Lecture Notes of Henry H. Farquhar, 1916-24, Baker Library, Harvard University Graduate School of Business Administration; Melvin T. Copeland, *And Mark an Era : The Story of the Harvard Business School* (Boston, 1958), pp. 26, 159; Louis D. Brandeis, *Business : A Profession* (Boston, 1914); T. N. Carver, "The Redistribution of Human Talent," *Efficiency Society Transactions* (1912), 1 : 363; Elliot Goodwin, "Is There is Profession of Business and Can We Really Train for It?" *Efficiency Society Transactions* (June 1916), 5 : 292-298.

(69) U.S. Bureau of Labor Statistics Bulletin No. 196 (1916) 所収の Harlow S. Person, "University Schools of Business and the Training of Employment Executives," pp. 32-33; Slichter, *Turnover*, pp. 409-410.

労務管理に関する次の文章から、産業における専門職というものを当時の観察者がどのように考えていたかが少しばかりわかるであろう。「彼は哲学者であり社会学者であり、そして従業員のことを第一に考慮する企業側代表者であるという意味で、詩人でなければならない。……労務管理者というこの新種は、以前は見過ごされていた活発な何物かを産業にもたらした。……彼の事務所は工場とは似ても似つかない。大学教授の書斎の雰囲気がある。……労務管理者は何よりもゼントルマンである」。John R. Commons, *Industrial Government* (New York, 1921), pp. 238-240.

(70) Glenn Frank, *The Politics of Industry : A Footnote to the Social Unrest* (New York, 1919), pp. 42-92 ; Daniel Bloomfield, ed., *Selected Articles on Employment Management* (New York, 1919) 所収の Edward D. Jones, "Employment Management," p. 126 ; Valentine, "Efficiency and Consent," p. 226.

(71) Proceedings of the National Association of Employment Managers (Cleveland, 1919) 所収の Jean Hoskins, p. 37 ; Meyer Bloomfield, "Problems of Industrial Management," U.S. Bureau of Labor Statistics Bulletin No. 247 (1918), p. 157.

(72) Sumner H. Slichter, "The Management of Labor," *Journal of Political Economy* (December 1919), 27 : 831-832 ; D. Bloomfield, *Articles* 所収の Meyer Bloomfield, "A New Profession in American Industry," pp. 115, 117-118.

(73) Mary B. Gilson, *What's Past is Prologue : Reflections on My Industrial Experience* (New York, 1940), pp. 51, 121.

労働組合が人事管理をどう見ていたかについての記録はほとんどない。一方では人事管理者が「博愛的君主」であると特徴づける組合幹部に同意する人々がいた。他方、被服労働組合のシドニー・ヒルマンは、一九二〇年の人事管理会議での演説で、人事管理者が企業の生産部門の影響を掘り崩していることを賞賛し、この傾向が将来も続くようにとの希望を表明した。A. J. Portenar, "Centralized Labor Responsibility From a Labor Union Standpoint," *The Annals* (May 1917), 71 : 194 ; Sidney Hillman, "Organized Labor in Industry," Proceedings of the Industrial Relations Association of America, Part I (1920), pp. 98-102.

(74) かつて婦人労働組合連盟で働いたこともあるギルソンは、労働組合寄りであってしかもオープンショップ雇主(ジョゼフ・アンド・ファイス社)で働いているという矛盾を、組合は産業民主主義のための力であるが彼女の企業では組織化の必要がないのだと論じることによって、合理化した。「職場のモラールは良好であった。労働者はそこそこの賃金を得ていた」。彼女の態度は「労働組合からの干渉なしに自由に実験を進めたい」というコメントに一層はっきり示されている。Gilson, *Past Is Prologue*, pp. 160-161.

第五章

(1) Stanley Lebergott, *Manpower in Economic Growth* (New York, 1964), pp. 512, 515 ; "Changes in Employment of Women in Industry," National Association for Corporation Training (NACT) *Bulletin* (February 1921), 8 : 60-61 ; U.S. Department of Commerce, Bureau of the Census, *Historical Statistics of the United States*, pt. 1 (Washington, D.C., 1975), p. 107［斉藤眞・鳥居泰彦監訳『アメリカ歴史統計――植民地時代～一九七〇年』(原書房、一九八六年) 一〇七頁］; Hope T. Eldridge and Dorothy S. Thomas, *Population Redistribution and Economic Growth in the U.S., 1870-1950* (Philadelphia, 1958), 3 : 251, table A 1-11 ; Emmett J. Scott, *Negro Migration During the War* (1920, reprint, New York, 1969), pp. 36-37 ; Gordon S. Watkins, *Labor Problems and Labor Administration During the World War* (Urbana, Ill., 1920), pp. 55-74 ; Paul S. Taylor, *Mexican Labor in the United States : Bethlehem, Pennsylvania* (Berkeley, Calif., 1931).

(2) Sterling D. Spero and Abram L. Harris, *The Black Worker :*

The Negro and the Labor Movement (New York, 1931), pp. 151-153; Charles T. Clayton, "Destructive Labor Recruiting," Bureau of Labor Statistics Bulletin No. 247 (1918), p. 56; David Brody, *Steelworkers in America: The Nonunion Era* (New York, 1969), pp. 186-187; George Haynes, "Negro Move North," *The Survey* (January 4, 1919), vol. 41.

(3) Roy W. Kelly, "Labor Factors in Our Shipping Program," *Industrial Management* (February 1918), 54:210; Industrial Relations Association of America (IRAA), *Proceedings* (1920), pt. 2, p. 553; "U.S. Training Service Organized," *Iron Age* (January 19, 1919), vol. 103; J. B. Densmore, "Lessons of the War in Shifting Labor," *The Annals* (January 1919), 81:82; U.S. Federal Board for Vocational Education (FBVE), *Third Annual Report* (1919), pp. 29-31.

(4) *Potentials of the American Economy: Selected Essays of Sumner H. Slichter* (Cambridge, Mass., 1961) に復刻されている Sumner H. Slichter, "Industrial Morale" [1920], p. 169; Paul H. Douglas, "Personnel Problems and the Business Cycle," *Administration* (July 1922), 4:17; Robert Ozanne, *Wages in Practice and Theory* (Madison, Wis., 1968), p. 111; National Association of Corporation Schools (NACS), *Eighth Annual Proceedings* (1920), pp. 540, 547-549, 555-556; IRAA, *Proceedings* (1920), pt. 2 所収の "Shortage of Labor," pp. 539-555; *Iron Trade Review* (January 19, 1920) に引用された Guy Tripp の発言, 66:369; Paul Douglas, "Absenteeism in Labor," *Political Science Quarterly* (December 1919), 34:591-608.

(5) Alexander M. Bing, *Wartime Strikes and Their Adjustment* (New York, 1921), pp. 28-30, 291-296; David Montgomery, "The New Unionism and the Transformation of Workers' Consciousness in America, 1909-1922," *Journal of Social History* (Summer 1974), 7:514; David Brody, *Labor in Crisis: The Steel Strike of 1919* (Philadelphia, 1965); Jeremy Brecher, *Strike!* (Greenwich, Conn., 1972), pp. 133-180 [戸塚秀夫・桜井弘子訳『ストライキ!』(晶文社, 一九八〇年) 一二五―一六七頁]; Leo Wolman, *Ebb and Flow in Trade Unionism* (New York, 1936), pp. 172-193.

(6) NACS, *Eighth Annual Proceedings* (1920), p. 427; Paul F. Brissenden and Emil Frankel, *Labor Turnover in Industry: A Statistical Analysis* (New York, 1922), pp. 80-81; Lebergott, *Manpower*, p. 512.

(7) Sumner H. Slichter, "The Management of Labor," *Journal of Political Economy* (December 1919), 27:838-839. 戦争から二〇年後にコンファレンス・ボードはこの「労働組合代替」戦略の背後にある論理を次のように要約した。「雇主の大半は戦時中の労働組合員の拡大と労働組合の影響力の増大を不安な気持ちで眺めていた。……そのように考えていた雇主は当然にも, 仮に労働組合に加入していたとすれば得られたであろう労働条件, いやそれ以上の魅力的な労働条件を, 彼らの労働者に与えてやろうとしたのである」。National Industrial Conference Board (NICB), *Industrial Relations: Administration of Policies and Programs* (New York, 1931), p. 19.

(8) これらの数値にたどりつくために用いられた方法論については, Sanford M. Jacoby, "The Origins of Internal Labor Markets in American Manufacturing Firms," (Ph. D. dissertation, University of California, Berkeley, 1981), p. 617 を参照されたい。数値は IRAA, *Proceedings* (1920), pt. 1, p. 122, and pt. 2, pp. 179-180 に基づく。Bureau of Personnel Research, Carnegie Institute of Technology, *Service Bulletin* (February 1923) 所収の Robert F. Lovett, "Tendencies in Personnel Practice," 5:11-12; Edward D. Jones, "Employment Management: Its Rise and Scope,"

FBVE Bulletin No. 50 (1920), p. 15 ; NICB, *Industrial Relations Programs in Small Plants* (New York, 1929), p. 2.

(9) 一九一八年の大会への出席者の集計は、製造企業からの代表者だけを含んでいる。二人以上の代表者を送った場合も、異なる工場から来る場合が多いので、数に含まれている。Bureau of Labor Statistics Bulletin No. 247 (1918), pp. 228-249 を参照されたい。

(10) Josephine Young Case and Everett Needham Case, *Owen D. Young and American Enterprise* (Boston, 1982), pp. 193-195.

(11) "Success," *Personnel* (June 1920), 2 : 1 ; "High Spots in the Lives of National Association Directors," *Personnel* (August 1920), 2 : 1-2, 6 ; Louise C. Odencrantz, "Personnel Work in America," *Personnel Administraion* (August 1922), 10 : 11 ; Dwight Farnham, "The Industrial Engineer and the Employment Manager," Society of Industrial Engineers *Bulletin* (1918), 1 : 7-8.

(12) W. H. Lange, "The American Management Association and Its Predecessors," American Management Association, Special Paper No. 17 (New York, 1928), p. 28 ; "Local Associations," *Personnel* (February 1919), 1 : 8 ; Roy W. Kelly, *Hiring the Worker* (New York, 1918), pp. 5-9 ; "High Spots in Local Association Work," *Personnel* (1920), vol. 2, various issues ; Ralph G. Wells, "The Work Program of the Employment Managers' Association of Boston," *The Annals*, (May 1916), 65 : 113-116 ; Joseph H. Willits, "Development of Employment Managers' Associations," *Monthly Labor Review* (September 1917), 5 : 85-86 ; Bureau of Labor Statistics Bulletin No. 247 (1918), pp. 203-204.

(13) *Personnel* (November 1919), 1 : 1 ; (January 1919), 1 : 2 ; (October 1920), 2 : 1 ; (March 1921), 3 : 1 ; Bureau of Labor Statistics Bulletin No. 196 (1916), p. 82 ; No. 227 (1918), p. 6 ; No. 247 (1918), pp. 141-145, 191-196 ; National Association of Employment Managers (NAEM) *Proceedings* (1919), pp. 135-140 ; Sidney Hillman, "Organized Labor in Industry," and John R. Commons, "Management and Unionism," *IRAA Proceedings* (1920), pt. 1, pp. 98-102, 125-130, pt. 2, pp. 519-535, 537-556 ; Robert K. Murray, *Red Scare : A Study in National Hysteria, 1919-1920* (Minneapolis, 1955), p. 170.

(14) Boyd Fisher to Walter V. Bingham, February 12, 1919, Bingham Papers, Carnegie Mellon University, Box 2 ; Bureau of Labor Statistics Bulletin No. 196 (1916) 所収の Bloomfield 論文、pp. 74-75 ; Willits, "Development," p. 86.

(15) Paul H. Douglas and F. E. Wolfe, "Labor Administration in the Shipbuilding Industry During War Time," *Journal of Political Economy* (March 1919), 27 : 149, 393 ; Bing, *Wartime Strikes*, chs. 13-15.

(16) "National War Labor Board," Bureau of Labor Statistics Bulletin No. 287 (1922), pp. 52-63 ; Bing, *Wartime Strikes*, pp. 175-178 ; John R. Commons et al., *History of Labor in the United States* (New York, 1935) 第三巻所収の Don D. Lescohier, "Working Conditions," pp. 321-323 ; "The Opportunities and Obligations of the Taylor Society," *Bulletin of the Taylor Society* (February 1919), 4 : 1.

(17) "National War Labor Board," pp. 37-41, 138-149 ; "Characteristics of Company Unions, 1935," Bureau of Labor Statistics Bulletin No. 634 (1937), pp. 10-20 ; NICB, "Works Councils in the United States," Research Rpt. No. 21 (1919), pp. 75-93 ; NICB, "Experience with Works Councils in the United States," Research Rpt. No. 50 (1922), pp. 15-52 ; Robert Ozanne, *A Century of Labor-Management Relations at McCormick and International Harvester* (Madison, Wis., 1967), chs. 5 and 6 ; Stuart

Brandes, *American Welfare Capitalism, 1880-1940* (Chicago, 1976), pp. 119-134 ; Gerald G. Eggert, *Steelmasters and Labor Reform, 1886-1923* (Pittsburgh, 1981), pp. 103-125.

(18) Robert D. Cuff, "The Politics of Labor Administration during World War I," *Labor History* (Fall 1980), 21 : 546-569 ; "National War Labor Board," pp. 64-87 ; Bing, *Wartime Strikes*, pp. 161, 175, 185, 191.

(19) Jones, "Employment Management," p. 15 ; Paul H. Douglas, "Plant Administration of Labor," *Journal of Political Economy* (March 1919), 27 : 546-547 ; Douglas, "War Time Courses in Employment Management," *School and Society* (June 7, 1919), 9 : 692.

軍事産業における婦人の労働条件については、合衆国鉄道局の婦人部およびヴァン・クリークとクララ・ティードを長とする労働省の婦人労働部からの注目を特に浴びていた。これらの機関は婦人労働を保護し改善する法律の制定を目指し、また雇主に対して適切な保健、公衆衛生、安全などの施設を整備するよう督励した。Bureau of Industrial Research, *How the Government Handled Its Labor Problems During the War* (Washington, D.C., 1919), pp. 6-8 ; Maurine Greenwald, "The Technical and the Human : Managing Women Workers," unpublished paper, Department of History, University of Pittsburgh, 1978.

(20) Bing, *Wartime Strikes*, pp. 20-24 ; Douglas and Wolfe, "Shipbuilding," pp. 372, 384, 387 ; Kelly, "Labor Factors," p. 211.

(21) L. C. Marshall, "The War Labor Program and the Administrators," *Journal of Political Economy* (May 1918), vol. 26 ; Douglas and Wolfe, "Shipbuilding," pp. 166-177, 373-374 ; Bing, *Wartime Strikes*, pp. 22, 298 ; Roy W. Kelly, *Hiring the Worker* (New York, 1918), p. 212 ; U.S. Shipping Board, Emergency Fleet Corporation, *Handbook on Employment Management in the Shipyard* (Washington, D.C., 1918) ; "Report of the Conference on Shipyard Employment Managers," Industrial Service Department, U.S. Shipping Board, Emergency Fleet Corporation, Washington, D.C., November 1917.

(22) Roy W. Kelly and Frederick J. Allen, *The Shipbuilding Industry* (Boston, 1918), p. 10, 235-241 ; Daniel Bloomfield, ed., *Selected Articles on Employment Management* (New York, 1919) 所収の Meyer Bloomfield, "A New Profession in American Industry," pp. 117-118 ; Harry Tukey, "Foreman Training Classes of the Submarine Boat Corporation," NACS *Bulletin* (January 1920), 7 : 10-15 ; Henry Moskowitz, "Development of a Successful Personnel Department in the Submarine Boat Corporation," NACS *Bulletin* (April 1920), 7 : 175-178.

(23) Douglas and Wolfe, "Shipbuilding," pp. 389-390 ; D. R. Kennedy, "Horse Sense in Human Relations," *Industrial Management* (November 1919), 57 : 68.

(24) Meyer Jacobstein, "Government Course for Training Employment Managers," Bureau of Labor Statistics Bulletin No. 247 (1918), p. 19 ; Morris L. Cooke, "The Present Labor Situation," *ibid*., pp. 63-64 ; Edward D. Jones, "Uncle Sam to Train Employment Managers," *American Industries* (September 1918), 19 : 11 ; Douglas, "Courses," p. 692 ; Jones, "Employment Management," p. 15. 兵器省および戦時労働局のほかに、労働省から主計総監局に至る諸機関が含まれていた。

(25) Mary Gilson, *What's Past Is Prologue* (New York, 1940), p. 167 ; Douglas, "Courses," p. 693 ; Jones, "Employment Management," p. 12 ; FBVE, *Third Annual Report* (Washington, D.C., 1919), p. 80 ; "Presentation of Diplomas to Graduates of War Emergency Courses in Employment Managers," Bureau of Labor Statistics Bulletin No. 247 (1918), p. 27 ; Boyd Fisher,

"Horse Sense in Human Relations: A Discussion," *Industrial Management* (April 1919), 55 : 324.

(26) Douglas, "Plant Administration," p. 549; Jacobstein, "Government Course," pp. 21, 23; Roy W. Kelly, "War Emergency Courses in Employment Department Practice," *Industrial Management* (May 1919), 55 : 411; Douglas, "Courses," p. 694.

(27) Jacobstein, "Government Course," p. 24; Bureau of Labor Statistics Bulletin No. 247 (1918), pp. 72-73 所収の Stewart 論文; Boyd Fisher to Walter V. Bingham, February 12, 1919, Bingham Papers, Box 2.

兵器省が，婦人を大量に雇っている施設に女性の雇用管理者を任命したので，訓練計画担当者は婦人が訓練課程を履修できるようにすべきかどうかという問題に取り組まなければならなかった。妥協的な措置がとられ，婦人はクリーヴランドにある特別技術訓練施設で行われる訓練課程に入れられることになった。さらに，ニューヨークとフィラデルフィアのＹＭＣＡは婦人を訓練して雇用管理者にする学級を設置した。スーザン・キングズベリー博士とウォートン・スクールのアン・ブザンソン教授がこれらを担当した。BLS Bulletin No. 247 (1918) 所収の Boyd Fisher 論文，pp. 71-72; Gilson, *What's Past*, pp. 167-168; Douglas, "Plant Administration," p. 549.

(28) Kennedy, "Horse Sense," p. 68; FBVE, *Third Annual Report* (1919), pp. 28-29, 78-81.

(29) IRAA *Proceedings* (1920), pt. 2 所収の Wells, pp. 358-361; Fisher, "Horse Sense," p. 324; FBVE, *Report*, p. 81.

(30) Robert W. Bruere, "Can We Eliminate Labor Unrest?" *The Annals* (January 1919), 81 : 97; NACS *Ninth Annual Proceedings* (1921), pp. 597-598; Allen Sinsheimer, "Keeping Workers Contented," *The Automobile* (March 15, 1917), pp. 415-416; R. C. Clothier, "The Function of the Employment Department," BLS Bulletin No. 196 (1916), pp. 7-14; Philip J. Reilly, "The Work of the Employment Department of the Dennison Manufacturing Company," *The Annals* (May 1916), vol. 65; Clothier, "The Employment Work of the Curtis Publishing Company," *ibid*., pp. 95-110; Kelly and Allen, *Shipbuilding*, pp. 240-241; IRAA *Proceedings* (1920), pt. 2 所収の "Developing the Industrial Relations Staff," pp. 345-357; "Activities of the Personnel Department," NACS *Bulletin* (June 1920), 7 : 250-252; Ordway Tead and Henry Metcalf, *Personnel Administration* (New York, 1920), pp. 23-39.

(31) K. Huey, "Problems Arising and Methods Used in Interviewing and Selecting Employees," *The Annals* (May 1916), vol. 65; Harry D. Kitson, "Employment Managers as Vocational Counselors," *Industrial Management* (March 1921), 61 : 211; Slichter, *Turnover*, pp. 231-245; Charles P. Avery, "The Value of the Application Form," *The Annals* (May 1916), 65 : 219-222; Kelly, *Hiring*, pp. 57-100; The Library of Factory Management, *Labor* (Chicago, 1915) 所収の "Picking the Best Man for the Job," 4 : 32-40; H. L. Gardner, "The Employment Department: Its Function and Scope," BLS Bulletin No. 202 (1916). 陸軍が実施した検査制度に関しては以下の文献を参照されたい。Loren Baritz, *The Servantz of Power* (Middletown, Conn., 1960) [前掲邦訳]; U.S. War Department, *The Personnel System of the U.S. Army* および *History of the Personnel System of the U.S. Army* (Washington, D.C., 1920); *Psychological Bulletin of the American Psychological Association* (February 1918), vol. 16; NACS *Eighth Annual Proceedings* (1920), pp. 342-366; Daniel Kevles, "Testing the Army's Intelligence: Psychologists and the Military in World War I," *Journal of American History* (December 1968), 65 : 565-581.

(32) NACT *Ninth Annual Proceedings* (1921), pp. 620-623; NAEM *Proceedings* (1919), p. 35; Slichter, *Turnover*, pp. 327-328; *Labor* 所収の "Starting Men Right," pp. 41-47; IRAA *Proceedings* (1920) pt. 2 所収の "Introducing the New Worker," p. 383-396; Walter D. Scott and Robert C. Clothier, *Personnel Management* (Chicago, 1923), pp. 346-357; H. N. Clarke, "Breaking in the New Worker," *Industrial Management* (June 1919), vol. 58; Charles L. Pearson, "Introducing the New Employee," *The Annals* (May 1916), 65: 229-231.

(33) IRAA *Proceedings* (1920), pt. 2, p. 244; *Labor* 所収の "Records that Gage Work and Worth," pp. 48-62; Arthur Williams, "The Instruction of New Employees in Methods of Service," *The Annals* (May 1916), 65: 236-237; Arthur H. Young, "Harmonizing the Man and His Job," *Iron Trade Review* (February 5, 1917), 60: 427; C. J. Shower, "Pontiac Centralizes Its Employment of Labor," *Automotive Industries* (July 11, 1918), 39: 53.

(34) Douglas, "Plant Administration," p. 551; "A Survey of Personnel Activities of Member Companies," NACS *Bulletin* (August 1920), 7: 346-348; Leslie H. Allen, "The Workman's Home: Its Influence Upon Production in the Factory and Labor Turnover," *ASME Transactions* (1918), 40: 217; NACT, *Ninth Annual Proceedings* (1921), pp. 621-622.

(35) J. D. Hackett, "Job Analysis as Aid to Production," *Iron Trade Review* (September 9, 1920), 67: 722-724; BLS Bulletin No. 202 (1916) 所収の Philip J. Reilly, "Job Analysis," p. 27; B. Gabine, "The Value and Application of Job Analysis," *Industrial Management* (February 1921), 61: 107; BLS Bulletin No. 247 (1918) 所収の P. J. Nilsen, "Job Analysis," p. 133.

人事管理者は職務分析を用いる職業指導的目的が、同じく職務分析と呼ばれる科学的管理の時間研究法と混同されないかと憂慮していた。IRAAの職務記述委員会は一九二〇年の報告のなかで次のように述べている。人事管理者は「機械に対して行う」職務分析を用いない。「当協会の会員はもっぱら労働者にかかわる職務分析を行うのである」。

NACSの職務分析委員会もまた人事管理者が職務分析を用いるのは「もっぱら人と職務とを一層密接に関連づけるためである。職務分析がもっぱら経営の観点から行われるのは、これとは別の[科学的管理の]場合である」と述べていた。このように、職業的な境界をはっきりさせ、人事管理者と、その目的からして非人間的な方法であるIEとを区別しようとする試みが行われていたのである。NACS, *Eighth Annual Proceedings* (1920), pp. 167-168; IRAA *Proceedings* (1920), pt. 2, pp. 201-207.

(36) Bingham Papers, Box 2 在中の *Personnel*, Publication of the Committee on the Classification of Personnel for the Army (CCPA), September 11, 1918, and October 2, 1918; Bingham Papers, Box 2 在中の CCPA, "The Right Man in the Right Place in the Army," pamphlet, 1918; *Trade Specifications of the U.S. Army*, War Document No. 774 (Washington, D. C., 1919).

熟練職務を不熟練労働者がすぐに習うことのできる「実践的指導ユニット」と呼ばれるものに分解することによって、政府は職務分析を訓練のために用いた。Kelly and Allen, *Shipbuilding*, pp. 248-253; Charles R. Mann, "Principles Underlying Effective Training of Employees," *Corporation Training* (March 1922), 9: 3-6; U.S. Training and Dilution Service, "Training Employees for Better Production," Bulletin No. 4. (1918); Roy W. Kelly, *Training Industrial Workers* (New York, 1920); C. U. Carpenter, "How We Trained 5,000 Women," *Industrial Management* (May 1918), 55: 353-357.

(37) Hugh L. Clary, "The Zoning of Jobs," *Industrial Manage-*

ment (May 1921), 61 : 324-326 ; Herbert Feis, "The Requirements of a Policy of Wage Settlement," *The Annals* (March 1922), 100 : 61.

政府による徴兵を合理化し、合衆国雇用部と雇主との契約を促進するために、労働統計局は一九一八年に標準職業用語を開発するためのプロジェクトを発足させた。"Description of Occupations by the Bureau of Labor Statistics," *Monthly Labor Review* (February 1919), 8 : 441-443 ; Bingham Papers, Box 1 在中の John J. Swan, "Memorandum on Notes on Phases of Personnel Work of Interest Historically," December 14, 1918 ; Bingham Papers, Box 2 在中の "Report of the Joint Committee on Management Terminology," January 11, 1921 ; Noble, *America By Design*, p. 231.

(38) Whiting Williams の講演、"Unskilled Laborer Not Different from Well-to-Do," Harvard College *Crimson*, December 17, 1920 より引用 ; Gilson, *What's Past*, p. 75 ; Frank J. Becvar, "A Method of Grading and Valuing Operations," *The Annals* (March 1922), 100 : 15-18.

(39) IRAA *Proceedings* (1920), pt. 2, p. 210-211 ; Merrill D. Lott, "Sperry Gyroscope Company," *American Management Review* (October 1923), 12 : 8-9 ; Ordway Tead, "Tendencies Toward the Incentive Method of Wage Payment," *Industrial Management* (October 1923), 66 : 196-198 ; Merrill D. Lott, *Wage Scales and Job Evaluation* (New York, 1926)

インタナショナル・ハーヴェスター社で一九一九年から二三年にかけて実施されたものが、大規模な職務評価制度としては一九三〇年代以前で唯一のものである。同社の二三の工場の職名が標準化された。職務は相対評価方式の点数制度に応じて一八のグループに分割された。それぞれのグループごとに最低賃率と最高賃率とが定められ、出来高給はこれらの賃率幅と比例させられた。最後に、ほかの要素に比べ時間研究には比重がおかれなかった。*Industrial Relations* (*Bloomfield's Labor Digest* としても知られる) (October 21, 1922), 12 : 1290 ; Young Papers, Speeches, vol. 1, Item 13 所収の Arthur H. Young, "Some Experiments in Rate Setting," speech delivered at the annual meeting of the Associated Industries of Massachusetts, Boston, October 17, 1922.

(40) ストライキの経過は『アイアン・エイジ』誌が詳しく記録している (September 5, 1918), 102 : 570 ; (July 11, 1918), 102 : 93 ; (July 18, 1918), 102 : 147. また Bing, *Wartime Strikes*, pp. 75-78 も参照されたい。

(41) *Iron Age* (August 8, 1919), 102 : 332-333 ; (August 29, 1918), 102 : 535 ; (September 5, 1918), 102 : 726 ; (September 26, 1918), 102 : 755. また Stanley Shapiro, "The Great War and Reform : Liberals and Labor, 1917-1919," *Labor History* (Summer 1971), 12 : 335, および Bing, *Wartime Strikes*, pp. 200-202 を参照されたい。

(42) "Railroad Wages and Working Rules," NICB Research Rpt. No. 46 (1922) ; *Iron Age* (August 18, 1918), 102 : 320 ; Richard H. Rice, "Discussion of Employee Representation Plans," NACT *Bulletin* (August 1921), 8 : 346-363 ; W. D. Stearns, "Standardization of Occupations and Rates of Pay," BLS Bulletin No. 247 (1918), pp. 36-42 ; Stearns, "Standardized Occupations and Rates," *Industrial Management* (May 1918), 55 : 407-410 ; "Job Specification—Job Analysis," IRAA *Proceedings* (1920), pt. 2, pp. 210-211 ; "Grading of General Electric Employees," *Iron Age* (November 1, 1923), vol. 123.

(43) S. D. Spero, *Government as Employer* (Brooklyn, N.Y., 1949), pp. 181-188 ; Report of the President's Committee on Social Trends, *Recent Social Trends* (New York, 1933) 所収の Leonard D. White, "Public Administration," p. 1413 ; Herman

Feldman, "Personnel Program for the Federal Civil Service," House doc. 733, 71st Cong., 1st Sess. (1931), vol. 14; "History of the Civil Service Merit Systems of the U.S. and Selected Foreign Countries," House Committee on Post Office and Civil Service, Subcommittee on Manpower and Civil Service, 94th Cong., 2d Sess. (1976), p. 186.

この委員会の報告によって、政府のみならず民間産業を通じた職名の標準化に深く関与する人事分類委員会が一九二三年に創設された。これらの事実について、私と非常に異なる解釈（つまり分類が「人間を標準化する運動」であるという主張）が、Noble, *America By Design*, pp. 231-235 に見られる。

(44) J. B. Densmore, "Labor Turnover Meeting of the New York Section," *ASME Journal* (September 1918), 40 : 768; Clayton, "Destructive Recruiting," p. 59; Bing, *Wartime Strikes*, pp. 18, 23-40, 91-94, 195-203, 313; *Iron Age* (June 27, 1918), 101 : 1671; (July 25, 1918), 102 : 246; Kelly and Allen, *Shipbuilding*, p. 231.

(45) Douglas and Wolfe, "Shipbuilding Labor," pp. 363-366; Harleigh Hartmann, "Should the State Interfere in the Determination of Wage Rates?" NICB Special Rpt. No. 12 (1920), pp. v, 118-125; "Job Classification on the Railroads," *Industrial Relations* (June 4, 1921), 7 : 697.

何人かのラディカル派歴史学者は、これらの技法が雇主による統制の拡大であるとしている。リチャード・エドワーズは分類制度を「操業の官僚制的コントロール」であると考えている。キャサリン・ストーンは、職務分類制度および職務評価制度が鉄鋼労働者に一九四〇年代に適用されたのは、本質的に類似の職務の間に人為的な区別を行いかつ正当化するためであったと批判している。だが一九一九年にＢＩＲの鉄鋼業調査に参加した（ラディカルも含む）改革者たちは、「厳密な職務分類が広く行われていないのは鉄鋼業の後進性を示すものである」と主張していた。そのため職を求めて望ましくない競争が進められることになる、と彼らは述べたのである。Richard Edwards, *Contested Terrain* (New York, 1979), pp. 132-139; R. Edwards, M. Reich, and D. M. Gordon, *Labor Market Segmentation* (Lexington, Mass., 1975) 所収の K. Stone, "The Origins of Job Structures in the Steel Industry," pp. 65-68; Commission of Inquiry, Interchurch World Movement, *Report on the Steel Strike of 1919* (New York, 1920), p. 271.

(46) Slichter, *Turnover*, pp. 189, 356; Meyer Bloomfield, *Labor and Compensation* (New York, 1918), pp. 308-309; Boyd Fisher, "How to Reduce Labor Turnover," *The Annals* (May 1917), 71 : 27; Daniel Bloomfield, ed., *Problems in Personnel Management* (New York, 1923) 所収の Franklyn Meine, "Promotions of Factory Employees" pp. 280-281.

(47) Phillip J. Reilly, "Planning Promotion for Employees and the Effect in Reducing Labor Turnover," *The Annals* (May 1917), 71 : 136-139; Slichter, *Turnover*, p. 435.

(48) "Survey Methods of Promotion," *Industrial Relations* (April 2, 1921), 7 : 619-624; "Promotion," *ibid.* (December 1, 1923), 17 : 1761.

(49) "Hiring, Discharge and Transfer : A Symposium," *Industrial Management* (August 1919), 58 : 242; NACT, *Ninth Annual Proceedings* (1921), p. 629; "Transfer and Promotion of Employees," *Iron Age* (June 5, 1919), 103 : 1519.

(50) NACT, "Methods of Transfer and Promotion in Business Organizations," Confidential Rpt. No. 6 (October 1920), pp. 5-18; Paul F. Gemmill, "Methods of Promoting Industrial Employees," *Industrial Management* (April 1924), 67 : 238; Slichter, *Turnover*, pp. 363-368; "Periodic Rating," IRAA *Proceedings* (1920), pt. 2, pp. 313-327.

(51) B. S. Beach, "Filling Vacancies from Within the Ranks,"

Industrial Management (February 1924), 67 : 90 ; *Industrial Relations* (May 26, 1923), 15 : 1544.

(52) Gemmill, "Methods," p. 241 ; NAEM *Proceedings* (1919), p. 62 の Grieves ; Robert S. Lynd and Helen M. Lynd, *Middletown : A Study in Contemporary American Culture* (New York, 1929), p. 66 ; NACT, "Methods of Transfer," pp. 3-4.

(53) Slichter, "Industrial Morale," p. 178 ; Kelly, *Hiring*, p. 32 ; Charles E. Fouhy, "Relations Between the Employment Manager and the Foreman," *Industrial Management* (October 1919), 58 : 336 ; Gemmill, "Methods," pp. 240, 243, 246.

(54) "Labor is Speeding Up," *Iron Age* (February 20, 1919), 103 : 505 ; John S. Keir, "The Reduction of Absences and Lateness in Industry," *The Annals* (May 1917), 71 : 150-155 ; Douglas, "Absenteeism," p. 596.

(55) "The Problem of Lateness and Absenteeism : Review of Methods Used in Various Firms," *Industrial Relations* (January 5, 1921), 5 : 527-529 ; John Fitch, "Making the Job Worthwhile," *The Survey* (April 27, 1918), 40 : 89 ; *Industrial Relations* (March 23, 1923), 14 : 1448 ; Sinsheimer, "Keeping Contented," p. 574 ; "Studebaker Has Four Main Plans for Benefit of Workers," *Personnel* (March 1920), 2 : 5 ; "Reward for Service," *Personnel* (January 1920), 2 : 7.

(56) Slichter, *Turnover*, p. 329 ; Slichter, "Management of Labor," pp. 822-823 ; American Management Association, "Discipline and Its Maintenance," *Management and Administration* (August 1923), vol. 6 ; Bloomfield, *Selected Articles* 所収の Edward D. Jones, "Employment Management," pp. 120-121.

(57) "Driver Must Go," NACS *Bulletin* (April 1920), 7 : 179-182 ; Kelly, *Hiring*, pp. 138-141.

苦情処理手続きの一環として従業員代表制のなかに新たな懲戒制度の導入される場合があった。デニソン製作所やパッカード自動車などいくつかの革新的な企業は，仲裁委員会を設置して異議の出されている解雇について裁定を下した。フィレーン百貨店では従業員によって仲裁委員が選出された。

Eggert, *Steelmasters*, p. 115 ; Joseph H. Willits, "The Arbitration Plan of William Filene's Sons Company," *The Annals* (January 1917), 69 : 205-207 ; Albert B. Wolfe, "Works Committees," Industrial Relations Division, Emergency Fleet Corporation, U.S. Shipping Board (Washington, D.C., 1919) ; William Leavitt Stoddard, *The Shop Committee* (New York, 1919), pp. 85-86 ; W. Jett Lauck, *Political and Industrial Democracy, 1776-1926* (New York, 1926), pp. 151-240.

(58) Earl Dean Howard, "Experience of Hart, Schaffner, and Marx with Collective Bargaining," *The Annals* (January 1917), 69 : 203 ; Bing, *Wartime Strikes*, pp. 167-168 ; Leonhard F. Fuld, "Employment Managers and Bolshevism," *Industrial Management* (July 1919), 58 : 74.

(59) Tead and Metcalf, *Personnel*, pp. 245-248 ; "Standard Oil's New Labor Democracy," NACS *Bulletin* (June 1918), 5 : 207-209 ; Meyer Bloomfield, "What Is an Employment Manager ?" *Industrial Management* (March 1917), 52 : 880 ; Reilly, "Dennison," pp. 91-93 ; Slichter, *Turnover*, pp. 228-242, 375-378.

(60) Merlin M. Taylor, "We Can't Get Men to Stay," *Factory* (February 1918), vol. 20 ; "Hiring, Discharge," 20 : 259 ; Charles M. Horton, "Under New Management—Judging Men," *Industrial Management* (March 1918), 55 : 226 ; Edwin S. Blodgett, "I Quit—I No Like Job," *Factory* (March 1921), 21 : 473-474 ; Fitch, "Making the Job," pp. 87-89. ここで人事管理者と中立的労働仲裁人との類似性に注目されたい。この並行関係については，David Lipsky, ed., *Advances in Labor and Industrial Relations*

(Greenwich, Conn., 1985) 所収の Sanford M. Jacoby, "Progressive Discipline in American Industry" が概観している。事実、雇主たちは、仲裁人が人事管理者のような「社会事業家である。彼らはいつも労働者の肩を持つ」とこぼすことがあったのである。Julius Cohen, "The Revised Protocol in the Dress and Waist Industry," *The Annals* (January 1917), 69 : 191.

(61) Kelly, *Hiring*, p. 35 ; Meyer Bloomfield, "Employment Management Department," *Industrial Management* (January 1917), 52 : 557.

(62) "Hiring, Discharge," p. 242 ; William F. Johnson, "Getting the Foreman's Cooperation," *Industrial Management* (September 1918), 56 : 143 ; IRAA *Proceedings* (1920), pt. 2 所収の "Employment Office Methods"' および "Relations of Employment Office and Foremen," pp. 261, 559-564.

(63) Slichter, "Management of Labor," p. 833 ; Interchurch, *Steel Strike*, pp. 137, 210-211 ; NACT, *Ninth Annual Proceedings* (1921) 所収の "Report of the Committee on Labor Turnover," p. 653.

(64) IRAA Proceedings (1920), pt. 2 所収の Dudley R. Kennedy, "The Foreman of the Present and the Future," pp. 76-77.

(65) "What's on the Foreman's Mind," *Industrial Relations* (December 11, 1920), 5 : 484 ; NACS, *Seventh Annual Proceedings* (1919), p. 394 ; "Employment Office Methods," p. 262 ; Daniel Nelson, "'A Newly Appreciated Art': The Development of Personnel Work at Leeds & Northrup," *Business History Review* (Winter 1970), 44 : 526-530.

(66) NAEM *Proceedings* (1919), p. 31 ; "Relations of Employment Office," pp. 559-562 ; NACT, *Ninth Annual Proceedings* (1921), pp. 621-622.

(67) "First Conference a Big Success," *Personnel* (November 1919), 1 : 1 ; Meyer Bloomfield, "Employment Management," *Industrial Management* (June 1917), 53 : 439 ; Roy W. Kelly, "Employment Management and Industrial Training," FBVE Bulletin No. 48 (1920), p. 91 ; *NAEM Proceedings* (1919), pp. 29-30 ; A. C. Horrocks, "The Foreman of the Present and the Future," IRAA *Proceedings* (1920), pt. 1, pp. 72-75 ; "Driver Must Go," pp. 179-182 ; D. R. Kennedy, "Training the Foreman of Industry," *Industrial Management* (January 1920), 59 : 68.

(68) "Improving Foremanship : Trade Extension Courses for Foremen," FBVE Bulletin No. 61 (1921), pp. 9-10 ; FBVE, *Fourth Annual Report* (Washington, D.C., 1921), pp. 38-40 ; Charles W. Clark, "The Foreman and His Development," *Industrial Management* (August 1920), 60 : 106 ; Myron Barnett, "Foreman Training Courses," Report D, Bureau of Personnel Research, Carnegie Institute of Technology, Pittsburgh, 1921.

(69) Joseph Willits, "War's Challenge to Employment Managers," *The Annals* (January 1919), 81 : 48.

第六章

(1) Stanley Lebergott, *Manpower in Economic Growth : The American Record Since 1800* (New York, 1964), pp. 512, 524.

(2) 表6・1の資料出所を参照されたい。

(3) Irving Bernstein, *The Lean Years* (Boston, 1960), p. 67 ; Lebergott, *Manpower*, p. 514 ; National Industrial Conference Board (NICB), *Wages in the United States, 1914-1929* (New York, 1931), p. 19.

(4) R. A. Gordon, *Business Fluctuations*, 2d ed. (New York,

1961), Ch. 14.

(5) George Soule, *Prosperity Decade : From War to Depression, 1917-1929* (New York, 1947), p. 215 ; Harry Jerome, *Mechanization in Industry* (New York, 1934), pp. 45, 217-227.

(6) Isador Lubin, *The Absorption of the Unemployed by American Industry* (Washington, D. C., 1929), pp. 15-18.

(7) *Technological Trends and National Policy*, Report of the Subcommittee on Technology to the National Resources Committee (Washington, D. C., 1937) 所収の David Weintraub, "Unemployment and Increasing Productivity," pp. 80-85 ; Sumner H. Slichter, "Technological Unemployment : Lines of Action, Adaption, and Control," *American Economic Review* (March 1932), 22 : 41-54.

(8) Lebergott, *Manpower*, p. 510 ; William J. Cunningham, *The Present Railroad Crisis* (Philadelphia, 1931), p. 31 ; David S. Landes, *The Unbound Prometheus : Techonological Change and Industrial Development in Western Europe from 1750 to the Present* (Cambridge, Mass., 1972), pp. 359-485 [石坂・富岡訳『西ヨーロッパ工業史(2)』(みすず書房, 一九八二年)四四七—五八二頁] ; Ralph C. Epstein, *Industrial Profits in the United States* (New York, 1934), pp. 75-78, 122-123.

(9) "Symposium on Immigration," *American Industries* (February 1923), 23 : 7 ; *Industrial Relations : Bloomfield's Labor Digest* (February 10, 1923), 14 : 1407, 1424. また Glenn A. Bowers, "Labor in Manufacturing Industries," *Manufacturing Industries* (February 1929), 17 : 129 も参照されたい。

(10) "Editorial," *Iron Age* (September 10, 1925), 115 : 699 ; John R. Commons et al., *History of Labor in the United States, 1896-1932* (New York, 1935) 第三巻の Don D. Lescohier, "Working Conditions," p. 34.

(11) *Recent Social Trends in the United States*, Report of the President's Committee on Social Trends (New York, 1933) 所収の T. J. Woofter, Jr., "The Status of Racial and Ethnic Groups," pp. 556, 567, 574-576 ; Paul S. Taylor, "Employment of Mexicans in the Chicago and Calumet Region," *Journal of the American Statistical Association* (June 1930), 25 : 205 ; Paul S. Taylor, *Mexican Labor in the U.S. : Chicago and Calumet Region* (Berkeley, Calif., 1932), pp. 36-38.

(12) Hope T. Eldridge and Dorothy S. Thomas, *Population Redistribution and Economic Growth in the U.S., 1870-1950* (Philadelphia, 1959), 3 : 251, A 1-11 ; Sterling D. Spero and Abram L. Harris, *The Black Worker : The Negro and the Labor Movement* (New York, 1931), pp. 152-157.

(13) W. A. Berridge, "Labor Turnover in American Factories," *Monthly Labor Review* (July 1929), 29 : 64-65 ; Berridge, "Labor Turnover," *Monthly Labor Review* (February 1930), 30 : 124-126.

(14) 一九二〇年代に行われた唯一の全国規模の労働異動《ターンオーバー》統計は、メトロポリタン生命保険会社に加入した企業からの数値に基づくものである。これらは大企業に偏っていて、労働異動率が低く出る傾向がある。この統計は非加重中位値を用いており、企業規模を考慮した修正ができないため、労働異動率は下方に偏るのである。したがって一九二〇年代の数値をその前後の数値と比べることができない。というのも、その時期に公表された数値は平均値で計測されているからである。つまり一九二〇年代の異動率が下降しているのは明白なのだが、どのぐらい下降しているのかを計測することができないのである。また、ほかの製造業部門が全く成長しなかった一九二〇年から二九年の間に雇用を二倍以上に成長させた企業からのものであるという理由によっても、その数値は典型的ではないといえる。以上のことを十分に論じているものとして、W. S. Woytinsky, *Three Aspects of Labor Dynamics* (Washington, D.C., 1942), pp.

18-20 ; Sanford Jacoby, "Industrial Labor Mobility in Historical Perspective," *Industrial Relations* (Spring 1983), 22 : 261-282 を参照されたい。

(15) Sumner H. Slichter, "The Current Labor Policies of American Industries," *Quarterly Journal of Economics* (May 1929), 43 : 429. 一九二三年のように労働市場の諸条件が整えば、労働異動は一九二一年以前の水準にまで跳ね上がることに注意されたい。

(16) Jacoby, "Industrial Labor Mobility," p. 274.

(17) Woytinsky, *Three Aspects*, pp. 4, 19 ; Robert and Helen Lynd, *Middletown : A Study in Contemporary American Culture* (New York, 1929), pp. 66-68.
　近着の移民という比較的異動しやすい集団が以前よりも縮小しているのだから、新しい移民法もまた異動率の低落の原因であることに注意されたい。これについては、Jacoby, "Industrial Labor Mobility," pp. 274-275 を参照されたい。

(18) J. David Houser, *What the Employer Thinks : Executives' Attitudes Toward Employees* (Cambridge, Mass., 1927), pp. 50, 82. また、Royal Parkinson, "Picturing the Quality of the Force Concisely for Executives," *Personnel* (November 1927), 4 : 39-42 を参照されたい。

(19) Leo Wolman, *Ebb and Flow in Trade Unionism* (New York, 1936), pp. 172-193.

(20) U.S. Bureau of Labor Statistics, *Handbook of Labor Statistics*, Bulletin No. 1865 (Washington, D.C., 1975), pp. 390-391.

(21) Sanford Jacoby, "Union-Management Cooperation in the United States : Lessons from the 1920s," *Industrial and Labor Relations Review* (October 1983), vol. 37 ; James Morris, *Conflict Within the AFL* (Ithaca, N.Y., 1958).

(22) Wolman, *Ebb and Flow*, pp. 16-17, 35-37 ; Edwin Witte, *Historical Survey of Labor Arbitration* (Philadelphia, 1954).

(23) Slichter, "Current Labor Policies," p. 396.

(24) Gordon, *Business Fluctuations*, p. 251 ; Allen M. Wakstein, "The Origins of the Open-Shop Movement, 1919-1920," *Journal of American History* (December 1964), 51 : 460-475 ; Savel Zimand, *The Open Shop Drive : Who Is Behind It and Where Is It Going?* (New York, 1921).

(25) Dudley R. Kennedy, "The Future of Industrial Research," *Industrial Management* (March 1920), 59 : 228 ; Sumner H. Slichter, "Industrial Morale," *Quarterly Journal of Economics* (November 1920), reprinted in *Potentials of the American Economy : Selected Essays of Sumner H. Slichter* (Cambridge, Mass., 1961), p. 169.
　アカの恐怖は人事管理運動の最もリベラルな部分すらをも襲撃した。ニューヨーク州過激派対策立法調査会(ラスク委員会)は一九二〇年に、産業調査研究所が「ボリシェヴィキに近い知識人に属する者」を含んでいると弾劾した。研究所は、一九一九年の鉄鋼ストライキに関する報告のゆえに攻撃にさらされていたが、ロバート・ブリュエーアやヘンリー・C・メトカーフやオードウェイ・ティードなど人事管理者の頑固者をスタッフに擁していた。これに関しては、Robert K. Murray, *Red Scare : A Study in National Hysteria, 1919-1920* (Minneapolis, 1955), p. 174 ; Marshall Olds, *Analysis of the Interchurch World Movement Report on the Steel Strike* (New York, 1923), pp. 396, 417-431 を参照されたい。

(26) Industrial Relations Association of America (IRAA), *Proceedings* (1920), pt. 1 所収の Wells, p. 81 ; National Association for Corporation Training (NACT), *Bulletin 8* (October 1921) 所収の Casler, p. 437.

(27) Edward S. Cowdrick, "What Are We Going to Do with the Boss?" *Industrial Management* (August 1920), 60 : 195.

(28) Rodney Morrison, Jr. "Employment Office Methods," *Indus-*

trial Management (June 1919), 57 : 500 ; J. R. Naylor, "Relation of the Foreman to the Employment Department," National Association of Corporation Schools (NACS), *Bulletin* (February 1920), 7 : 89-93 ; NACS, *Eighth Annual Proceedings* (1920), pp. 97-101.

(29) Douglas, *Real Wages*, pp. 445 ; Soule, *Prosperity Decade*, ch. 5. 貨幣賃金率が一九二〇年から二三年の間に(雇用と時間の鋭い下降に伴い)鋭く下降したにもかかわらず、実質賃金は消費者価格と卸売価格の着実な低落のためにほとんど変化しなかったことに注意されたい。Clarence D. Long, "The Illusion of Money Wage Rigidity," *Review of Economics and Statistics* (May 1960), 42 : 150-151.

(30) H. Feldman, *The Regularization of Employment* (New York, 1925), pp. 255-257 ; J. D. Hackett, "Layoff Compensation," *Industrial Management* (July 1920), 60 : 67 ; Leah H. Feder, *Unemployment Relief During Periods of Depression* (New York, 1936), p. 313 ; "Unemployment Survey, 1920-1921," *American Labor Legislation Review* (Sept. 1921), 11 : 210-213 ; Arthur H. Young, "Hours of Work," unpublished paper given to the YMCA Group, Elizabeth, N. J., March 1933, Young Papers, California Institute of Technology, vol. 3, item 51 ; J. E. Walters, "What's New In Personnel Work," *Personnel* (August 1932), 9 : 20-31. 一九一九年に、NACSに所属している比較的革新的な企業のうち、従業員に一時解雇手当(解雇手当)を支払っていたのはたった四%にすぎなかった。しかもこれは時間給労働者には適用されなかったのである。"Should a Dismissal Wage Be Paid?" NACS *Bulletin* (October 1919), 6 : 452 ; Edward A. Ross, "A Legal Dismissal Wage," *American Economic Review* (March 1919), suppl., 9 : 136.

(31) Paul H. Douglas, "Personnel Problems and the Business Cycle," *Administration* (July 1922), 4 : 18-23 ; "Labor Efficiency Is Increasing," *Iron Trade Review* (July 2, 1920) 66 : 321 ; "The Efficiency of Labor Is Again Approaching Normal," NACS *Bulletin* (June 1920) 7 : 245-249 ; "Labor Returning to Prewar Efficiency," NACT *Bulletin* (October 1920), 7 : 459-460.

(32) Douglas, "Personnel Problems," pp. 23-25 ; Berridge, "Labor Turnover in Factories," pp. 64-65 ; BLS, *Handbook*, p. 390 ; Wolman, *Ebb and Flow*, pp. 172-193.

(33) William L. Chenery, "Personnel Relations Tested," *The Survey* (May 21, 1921), pp. 236-237.

(34) "Testing Out Industrial Relations," *Personnel* (March 1921), 3 : 4 ; NACT, *Ninth Annual Proceedings* (1921), pp. 595-596.

(35) W. J. Donald, "The Newer Conception of Personnel Functions," *Factory and Industrial Management* (March 1928), 75 : 514-515 ; "Executive Opinions of Industrial Relations," *Personnel*, 3 : 3 (May 1921) に引用された H. H. Rice.

(36) Robert F. Lovett, "Tendencies in Personnel Practice," Bureau of Personnel Research, Carnegie Institute of Technology, *Service Bulletin* (February 1923), 5 : 11-12.

(37) Robert Ozanne, *A Century of Labor-Management Relations at McCormick and International Harvester* (Madison, Wis., 1967), p. 175 ; Louise C. Odencrantz, "Personnel Work in America," *Personnel Administration* (August 1922), 9 : 11.

(38) Ordway Tead, "The Field of Personnel Administration," *Bulletin of the Taylor Society* (December 1923), 8 : 240 ; Charles Piez, "Trends in Management : What Is the Business Outlook Today?" *Factory* (January 1, 1921), 26 : 32.

(39) "Looking Forward," *Personnel* (January 1921), 3 : 6 ; "Holding Our Own," *Personnel* (April 1921), 3 : 4 ; Chenery, "Personnel Tested," p. 237 ; William H. Lange, "The AMA And Its Prede-

cessors," American Management Association Special Paper No. 17 (New York, 1928), p. 28.

(40) "Discuss Business and Unemployment," *Boston Globe*, September 28, 1921 ; Mary B. Gilson, *What's Past Is Prologue* (New York, 1940), p. 121.

(41) "The Importance of the Labor Problem Has Not Diminished," *Automotive Industries* (January 6, 1921), 44 : 30 ; Henry S. Dennison, in *Administration* (January 1921), 1 : 121 ; Chenery, "Personnel Tested," p. 237.

(42) Clarence J. Hicks, *My Life in Industrial Relations* (New York, 1941), p. 137 ; U.S. Congress, Senate Committee on Education and Labor, *Hearings Before a Subcommittee on Violation of Free Speech and Rights of Labor*, Supplementary Exhibits, Part 45, January 16, 1939, 76th Cong., 1st Sess., 16781, 16785, 16831.

(43) Bernstein, *Lean Years* に引用された Rockefeller, p. 170.

(44) "Report of the Special Conference Committee," July 15, 1920, Industrial Service Department Committee Minutes Box, YMCA Historical Library, New York.

(45) Hicks, *My Life*, pp. 64-79.

(46) "SCC Report," 1920 ; U.S. Cong., *Violations of Free Speech*, 16798, 16825, 16849-16850.

(47) "Report of the Special Conference Committee, Supplement," March 1921, YMCA Historical Library ; "SCC Reports," 1920 ; *Human Relations in Industry*, Summary of the Eleventh Silver Bay Industrial Conference of the YMCA, New York, 1928 所収の Clarence J. Hicks, "Comments," p. 89.

(48) ＹＭＣＡのシルヴァー・ベイ産業会議の年次報告要旨、一九一八―三〇年を参照されたい。いくつかの会議でエルトン・メイヨーは、人間関係についての彼の新説を披露していた。それは労働者の「悲観論」を階級意識とラディカリズムに結びつけるものであった。

(49) "Larkin Elected I. R. A. A. President," *Personnel* (August 1920), 2 : 1 ; "Vice Presidents," *Personnel* (October 1920), 2 : 1 ; "Industrial Conditions Cause Postponement," *Personnel* (March 1921), 3 : 1.

(50) *Personnel Administration* (May 1922), 9 : 3 ; "Personnel Association Activities," *Industrial Management* (February 1923), 65 : 83 ; Lange, "AMA and Predecessors," pp. 19-22, 30-35 ; "National Personnel Association Formed by Merger," *Industrial Relations : Bloomfield's Labor Digest* (July 22, 1922), 11 : 1190 ; *Corporation Training* (January-February 1922), 9 : 30.

(51) Cooke Papers, Roosevelt Presidential Library, Hyde Park, New York, Fisher file, Box 8 在中の Boyd Fisher to Morris L. Cooke, April 11, 1922. 連邦職業教育局を去ってからフィッシャーはフィラデルフィアにあるクックのコンサルティング会社のパートナーとなり、それからまずデトロイトのアルミナム・キャスティング社、次にボストンのロックウッド・グリーン社の人事管理者となった。メアリー・G・ギルソンはフィッシャーのことを、「自らの信ずる原理のために報酬の良い仕事を犠牲にするほど勇気のある人」だったと回想している。Gilson, *What's Past*, p. 124.

(52) Cooke Papers, Fisher file, Box 8 在中の Morris L. Cooke to Boyd Fisher, April 21, 1922. オープンショップ運動が最高潮にあった一九二一年にクックは、テイラー協会の会員に協力を要請して、五〇人の著名な科学者、管理者、労働運動指導者による労働・科学協会を結成しようとした。クックは協会がオープンショップ運動の宣伝に対抗し産業発展に影響を与えることを望んだ。ただし、この構想は実現しなかった。Cooke Papers, Box 2 在中の Morris L. Cooke to George L. Bell, January 21, 1921.

(53) 人事調査連盟（ＰＲＦ）は専門的経営管理運動の最もリベラルな組織のひとつであった。そのためにＰＲＦは、労使関係カウンセラーズや、ＡＴＴ、コダック、ＷＥなど心理学的手法を人事管理に適用しようとする少数の企業を除いて、企業からの強い支持を受けたことが全くなかった。一九二八年のメンバー企業は八社にすぎない。PRFの『ジャーナル・オヴ・パーソネル・リサーチ』誌は産業心理学の専門誌で、マシュー・ウォルを編集委員会に迎えていることで名が通っていた。一九二〇年代にPRFはテイラー協会と密接な関係を持ち、また職業指導からの出自を反映して全米職業指導協会とも密接な関係を保っていた。以上に関しては、Bingham Papers, Box 9 在中の Personnel Research Federations, *Service Bulletin* の各号、特に June 1927, March 1931, November 1931、および B. Von Haller Gilmer, *Walter Van Dyke Bingham Memorial Program* (Pittsburgh, 1962) 所収の Leonard Ferguson, "Industrial Psychology and Labor" を参照されたい。

(54) "The Personnel Content of Management," *American Management Review* (April 1923), 12 : 3-6.

(55) *Ibid*., pp. 5-6 ; "The American Management Association—A Non-Engineering Society," *Management Engineering* (April 1923), 4 : 273.

(56) U.S. Cong., *Violations of Free Speech*, 16781-16782 ; Sam A. Lewisohn, "Management's Part in Personnel Administration," *Personnel Administration* (August 1922), 9 : 3-4 ; E. S. Cowdrick, "The Expanding Field of Industrial Relations," *American Management Review* (December 1924), 12 : 3-5 ; Glenn A. Bowers, "Is There a 'One Best Method' in Industrial Relations ?" *American Management Review* (June 1924), 13 : 7 ; *Proceedings of the 1925 International Welfare (Personnel) Congress* (Flushing, Netherlands, 1925) 所収の W. J. Donald, "America," pp. 94-96 ; Young Papers, Speeches, vol. 1 所収の Arthur H. Young, "Ideals of Good Industrial Relations," address delivered at Hartford Rubber Works Company, May 20, 1926 ; L. A. Sylvester, "The Foreman as Manager," AMA Production Executives Series No. 38 (1926). 一九二九年にAMAのW・J・ドナルドは次のように述べている。「かつて人事運動のなかで、人事の仕事が人事担当者だけのものである時代もあったことを私たちはよく覚えています。当時私たちはライン管理者から人事職能を全く取り去ろうとしていました。ここ数年来……そのような傾向は明らかに逆転しています。私たちは今や人事の仕事はあらゆる管理者の［すなわち職長の――ジャコービィ］仕事であると考えているのです」。Donald, "Executive Training Programs," AMA General Management Series No. 107 (1929).

(57) リベラルモデルを連想させるという理由で雇主は、「労使関係部」という名称をも嫌った。「その名称は難問解決のための経営にコントロールされた調停人という打出の小槌によって……不調和のなかから調和をもたらすのだという考え方を、あまりにも強く打ち出しすぎることになるであろう」。National Industrial Conference Board, *Industrial Relations : Administration of Policies and Programs* (New York, 1931), pp. 42, 58.

(58) Gilson, *What's Past*, p. 101.

(59) Morris L. Cooke to E. O. Griffenhagen, December 22, 1926, Cooke Papers, File 38, Box 61 ; Cooke to Henry P. Kendall, January 2, 1929, Cooke Papers, Box 11 ; J. S. Keir to Henry S. Dennison, July 18, 1927, Dennison Papers, Baker Library, Harvard University, Carton 2 ; Morris L. Cooke to Dennison, May 24, 1927, Dennison Papers, Carton 2 ; Cooke to Harlow S. Person, June 18, 1926, Cooke Papers, File 138, Box 61.

(60) Report of the Committee on Recent Economic Changes of the President's Conference on Unemployment, *Recent Economic Changes in the United States* (New York, 1929) 所収の Henry S. Dennison, "Management," 2 : 520 ; Harold Porter, "Technique of Holding Council or Committee Meetings," *Personnel* (February 1928), 4 : 140-141 ; Russell L. Keppel, "Development of For-

emen," AMA Production Executives' Series No. 44 (1926); Frank Cushman, "The Foreman's Place in a Training Program," AMA Production Executives' Series No. 35 (1926); E. S. Cowdrick, *Manpower in Industry* (New York, 1924), chs. 19 and 20.

(61) YMCA, "Report of a Conference on Foremanship," Greenville, Penn., 1923.

(62) Harold Bergen and G. Bergen, "Executive Training Programs," AMA General Management Series No. 107 (1929); R. G. Adair, "Foreman Training That Works," *Factory and Industrial Management* (July 1930), 79 : 1391-1397; NICB, *Industrial Relations*, p. 45; C. E. Stevens, "Foremen's Meetings on Efficiency of Operation," AMA Production Executives' Series No. 46 (1926).
第1次大戦時と同じように、連邦職業教育局は職長訓練制度を助成した。特に鉄道や公益事業がその対象であった。これについては、FBVE, "Progress in Foreman Training," *Bulletin* No. 127 (Washington, D.C., 1928) を参照されたい。

(63) YMCA, *Summary of the Industrial Conference on Human Relations and Betterment in Industry*, Silver Bay, 1924 所収の "Making Foremanship Effective," pp. 48, 70; George F. Barbour, "The Story of Labor-Saving Machinery," pamphlet in YMCA course on "Foremanship" (c. 1922), Industrial Service Department Committee Minutes Box, YMCA Historical Library; "Training for Leadership," *Railway Mechanical Engineer* (June 1926) 100 : 330-339.

(64) "Putting Ideas to Work," *Factory and Industrial Management* (March 1929), 77 : 479-480; L. J. Parrish, "The Foremen's Club: Does It Solve the Welfare Problem?" *Factory* (April 1926), 36 : 648; Thomas B. Fordham, "The Growth of the Foremen's Club Movement," *Industrial Management* (June 1926), 71 : 339-341; W. W. Mussman, "Foremen's Clubs," *Management Record* (November 1946), 6 : 375; "Making Foremen's Clubs More Effective," *Railway Mechanical Engineer* (March 1926), 100 : 139-140; Albert Sobey, "Community Foremen's Clubs," AMA Production Executives' Series No. 45 (1926); material in Foreman's Clubs 1923-1929 Box, YMCA Historical Library.

(65) NICB, *Collective Bargaining Through Employee Representation* (New York, 1933), p. 16; U.S. Bureau of Labor Statistics, "Characteristics of Company Unions, 1935," *Bulletin* No. 634 (Washington, D.C., 1937) p. 27.

(66) U.S. Cong., *Violation of Free Speech*, 16495. 人事部のなかには会社組合の運営に全く関与しないものもあった。これについては、Paul F. Gemmill, *Present-Day Labor Relations* (New York, 1929), p. 55, および AMA Production Executives' Series No. 49 (1926) 所収の F. M. Dee, Jr., "Various Types of Representation Plans Designed to Fit Local Conditions," p. 8 を参照されたい。

(67) Ozanne, *Century of Labor Relations*, ch.7; Harold H. Swift and W. D. Richardson, "What Managerial Problems Should be Discussed in Joint Representation Meetings?" AMA Production Executives' Series No. 49 (1926), pp. 38-40; Stuart Brandes, *American Welfare Capitalism, 1880-1940* (Chicago, 1976), pp. 133-134; Rinaldo Lukens, "Employee Representation in a Single Unit Organization with Less Than 1,000 Employees," *Personnel* (February 1929), 4 : 114-118; Bernstein, *Lean Years*, pp. 170-173; NICB, *Experience with Works Councils in the U.S.*, Research Report. No. 50 (New York, 1922), pp. 79-110.

(68) Daniel Nelson, "The Company Union Movement, 1900-1937 : A Reexamination," *Business History Review* (Autumn 1982), 56 : 335-337; Ben M. Selekman, *Sharing Management with the Workers : A Study of the Partnership Plan of the Dutchess*

Bleachery (New York, 1924) ; Selekman and Mary Van Kleeck, *Employee's Representation in Coal Mines* (New York, 1924) ; NICB, *Experience with Works Councils*, pp. 53-62, 111-121.

(69) H. A. Tiedemann, "Should Employee Representation Be Applied to Scattered Groups of Wage Earners?" *Personnel* (February 1928), 4 : 93-98 ; W. F. Doherty, "Employee Representation in a Small Plant," *ibid.*, pp. 103-107 ; Porter, "Holding Council Meetings," pp. 140-146 ; Julian Aresty and Gordon S. Miller, "The Technique of Arousing and Maintaining the Interest of Foremen and Workers in Plans of Employee Representation," *Personnel* (February 1930), 6 : 115-132 ; Carroll French, *The Shop Committee in the United States* (Baltimore, 1923), pp. 61-62 ; NICB, *Experience with Works Councils*, pp. 55-62, 111-125.

(70) Houser, *What the Employer Thinks*, p. 74. 積極的な人事管理制度の補完物としてというよりも代替物として職長訓練を実施していた企業もあったことに注意されたい。アーサー・H・ヤングによれば，多くの管理者は次のように考えていたという。「雇用管理者などいらない。安全監視員などいらない。そんなものはいらない。職長がみなやってくれるからだ。それはわれわれの工場の運営手続きの一部だ。われわれがその面倒をみるのだ」。このヤングの文章は，*Evaluating Personnel Work in Industry*, AMA Swampscott Conference (New York, 1924), p. 12 からの引用である。

(71) "AMA—A Nonengineering Society," p. 274.

(72) Sumner H. Slichter, "The Worker in Modern Economic Society," *Journal of Political Economy* (February 1926), 34 : 122 ; William M. Leiserson, "Contribution of Personnel Management to Improved Labor Relations," 1928 Wertheim Lectures on Industrial Relations (Cambridge, Mass., 1929), pp. 145-147.

次に掲げるアメリカの雑誌に掲載された論文一〇〇〇件当たりの人事管理関係の論文の数から，この領域への関心と認識の盛衰を感じとることができるだろう。

1905-09	0.00
1910-14	0.00
1915-18	0.14
1919-21	2.05
1922-24	0.81
1925-28	0.91
1929-30	0.70

出所は *Recent Social Trends* 所収の Hornell Hart, "Changing Social Attitudes and Interests," p. 433.

(73) Houser, *What The Employer Thinks*, p. 116 ; *Recent Social Trends* 所収の Leo Wolman and Gustave Peck, "Labor in the Social Structure," p. 839 ; Roger E. Keeran, "Communist Influence in the Automobile Industry, 1920-1933," *Labor History* (Spring 1979), 20 : 216 ; Samuel Levin, "The Ford Unemployment Policy," *American Labor Legislation Review* (June 1932), 22 : 103.

(74) Houser, *What the Employer Thinks*, pp. 50-82.

(75) David Brody, *Steelworkers in America : The Nonunion Era* (New York, 1969).

(76) Allen M. Wakstein, "The National Association of Manufactures and Labor Relations in the 1920s," *Labor History* (Spring 1969), 10 : 163-176.

(77) Adelaide Clara Dick, "Personnel Work in the San Francisco Bay Region," (M. A. thesis, University of California, Berkeley, 1927), pp. 3, 6, 20, 47.

(78) C. Canby Balderston, *Executive Guidance of Industrial Relations* (Philadelphia, 1935), pp. 4, 224-240 ; Ralph C. Epstein, *Industrial Profits in the U.S.* (New York, 1934), pp. 76-78, 92.

(79) Simon Kuznets, *Seasonal Variations in Industry and Trade* (New York, 1933).

(80) Balderston, *Executive Guidance*, pp. 224-240 ; H. Feldman, "The Outstanding Features of Dennison Management," *Industrial Management* (August, September, and October, 1922), vol. 64 ; Kim McQuaid, "Industry and the Co-Operative Commonwealth : William P. Hapgood and the Columbia Conserve Company," *Labor History* (Fall 1976), 17 : 510-529.

(81) NICB, *Industrial Relations*, p. 61.

(82) "The U.S. Steel Corporation : Part III," *Fortune* (May 1936), 13 : 141 ; Ronald Schatz, "American Electrical Workers : Work, Struggles, Aspirations, 1930-1950," (Ph. D. dissertation, University of Pittsburgh, 1977), pp. 65-69.

(83) Roy W. Kelly, *Hiring the Worker* (Boston, 1918), p. 32 ; NICB, *Industrial Relations Programs in Small Plants* (New York, 1929), p. 20. 企業によっては職員が解雇されたときにのみ人事部が関与するというところもあるから，解雇に関する数値は注意を要する。

(84) Brody, *Steelworkers*, p. 267 ; NICB, *Small Plants*, p. 20 ; Paul F. Gemmill, "Methods of Promoting Industrial Employees," *Industrial Management* (April 1924), 67 : 238, 240-241 ; Spero and Harris, *The Black Worker*, p. 155.

(85) Minutes of the International Harvester Works Manager's Meeting, November 16, 1923. これはロバート・オゼーン教授のご好意による ; NICB, *Systems of Wage Payment* (New York, 1930), p. 7 ; Merrill Lott, *Wage Scales and Job Evaluation* (New York, 1926), pp. 16-17 ; John M. Carmody Papers, Box 43, Franklin D. Roosevelt Presidential Library, Hyde Park, New York 在中の Leon F. Alford, "Ten Years' Progress in Management, 1923-1932," typescript, 1932 ; Paul F. Gemmill, "A Survey of Wage Systems," *Industrial Management* (October 1922), 64 : 207-208 ; M. J. Jucius, "The Use of Wage Incentives," *Journal of Business* (January 1932), 5 : 6 ; Cooke Papers, Box 66 在中の Florence A. Thorne to Morris L. Cooke, April 24, 1928. ただし，出来高賃率は職長ではなく産業技師によって設定された。

(86) Cooke Papers, Box 66 在中の Morris L. Cooke to Florence A. Thorne, May 16, 1928.

(87) Charles W. Lytle, *Job Evaluation Methods* (New York, 1946), pp. 110, 135 ; Bernstein, *Lean Years*, p. 67 ; Lescohier, "Working Conditions," p. 85 ; Robert Ozanne, "A Century of Occupational Differentials in Manufacturing," *Review of Economics and Statistics* (August 1962), 44 : 292-299.

(88) NICB, *Layoff and Its Prevention* (New York, 1930), pp. 38-39 ; "Report of the SCC, Supplement," March 1921.

(89) NICB, *Layoff*, p. 56 ; Minutes of the International Harvester Works Managers' Meeting, July 6, 1931 ; Henry Bruere and Grace Pugh, *Profitable Personnel Practice*, (New York, 1929), pp. 38-40.

(90) Lee Frankel and Alexander Fleisher, *The Human Factor in Industry* (New York, 1920), p. 16 ; Murray W. Latimer, *Industrial Pension Systems in the United States* (New York, 1932), pp. 708-710, 976-977 ; NICB, *Industrial Pensions in the United States* (New York, 1925), pp. 12-15, 62-65 ; NICB, *Experience with Mutual Benefit Associations in the United States* (New York, 1923), pp. 26-36 ; Charles M. Mills, *Vacations for Industrial Workers* (New York, 1927), pp. 236-275 ; Abraham Epstein, *Insecurity : A Challenge to America* (New York, 1933), p. 86 ; *Public Opinion on the Steel Strike* (New York, 1921) 所収の George Soul, "The U.S. Steel Corporation's Welfare Work," pp. 249, 253-255.

(91) Arthur H. Young, "Industrial Pensions," typescript, 1925, Item No. 19, *Speeches*, vol. 1, Young Papers.

(92) NICB, *Industrial Pensions*, pp. 25-28 ; NICB, *Practical Experience with Profit Sharing in Industrial Establishments*, Research Report No. 19 (New York, 1920), pp. 18-19 ; NICB, *Small Plants*, p. 25 ; James R. Adams, "A Common Sense Attack on Labor Turnover," *Industrial Management* (November 1921), 62 : 302.

企業は連続勤続年数ほど厳格ではない適格条件，たとえば通算勤続年数のような条件を用いることもできたであろう。しかし，そうしたのは一握りの企業にすぎなかった。通算勤続原則が実施されれば，雇用安定誘因を保持し続けながら，制度を一層多くの労働者に開放することになったであろう。これが二度と行われなかったという事実は，その制度が，異動を減少させるのではなく，忠誠心を求められた従業員，つまり，ほかならぬ熟練労働者や現場以外の労働者の確保を目指すものであったことを示唆している。

(93) Ralph Heilman, "Do You Keep Your Men Too Long ?" *System* (April 1918), 33 : 540.

(94) Wolman and Peck, "Labor Groups," p. 845 ; NACT *Bulletin* (August 1921), 9 : 415 ; IRAA *Proceedings* (1920), pt. 2 所収の "Benefit-Thrift-Budget," pp. 332-337 ; E. G. Wilson, "The Social Significance of the YMCA's Industrial Conference," *Service* (October 1927), vol. 3 ; NICB, *Industrial Relations*, p. 86 ; Sidney Fine, *The Automobile Under the Blue Eagle* (Ann Arbor, Mich., 1963), p. 8 ; L. Grace Sitzer, "Wrigley Doesn't Apologize for Welfare Work," *Factory & Industrial Management* (March 1929), 77 : 501-502.

新しい福利厚生事業は規律違反，欠勤，遅刻などを統制するためにも広く役立てられた。これらはいずれも労働者の休暇や勤続に影響した。これについては "Reduction of Absence and Tardiness," Memorandum prepared by the Industrial Relations Section, Princeton University (December 1927), pp. 3, 11-15 ; Mills, *Vacations*, pp. 236-275 ; NICB, *Pensions*, pp. 74-77 を参照されたい。

(95) YMCA, *Summary of the Industrial Conference on Human Relations and Betterment in Industry* (New York, 1924) 所収の "Report on Profit Sharing and Stock Ownership," p. 21 ; Arthur H. Young, "The Function of Industrial Relations," paper delivered to the Third International Congress on Scientific Management, Rome, September 1927, Item No. 30, Young Papers, Speeches, vol. 2.

(96) 福利厚生事業の意義を過大評価しているものとして，Sumner H. Slichter, "Current Labor Policies," pp. 393-435 ; John Braeman et al., eds., *Change and Continuity in Twentieth Century America : The 1920s* (Columbus, Ohio, 1968) 所収の David Brody, "The Rise and Decline of Welfare Capitalism," pp. 147-178 などがある。

(97) 年金制度など割高な制度は公益事業，化学，通信など収益の高い産業に集中する傾向があった。Arthur H. Young, "The Social Value of Industrial Relations Activities," address given at the Wharton School of the University of Pennsylvania, Item No. 40, Young Papers, Speeches, vol. 2 ; Latimer, *Industrial Pension Systems*, ch. 19.

(98) Minutes of the International Harvester Works Managers' Meeting, September 12, 1932 and April 1, 1935 ; Epstein, *Insecurity*, p. 145 ; Brandes, *Welfare Capitalism*, pp. 107-108 ; Wolman and Peck, "Labor Groups," p. 846 ; Glenn A. Bowers, "Employment, Wages, and Industrial Relations," *Factory & Industrial Management* (June 1929), 77 : 1251.

コンファレンス・ボードは次の文章が示すようにいくつかの問題点を認めていた。「企業年金の恩恵を受ける従業員を増加させる際に主な障害となるのは勤続要件である。……五つの調査の加重合成は工場労働者のうちで同一企業に二〇年以上在籍している者が五・

三%にすぎないことを示している。……年金制度の費用を算定するために保険数理士が行った計算によると……典型的な中位従業員すなわち三六歳男子についていえば、同じ企業に六五歳まで雇用され続ける確率は一%ないし五%なのである」。NICB, *Support of the Aged* (New York, 1931), p. 30.

(99) Epstein, *Insecurity*, pp. 149-151; Brandes, *Welfare Capitalism*, p. 109; Latimer, *Pensions*, pp. 845-847; Abraham Epstein, "Employees' Welfare: An Autopsy," *American Mercury* (March 1932), 25:335-342; "Industrial Plants Abandoning Many Personnel Activities," *Automotive Industries* (August 4, 1928), 59:163.

(100) "Standard Recommendations for the Relief and Prevention of Unemployment," *American Labor Legislation Review* (September 1921), 11:218-219; Meyer Bloomfield, "Steady Work: The First Step in Sound Industrial Relations," *American Labor Legislation Review* (March 1921), vol. 11; *Business Cycles and Unemployment, Report and Recommendations of the President's Committee on Unemployment* (New York, 1923); Robert Zieger, "Herbert Hoover, the Wage-Earner, and the 'New Economic System'," *Business History Review* (Summer 1977), 51:161-189; *Waste in Industry*, Report of the Committee on the Elimination of Waste in Industry of the Federated American Engineering Societies (New York, 1921); Harlow S. Person, "Scientific Management and the Reduction of Unemployment," *Bulletin of the Taylor Society* (January 1921), vol. 6; Henry S. Dennison, "Regularization of Industry Against Unemployment," *The Annals* (March 1922), 100:102-105.

(101) S. A. Lewisohn, E. G. Draper, J. R. Commons, and D. D. Lescohier, *Can Business Prevent Unemployment?* (New York, 1925); Ernest G. Draper, "Unemployment," *New York Times*, September 11, 1921; Draper, "It Can't Be Done in Our Business," *American Management Review* (September 1924), 12:3-4; "Planning and Maintaining a Regular Flow of Work and Employment," AMA Production Executives Series No. 37 (1926).

(102) H. Feldman, *The Regularization of Employment* (New York, 1925), chs. 10, 11 and 16; Paul H. Douglas and Aaron Director, *The Problem of Unemployment* (New York, 1931), chs. 7 and 16; Roger W. Babson, *Actions and Reactions* (New York, 1935); "Babson's Statistical Institute," misc. material, Box 3, Bingham Papers; Dennison, "Management," pp. 504, 505-507; Malcolm C. Rorty, "The Statistical Control of Business Activities," *Harvard Business Review* (1923), 1:144-166.

(103) Douglas and Director, *Problem of Unemployment*, pp. 113-117.

(104) Bill Haley, "A Guarantee for Continued Employment," *Personnel Administration*, (February 1923), 11:7; Herbert Feis, *Labor Relations: A Study Made in the Procter and Gamble Company* (New York, 1928), p. 36 and ch. 10; Bryce M. Stewart et al., *Unemployment Benefits in the U.S.* (New York, 1930), p. 463; "Unemployment Agreement Made With Workers," *Personnel* (February 1921), 3:3.

(105) Fred W. Climer, "Cutting Labor Cost in Seasonal Business," *Manufacturing Industries* (May 1927), 13:361; John R. Commons et al., *Industrial Government* (New York, 1921), p. 272.

(106) Grace Pugh and Henry Bruere, *Profitable Personnel Practice* (New York, 1929), p. 117; *Guaranteed Wages, Report to the President by the Advisory Board of the Office of War Mobilization and Reconversion* (Washington, D.C., 1947), appendix C, p. 292; Bureau of Labor Statistics, "Unemployment Benefit Plans in the United States and Unemployment Insurance in Foreign

Countries," *Bulletin* No. 544 (1931); *Encyclopedia of the Social Sciences* (Chicago, 1932) 所収の Paul H. Douglas, "Labor Turnover," pp. 712-713.

(107) Peter Temin, *Did Monetary Forces Cause the Great Depression?* (New York, 1976), p. 6; Leverett S. Lyon, *Hand-to-Mouth Buying* (Washington, D. C., 1929); Kuznets, *Seasonal Variations*, p. 313.

(108) Paul Baran and Paul Sweezy, *Monopoly Capital* (London, 1970), p. 232 [小原敬士訳『独占資本』(岩波書店, 一九六七年)二八七頁]; Hugh G. Adam, *An Australian Looks at America* (Bernstein, *Lean Years*, p. 60 より引用)。

(109) Levin, "Ford Unemployment," p. 103; Clayton W. Fountain, *Union Guy* (Fine, *Blue Eagle*, p. 15 より引用); John G. Kruchko, *The Birth of a UAW Local: The History of UAW Local 674, Norwood, Ohio, 1933 to 1940* (Ithaca, N.Y., 1972), pp. 5-6.

(110) Fine, *Blue Eagle*, p. 15 の Fountain よりの引用。

(111) Slichter, "Worker in Modern Society," pp. 115-116.

(112) Epstein, *Insecurity*, pp. 347-348; Lescohier, "Working Conditions," pp. 259-262; Daniel Nelson, *Unemployment Insurance: The American Experience, 1915-1935* (Madison, Wisc., 1969), ch. 3; H. P. Dutton, "Unemployment Insurance: A Six-Year Test," *Factory & Industrial Management* (April 1929), 77: 734-735; Kuznets, *Seasonal Variations*, p. 414.

第七章

(1) Bill Severn, *Frances Perkins: A Member of the Cabinet* (New York, 1976), pp. 91-93; Irving Bernstein, *The Lean Years* (Boston, 1960), pp. 256-257; Mary Van Kleeck, "Employment or Unemployment?—That is the Question," *American Labor Legislation Review* (December 1930), 20: 378-380.

(2) Ewan Clague and Webster Powell, *Ten Thousand Out of Work* (Philadelphia, 1933), pp. 108-115; Bernstein, *Lean Years*, pp. 288-289, 292-301.

(3) "Less Unemployment Through Stabilization of Operations," Report to Honorable Franklin D. Roosevelt by the Governor's Commission on Unemployment Problems for the State of New York (New York, 1931), pp. 3-5; Meredith B. Givens, "Unemployment," *Bulletin of the Taylor Society* (October 1930), 15: 247-249; George Martin, *Madam Secretary: Frances Perkins* (Boston, 1976), pp. 215-216.

(4) "Less Unemployment," pp. 7-14, 20-22.

(5) 「昨晩、消費者連盟の会合で、フランシス・パーキンスとちょっと話す機会がありました。彼女の話ですと、少なくともニューヨークの製造業者に関するかぎり、雇用の安定化が急にはやりだしたとのことです。彼女はこの数日のうちに、この問題以外は眼中にないという風な手紙を、七〇を下らない雇主から受け取りました。たしかにこの問題は流行しています」。Mary Van Kleeck to Morris L. Cooke, April 8, 1930, Box 72, Cooke Papers.

(6) Walker, "Third Unemployment Survey," pp. 394-397; Mabel Walker, "The Urge to Organize," *American Labor Legislation Review* (June 1931), 21: 228-230; Morris E. Leeds and J.F. Springer, "Can Employment be Stabilized?" *Mill & Factory* (March 1931), 8: 27-28; "Industrial Stabilization," *Factory and Industrial Management* (January 1931), 81: 35-37; Ray M. Hudson, "What New England Is Doing to Stabilize Industry," *Mill & Factory* (November 1930), 9: 27-28. テイラー協会は一九三一年の産業雇用法典のなかで、ちょうど地主が規則的な地代の支払いを受

けるのと同じように労働者も規則的な賃金を受け取る権利があるのだと主張して，産業界に雇用を安定化するよう促した。"Industrial Employment Code," *Bulletin of the Taylor Society* (February 1931), 16 : 19-24 ; Box 69A, Cooke Papers.

(7) Box 13, Carmody Papers所収の Meredith B. Givens, "Projects and Investigations Concerned with the Investigation and Control of Unemployment," Special Research Secretary, Social Science Research Council, August 28, 1930 ; *Personnel Service Bulletin* (March 1931), 7 : 2-4 ; "Overcoming Seasonal Fluctuations," *Report of the Fourteenth Annual Silver Bay Conference on Industrial Relations*, Silver Bay, August 1931, pp. 56-57 ; Glenn A. Bowers, "Stabilization of Employment," *Factory and Industrial Management* (June 1931), 81 : 1003-1004 ; Edwin S. Smith, *Reducing Seasonal Employment* (New York, 1931) ; Swarthmore College file, Box 76, Cooke Papers.

(8) "Company Plans for the Regularization of Plant Operation and Employment," Research Report, Industrial Relations Section, Princeton University (c. 1931) ; "Offers Unemployment Insurance to Employee," *Factory and Industrial Management* (September 1930), 80 : 529-530 ; Glenn A. Bowers, "Developments in Employment Security," *Factory and Industrial Management* (April 1931), 81 : 646-647.

(9) Paul H. Douglas, "Can Management Prevent Unemployment ?" *American Labor Legislation Review* (September 1930), 20 : 273-281 ; Ernest G. Draper, "What Employers Are Doing to Combat Unemployment," *ibid*., pp. 282-286 ; "Less Unemployment," pp. 27-75 ; Hudson, "What New England Is Doing," p. 82.

(10) Abraham Epstein, *Insecurity : A Challenge to America* (New York, 1933), pp. 247-250.

(11) Sidney Fine, *The Automobile Under the Blue Eagle* (Ann Arbor, Mich., 1963), p. 351. 製造業における月別雇用水準の年間偏差(つまり各年で雇用が最高の月と最低の月との差が最高水準に占める割合)を算定した。数値は，U.S. Bureau of Labor Statistics, "Employment and Earnings Statistics for the U.S., 1909-1970," Bulletin No. 1312-17 (Washington, D.C., 1971) からとった。

(12) Douglas, "Can Management Prevent Unemployment ?" p. 275.

(13) Glenn A. Bowers, "The Illusion of Stabilization," *Factory and Industrial Management* (October 1931), 82 : 497-498.

(14) J. Douglas Brown, "Company Plans for Unemployment Compensation," *American Labor Legislation Review* (December 1933), 23 : 178 ; Bryce M. Stewart, *Unemployment Benefits in the United States* (New York, 1930) ; "Industrial Employment Code," p. 21 ; Ernest G. Draper, "Why Unemployment Reserve Funds ?" *American Labor Legislation Review* (March 1931), 21 : 25-27.

(15) Daniel Nelson, *Unemployment Insurance : The American Experience* (Madison, 1969), pp. 50-63 ; Marion B. Folsom, "The Rochester Unemployment Benefit Plan," *Report of the Fourteenth Annual Silver Bay Conference*, August 1931, pp. 19-27 ; "Meager List of Companies that Have Adopted Unemployment Insurance," *American Labor Legislation Review* (September 1931), 21 : 325. なお，注(8)も参照されたい。

(16) Meredith B. Givens, "Industrial Instability and Unemployment Insurance," *Personnel Journal* (May 1936), 15 : 8-9 ; Brown, "Company Plans," pp. 176-177 ; Epstein, *Insecurity*, p. 153 ; Ronald Schatz, "American Electrical Workers : Work, Struggles, Aspirations, 1930-1950" (Ph. D. dissertation, University of Pittsburgh, 1977), pp. 81-82.

(17) Brown, "Company Plans," p. 180.

(18) National Industrial Conference Board, "Dismissal Compensation," Studies in Personnel Policy No. 1 (New York, 1937), pp. 5-11; "Less Unemployment," pp. 122-124; E. S. Cowdrick, "Dulling the Axe of Dismissal," *Nations' Business* (October 1930), pp. 47-49; "Hiring and Separation Methods in American Factories," *Monthly Labor Review* (November 1932), 35 : 1014.

(19) J. M. Larkin, "The Practical Application of Employment Stabilization," *Personnel* (February 1933), 9 : 92; J. M. Larkin, "How Bethlehem Steel Has Effected Employment Stabilization," *Iron Age* (December 22, 1932), 130 : 955; Fine, *Automobile Under Blue Eagle*, p. 63; "Dismissal Wage," *Iron Age* (August 20, 1931), 128 : 517.

(20) U.S. Congress, Senate Committee on Education and Labor, Hearings Before a Subcommittee on Violations of Free Speech and Rights of Labor (以後 *La Follette Hearings* と略記), Supplementary Exhibits, Part 45, January 16, 1939, 76th Cong. 1st Sess. 所収の "Third Personnel Conference of the Goodyear Tire and Rubber Company, 1935," 16662-16663.

(21) Al S. Ray (シカゴ・ロックアイランド・太平洋鉄道人事管理者) to Morris L. Cooke, February 12, 1931, Box 69A, Cooke Papers.

(22) J. Douglas Brown, "Spreading Work—Emergency Measure or Fixed Policy?" *Factory and Industrial Management* (September 1931), 82 : 340; Bernstein, *Lean Years*, p. 306; U.S. Bureau of Labor Statistics, "Handbook of Labor Statistics," Bulletin No. 1865 (Washington, D.C., 1975), p. 176; "Spread Employment by Cutting Hours of Regular Force," *Iron Age* (November 19, 1931), vol. 128; Larkin, "How Bethlehem Steel...," p. 954.

(23) National Industrial Conference Board, *Effect of the Depression on Industrial Relations Programs* (New York, 1934), p. 4; Matthew S. Sloan, "The Share-the-Work Movement," *Industrial Relations* (December 31, 1932), 13 : 653-655; "Unemployment Relief," *Monthly Labor Review* (May 1932), 34 : 1046-1047.

(24) Bernstein, *Lean Years*, pp. 477-478. 労務費を引き下げる手段としては、雇主には賃金の切り下げが有利な方法であるのに対し、労働組合の反対はあったとはいえ、労働時間の短縮が従業員には有利であった。現行の稼得水準を前提とすれば、労働時間を短縮すれば従業員はそれだけ働かなくてすむからである。

(25) Epstein, *Insecurity*, p. 256.

(26) Walter C. Teagle, "Work-Sharing Will Do the Job," *Mill & Factory* (December 1932), 11 : 19-21; Francis A. Westbrook, "The New Hampshire Plan," *Industrial Relations* (November and December, 1932), 11 & 12 : 580-582; *La Follette Hearings*, 16821-16822 所収の "Annual Report of the Speical Conference Committee, 1932,"; Harold M. Davis, "Job Security Through Job Sharing," *Factory and Industrial Management* (September 1932), 83 : 363-364.

(27) 一九三〇年代初めまでに、SCCに加入する企業はアメリカ電話電信、ベスレヘム・スチール、デュポン、ゼネラル・エレクトリック、ゼネラル・モーターズ、グッドイヤー、インタナショナル・ハーヴェスター、アーヴィング銀行、ジャージー・スタンダード、USスチール、USラバー、ウエスチングハウスであった。SCCの幹事であったE・S・コードリックは全国ワークシェアリング委員会の調整委員会のメンバーであった。ジャージー・スタンダードのティーグルはSCCのメンバーであった。

(28) Minutes of International Harvester Works' Managers Meeting, April 27, 1931. ロバート・オゼーン教授のご好意による。

(29) Larkin, "How Bethlehem Steel...," p. 955.

(30) たとえば、L. C. Walker, "The Share-the-Work Movement," *The Annals* (January 1933) 165 : 13-19 を参照されたい。

(31) "Thirty-Hour Bill Meets with Strong Protest," *Iron Age*

(April 13, 1933), 131 : 595-597 ; Bernstein, *Lean Years*, p. 483 ; T. H. Gerken, "Thirty-Hour Week Would Not Work in Steel Industry," *Iron Age* (April 20, 1933), 131 : 613-614 ; Robert F. Himmelberg, *The Origins of the National Recovery Administration* (New York, 1976), pp. 175-195.

(32) Glenn A. Bowers, "Unemployment : From Talk to Action," *Factory and Industrial Management* (December 1930), 80 : 1198 ; J. E. Walters, "What's New in Industrial Relations ?" *Industrial Relations* (July 1932), 3 : 318-320 ; *La Follette Hearings* 所収の "Annual Report of the Special Conference Committee, 1932," 16821 ; Larkin, "Practical Application...," pp. 88-90.

(33) NICB, *Effect of the Depression*, p. 4.

(34) "Legislative Notes," *American Labor Legislation Review* (June 1931), 21 : 167 ; Samuel M. Levin, "The Ford Unemployment Policy," *American Labor Legislation Review* (June 1932), 22 : 103.

(35) J. E. Walters, "What's New in Personnel Work—1931 and 1932," *Personnel* (August 1932), 9 : 29 ; Whiting Williams, "What's on the Worker's Mind," *Industrial Relations* (January 1932), 3 : 2 ; Edward S. Cowdrick, "Personnel Practices in 1930," American Management Association, Personnel Series No. 11 (1931).

(36) たとえば、"Westinghouse Employee Relations," *Industrial Relations* (January 1932), 3 : 20-24.

(37) Bernstein, *Lean Years*, p. 78 ; Walker, "Third Unemployment Survey," pp. 384-385 ; "Say Wages Will Not Come Down," *Iron Age* (August 7, 1930), 126 : 397 ; J. R. Davis, *The New Economics and the Old Economists* (Ames, Iowa, 1971).

ただし、労働時間を短縮させながら同時に賃金率を維持しようとする努力は、全く非合理とはいえないことに注意されたい。第一に、非競争的諸産業は一九二〇―二一年不況の際に始まったデフレーションに悩まされたので、今度はその再発を防止しようと決意していた。非競争的環境の下では、労働時間の短縮は賃金率の切り下げほど攻撃的ではないと解釈されており、そのために賃金切り下げよりも価格の下支えに役立つ。第二に、労働時間などの短縮は全般的な賃金切り下げほどは世間の注目を浴びない傾向がある。実業界が愛国的であると思われたければ、それだけ目立たぬように労務費を削減しつつも賃金率だけは維持しておこうとするものである。

(38) U.S. Bureau of Labor Statistics, *Trend of Employment, 1929-1931* ; Everett D. Hawkins and Jay Blum, "Statistical Review of 1932," *Industrial Relations* (December 31, 1932), 3 : 677-695 ; Bernstein, *Lean Years*, pp. 259-260.

(39) Walker, "Third Unemployment Survey," p. 385.

(40) *Ibid.*, p. 386 ; Bernstein, *Lean Years*, p. 261 ; Joseph A. Shister, "A Note on Cyclical Wage Rigidity," *American Economic Review* (March 1944), 34 : 111-116.

(41) Hawkins and Blum, "Statistical Review," p. 617 ; "Building Wage Rates Must Come Down," *Industrial Relations* (January 1932), 3 : 59-61 ; "Note," *American Labor Legislation Review* (September 1931), 21 : 362 ; Bernstein, *Lean Years*, p. 259.

(42) Minutes of International Harvester Works' Managers Meeting, March 30, 1931 ; Robert Ozanne, *A Century of Labor-Management Relations at McCormick and International Harvester* (Madison, Wis., 1967), p. 159.

(43) 一九二九年から三三年にかけての労働調査局『雇用動向調査』各号に基づいて、賃金低下を実施した事業所数と賃金の低下を体験した従業員との比率から、一社当たりの従業員規模を算定した。

(44) Levin, "Ford Unemployment Policy," pp. 104-105 ; Bernstein, *Lean Years*, pp. 313-314.

(45) "Third Personnel Conference of Goodyear, 1935," *La Fol-*

lette Hearings, 16699, 16770 ; Fine, *Automobile Under the Blue Eagle*, pp. 123-124 ; Levin, "Ford Unemployment Policy," p. 106.

(46) John Griffin, *Strikes : A Study in Quantitative Economics* (New York, 1939), pp. 37-44 ; Leo Wolman, *Ebb and Flow in Trade Unionism* (New York, 1936), p. 178.

(47) Irving Bernstein, *The New Deal Collective Bargaining Policy* (Berkeley, Calif., 1950), p. 1 に引用された Louis Adamic, "The Collapse of Organized Labor," *Harper's Monthly* (1932).

(48) National Industrial Conference Board (NICB), *What Employers Are Doing for Employees* (New York, 1936), p. 59.

(49) "The U.S. Steel Corporation : Part III," *Fortune* (May 1936), p. 141.

(50) Schatz, "Electrical Workers," pp. 134-136 ; "Hiring and Separation Methods in American Factories," *Monthly Labor Review* (November 1932), 35 : 1013 ; Larkin, "Practical Application...," p. 92.

(51) Levin, "Ford Unemployment Policy," p. 107.

(52) John R. Richards, "Interviewing Industrial Employees," *Personnel Journal* (December 1930), 9 : 283.

(53) Fine, *Automobile Under the Blue Eagle*, p. 21 ; "Inside Facts on General Motors Strike," *Personnel Journal* (March 1937), 15 : 327.

(54) Charles Henderson, "Some Experiences in Managing During the Past Decade," *Bulletin of the Taylor Society* (February 1931), 16 : 38-40 ; B. C. Seiple, "Tragedy of the Aging Worker," *American Labor Legislation Review* (September 1920), 20 : 306-307 ; Lillian M. Gilbreth, "Hiring and Firing : Shall the Calendar Measure Length of Service ?" *Factory and Industrial Management* (February 1930), 79 : 310-311 ; Fine, *Automobile Under the Blue Eagle*, p. 364 ; Frances Perkins, *People at Work* (New York, 1934), p. 162 ; Arthur H. Young, "Industrial Pensions," unpublished paper, January 19, 1931, Young Papers, California Institute of Technology Library ; *La Follette Hearings* 所収の "Annual Report of the Special Conference Committee, 1933," 16830 ; 前記注18。

(55) "Industrial Employment Code," p. 23 ; Walker, "Third Unemployment Survey," p. 381.

(56) Thomas W. Rogers, "The Old Worker in Industry," *Industrial Relations* (July 1932), 3 : 352-357 ; Sanford M. Jacoby, "Industrial Labor Mobility in Historical Perspective," *Industrial Relations* (Spring 1983), 22 : 274, 277.

(57) C. Canby Balderston, "Recent Trends in Personnel Management," *The Management Review* (September 1933), 22 : 261.

(58) Epstein, *Insecurity*, p. 147 ; "Annual Report of the SCC, 1932," *La Follette Hearings*, 16823 ; Murray W. Latimer, *Industrial Pension Systems in the United States* (New York, 1932), pp. 845-847, 976-977.

(59) Thomas N. Carver, *The Present Economic Revolution in the United States* (Boston, 1925) ; "Repurchasing Employment Stock," *Industrial Relations* (March 1932), 3 : 145 ; Eleanor Davis, "Employee Stock Ownership and the Depression," Industrial Relations Section, Princeton University (1933), pp. 18-24 ; Epstein, *Insecurity*, p. 86.

(60) NICB, "Profit-Sharing and Other Supplementary Compensation Plans Covering Wage Earners," Studies in Personnel Policy No. 2 (1937).

(61) U.S. Bureau of Labor Statistics, "Characteristics of Company Unions, 1935," Bulletin No. 634 (Washington, D.C., 1937), p. 27.

(62) "Third Personnel Conference of Goodyear, 1935," *La Fol-*

lette Hearings, 16665-16666.

(63) Minutes of International Harvester Works' Managers Meetings, June 22, 1931, and April 20, 1932.

(64) Balderston, "Recent Trends," p. 261; A. W. Rahn, "Does Personnel Work Need a Defense?" *Industrial Relations* (September 1932), 3:423-427. 調査対象企業の一一%が，不況の深化につれて救済事業を取りやめた。NICB, *Effect of the Depression*, p. 4.

(65) NICB, *What Employers Are Doing*, p. 23; NICB, *Effect of the Depression*, p. 12.

(66) Merchants' Association of New York, "Effect of the Depression on Industrial Relations Activities," *Industrial Relations* (September 1932), 3:428-430. また Walters, "What's New in Personnel Work," p. 29; "Annual Report of the SCC, 1932," *La Follette Hearings*, 16825 も参照されたい。

(67) AMA Personnel Series No. 24 (1936) 所収の L. A. Appley, "What's New in Training Technique?", p. 22.

(68) Helen Baker, "The Determination and Administration of Industrial Relations Policies," Industrial Relations Section, Princeton University, Research Report No. 55 (Princeton, N. J., 1939), p. 9 に引用されたリンカーン・フィレーン。

(69) William M. Leiserson, "Personnel Problems Raised by the Current Crisis," *The Management Review* (April 1933), 22:114.

(70) 表6・6を参照されたい。不況期における福祉資本主義の凋落の重要性に関する，私とは少し異なる評価として，次の文献を参照されたい。John Braeman et al., eds., *Change and Continuity in Twentieth Century America: The 1920s* (Columbus, Ohio, 1968) 所収の David Brody, "The Rise and Decline of Welfare Capitalism," pp. 147-178.

(71) 同様の分析として，次の文献を参照されたい。Milton Derber and Edwin Young, *Labor and the New Deal* (Madison, Wis., 1961) 所収の Richard C. Wilcock, "Industrial Management's Policies Toward Unionism," p. 286.

(72) W. S. Woytinsky, *Three Aspects of Labor Dynamics* (New York, 1942).

(73) Leverett S. Lyon et al., *The National Recovery Administration* (Washington, D.C., 1935); Leon C. Marshall, *Hours and Wages Provisions in NRA Codes* (Washington, D.C., 1935); Office of the National Recovery Administration, Division of Review, "The Content of NIRA Administrative Legislation: Labor Provisions in the Codes," Work Materials No. 35, Part B (Washington, D.C., 1936).

(74) Lewis L. Lorwin and Arthur Wubnig, *Labor Relations Boards* (Washington, D.C., 1935), pp. 16-49.

(75) Harry A. Millis and Royal E. Montgomery, *Organized Labor* (New York, 1945), pp. 193-198.

(76) *Ibid.*, pp. 198-199.

(77) Lorwin and Wubnig, *Labor Relations Boards*, pp. 102-117, 220-222.

(78) Ordway Tead and Henry C. Metcalf, *Labor Relations and the Recovery Act* (New York, 1933), p. 184. 製造部門の管理者を対象に一九三四年に行われた調査によると，彼らは団体交渉とNIRAの労働法典とを同じぐらい重要な問題だと判断していた。NICB, *Effect of the Depression*, pp. 15-16.

(79) Chapin Hoskins, "The Labor Background of Business Administration," *Personnel* (August 1934), 11:4. また Glenn Gardiner, "Significant Changes in Employer-Employee Relations" *Personnel* (November 1934), 11:50-51 をも参照されたい。

(80) *La Follette Hearings* 所収の "Annual Report of the Special Conference Committee, 1933," 16831; "Annual Report of the Special Conference Committee, 1934," *ibid.*, 16836.

(81) E. S. Cowdrick, "Collective Bargaining in 1934," *Personnel Journal* (February 1935), 13 : 255. 労働委員会のポリシーについて、コードリックは次のように述べている。「あらゆる階層の担当官がこれらのポリシーに費やした時間とエネルギーの量は――仮に測りうるとしての話だが――産業内の手続きに通じていない人には全く信じがたいほどのものである」。

(82) "Coming : A Boom in Personnel Management," *Forbes* (November 15, 1933), 32 : 13, 33.

(83) Irving Bernstein, *Turbulent Years* (Boston, 1969), p. 804, no. 2 からの引用。

(84) Industrial Relations Counselors, Confidential Memorandum, No. 2 (1934).

(85) H. L. McCarthy の言葉、C. E. French, "The Effect of the Wagner Act on Industrial Relations," *Law and Contemporary Problems* (Spring 1938), 5 : 305 より引用。

(86) "Industrial Espionage," U.S. Congress, Senate Committee on Education and Labor, Report No. 46, Part 3, 75th Congress, 2d. Session, 1938.

(87) U.S. Bureau of Labor Statistics, "Company Unions," p. 28 ; Millis and Montgomery, *Organized Labor*, pp. 835, 841.

(88) "Company Unions," pp. 48, 54 ; Fine, *Automobile Under Blue Eagle*, p. 155 ; Robert R. R. Brooks, *As Steel Goes... Unionism in a Basic Industry* (New Haven, 1940), p. 79.

(89) "Company Unions," p. 74 ; NICB, *Industrial Relations Programs in Small Plants* (New York, 1929), p. 20 ; NICB, *Effect of the Depression*, pp. 8, 12.

(90) この調査によると、会社組合がうまくいかなかったとされる企業の三分の二は人事部を持っていなかった。"Company Unions," pp. 164-165.

(91) "Company Unions," p. 165.

(92) "Minutes of Special Conference Commitee Meeting, June 29, 1933, and October 6, 1933," *La Follette Hearings*, 16946, 16951 ; "Employee Representation in Chrysler Plants," *Factory Management and Maintenance* (November 1933), 91 : 453-455.

(93) Industrial Relations Counselors, Confidential Memorandum No. 1 (July 10, 1934) ; "Collective Bargaining," American Management Association Personnel Series No. 19 (1935) ; Hoskins, "Labor Background," p. 13.

(94) T. H. A. Tiedemann, "Employee Representation and the N. I. R. A.," *Personnel* (November 1933), 10 : 38.

(95) "Annual Report of the SCC, 1933," *La Follette Hearings*, 16827-16828.

(96) "Minutes of the Special Conference Committee Meeting, December 14, 1933," *La Follette Hearings*, 16953 ; "Company Unions," p. 68. 労働統計局によると、調査対象となった会社組合の四〇%がこれらの条項を持っていた。

(97) "Company Unions," p. 72 ; "Goodyear Personnel Conference, 1935," *La Follette Hearings*, 16667, 16756 ; "Annual Report of the SCC, 1935," *ibid.*, 16839.

(98) "Company Unions," pp. 159, 163 ; F. W. Pierce, "Basic Principles of Wage and Salary Administration," *Personnel* (May 1935), 11 : 111-113 ; "Goodyear Personnel Conference 1935," *La Follette Hearings*, 16658, 16665-16666.

(99) Millis and Montgomery, *Organized Labor*, p. 847.

(100) National Industrial Conference Board, *Industrial Relations Programs in Small Plants* (New York, 1929), p. 20 ; NICB, *What Employers Are Doing*, p. 15 ; J. W. Reinhardt, "The Foreman's Club Comes Back," *Personnel* (May 1937), 13 : 156-157 ; "Regular Foremen's Meetings ?" *Maintenance Engineering* (September 1932), 90 : 364 ; Gardiner, "Some Personnel Aspects of Produc-

tion," pp. 30-33.

(101) Industrial Relations Counselors, Confidential Memorandum No. 2 (1934); "Third Personnel Conference of Goodyear," *La Follette Hearings*, 16731; "Annual Report of the SCC, 1933," *ibid*., 16832; Burnham Finney, "Today's Foremen Are Bigger Men," *Iron Age* (December 6, 1934), 134 : 24-26.

(102) "Human Relations Win," *Factory Management and Maintenance* (October 1934), 92 : 536; "Films Teach Foremen Tact," *Factory Management and Maintenance* (October 1940), 98 : 62-63.

(103) H. P. Larrabee, "These Foremen Speak Freely," *Factory Management and Maintenance* (January 1938), 96 : 81-82.

(104) 第1次大戦後のFBVEの活動との類似性に注目されたい。これについては，Charles Prosser and Thomas H. Quigley, *Vocational Education in a Democracy* (Chicago, 1949), ch. 17 を参照されたい。

(105) R. C. Oberdahn, "Organizing for Supervisory and Executive Training," AMA Personnel Series No. 47 (1941), pp. 15-19; "Foreman Training," *Factory Management and Maintenance* (March 1935), 93 : S1-S16; Karen L. Jorgenson-Esmaili, "Schooling and the Early Human Relations Movement: With Special Reference to the Foreman's Conference, 1919-1939," (Ph. D. dissertation, University of California, Berkeley, 1979), pp. 222-236.

(106) Reinhardt, "Foreman's Club," pp. 152-154; Robert D. Leiter, *The Foreman in Industrial Relations* (New York, 1948), pp. 82-83; "Foreman's Clubs" box および "Industrial Department Committee Minutes" box, YMCA Historical Library, New York 在中の史料。

(107) International Harvester Works' Managers Meeting Minutes, December 3, 1933. また，Gardiner, "Significant Changes," p. 51; Hartley W. Barclay, "The Forgotten Man," *Mill & Factory* (September 1934), 15 : 25 を参照されたい。

(108) Reinhardt, "Foreman's Club," p. 156; IRC Confidential Memorandum No. 2 (1934).

(109) Guy Wadsworth, Jr., "Cross-Currents in Industrial Relations," *Personnel* (May 1940), 16 : 174-182.

(110) Cowdrick, "Bargaining in 1934," p. 255.

(111) これについては Finney, "Today's Foremen," p. 26 にあるゼネラル・モーターズのウイリアム・S・ヌードセンによるコメントを参照されたい。

(112) 前記注100; Baker, "Determination and Administration of Industrial Relations," pp. 44-45; U.S. Bureau of the Census, *Historical Statistics of the United States, Colonial Times to 1970* (Washington, D.C., 1976), pp. 139-145[前掲邦訳，一三九一一四五頁]。

(113) Cowdrick, "Bargaining in 1934," p. 255.

(114) Harold B. Bergen, "Improvement of Employer-Employee Relations," *Management Record* (June 1940), 2 : 67.

(115) Lorwin and Wubnig, *Labor Relations Boards*, pp. 167-174.

(116) *Ibid*., pp. 170, 317.

(117) "Minutes of Personnel Conference, 1936, Goodyear Tire and Rubber," *La Follette Hearings*, 16753-16754; Russell L. Greenman, *The Worker, the Foreman and the Wagner Act* (New York, 1939).

(118) Minutes of International Harvester Works' Managers Meetings, August 27, 1934.

(119) *La Follette Hearings*, Part 6, 2513.

(120) *La Follette Hearings*, 16750, 17035-17037.

(121) NICB, *What Employers Are Doing*, p. 26.

(122) H. B. Bergen, "Personnel Policies in the Light of the New

Deal," *Personnel* (August 1934), 11 : 21-22 ; C. H. Murray, "Wage and Salary Administration in the American Rolling Mill Company," *Personnel* (November 1934), 11 : 37-46 ; NICB, "Job Evaluation," Studies in Personnel Policy No. 25 (1940), pp. 10 ff ; Samuel L. H. Burk, "A Case History in Salary and Wage Administration," *Personnel* (February 1939), 15 : 93-129.

(123) Bergen, "Personnel Policies," p. 24 ; *La Follette Hearings*, 16659-16660.

(124) Fine, *Automobile Under Blue Eagle*, p. 364.

(125) *Ibid*., pp. 250-257 ; Lorwin and Wubnig, *Labor Relations Boards*, pp. 353-364.

(126) Elmo Roper, "What American Labor Wants," *The American Mercury* (February 1944), p. 181 ; NICB, "Factors Affecting Employee Morale," Studies in Personnel Policy No. 85 (1947) ; NICB, "Dismissal Compensation," Studies in Personnel Policy No. 50 (1943), p. 3 ; Sumner H. Slichter, *Union Policies and Industrial Management* (Washington, D.C., 1941), pp. 132-134.

(127) Paul A. Raushenbush, "Wisconsin's Unemployment Compensation Act," *American Labor Legislation Review* (March 1932), 22 : 11-18 ; Harold H. Groves and Elizabeth Brandeis, "Economic Bases of the Wisconsin Reserves Act," *American Economic Review* (March 1934), 24 : 38-52 ; Office of War Mobilization and Reconversion, *Guaranteed Wages*, Report to the President by the Advisory Board (Washington, D.C., 1947), p. 292.

(128) Office of the NRA, "Labor Privisions in the Codes," p. 20 ; Fine, *Automobile Under Blue Eagle*, pp. 120-122.

(129) *Ibid*., pp. 351-368 ; Herman Feldman, *Stabilizing Jobs and Wages* (New York, 1940), pp. 83-86.

(130) Lorwin and Wubnig, *Labor Relations Boards*, pp. 170-173, 317, 365 ; David Lipsky, ed., *Advances in Industrial and Labor Relations* (Greenwich, Conn., 1985) 所収の Sanford Jacoby, "Progressive Discipline in American Industry : Origins, Development and Consequences,".

(131) NICB, *What Employers Are Doing*, p. 59 ; 前掲表7・2。

(132) Bergen, "Personnel Policies," pp. 19-20 ; H. B. Bergen, "Developing Promotional Opportunities," *Personnel* (February 1939), 15 : 208-212 ; Helen Baker, "Company Plans for Employee Promotions," Industrial Relations Section, Princeton University, Report No. 58 (1939).

(133) P. W. Schubert, "If Fixed Salaries Were Not Fixed," *Mill & Factory* (July 1934), 15 : 34 ; L. A. Appley, "What's New in Training Technique ?" AMA Personnel Series No. 24 (1936), p. 22. また Paul Mooney, "How Should Facts Regarding Personnel Policies Be Presented to Executives to Aid in Reaching Decisions ?" *Personnel* (August 1935), 12 : 141-143 も参照されたい。

(134) Harry A. Millis and Emily Clark Brown, *From the Wagner Act to Taft-Hartley : A Study of National Labor Policy and Labor Relations* (Chicago, 1950), pp. 67-70 ; John Braeman, Robert Bremner and David Brody, eds., *The New Deal* (Columbus, Ohio, 1975) 所収の Richard Polenberg, "The Decline of the New Deal, 1937-1940," pp. 246-266.

(135) Wadsworth, "Cross Currents," p. 177. また以下の文献も参照されたい。*Addresses on Industrial Relations* : 1939, University of Michigan Bureau of Industrial Relations Bulletin No. 9 (Ann Arbor, 1939) 所収の William P. Clarke, "Making the Collective Agreement Work," pp. 53-60 ; Robert N. McMurry, "The Supervisor's Function in Labor Relations," *Factory Management and Maintenance* (July 1941), 99 : 84.

(136) T. G. Spates, "An Analysis of Industrial Relations Trends,"

AMA Personnel Series No. 25 (1937), p. 24. また A. B. Gates, "Looking Forward in Industrial Relations," *Personnel* (August 1935), 12 : 150-153 ; Ordway Tead, "New Duties in Personnel Work," *Personnel Journal* (June 1937), 16 : 36-45 を参照されたい。

第八章

(1) U.S. Bureau of Labor Statistics, "Handbook of Labor Statistics," Bulletin No. 1865 (Washington, D.C., 1975), pp. 105-389 ; Seymour Harris, ed., *American Economic History* (New York, 1961) 所収の Lloyd Ulman, "The Development of Trades and Labor Unions," pp. 404-406.

(2) Minutes of International Harvesters Works' Managers Meeting, June 3 and June 24, 1935. ロバート・オゼーン教授のご好意による。 *La Follette Hearings*, 16809-16812, 17022-17024. (第七章注20も参照されたい)。

(3) Thomas G. Spates, "Industrial Relations Trends," American Management Association Personnel Series No. 25 (1937), p. 24.

(4) *La Follette Hearings*, 17035-17037.

(5) "Note," *Personnel* (February 1937), 13 : 73. また Helen Baker, "The Development and Administration of Industrial Relations Policies," Industrial Relations Section, Princeton University, Report No. 55 (1939), pp. 15-17 も参照されたい。

(6) C. E. French, "The Effect of the Wagner Act on Industrial Relations," *Law and Contemporary Problems* (Spring 1938), 5 : 300 ; "Industry and Its Employees," *Factory Management and Maintenance* (January 1937), 95 : 45-46 ; Homer D. Sayre, "Successful Employer-Employee Relations," *NAM Labor Relations Bulletin* No. 13 (May 18, 1936).

(7) たとえば、George S. Gibb, *The Saco-Lowell Shops* (Cambridge, Mass., 1950), pp. 345, 805 を参照されたい。

(8) Clinton S. Golden and Harold Ruttenberg, *The Dynamics of Industrial Democracy* (New York, 1942), p. 120.

(9) Sumner Slichter, *Union Policies and Industrial Management* (Washington, D.C., 1941), pp. 105-107. 職務保障に対する強烈な関心は、新たにつくられたコミュニティの安定性を、失業によって生じた混乱から保護しようとすることに根差したものかもしれない。一九二〇年代に職務上および地理的な異動が少なくなったために、職場を中心とした労働階級コミュニティが新たにつくられたのである。 Sanford Jacoby, "Industrial Labor Mobility in Historical Perspective," *Industrial Relations* (Spring 1983), 22 : 261-282.

(10) Frederick Harbison, "Seniority in Mass Production Industries," *Journal of Political Economy* (December 1940), 48 : 851-864 ; Harbison, "Seniority Policies and Procedures as Developed Through Collective Bargaining," Industrial Relations Section, Princeton University, Report No. 63 (1941).

(11) Ronald Schatz, "American Electrical Workers : Work, Struggles, Aspirations, 1930-1950" (Ph. D. dissertation, University of Pittsburgh, 1977), pp. 122-123. また Frederic Meyers, "The Analytic Meaning of Seniority," Proceedings of the Eighteenth Annual Meeting, Industrial Relations Research Association (1966), pp. 1-9 も参照されたい。

(12) Frederick H. Harbison, "The Seniority Principle in Union-Management Relations," Industrial Relations Section, Princeton University, Report No. 57, (1939), p. 11.

(13) A. C. Sprague, "Seniority Program at the B. F. Goodrich Company," *Personnel* (May 1938), 14 : 158-167 ; T. O. Arm-

strong, "Seniority Record Boards," *Personnel* (January 1942), 18 : 239-242.

(14) Charles A. Myers, "Personnel Problems of the Postwar Transition Period," Prepared for Committee for Economic Development, New York, 1944 ; NICB, "Company Policies on Military Service and War Jobs," Studies in Personnel Policy (SPP) No. 52 (1943) ; NICB, "Seniority and Reemployment of Veterans," SPP No. 65 (1944) ; Ruth M. Milkman, "The Reproduction of Job Segregation by Sex : A Study of the Changing Sexual Division of Labor in the Auto and Electrical Manufacturing Industries in the 1940s" (Ph. D. dissertation, University of California, Berkeley, 1981), pp. 241-250.

(15) NICB, "Seniority Systems in Nonunionized Companies," SPP No. 110 (1950), p. 13. また"Operation Dixie," *Modern Industry* (August 15, 1946), 12 : 51 をも参照されたい。この文献は，南部の企業が戦後の組合組織化運動にいかに対処したかを述べている。「先任権は組合の要求となる前に承認を受けつつある」と述べられていた。

(16) H. Ellsworth Steele, W. Myles, and S. McIntyre, "Personnel Practices in the South," *Industrial and Labor Relations Review* (January 1956), 9 : 250.

(17) *Ibid.*, 250.

(18) NICB, "Curtailment, Layoff Policy and Seniority," SPP No. 5 (1938), p. 8 ; NICB, "Seniority Systems," p. 11.

(19) Industrial Relations Counselors, *Memorandum to Clients*, No. 35 (February 10, 1938).

(20) Slichter, *Union Policies*, pp. 106-107 ; William H. McPherson, *Labor Relations in the Automobile Industry* (Washington, D. C., 1940), pp. 131-132 ; Harry A. Millis, ed., *How Collective Bargaining Works* (New York, 1945) 所収の Donald Anthony, "Rubber Products," p. 659.

(21) W. Rupert MacLaurin, "Workers' Attitudes on Work Sharing and Lay-Off Policies in a Manufacturing Firm," *Monthly Labor Review* (January 1939), 48 : 52.

(22) Millis, *How Collective Bargaining Works* 所収の Frederick H. Harbison, "Steel," および Anthony, "Rubber Products," pp. 554, 659 ; Schatz, "American Electrical Workers," pp. 141-144 ; McPherson, *Labor Relations in the Auto Industry*, p. 132.

(23) "Employment Stabilization," Bureau of National Affairs, Personnel Policies Forum Survey No. 24 (April 1954), pp. 11-13 ; Office of War Mobilization and Reconversion and Office of Temporary Controls, *Guaranteed Wages* : Report to the President by the Advisory Board (Washington, D.C., 1947), pp. 27-34 ; Slichter, *Union Policies*, p. 154. 失業保険の下での不完全な実績評価が雇主にレイオフを選択させたのだと説く人々もいる。これについては，James Medoff, "Layoffs and Alternatives Under Trade Unions in U.S. Manufacturing," *American Economic Review* (June 1979), 69 : 380-395 を参照されたい。

(24) Daniel J. B. Mitchell, *Unions, Wages and Inflation* (Washington, D.C., 1980), p. 95.

(25) Philip Selznick and Howard Vollmer, "Rule of Law in Industry : Seniority Rights," *Industrial Relations* (May 1962), 1 : 102-103.

(26) Schatz, "American Electrical Workers," pp. 150-151 ; Harbison, "Seniority Policies and Procedures," p. 53.

(27) Sidney Fine, *The Automobile Under the Blue Eagle* (Ann Arbor, Mich., 1963), p. 362 ; McPherson, *Labor Relations in the Auto Industry*, pp. 103-108 ; Slichter, *Union Policies*, p. 128 ; Robert R. R. Brooks, *As Steel Goes...Unionism in a Basic Industry* (New Haven, 1940), pp. 213, 231 ; M. Dubovsky, ed.,

Technological Change and Worker Movements in the Modern World (Beverly Hills, Calif., 1985) 所収の Sanford M. Jacoby, "Union-Management Cooperation in the United States During the Second World War".

(28) *Guaranteed Wages*, p. 297 ; "Can Industry Guarantee an Annual Wage?" *Factory Management and Maintenance* (July 1945), 103 : 82-87 ; NICB, "Annual Wage and Employment Guarantee Plans," SPP No. 76 (1945), p. 9.

(29) *Guaranteed Wages*, pp. 293-297.

(30) McPherson, *Labor Relations in the Auto Industry*, pp. 107-109 ; L. K. Urquhart, "Employee Security," *Factory Management and Maintenance* (February 1937), 95 : S357-S358 ; "And Now—Secured Incomes," *Factory Management and Maintenance* (December 1938), 96 : 33, 104-105 ; "Notes on Personnel Administration," *Management Record* (January 1940), 2 : 9.

(31) NICB, "Assuring Employment or Income to Wage Earners : A Case Study," SPP No. 7 (1938) ; NICB, "Reducing Fluctuations in Employment," SPP No. 27 (1940), pp. 5-12 ; Herman Feldman, *Stabilizing Jobs and Wages* (New York, 1940) ; C. S. Craigmile, "Factors Upon Which Employment and Income May Be Stabilized," *Better Industrial Relations Through Better Understanding*, Summary Report of the Silver Bay Industrial Conference, New York, August 1939, pp. 22-27 ; Marion B. Folsom, "Stabilization of Employment and Income," *Management Record* (February 1939), 1 : 17-24 ; "Industry to Get Report on Job Regularization," *Factory Management and Maintenance* (March 1940), 98 : 102-104.

(32) Charles A. Myers, "Employment Stabilization and the Wisconsin Act," *American Economic Review* (December 1939), 29 : 708-723 ; Industrial Relations Counselors, *Memorandum to Clients*, No. 51 (March 29, 1940) ; Emerson P. Schmidt, "Employment Stabilization and Experience Rating," *Personnel* (May 1940), 16 : 163-174. 連邦実績評価規定は一九三五年社会保障法の第三部のなかにあった。

(33) 第七章注11を参照されたい。NICB, "Dismissal Compensation," SPP No. 50 (1943), pp. 7-8 ; American Management Association, "Annual Wages and Employment Stabilization Techniques," Research Report No. 8 (1945), pp. 18-19.

(34) NICB, "Selecting, Training and Upgrading," SPP No. 37 (1941), p. 8.

(35) *Addresses on Industrial Relations : 1939*, University of Michigan, Bureau of Industrial Relations, Bulletin No. 9 (Ann Arbor, 1939) 所収の Clinton S. Golden, "Making the Collective Agreement Work," pp. 71-72 ; Helen Baker, "The Industrial Relations Executive and Collective Bargaining," *Society for the Advancement of Management Journal* (July 1939), 4 : 105-107 ; Golden and Ruttenberg, *Industrial Democracy*, pp. 139-143.

(36) *La Follette Hearings*, 17035-17037 ; T. O. Armstrong, "New Methods in Promotion and Hiring," *Personnel Journal* (January 1936), 14 : 280 ; G. I. MacLaren, "Promotion from the Ranks," *Pesonnel* (May 1937), 13 : 157 ; Helen Baker, "Company Plans for Employee Promotions," Industrial Relations Section, Princeton University, Report No. 58 (1939), pp. 38-48 ; Harold B. Bergen, "Developing Promotional Opportunities," *Personnel* (February 1939), 15 : 208-212 ; Whiting Williams, "Management's Industrial Relations Problems," American Management Association Personnel Series (PS) No. 22 (1936), pp. 20-22.

(37) Baker, "Plans for Promotions," p. 8. また Baker, "Development of Industrial Relations," pp. 40-41 も参照されたい。

(38) French, "Effect of the Wagner Act," p. 301. また C. G. Eu-

bank, "Standard Instructions," *Personnel* (August 1937), 14 : 10-14 も参照されたい。

(39) Baker, "Development of Industrial Relations," pp. 21-26 ; John E. Christ, "Employee Handbook Answers All Questions," *Factory Management and Maintenance* (November 1941), 99 : 66-67, 166-168.

(40) NICB, "Written Statements of Personnel Policy," SPP No. 79 (1947), pp. 4-5 ; *Addresses on Industrial Relations : 1939* 所収の H. F. Lange, "Getting Company Policies Across to Employees," pp. 13-24 ; NICB, "Employee's Handbooks," SPP No. 45 (1942) ; *Addresses on Industrial Relations : 1940*, University of Michigan, Bureau of Industrial Relations, Bulletin No. 10 (Ann Arbor, 1940) 所収の C. R. Dooley, "Application of Industrial Relations Policies," pp. 23-26 ; Harold B. Bergen, "Basic Factors in Present-Day Industrial Relations," *Personnel* (November 1937), 14 : 47-48 ; *More Production Through Sound Industrial Relations*, Proceedings of the 25th Silver Bay Industrial Conference, July 1942, pp. 113-117 所収の P. D. Fairbanks, "Development and Use of Employee Manuals," pp. 113-117.

(41) Brooks, *As Steel Goes*, p. 211.

(42) Golden and Ruttenberg, *Industrial Democracy*, p. 170.

(43) Bergen, "Basic Factors," pp. 50-52 ; A. F. Kindall, "Job Description and Rating," and Edward N. Hay, "Job Evaluation by the Point Method," *Personnel* (February 1938), 14 : 122-132 ; L. J. King, "Job Evaluation," *Society for Advancement of Management Journal* (May 1938), 2 : 93-98.

(44) AMA, "Compensation Problems and Training Technique Today," PS No. 24 (1936), pp. 4-10 ; A. L. Kress, "How to Rate Jobs and Men," *Factory Management and Maintenance* (October 1939), 97 : 60-70 ; J. E. Walters, "Rating the Job and the Man," *Factory Management and Maintenance* (June 1937), 95 : 393-404 ; Material on Industrial Relations Counselors in Case 4, Louis E. Kirstein Papers, Baker Library, Harvard University, Graduate School of Business Administration.

(45) Helen Baker and John M. True, "The Operation of Job Evaluation Plans," Industrial Relations Section, Princeton University, Report No. 74 (1947), p. 13. また AMA PS No. 49 (1941) 所収の A. L. Kress, "Putting Job Rating Work," pp. 4, 27 ; Charles W. Lytle, "Job Evaluation—A Phase of Job Control," *Personnel* (May 1940), 16 : 192-197 も参照されたい。

(46) W. S. Woytinsky, *Labor and Management Look at Collective Bargaining* (New York, 1949), pp. 146-147.

(47) University of Minnesota Industrial Relations Center, *Job Evaluation Practices* (Minneapolis, 1950) 所収の Jack Stieber, "Union Viewpoints on Job Evaluation," ; Sar Levitan, "Union Attitudes Towards Job Evaluation," *Industrial and Labor Relations Review* (January 1951), 4 : 268-274.

(48) M. E. Nichols, "Rating Employees," *Addresses on Industrial Relations : 1939*, pp. 109-122 ; Milton Olander, "Merit Ratings in Industry," *NAM Labor Relations Bulletin* (September 1939), 30 : 4-8 ; Kress, "How to Rate," pp. 65-70.

(49) Loren Baritz, *The Servants of Power* (Middletown, Conn., 1960), p. 161 [前掲邦訳、二〇三頁] ; *For National Unity : Better Industrial Relations*, Proceeding of the 24th Silver Bay Industrial Conference, July 1941, pp. 82-89 所収の R. S. Livingstone, "Policies for Promotion, Transfer, Demotion and Discharge," pp. 82-89.

(50) NICB, "Plans for Rating Employees," SPP No. 8 (1938) ; NICB, "Employee Rating," SPP No. 39 (1942) ; Industrial Relations Committee, American Iron and Steel Institute, "Merit-

Rating of Employees," *Personnel* (August 1938), 15 : 6-17.

(51) Randolph S. Driver, "A Case History in Merit Rating," *Personnel* (May 1940), 16 : 137-162 ; Samuel D. Marble, "A Performance Basis for Employee Evaluation," *Personnel* (January 1942), 18 : 217-226.

(52) Asa S. Knowles, "Merit Rating and Labor Management," *Personnel* (August 1940), 17 : 29-41.

(53) Arthur W. Kornhauser, "The Technique of Measuring Employee Attitudes," *Personnel* (May 1933), 9 : 99-107 ; R. S. Uhrbrock, "Attitudes of 4430 Employees," *Journal of Social Psychology* (1934), 5 : 365-377 ; Harold B. Bergen, "Finding Out What Employees Are Thinking," *Management Record* (April 1939), 1 : 53-58 ; Richard Hull, "Measuring Employee Attitudes," *Management Record* (November 1939), 1 : 165-172 ; "Asked Employees How They Felt," *Factory Management and Maintenance* (November 1937) 95 : 63 ; David G. Moore, "How Do Our Employees Feel About Us?" *Personnel Conference Record*, Sears, Roebuck Company, Chicago, November 1946 ; James C. Worthy, "Discovering and Evaluating Employee Attitudes," address before the American Management Association, October 3, 1947, unpublished.

(54) Kornhauser, "Measuring Employee Attitudes," p. 100.

(55) "Annual Report of the Special Conference Committee, 1936," *La Follette Hearings*, 16850 ; Minutes of Special Conference Committee Meeting, May 21, 1935, *La Follette hearings*, 16907 ; John W. O'Leary, "Industry Has a Public Relations Job to Do," *Factory Management and Maintenance* (March 1936), 94 : 96-98 ; NICB, "Personnel Activities in American Business," SPP No. 20 (1940), p. 12.

(56) *Ibid*., pp. 19-29 ; NICB, *What Employers Are Doing For Employees* (New York, 1936), p. 26 ; Robert Ozanne, *A Century of Labor-Management Relations at McCormick and International Harvester* (Madison, Wis., 1967), pp. 94-95.

(57) Material on Industrial Relations Counselors, Case 4, Kirstein Papers ; NICB, "Trends in Company Vacation Policy," SPP No. 21 (1940), and "Developments in Company Vacation Plans," SPP No. 13 (1939) ; F. W. Pierce, "Basic Principles of Wage and Salary Administration," *Personnel* (May 1935), 11 : 113.

(58) NICB, "Company Pension Plans and the Social Security Act," SPP No. 16 (1939), p. 26 ; AMA, "Economic Security : Pensions and Health Insurance," Personnel Series No. 20 (1935), pp. 18-19 ; Industrial Relations Counselors, "Memorandum to Clients," No. 38 (September 15, 1938), p. 2.

(59) Thomas G. Spates, "An Objective Scrutiny of Personnel Administration," AMA Personnel Series No. 75 (1944), p. 5 ; Arthur H. Young, "Employee Relations—Asset or Liability?" address to the 48th Anniversary Convention of the California Bankers' Association, Young Papers, California Institute of Technology, Speeches, vol. 4, no. 68 ; *More Production Through Sound Industrial Relations*, Proceedings of the 25th Anniversary Silver Bay Industrial Conference, July 1942, p. 8 所収の Lawrence Appley, "Industrial Relations in Wartime," p. 8.

(60) Charles S. Slocombe, "Meet C. I. O. on Its Own Ground," *Personnel Journal* (May 1937), 16 : 2.

(61) Thomas G. Spates, "Spark Plugs of Democracy," *Personnel* (January 1942), 18 : 187-194 ; C. L. Huston, "Design for the Future of Industrial Relations," *Personnel* (July 1943), 10 : 24-32 ; Neil W. Chamberlain, *The Union Challenge to Management Control* (New York, 1948), pp. 77-81.

(62) Wade E. Shurtleff, "Top Management and Personnel Administration," AMA Personnel Series No. 144 (1952), p. 5. また Frederick H. Harbison and John R. Coleman, *Goals and Strategy in Collective Bargaining* (New York, 1951), p. 45 も参照されたい。

(63) NICB, "Organization of Personnel Administration," SPP No. 73 (1946) ; J. Walter Dietz, "New Trends in Personnel Policies," *Personnel* (February 1940), 16 : 99.

(64) Thomas G. Spates, "Industrial Relations Trends," AMA Personnel Series No. 25 (1937), p. 16.

(65) "The Annual Report of the American Management Association : Activities and Finances," AMA General Management Series No. 133 (1937), p. 6.

(66) ヒックスは一九二〇年代にプリンストン大学の労使関係セクション設立の手助けをした。一九四〇年代までにカリフォルニア工科大学、MIT、クィーンズ大学(カナダ)、スタンフォード大学に労使関係センターが存在した。Clarence J. Hicks, *My Life in Industrial Relations* (New York, 1941) ; Case 4, Kirstein Papers ; "Enlarging Influence of Special Conference Committee Activities, May 1936," *La Follette Hearings*, 16871.

(67) ワグナー法を改正しようとする経営の努力について、次の文献が優れた分析を行っている。Howell J. Harris, *The Right to Manage : Industrial Relations Policies of American Business in the 1940s* (Madison, Wis., 1982).

(68) Harold F. North, "The Personnel Man's Functional Relationships," AMA Personnel Series No. 45 (1940), pp. 17-18 ; Charles A. Drake, "What Is Wrong with Personnel Management?" *Personnel* (November 1941), 18 : 121-128 ; Charles A. Drake, "Developing Professional Standards for Personnel Executives," *Personnel* (March 1943), 19 : 646-655.

(69) NICB, "Principles and Application of Job Evaluation," SPP No. 62 (1944), p. 7.

(70) Harold B. Bergen, "The Handling of Grievance as a Present Day Employment Relations Problem," *NAM Labor Relations Bulletin* (June 25, 1938), 28 : 7-9. また William V. Owen, "Decentralize Personnel Work," *Personnel Journal* (June 1940), 19 : 65-68 ; *For National Unity : Better Industrial Relations*, Proceedings of the Silver Bay Industrial Conference, 24th Year, July 1941 所収の Joseph E. Moody, "Handling Grievances," pp. 63-65 ; Baker, "Industrial Relations Policeies," p. 55 を参照されたい。

(71) Arthur H. Young, "Industrial Relations and the Foreman," speech given at California Institute of Technology, May 2, 1942, Young Papers, Speeches, vol. 4, no. 70 ; AMA, "Compensation Problems and Training Teachnique Today," Personnel Series No. 24 (1936), pp. 4-6 ; *Better Industrial Relations for Victory*, Proceedings of the 26th Silver Bay Industrial Conference, July 1943 所収の Albert L. Kress, "Changing Functions of the Foreman," pp. 120-125.

(72) Lawrence A. Appley, "The Foreman's Place in an Employee Educational Program," AMA PS No. 33 (1938), pp. 27-28.

(73) Frank Rising, "Union for Foremen," *Personnel* (February 1940), 16 : 94-95 ; "The Foreman Looks to Management," *Management Record* (May 1939), 1 : 69-74.

(74) Norman G. Shidle and Leslie Peat, "Industry's Forgotten Man," *Forbes* (May 15, 1940) ; Don D. Lescohier, "The Foreman and the Union," *Personnel* (August 1938), 15 : 18-25. 戦後に行われた調査によると職長の三四%が組合の職場委員によって権限を侵されていると考えており、同じく一三%が人事部によって侵されていると考えていたことに注意されたい。"Here's Your Modern Foreman," *Modern Industry* (July 1947), 14 : 60.

(75) Ira B. Cross, Jr., "When Foremen Joined the CIO," *Personnel Journal* (February 1940), 18 : 277.

(76) Sumner H. Slichter et al., "Report and Findings of a Panel of the NWLB in Certain Disputes Involving Supervisors," *War Labor Reports* (1945), 26 : 645-753 ; Rising, "Union for Foremen," pp. 94-96 ; NICB, "Foreman Compensation," SPP No. 30 (1941)

(77) Slichter et al., "Report and Findings," pp. 655-656 ; AMA, "The Unionization of Foremen," Research Report No. 6 (1945), pp. 11-26 ; Robert D. Leiter, *The Foreman in Industrial Relations* (New York, 1948), pp. 85-95.

(78) North, "Functional Relationships," pp. 20-21 ; *Addresses on Industrial Relations : 1940* 所収の C. S. Coler, "Employee Training Progrmas," pp. 88-89 ; Lescohier, "Foreman and the Union," pp. 20-24 ; T. J. Connor, "Conferences Make the Supervisor," *Factory Management and Maintenance* (May 1940), 98 : 69-72 ; H. L. Humke, "Types of the Foreman Training," *Advanced Management* (September 1937), 2 : 144-148.

(79) H. W. Anderson, "Should Foreman Be Unionized ?" AMA Personnel Series No. 90 (1945), p. 18 ; J. W. Reinhardt, "The Foreman's Club Comes Back," *Personnel* (May 1937), 13 : 156 ; W. W. Mussman, "Foreman's Clubs," *Management Record* (November 1946), 8 : 375 ; Industrial Department Committee Minutes box, YMCA Historical Library ; Thomas B. Fordham, "The Growth of the Foremen's Club Movement," *Industrial Managemet* (June 1926), 71 : 339-341 ; Charles Copeland Smith, *The Foreman's Place in Management* (New York, 1946), pp. 63-74.

(80) Leiter, *The Foreman*, pp. 82-83 ; NICB, "Foreman's Compensation," p. 4 ; Coler, "Employee Training," pp. 88-89.

(81) E. J. Benge, "Industrial Relations for Small Plants," *Factory Management and Maintenance* (May 1940), 98 : 62, 152-162 ; P. M. Jones, "Personnel Policies and Practices Survey," *Personnel Journal* (October 1941), 20 : 122-128 ; Baker, "Industrial Relations Policies," pp. 27-30.

(82) "Some Notes on Employment Records," *NAM Labor Relations Bulletin*, No. 23 (July 23, 1937), p. 29 ; Thomas R. Jones, "Why Employment Relations ?" *NAM Labor Relations Bulletin*, No. 36 (March 1941), pp. 5-10 ; William Girdner, "Procedure on Discharges," *Personnel* (February 1938), 14 : 118-121.

(83) NICB, "Selected Interpretations of the Fair Labor Standards Act," Management Research Memorandum No. 8 (1942) ; Russell L. Greenman, "Adapting Personnel Programs to Current Labor Legislation," *Personnel* (February 1939), 15 : 138-144.

(84) "Personnel Managers Beware," *Personnel Journal* (February 1944), 22 : 274-280 ; "How Much 'Personnel' in Your Plant ?" *Modern Industry* (February 15, 1946), 11 : 35-39 ; AMA, "How to Establish and Maintain a Personnel Department," Research Report No. 4 (1944), pp. 3, 11. 次表にある戦後の数値が示しているように，企業規模は企業のなかに人事を担当する部門があるかどうかということと高い相関関係がある。労働組合もまた重要ではあるが，企業規模ほどではない。

人事担当部門を持つ企業の比率

小規模（250人未満）		大規模（250人以上）	
組合あり	組合なし	組合あり	組合なし
38%	51%	86%	92%

出典は Steele, Myles, and McIntyre, "Personnel Practices," p. 247 ; and H. E. Steele and H. Fisher, Jr., "A Study of the Effects of Unionism in Southern Plants," *Monthly Labor Review* (March 1964), 87 : 267.

(85) NICB, "Organization of Personnel Administration," SPP No. 73 (1945), p. 85 ; Dale Yoder, *Personnel Management and Industrial Relations*, 3d ed. (New York, 1948), p. viii ; R. A. Sutermeister, "Have Plenty Personnel People," *Personnel Journal* (June 1943), 22 : 62-67. 組合—経営関係が戦中から戦後にかけて日常化するにつれて、人事部のなかに労働関係を特に担当する部門が発達してきた。労働関係職能が人事部と同格の部門として独立することはめったになかった。これらの部門は団体交渉や労働協約を管轄した。NICB, "Company Organization Charts," SPP No. 64 (1944) ; "Organization of Personnel Administration," pp. 8-60 ; "Are You Pessimistic About Postwar Labor?" *Modern Industry* (March 15, 1944), 7 : 64-77.

(86) Joel Seidman, *American Labor from Defense to Reconversion* (Chicago, 1953) ; Nelson Lichtenstein, *Labor's War at Home : The CIO in World War II* (Cambridge, England, 1982) ; U.S. Department of Labor, *Termination Report of the National War Labor Board* (Washington, D.C., 1948), 1 : 63-70, 80-100. NWLBが労働協約のなかに組合保障条項を含めるよう命じたことに、まだ新しいCIO系組合は助けられた。組合保障が係争点であったNWLBのケースのうち五八%がCIO系組合であった。Sanford Jacoby and Daniel J. B. Mitchell, "Development of Contractual Features of the Union-Management Relationship," *Labor Law Journal* (August 1982), 33 : 515.

(87) *NWLB Termination Report*, p. 65 ; C. L. Shartle, "New Selection Methods for Defense Jobs," AMA Personnel Series No. 50 (1941), p. 40 ; Roy M. Dorcus and Robert D. Loken, "Survey of Personnel Workers," *Personnel Journal* (January 1943), 21 : 251-254.

(88) 労働力不足の「端的な影響」は、AMAの報告書によれば、「労働の側の従順性の足を引っ張ることであった」。AMA, "Constructive Discipline in Industry," Research Report No. 3 (1943), p. 6. また、次の文献も参照されたい。W. I. Newman, "Breaking the AWOL Habit," *Factory Management and Maintenance* (October 1942), 100 : 110-111 ; *Investigation of the National Defense Program*, Hearings Before a Special Committee Investigating the National Defense Program, Part 17, U.S. Senate, 78th Cong., 1st Sess. (Washington, D.C., 1943), 6986-6987, 7007, 7017-7018, 7029 ; King MacRury, "Mesuring Absenteeism," *Management Record* (January 1943), 5 : 106-107.

(89) NICB, "Personnel Activities in American Business (Revised)," SPP No. 86 (1947), p. 32 ; NICB, "Personnel Forms and Records," SPP No. 87 (1947) ; "Use the Right Selection and Testing Methods," *Factory Management and Maintenance* (August 1943), 101 : 96-105.

(90) "The Employment Ceiling Headache and What to Do About It," *Industrial Relations* (July 1944), 2 : 4-5, 32-33 ; Paul A. C. Koistinen, "Mobilizing the World War II Economy : Labor and the Industrial-Military Alliance," *Pacific Historical Review* (November 1973), 42 : 443-478 ; "Industrial Manpower Controls," AMA Personnel Series No. 60 (1942), pp. 3-32.

(91) NICB, "Employment Procedures and Personnel Records," SPP No. 38 (1941), p. 3 ; J. P. Woodard, "Select the Right Workers," *Factory Management and Maintenance* (August 1945), 103 : 84-91.

(92) NICB, "Time Schedules in Job Training," SPP No. 55 (1943) ; "Operating Under Manpower Controls," AMA Personnel Series No. 64 (1943), pp. 3-42 ; Shartle, "Selection Methods," pp. 30-31 ; "Manning Tables," *Factory Management and Mainte-*

nance (November 1942), 100 : 74-82 ; “Set Up a Manpower Control Program,” *Factory Management and Maintenance* (August 1944), 104 : 81-88. これらの表は，雇主が不可欠だと思う労働者に対する徴兵の延期を正当化するためにも使用された。

(93) *Manpower Problems in Detroit*, Hearing Before a Special Committee Investigating the National Defense Program, Part 28, U.S. Senate, 79th Cong., 1st Sess. (Washington, D.C., 1945), 13539, 13799-13801 ; Bartley Whiteside, “Methods of Training Workers Quickly,” *For National Unity*, Proceedings of 24th Silver Bay Conference (1941), pp. 68-72 ; Office of Production Management, Labor Division, “Expediting Production Through Training,” Bulletin No. 2A (1941) ; War Manpower Commission, Bureau of Training, *The Training Within Industry Report, 1941-1945* (Washington, D.C., 1945), pp. 128, 223-235.

(94) Office of Production Management, Labor Division, “Upgrading Within Industry,” Bulletin 2 (1940), p. 2 の Dooley. また，次の文献を参照されたい。H. C. O'Sullivan, “Upgrading—For Effective Utilization of Manpower,” *Factory Management and Maintenance* (February 1944), 102 : 113-116 ; NICB, “Selecting, Training, and Upgrading,” SPP No. 37 (1941).

(95) Colston Warne, ed., *Yearbook of American Labor : War Labor Policies* (New York, 1945) 所収の Carrol R. Daugherty and Milton Derber, “Wage Stabilization,” p. 170 ; Garret L. Bergen, “War's Lessons in Personnel Administration,” AMA Personnel Series No. 94 (1945), pp. 39-41 ; NICB, “Time Schedules,” pp. 3-5 ; *NWLB Termination Report*, pp. 275-277.

(96) “Upgrading” 中の Dooley. また Slichter, *Union Policies and Industrial Management*, pp. 160-162 も参照されたい。

(97) “Why War Workers Strike,” *Modern Industry* (March 15, 1945), 10 : 47.

(98) Edward N. Hay, “Union-Management Cooperation in Job Evaluation,” *Management Record* (June 1945), 7 : 151-155 ; Lee Hill and Charles R. Hook, Jr., *Management the Bargaining Table* (New York, 1945), p. 59 ; Richard Lester, “Company Wage Policies,” Industrial Relations Section, Princeton University, Research Report No. 77 (1948), pp. 21-22.

(99) NICB, “Principles and Application of Job Evaluation,” SPP No. 62 (1944), pp. 3-4 ; Helen Baker and John True, “The Operation of Job Evaluation Plans,” Industrial Relations Section, Princeton University, Research Report No. 74 (1947), p. 19 ; *NWLB Termination Report*, pp. 240-243 ; Daugherty and Derber, “Stabilization,” pp. 168-169.

(100) Warne, ed., *Yearbook* 所収の Richard Feise, “Aircraft—A Mass Production Industry,” pp. 262-266 ; Arthur P. Allen and Betty V. H. Schneider, *Industrial Relations in the California Aircraft Industry*, West Coast Collective Bargaining Series, Institute of Industrial Relations, University of California, Berkeley (1956), pp. 21-23.

(101) *NWLB Termination Report*, pp. 252-258 ; Robert Tilove, “The Wage Rationalization Program in U.S. Steel,” *Monthly Labor Review* (June 1947), 64 : 967-982 ; R. Conrad Cooper, “The U.S. Steel Wage Classification Program,” AMA Personnel Series No. 114 (1947), pp. 3-15 ; Jack Stieber, *The Steel Industry Wage Structure* (Cambridge, Mass., 1959), pp. 4-11.

(102) Lester, “Wage Policies,” pp. 16, 38-41.

(103) “Trends in Employee Health and Pension Plans,” AMA Personnel Series No. 118, (1948) ; Bergen, “War Lessons,” pp. 37-39. 付加給付の普及がＮＷＬＢのせいだけではないことは，交渉によって設立された何らかの保健・福利厚生制度の対象となる労働者の数が戦後に，またＮＷＬＢ廃止［一九四五年一二月三一日］後に急増していることから明らかであろう。戦争が終結してから一九四七年初めまでに倍以上になったのである。Jacoby and Mitchell, "Contractual Features," p. 516.

(104) Chamberlain, *Union Challenge*, p. 79; Harry A. Millis and Emily C. Brown, *From the Wagner Act to Taft-Hartley* (Chicago, 1950), pp. 564-568.

(105) Ernest Dale, "The Guaranteed Annual Wage," *Personnel* (November 1944), 21:146-151; "What the Factory Worker Really Thinks," *Factory Management and Maintenance* (October 1944), 102:91.

(106) 実に巧妙なやり方で、NWLBは大統領がこの問題について全国規模の調査を行うよう勧告した。一九四五年にルーズヴェルトは調査委員会を任命し、四七年に最終報告が出された。*Guaranteed Wages*, pp. 186-187.

(107) Jack Chernick and George Hellickson, *Guaranteed Annual Wages* (Minneapolis, 1945), p. 58 の Reuther; Solomon Barkin, "The Challenge of Annual Wages," *Personnel Journal* (April 1946), 25:374. また、以下の文献も参照されたい。A. D. H. Kaplan, *The Guarantee of Annual Wages* (Washington, D.C., 1947), pp. 13-48; Joseph L. Snider, "The Annual Wage Concept and Management Planning," AMA Personnel Series No. 105 (1946), pp. 13-22; "CIO Goals," *Modern Industry* (June 15, 1946), 12:133-134.

(108) U.S. Bureau of Labor Statistics Bulletin No. 1091, *Labor-Management Contract Provisions, 1950 - 1951* (1952) 所収の "Guaranteed Employment and Wages," p. 32; Lee H. Hill, "Management's Objectives," *Industrial Relations* (April 1945), 2:36; "Industry Climbs on Annual Wage Wagon," *Modern Industry*, 12 (October 15, 1946), 12:29; Murray W. Latimer, "Management Weighs the Annual Wages," AMA General Management Series No. 135 (1945), pp. 10-23; NICB, "Annual Wage and Employment Guarantee Plans," SPP No. 76 (1946).

(109) NICB, "Written Statements," pp. 21-34; Matthew Random, "Maintaining Regularized Employment," AMA Personnel Series No. 105 (1946), pp. 3-11. 合衆国の製造業部門における月別雇用水準の年間偏差は次のとおりであった。一九一九—四〇年一一・四八%、一九四一—四六年一四・九八%、一九四七—七一年六・〇%。これについては第七章注11を参照されたい。

(110) *NWLB Termination Report*, p. 113.

(111) "Comments on Management Problems," *Management Record* (June and November 1942), 4:175, 360; James M. Talbot, "How Can Discipline Be Maintained Under Today's Labor Conditions?" *For National Unity*, Proceedings of the 24th Silver Bay Conference (1941), pp. 96-99; Jacoby and Mitchell, "Contractual Features," p. 515.

(112) W. J. Graham, "Arbitration of Labor Disputes," *Personnel* (February 1941), 17:177-184; Edwin Witte, *Historical Survey of Labor Arbitration* (Philadelphia, 1954); Sanford Jacoby, "Progressive Discipline in American Industry," UCLA Institute of Industrial Relations, Working Paper No. 60 (1983).

(113) Chamberlain, *Union Challenge*, p. 292.

(114) AMA, "Constructive Discipline," p. 15. また L. H. Hill, "Company Organization of Manpower," AMA Personnel Series No. 63 (1943), p. 7 を参照されたい。

(115) "The Development of Foremen in Management," AMA Research Report No. 7 (1945), pp. 4-15; "Final Authority to Discharge," *Management Record* (March 1944), 5:63; *Manpower Problems in Detroit*, 13128; Lichtenstein, *War at Home*, p. 117.

(116) Chamberlain, *Union Challenge*, pp. 79, 270 - 276; NICB, "Foreman Training in the Anthracite Industry," SPP No. 66

(1944); Loren Baritz, *The Servants of Power* (Middletown, Conn., 1960), pp. 183-185 [前掲邦訳、二三〇—二三三頁]; Robert A. Sutermeister, "Training Foremen in Human Relations," *Personnel* (July 1943), 20 : 6-14.

(117) Robert C. Reed, "How to Develop Labor Policies, Make Them Work, and Assure That They Are Carried Out," *More Production Through Sound Industrial Relations*, 25th Annual Silver Bay Industrial Conference (1942), pp. 105-107.

(118) *Training Within Industry*, pp. 204-222, 128; War Manpower Commission, Bureau of Training, TWI Service, "The Development of TWI: Program Development Institute" (December 15, 1944); Walter Dietz, "Training New Supervisors in the Skill of Leadership," *Personnel* (January 1943), 19 : 604-608.

(119) 一九五四年現在、非組合員時間給労働者の二二%が苦情処理手続きを利用した。しかし、このうち仲裁によって決着のついたものは三分の一にすぎなかった。Orme Phelps, *Discipline and Discharge in the Unionized Firm* (Berkeley, Calif., 1959), p. 6.

(120) Moody, "Handling Grievances," pp. 63-65; Stephen Habbe, "How Not to Have Grievances," *Management Record* (June 1949), 11 : 247-249; Raymond S. Livingstone, "Labor Relations in a Non-Unionized Company," AMA Personnel Series No. 99 (1946), pp. 10-11; "Stopping Grievances Before They Grow," *Modern Industry* (February 15, 1947), 13 : 49-64; "Billy Rose of Labor Relations," *Modern Industry* (December 1947), 14 : 67-71. 苦情処理制度は人事部を持つ企業によく見られた。未組織セクターでは、人事部のある企業は人事部のない企業に比べて苦情処理手続きの割合が二倍であった。人事部は苦情処理手続きの首尾一貫性を保証するのに必要な独立性を提供したのである。Steele, Myles, and McIntyre, "Personnel Practices," p. 250.

(121) Bergen, "War's Lessons," pp. 27-29; E. H. Adriance, "Decentralizing the Staff Personnel Function," *Personnel* (September 1947), 24 : 116-122; "How Much 'Personnel'?" pp. 35-39.

(122) Industrial Relations Counselors, "Foremen's Unions," *Advanced Management* (July-September 1944), 9 : 110-117; Hill, "Organization of Manpower," p. 7; Edward Salner, "Are Foremen Overtrained?" *Personnel* (March 1944), 20 : 295-299.

(123) Guy B. Arthur, Jr., "The Status of the Foreman in Management," AMA Personnel Series No. 73. (1943), pp. 3-5; B. V. Moore, J. E. Kennedy, and G. F. Castore, "The Status of Foremen in Industry," *Personnel* (January 1947), 23 : 250-255; Slichter et al., "Report and Findings," pp. 688, 696, 704, 712-715, 740-746.

(124) *Ibid.*, pp. 679-680, 684-686, 691-695, 710-714, 718, 724; "The Facts About Foremen," *Factory Management and Maintenance* (September 1944), 102 : 82-92; Walter M. Mirisch, "Temporary Organizational Advancements in Industry," *Personnel* (November 1944), 21 : 152-155.

(125) Slichter et al., "Report and Findings," pp. 656-663; Charles P. Larrowe, "A Meteor on the Industrial Relations Horizon: The Foreman's Association of America," *Labor History* (Fall 1961), 2 : 259-287; Edwin H. Cassels, "Foreman Unionism—Its Legal Status," AMA Personnel Series No. 96 (1945), pp. 3-12; C. G. McQuaid, "Detroit Foremen Fight for Recognition," *Industrial Relations* (June 1944), 2 : 6-7, 33-35; Robert H. Keys, "Should Foremen Bargain Collectively With Management?" *Modern Industry* (August 15, 1943), 6 : 121-126.

(126) 職長の組合を粉砕しようとする経営の立法活動やロビイング活動はタフト＝ハートレー法第一四条a項に結実した。これについては、Harris, *The Right to Manage* 第四章を参照されたい。

(127) AMA, "Development of Foremen," pp. 56-67; *More Produc-*

tion Through Sound Industrial Relations, Proceedings of the 25th Anniversary Silver Bay Industrial Conference, July 1942 所収の D. W. Weed, "Status and Compensation of Supervisors," pp. 132-136 ; *For Maximum Production, Better Industrial Relations*, Proceedings of the 28th Silver Bay Industrial Conference, July 1946 所収の Glenn Gardiner, "The Foreman's Management Job," pp. 38-45 ; 同書所収の Grosvenor S. McKee, "Handling Foremen's Grievances," pp. 99-107.

(128) Smith, *The Foreman's Place*, pp. 63-75 ; "Foremen Are Definitely Part of Management," *Supervision* (June 1944), 6 : 6 ; W. W. Mussmann, "Foreman's Clubs," *Management Record* (November 1946), 8 : 375. YMCAもまたその全国組織の名称を全国職長クラブ協議会から全国産業管理クラブ協議会へと変更した。

(129) Bergen, "War's Lessons," pp. 27-29, 44 ; John Pfiffner, "The Relation of the Foreman to Staff Departments," *Personnel* (July 1945), 22 : 59-61 ; "Tying Supervision Into Management," *Modern Industry* (October 15, 1946), 12 : 38 ; Guy B. Arthur, Jr., "A Scrutiny of Personnel Practice," AMA Personnel Series No. 111 (1947), pp. 6-15 ; "How Much 'Personnel'?" pp. 35-39 ; Paul Pigors, "The Challenge for Personnel Administration," *Personnel* (March 1947), 23 : 294-301.

(130) Industrial Relations Counselors, "Foremen's Unions," p. 116 ; "Here's Your Modern Foreman," *Modern Industry* (July 1947), 14 : 54-64 ; Adriance and Beck, "Decentralizing," pp. 116-122 ; AMA, "Development of Foremen," pp. 15-30.

(131) Glenn Gardiner, "The Operating Executive and the Personnel Department," AMA Personnel Series No. 121 (1948), p. 6 ; Harris, *Right to Manage*, p. 83.

(132) Chamberlain, *Union Challenge*, p. 77 ; *Manpower Problems in Detroit*, 13174-13175 ; Frederick H. Harbison and Robert Dubin, *Patterns of Union-Management Relations* (Chicago, 1947), pp. 45-51.

(133) J. Stevens Stock and Harriet Lubin, "Indices of Personnel Management," *Personnel* (July 1946), 23 : 6-16 ; Guy B. Arthur, Jr., "The Status of Personnel Administration in Management," AMA Personnel Series No. 102 (1946), pp. 32-35 ; L. E. Schmidt, "Methods of Evaluating a Personnel Program," AMA Personnel Series No. 111 (1947), pp. 24-30 ; "How Much 'Personnel'?" pp. 35-36.

(134) "Should Industrial Relations Men Be Given Professional Status?" *Industrial Relations* (December 1946), 4 : 27-28 ; Charles A. Drake, "Developing Professional Standards for Personnel Executives," *Personnel* (March 1943) 19 : 646-655 ; "The Profession of Personnel Administration," *Personnel Journal* (January, 1946), 24 : 265-269 ; Dale Yoder, "Professional Associations in Manpower Management," *Personnel Journal* (June 1948), 27 : 43-46.

(135) Thomas H. Patten, *The Foreman : Forgotten Man of Management* (New York, 1969) ; Donald E. Wray, "Marginal Men of Industry : The Foremen," *American Journal of Sociology* (January 1949), 54 : 298-301.

第九章

(一) Sumner H. Slichter, *The Challenge of Industrial Relations* (Ithaca, New York, 1947), p. 35 ; John T. Dunlop, ed., *Potentials of the American Economy : Selected Essays of Sumner H. Slichter* (Cambridge, Mass., 1961) に復刻された Slichter, "Are

We Becoming a 'Laboristic' State?" *New York Times Magazine*, May 16, 1948, reprinted in p. 255.

(2) E. Wight Bakke et al., *Labor Mobility and Economic Opportunity* (Cambridge, Mass.,1954) 所収の Clark Kerr, "The Balkanization of Labor Markets," p. 96.

(3) Arthur M. Ross, "Do We Have a New Industrial Feudalism?" *American Economic Review* (December 1958), 48 : 903-920.

(4) U.S. Bureau of Labor Statistics, *Handbook of Labor Statistics—1975 Reference Edition* (Washington, D.C., 1975), p. 130 ; Stephan Thernstrom, *The Other Bostonians : Poverty and Progress in the American Metropolis, 1880-1970* (Cambridge, Mass., 1973), pp. 228-232.

(5) Joseph Shister, "Labor Mobility : Some Institutional Aspects," *Proceeding of the Third Annual Meeting of the Industrial Relations Research Association* (1950), pp. 42-59 ; James Medoff, "Layoffs and Alternative Under Trade Unionism in U.S. Manufacturing," *American Economic Review* (June 1979), 69 : 380-395.

(6) 入国および出国移民の水準については、U.S. Bureau of the Census, *Historical Statistics of the United States* (Washington, D. C.,1960), pp. 56, 64 を参照。その際に、製造業労働力の平均年齢は一九四〇年から六〇年にかけて上昇していることに注意されたい。これは職務の流動性が低下する原因でもあり結果でもある。John Pencavel, *An Analysis of the Quit Rate in American Manufacturing Industry* (Princeton, N.J., 1970).

(7) Peter Doeringer and Michael Piore, *Internal Labor Markets and Manpower Analysis* (Lexington, Mass., 1971) ; Oliver E. Williamson, *Markets and Hierarchies : Analysis and Antitrust Implications* (New York : 1975), Chapter 4 [浅沼萬里・岩崎晃訳『市場と企業組織』(日本評論社、一九七五年)第四章] ; Arthur M. Okun, *Prices and Quantities : A Macroeconomic Analysis* (Washington, D.C., 1981), pp. 26-133.

労働異動をもとにした諸理論に関するもうひとつの問題は、異動費用のパターンが歴史的にシフトしたことによって内部労働市場が生じたのではないかというものである。しかしながら私はこれまで、そのようなシフトが生じたという証拠を見たことがない。時代とともに何か変化があったとすれば、第四章で論じたように、熟練(job skills)が総じて固有の性格を減じてきたということは、信ずるに足る理由がある。ここでの問題は、労働異動に立脚した理論をはじめとする労働市場の黙契理論が持つ没歴史的性格の反映である。これらの理論は(準永続雇用関係のような)比較的最近の現象、さらにある程度アメリカのユニークな特性(粘着的 sticky な名目賃金のごとき)であるものを、あたかも時代を超越したしかも普遍的な事象であるかのように説明する。本書の序章で述べたように、理論には戦後アメリカの実践を合理化する志向がつきまとっている。

(8) Robert M. Solow, "On Theories of Unemployment," *American Economic Review* (March 1980), 83 : 3. また George A. Akerlof, "A Theory of Social Custom, of Which Unemployment My Be One Consequence," *Quarterly Journal of Economics* (June 1980), 94 : 749-775 をも参照。

(9) Clark Kerr, "What Became of the Independent Spirit?" *Fortune* (July 1953) 48 : 110 ; Kevin Phillips, *Wealth and Democracy : A Political History of the American Rich* (New York, 2002) ; Robert D. Putnam, *Bowling Alone : The Collapse and Revival of American Community* (New York, 2000).

(10) William H. Whyte, *The Organization Man* (New York, 1956), p. 129 [岡部・藤永訳『組織の中の人間(上)』(創元社、一九五九年)一九三頁] ; National Industrial Conference Board, "Personnel Practices in Factory and Office : Manufacturing," *SPP*

(1965), 195 : passim ; Sanford M. Jacoby and Sunil Sharma, "Employment Duration and Industrial Labor Mobility in the United States, 1880-1980," *Journal of Economic History* (March 1992), 52 : 161-179.

(11) タフト＝ハートレー法を支持する経営の努力について、Howell John Harris, *The Right to Manage : Industrial Relations Policies of American Business in the 1940s* (Madison, Wis., 1982) が優れた議論を展開している。

(12) Adolf A. Berle and Gardner C. Means, *The Modern Corporation and Private Property* (New York, 1932)〔北島忠男訳『近代株式会社と私有財産』（文雅堂銀行研究社、一九五八年）〕; Francis X. Sutton, Seymore Harris, Carl Kayseu, and James Tobin, *The American Business Creed* (Cambridge, Ma., 1956) ; Richard Tedlow, *Keeping the Corporate Image : Public Relations and Business* (Greenwich, CT., 1979). 引用は Gordon Donaldson, *Corporate Restructuring : Managing the Change Process from Within* (Boston, 1994), p. 19.

(13) Bruce E. Kaufman, "Pernonnel/Human Resource Management : Its Roots as Applied Economics," *History of Political Economy* (2000), 32 : 229-256 ; Sanford M. Jacoby, *Modern Manors : Capitalism Since the New Deal* (Princeton, N.J., 1997), pp. 221-228〔内田一秀他訳『会社荘園制』（北海道大学図書刊行会、一九九九年）〕; George K. Bennet, "A New Era in Business and Industrial Psychology," *Personnel Psychology* (Winter 1948), 1 : 473-477 ; Sanford Jacoby, "Employee Attitude Surveys in Historical Perspective," *Industrial Relations* (Winter 1988), 27 : 74-93 ; F. J. Roethlisberger and William J. Dickson, *Management and the Worker* (Cambridge, MA., 1939).

(14) Frederick Herzberg, "One More Time : How Do You Motivate Employees ?" *Harvard Business Review* (January-February 1968), 46 : 43-62 ; Robert F. Pearse, "Sensitivity Training, Management Development, and Organizational Effectiveness," in Jerome W. Blood, ed., *The Personnel Job in a Changing World* (New York, 1964), pp. 273-287 ; Robert Blake and Jane Mouton, *The Managerial Grid* (Houston, TX., 1964) ; Harold M. F. Rush, *Behavioral Science : Concepts and Management Application* (New York, 1969) ; Douglas McGregor, *The Human Side of Enterprise* (New York, 1960).

(15) Chester Evans and La Verne N. Laseau, *My Job Contest* (Washington, D.C., 1950).

(16) Conference Board, *Personnel Administration : Changing Scope and Organization* (New York, 1966), p. 21 ; Jacoby, *Modern Manors*, op. cit. ; Thomas A. Cochan, Harry C. Katz, and Robert McKersie, *The Transformation of American Industrial Relations* (New York, 1986).

(17) Conference Board, *Personnel Administration*, pp. 28-29.

(18) Whyte, *The Organization Man ;* Anthony Thampson, *Company Man : The Rise and Fall of Company Life* (New York, 1995) ; Glen H. Elder, Jr., *Children of the Great Depression : Social Change in Life Experience* (Chicago, 1974).

(19) Neil Fligstein, "The Spread of the Multidivisional Form," *American Sociological Review* (1985), 50 : 377-391 ; Alfred Chandler, Jr., *Strategy and Structure* (Cambridge, MA., 1962)〔三菱経済研究所訳『経営戦略と組織』（実業之日本社、一九六七年）〕; Chandler, "Management Decentralization : An Historical Analysis," *Business History Review* (1956), 30 : 111-174 ; Conference Board, *Personnel Administration*, pp. 13, 15, 31-37, 64-72.

(20) Dalton McFarland, *Cooperation and Conflict in Personnel Administration* (New York, 1962), pp. 22-23 ; George Ritzer and Harrison Trice, *An Occupation in Conflict : A Study of the*

Personnel Manager (Ithaca, New York, 1969).

(21) McFarland, *Cooperation and Conflict*, p. 63 ; Neil Fligstein, *The Transformation of Corporate Control* (Cambridge, MA., 1990) ; Ritzer and Trise, *Occupation in Conflict*, p. 65.

(22) Ivar Berg, Marcia Freeman, and Michael Freeman, *Managers and Work Reform : A Limited Engagement* (New York, 1978) ; George Strauss et al., *Organization Behavior : Research and Issues* (Madison, Wiz., 1974) ; Allen R. Janger, *The Personnel Function : Changing Objectives and Organization* (New York, 1977), pp. 48-49.

(23) Richard Freeman and James Medoff, *What Do Union Do ?* (New York, 1984) 〔島田晴雄・岸智子訳『労働組合の活路』(日本生産性本部、一九八七年)〕; Michael Piore and Charles Sabel, *The Second Industrial Devide* (New York, 1984) 〔山之内靖・永易浩一・石田あつみ訳『第二の産業分水嶺』(筑摩書房、一九九三年)〕; Mike Parker and Jane Slaughter, *Choosing Side : Union and the Team Concept* (Detroit, 1988) ; Jacoby, *Modern Manors*, chap. 7.

(24) Audrey Freedman, *The New Look in Wage Policy and Employee Relations* (Conference Board report no. 865, New York, 1985), pp. 29-33 ; Fred K. Foulkes, *Personnel Policies in Large Nonunion Companies* (Englewood Cliffs, N.J., 1980), pp. 70-96.

(25) Charles Heckscher, *The New Unionism : Employee Involvement in the Changing Corporation* (New York, 1988).

(26) Janger, *The Personnel Function*, pp. 1, 40, 63 ; Frank Dobbin, "The Strength of a Weak State : The Rights Revolution and the Rise of Human Resources Management Divisions," *American Journal of Sociology* (1998), 104 : 441-476.

(27) Steven Vogel, *Free Markets, More Rules : Regulatory Reform in Advanced Industrial Countries* (Ithaca, New York, 1996) ; Barry Bruestone and Benett Harrison, *The Deindustrialization of America* (New York, 1992) ; Lori Kletzer, "Job Displacement," *Journal of Economic Perspectives* (Winter 1998), 12 : 115-136.

(28) John C. Coffee, Jr., "Shareholders Versus Managers : The Strain in the Corporate Web," in John Coffee, Jr., Louis Lowenstein, and Susan Rose-Ackerman, eds., *Knights Raiders and Targets : The Impact of the Hostile Takeover* (New York, 1988), pp. 77-134 ; Sanford M. Jacoby, "Are Career Jobs Headed for Extinction ?" *California Management Review* (1999), 42 : 123 ; Michael Useem, *Investor Capitalism* (New York, 1996) ; Jacoby, *Modern Manors*, chap. 8.

(29) Scott Lever, "An Analysis of Managerial Motivations Behind Outsourcing Practices," *Human Resource Planning* (1997), 20 : 37-48 ; Peter Cappelli, *The New Deal at Work* (Boston, 1999) ; Louis Csoka, "Rethinking Human Resources" (Conference Board rep. no. 1124-95-RR, New York, 1995), p. 11. 人的資源管理者数は一九八八年の一三万人から九三年の九万六〇〇〇人まで減った。特に事業部、単位事業所レベルで減少が甚だしい。以下を参照せよ。Daniel J. B. Mitchell, "Modifying Behavior Through Pay : Whose Behavior ? Whose Pay ?" in Bruce Kaufman, Richard Beaumont, and Roy Helfgott, eds., *From Industrial Relations to Human Resources and Beyond* (Armonk, New York, 2003).

(30) Robert J. Klamer, "Organizing the Corporate Headquarters," *HR Executive Review* (1998) ; Freeman, *The New Look*, passim ; Vincent Caimano, Pat Canavan, and Linda Hill, "Trends and Issues Affecting Human Resources and Global Business" and Arthur Yeung and Wayne Brockbank, "Reen-

gineering HR through Information Technology" in Karl Price and James W. Walker, eds., *The New HR : Strategic Positioning of the HR Function* (New York, 1999), pp. 23-38, 161-181.

(31) Csoka, "Rethinking," p. 31. 短期重視への転換については Kevin Laverty, "Economic Short-termism : The Debate, the Unresolved Issues, and the Implications for Management," *Academy of Management Review* (1996), 21 : 825-860 を参照。

(32) Michael Lombardo and Robert Eichinger, "Human Resources' Role in Building Competitive Edge Leaders," in Dave Ulrich, Michael Losey, and Gerry Lake, eds., *Tomorrow's HR Management* (New York, 1997), pp. 57-66 ; Patrick Wright, "A Multilevel Investigation of the Relationships Among HR Involvement, HR Importance, HR Effectiveness, and Firm Performance," in Price and Walker, *The New HR*, pp. 39-58. 引用文は Csoka, "Rethinking," p. 9 から。

(33) Csoka, "Rethinking," p. 22 ; Karen Legge, "HRM : Rhetoric, Reality, and Hidden Agendas," in John Storey, ed., *Human Resource Management : A Critical Text* (London, 1995), pp. 33-59 ; David Ulrich, *HR Champions* (Boston, 1996) ; Jeffrey Pfeffer, "Pitfalls on the Road to Measurement : The Dangerous Liaison of Human Resources with the Ideas of Accounting and Finance," *Human Resource Management* (1997), 36 : 357.

(34) John Purcell and Bruce Ahlstrand, *Human Resource Management in the Multidivisional Company* (Oxford, England, 1994) ; Paul Marginson, Peter Armstrong, Paul Edwards, John Purcell, and Nancy Hubbard, "The Control of Industrial Relations in Large Companies : An Initial Analysis of the Second Company-Level Industry Relations Survey" (Warwick Papers in Industrial Relations, no. 45), Industrial Relations Research Unit (IRRU), (University of Warwick, Coventry, 1993). 近年のある調査によると、人的資源管理が合併・買収(M&A)の計画や協議にあたって重要な影響を及ぼしたかという問いに対して、合衆国の人的資源担当重役のわずか三分の一がイエスと答えたにとどまった。だが彼らの八〇%が、合併・買収がいったんなされてしまうと、彼らもそこに呼ばれるようになったと答えている。Elaine McShulskis, "A Bigger Role in Merger and Acquisitions," *HR Magazine* (January 1998), 43 : 22-24.

(35) Richard Sennett, *The Corrosion of Character : The Personal Consequences of Work in the New Capitalism* (New York, 1998) [斎藤秀正訳『それでも新資本主義についていくか』(ダイヤモンド社、一九九九年)]。

(36) Henry S. Farber, "Trends in Long-Term Employment in the United States : 1979-1996," in *Third Public German-American Academic Council Symposium : Labor Markets in the USA and Germany* (Bonn, Germany, and Washington, D.C., 1998) ; David Neumark, ed., *On the Job : Is Long-Term Employment a Thing of the Past ?* (New York, 2000) ; Joseph Altonji and Nicolas Williams, "Do Wages Rise with Seniority ? A Reassessment," National Bureau of Economic Research (NBER) working paper no. 6010 (1997) ; David I. Levine, Dale Belman, Gary Charness, Evica Groshen, and K. C. O'Shaughnessy, *How New is the New Employment Contract ?* (Kalamazoo, Mich., 2002) ; James L. Medoff and Michael Calabrese, "The Impact of Labor Market Trends on Health and Pension Benefit Coverage and Inequality," final report to the U.S. Pension and Welfare Agency (February 28, 2001).

(37) Henry S. Farber, "Job Creation in the United States : Good Jobs or Bad ?" Industrial Relations Section, Princeton University, working paper no. 385 (1997), pp. 39-41.

(38) U.S. Bureau of the Census, Annual Geographic Mobility

Rates by Type of Movement, 1947-1997 〔online〕 Available: http://www.census.gov/population/socdemo/migration

(39) Steven Hipple, "Contingent Work in the Late 1990s," *Monthly Labor Review* (March 2001); David Leonhardt, "Entreprenur's Golden Age Turns Out to Be Mythology," *New York Times* (December 1, 2000), p. 1.

(40) Roger Waldinger and Michael Lichter, *How the Other Half Works : Immigration and the Social Organization of Labor* (Berkeley, Calif., 2003).

(41) U.S. Bureau of Labor Statistics, *Employee Benefits in Medium and Large Private Establishments, 1997* (Washington, D.C., 1999), table 7, 11; Richard Ippolito, "Toward Explaining the Growth of Defined Contribution Plans," *Industrial Relations* (January 1995), 34: 1-20.

(42) Christpher L. Erickson and Sanford M. Jacoby, "The Effect of Employer Networks on Workplace Innovation and Training," *Industrial & Labor Relations Review* (January 2003), 56: 203-223.

(43) U.S. Department of Labor, *Report on High Performance Work Practices and Firm Performance* (Washington, D.C., 1993).

(44) Sumantra Ghoshal and Christpher Bartlett, *The Individualized Corporation : A Fundamentally New Approach to Management* (New York, 1997), pp. 286-287.

(45) Frederick Reichheld, *The Loyalty Effect : The Hidden Force Behind Growth, Profit, and Lasting Value* (Boston, 1996), p. 114; Rosemary Batt, "Explaining Intra-Occupational Wage Inequality in Telecommunications Services: Customer Segmentation, Human Resource Practices, and Union Decline," *Industrial and Labor Relations Review* (2001), 54: 425-449.

(46) Martha Groves, "In Tight Job Market: Software Firm Develops Programs to Keep Employees," *Los Angeles Times* (June 14, 1998), p. D5.

(47) "Can America's Workforce Grow Old Gracefully?" *Economist* (July 25, 1998), p. 59.

(48) Patrick McGovern, V. Hope Hailey, and P. Stiles, "The Managerial Career After Downsizing: Case Studies from the 'Leading Edge,' " *Work, Employment and Society* (1998), 12: 457-477.

(49) Sanford M. Jacoby, "Corporate Governance in Comparative Perspective: Prospects for Convergence," *Comparative Labor Law & Policy Journal* (Fall 2000), 22: 5-32.

(50) Albert O. Hirshman, *The Rhetoric of Reactions : Perversity, Futility, Jeopardy* (Cambridge, 1991), pp. 43-80〔岩崎稔訳『反動のレトリック　逆転・無益・危険性』(法政大学出版局、叢書ウニベルシタス五五四、一九九七年)〕。

(51) Vogel, *Freer Markets, More Rules.*

訳者あとがき

本書は、*Employing Bureaucracy: Managers, Unions, and the Transformation of Work in American Industry, 1900–1945.* By Sanford M. Jacoby. New York: Columbia University Press, 1985 の全訳である。

著者サンフォード・M・ジャコービィはニューヨークに生まれ、ペンシルヴェニア大学を卒業し、カリフォルニア大学バークレイ校で経済学博士号を取得、現在、UCLAアンダーソン経営学大学院の労使関係論の準教授である。目下、アメリカの雇主についての編著と、組合が組織化されないでいる合衆国大企業についての研究に携わっているとのことである。

本書はすでに各方面から高い評価を受けている。一九八六年に、経営学の分野における知識の前進に最も意義ぶかい貢献をなした書物に経営学アカデミーから与えられるジョージ・R・テリー賞を得ており、今日まで次のような書評・紹介の対象となっている。以下に列挙する。

CHOICE, Vol. 23, Mar. 1986 (H. Harris) ／*Economic Books: Current Selections*, Vol. 13, Mar. 1986 ／*Journal of Economic Literature*, Vol. 24, June 1986 ／*Business History Review*, Autumn, 1986 (Daniel Nelson) ／*Monthly Labor Review*, Vol. 109, Sep. 1986 (Henry P. Guzda) ／*Journal of Economic Literature*, Vol. 24, Sep. 1986 (Robert Draco) ／*American Journal of Sociology*, Vol. 92, Jan. 1987 (James N. Baron) ／*Economic History Review(UK)*, Feb. 1987 (John Lovell) ／*Industrial and Labor Relations Review*, July 1987 (Thomas A. Kochan) ／*Southern Economic Journal*, Jan. 1988 (Lonnie M. Golden) ／『日本労働協会雑誌』、一九八六年一二月(木下順)。

今回の翻訳は、森杲と、その発案に同調した荒又重雄、平尾武久、木下順の四名の共訳である。四名の労力投下は完全に平等ではないとはいえ、各人は部分訳を引き受けたのではなく、全員一度ならず本書の全体に目を通し、一堂に会して意見を調整した。また森は、一度ＵＣＬＡにおいて直接に、何回となく書簡を通して間接に、著者に接触し、疑点につき質してきた。最後に著者ジャコービィ氏は、それ自体一個の論文に値するような日本語版への序文を送付してくれた。

著者による日本語版への序文は、あとがきにおいて本書を日本の読者に紹介しようとする訳者たちの意欲と責任のほとんどを解消してしまった。それで、いわずもがなのいくつかを付言するにとどめることにする。

本書は、労務管理論、労使関係論、産業社会学、アメリカ経営史、社会政策学など、幅広い分野で注目されるに値する労作である。本書の意義として第一に指摘されなくてはならないのは、アメリカ労務管理の成立史をＦ・Ｗ・テイラーをはじめとする代表的な理論家の論述によって考察するのではなく、当時の雑誌やさまざまな大会議事録や入手しうるかぎりでの総括的統計数値を利用しつつ、労使関係や社会福祉運動を含む広い背景から描き出していることである。本書が長い学問的生命を持つであろう所以である。

本書が特殊に今日の時代に対して持つ意義についていえば――それが著者の問題意識にかかわるわけであるが――、次のようである。著者は、レーガノミックスの時代にあって指弾を浴び揺らぎつつあるアメリカ労使関係の、成立の必然性を歴史的に確定しようとしている。そして、一方では、技術進歩が熟練不熟練の区別を取り払って労働者の団結を強化する可能性があったので、雇主たちが内部昇進制を導入して労働者の分断を図ったのだ、とするラディカル派経済学を批判して、「良い仕事」の形成が労働者に持った積極的意味を述べ、他方では、特殊企業内熟練の意義と必然性を経済的にのみ説く新古典派的人的資本理論を批判して、「良い仕事」と内部昇進制の形成における社会的政治的背景を強調するのである。本書には、高度に学術的であるとともに、切実な時代的関心が込められているのである。

日本の読者にとって、本書に盛られた研究をさまざまに受けとめることが可能であろう。そのなかでありうべきひとつの受けとめ方を二点付記する。第一に、特殊企業内熟練についての人的資本理論的アプローチに対して、著者が広範な社会的歴史的アプローチを対置している関係は、わが氏原正治郎が一九五五年に提示した企業内年功的熟練の概念をめぐる純「経済的」説明と「社会的」要因を考慮に入れた「全機構的」説明の試みとの対抗の、高次の再現と見られる。第二に、アメリカにおける内部労働市場の形成過程に現れた Post and Bid System は、日本の内部労働市場に可能な今後の変容の幅のなかで、重要な意義を持ちうるであろう。

本書の標題を原著からそのまま『雇用官僚制』とすることについては、当初、わが国における官僚制という語の否定的イメージをおもんぱかって、かなり迷った。内容に即して「内部労働市場の形成」のような標題も考えたが、ひとつには著者の原標題への思い入れを尊重し、もうひとつには、日本でもいくつかの学問領域で、官僚制が合理的、現代的な組織の問題として論ぜられる頻度が増していることを踏まえて、あえて原標題をそのまま採用した。意外性も時として真理への入り口であろう。

訳者たちはそれぞれに違った経歴と異なる学問的対象を持っているにもかかわらず、期せずして本書に共通の関心を抱き、共同作業を進めた。この点が本訳書に利点となって現れていることを期待する。とはいえ、過ちの残存は避けられなかったことであろう。読者諸兄姉の叱正をお願いする次第である。

本訳書の刊行にあたり、前田次郎、円子幸男両氏が、編集・出版という通常の役割をはるかに越えてご尽力くださったことに、心からの感謝の意を表したい。

一九八八年一〇月三〇日

訳　者

増補改訂版への訳者あとがき

アメリカの雇用慣行に関する最初の本格的な歴史研究といってよい『雇用官僚制』がアメリカで二〇年前に刊行されたときの反響は大きかったが、多数の読者に行き渡った後やがて絶版となり、いわば古典書として扱われるような書物になりつつあった。それが本年、出版社を変えてローレンス・アールバウム・アソシエーツ社(Lawrence Erlbaum Associates, Inc.)から、組織・管理論叢書の一冊として蘇ったのが本書である。

今回の刊行にあたってジャコービィ教授が行った加筆は、以下のごとくである。前著の副題が「一九〇〇年から一九四五年までのアメリカ産業における経営者、労働組合、仕事の変化」だったのに対して新著は「二〇世紀における……」となり、第二次大戦の終結から今日までを扱った第九章が新しく書かれた。ほかに序章の後半に三個所、現時点での序とするためのパラグラフが加えられた。それらに対応して索引や文献に加筆がなされている。

このように増補の分量はそれほど多くないが、加筆部分の重要性は大きい。第二次大戦後の労使関係の趨勢をどうとらえるかという問題には、労働経済学や人事労務管理論の分野でさまざまな所説があるが、ジャコービィ教授は二〇世紀全体の歴史をたどってきた研究者ならではの、独自な見解を随所で打ち出している。ひと口に第二次大戦後といっても、戦後半世紀の間に会社のなかで人事部門や人事管理者がおかれた位置は、ほとんど一〇年、二〇年ごとに「激震」、「振り子が反対に振れる」と本書で表現されているような変化を被ってきた。そのなかのある時期、ある局面の変化を戦後史全体の趨勢と読み間違ったり、一九八〇、九〇年代に生じた大量レイオフから内部労働市場が崩壊し二〇世紀初頭の状態に逆戻りしつつあるかのように説く論者も現れたのである。ジャコービィ教授はレイオフが増え勤続年数が低下している現実と、しかし他方で長期安定雇用が合衆国労働市場で定着しつつある現実とを正視し、その「パラドックス」を、今日の大企業がリスクのできるだけ大きな部分を従業員に転嫁しようとしているしくみの観点から解き明かそうとする。また戦後数十年の間に民間部門労働力のわずか八％しか組織しえなくなった労働組合が企業との団体交渉・協約を通じて結ぶ「労使関係」と、人事部が人事管理の職務として担う「従業員関係」とのギャップが拡大し、そのことが個々の企業の雇用慣行に大きく作用していることをも、明らかにしている。

このような内容からして、日本で本書の旧版を読んでこられた読者はもとより、さらにその範囲を越えて多くの方に興味を持っていただけるのではないかと、訳者としては考えている。新しい訳のことをジャコービィ教授にメールで打診すると、たいへん喜んで、律儀のかたまりのようなアメリカ人である教授は自ら、旧版にあった長文の「日本語版読者への序文」にさらに加筆したものを送ってくれた。「5、今立っている地点」の部分がそれである。この十数年、何度も来日して日本研究を深めている教授が、旧版の訳から今日までに日米の雇用慣行にそれぞれどんな変化があったかを比較しつつ論じているこの部分も、この増補版の新しい魅力である。

二〇〇四年一二月一七日

訳　者

サンフォード M. ジャコービィ(Sanford M. Jacoby)

ニューヨーク市生まれ。経済学博士(カリフォルニア大学バークレー校)。現在，カリフォルニア大学ロスアンゼルス校(UCLA)アンダーソン経営大学院教授，担当科目はManaging Human Resources in Organizations。また，社会政策大学院との合同科目としてGlobal Capitalism: Business, Governments, and Marketsを，歴史学部においてU.S. Industrial Relations Historyを担当

荒又重雄(あらまた しげお)

1934年生まれ。北海道大学名誉教授
社会政策・労務管理論専攻

木下 順(きのした じゅん)

1951年生まれ。国学院大学経済学部教授
アメリカ労資関係論専攻

平尾武久(ひらお たけひさ)

1997年没。元札幌大学経営学部教授
アメリカ労務管理史専攻

森 杲(もり たかし)

1936年生まれ。札幌大学経営学部教授
経営史・アメリカ経済史専攻

雇用官僚制[増補改訂版]

1989年3月10日 第1版第1刷発行
2005年1月25日 増補改訂版第1刷発行

著 者 S. M. ジャコービィ

訳 者 荒又重雄・木下 順
平尾武久・森 杲

発行者 佐 伯 浩

発行所 北海道大学図書刊行会
札幌市北区北9条西8丁目 北大構内(〒060-0809)
tel.011(747)2308/fax.011(736)8605/http://www.hup.gr.jp

岩橋印刷／石田製本

ISBN4-8329-5342-7

索　引

ア　行

アカの恐怖　Red Scare　182, 217, 394(注 25)
新しい非組合モデル　new nonunion model　333
アメリカ技師協会連合(FAES)　Federated American Engineering Societies　243
アメリカ社会奉仕協会(AISS)　American Institute for Social Service　94
アメリカ職長協会(FAA)　Foreman's Association of America　320
アメリカ方式(アメリカン・プラン)　American Plan　16, 27(注 2), 217, 222-224
アメリカ労使関係協会(IRAA)　Industrial Relations Association of America　182, 218, 222, 226, 388(注 35)
アメリカ労働総同盟(AFL)　American Federation of Labor　253, 257-259, 261-262, 269, 295
アメリカ労働立法協会(AALL)　American Association for Labor Legislation　128, 147-153, 219-220, 243, 252, 264
アルバートソン　Albertson, Ralph　109, 113
アレクサンダー　Alexander, Magnus W.　103, 155, 161-162, 164
アレン　Allen, Frederick J.　126-127
アンドリュース　Andrews, John B.　147-148
イーストマン・コダック社　Eastman Kodak Company　16-17, 19-20, 28, 199, 244, 316, 333, 347
イーズレイ　Easley, Ralph　152-153
移民　Immigrants　35, 48-49, 63-66, 119-120, 173, 175-176, 213, 264, 326
印刷工組合　Typographical Union　57, 59
インタナショナル・ハーヴェスター社　International Harvester Company　85, 93, 95, 98, 194, 206, 221, 224, 226, 238, 242, 266, 274-276, 278, 301, 366(注 31, 32)
ヴァレンタイン　Valentine, Robert G.　142, 148, 153, 184
ヴァン・クリーク　Van Kleeck, Mary　146, 149, 183-185, 251, 386(注 19)
ウイスコンシン州失業保険制度　Unemployment Insurance of Wisconsin　282
ウイリッツ　Willits, Joseph H.　149, 151, 154-156, 181-182, 207-208
ウエスチングハウス・エレクトリック社　Westinghouse Electric Corporation　178, 181, 194, 198-199, 224, 236, 296-297, 300, 309
ウエルズ　Wells, Ralph G.　189, 218-219, 226-227
ヴォイチンスキー　Woytinsky, W. S.　214
エマーソン　Emerson, Harrington　140
エリオット　Eliot, Charles　105, 123, 130
オープンショップ　Open-shop　49, 182, 217

カ　行

カー　Kerr, Clark　325, 328
解雇手当　Severance pay　256, 282
解雇とレイオフ　Firings and layoffs　7, 10, 13-15, 17, 51-52, 59-60, 96, 164, 201-204, 236-237, 239-240, 263, 278-283, 289-295, 318, 326, 339, 342, 344, 350, 352
会社組合　Company unions　11, 16, 19, 22, 184, 230-231, 266, 269, 272-274
会社町　Company towns　87, 91

科学的管理制度　Scientific management system　10, 78-79, 139-140, 150-151, 161, 169-170
科学的管理促進協会　Society for the Promotion of Scientific Management　140-143, 151
合衆国雇用局(USES)　U.S. Employment Service　177, 181, 193, 309-310
合衆国労使関係委員会　U.S. Commission on Industrial Relations　127
合衆国労働省　U.S. Labor Department　184
ガードナー　Gardner, H. L.　129, 206
カーペンター　Carpenter, Charles U.　96-97
監督(紡績業の)　Overseers　43-44, 46
管理医療制度　managed-care health plan　349
管理改善協会(旧テイラー協会)　Society for the Advancement of Management　304
管理グリッド　managerial grid　331
機械技師　Mechanical engineers　73, 78
機械工組合　Machinists Union　57, 59, 159, 195-196
企業立学校　Corporation schools　103-104
技師　Engineers　71, 73-76, 78-80, 88-89, 139, 143, 150-152, 166, 169, 180
技術的失業　Technological unemployment　210-211
季節的雇用　Seasonal employment　52, 58-59, 144-147, 149, 243-247, 253-254, 282, 295, 316
機能的職長　Functional Foremen　78
キーヒュー　Kehew, Mary Morton　109, 113
救貧法および失業による困窮の救済に関する王立委員会(イギリス)　Royal Commission on the Poor Laws and the Relief of Distress Through Unemployment　145-146
共済組合　Mutual benefit associations　172-173, 222, 234, 243, 265
ギルソン　Gilson, Mary B.　84, 93, 167, 229
ギルブレス　Gilbreth, Lillian M.　140
緊急船舶公社　Emergency Fleet Corporation　183, 185-186
キングズベリー　Kingsbury, Susan M.　106-107, 120
勤続条項　Continuous service provision　240, 401(注 92)
苦情処理制度　Grievance procedures　61, 97, 161, 186, 232, 305, 316, 318, 320, 326, 422(注 120)
クック　Cooke, Morris L.　151, 167, 183, 187, 226-227, 229, 238
グッドイヤー・タイヤ・ラバー社　Goodyear Tire and Rubber Company　80, 194, 202-203, 206, 224, 256, 266, 272-274, 280
組合員優先ショップ　Preferential shop　55
組合不在企業　Nonunion firms　22, 292, 297, 299, 302-305, 318
グリーヴス　Grieves, W. A.　165, 199
クローズドショップ　Closed shop　9, 55, 60-62
経営権条項　Management rights clause　321
景気的失業　Cyclical unemployment　145-146, 149, 244-246
経済機会法　Economic Opportunity Act　338
欠員応募制度　Post-and-bid promotion system　296, 312, 314
ケリー　Kelly, Roy W.　129, 131, 373(注 46)
ケンドール　Kendall, Henry　80-81, 140, 142
公正労働基準法(FLSA)　Fair Labor Standards Act　295-296, 307
合同協議会プラン　Joint Conference Plan　224
合同鉄鋼錫労働組合　Amalgamated Association of Iron, Steel and Tin Workers　55
合同被服労働組合　Amalgamated Clothing

Workers 182
公民権法 Civil Rights Act 338
国際労働機構(ILO) International Labor Organization 238
国内移住 Internal migration 176, 179, 326
国防会議 Council for National Defense 187
コードリック Cowdrick, Edward S. 228, 260, 270
コモンズ Commons, John R. 35-36, 50, 58, 78, 111, 244-245
雇用安定化(策) Employment stabilization 146-154, 157-158, 235, 239, 243-249, 252-254, 295-296, 315-317
雇用改革 Employment reforms 161-166, 190-208, 215, 230, 268, 277-285, 288, 329
雇用管理者協会(EMA) Employment Managers' Association 126-131, 164, 172, 189, 218-219, 222
雇用記録の保持 Record keeping 48-49, 75, 130, 195-196, 278, 307
雇用の官僚制化 Bureaucratization of employment 32-34, 39, 61, 167, 328
ゴンパーズ Gompers, Samuel 55, 143, 147, 160

サ 行

再雇用(レイオフ労働者の) Rehiring of laid-off workers 53, 239, 246, 281, 291, 326
最低賃金 Minimum wage 195-196, 268
産業安定による失業減少に関する委員会(ニューヨーク) Commission on Reducing Unemployment Through Stabilizing Industry 252, 254
産業・技術教育マサチューセッツ委員会 Massachusetts Commission on Industrial and Technical Education 104
産業教育促進全国協会(NSPIE) National Society for the Promotion of Industrial Education 113, 116, 128
産業調査局 Bureau of Industrial Research 141, 376(注 8)
産業内監督者訓練プログラム Training Within Industry (TWI) program 311, 318, 331
産業別定員表 Manning Table 311
産業別労働組合会議(CIO) Committee(のち Congress) for Industrial Organization 269, 287, 289, 295, 299, 306, 315
産業民主主義 Industrial democracy 184, 202
産出制限 Output restriction 57-58, 63
シヴィック・サーヴィス・ハウス(ボストン) Civic Service House 108-110, 112-113, 126
仕事規則 Work rules 7, 36, 50-51, 54
仕事保障(雇用保障) Job (or employment) security 52-54, 58-61, 235-236, 239-249, 278-279, 281-283, 289-297, 322, 326, 329
仕事分け合い運動 Share-the-Work Movement 257
自主管理チーム self-managed team 350
慈善組織(1890 年代) Charity organizations 144
失業に関するニューヨーク市長諮問委員会 Mayor's Committee on Unemployment, NY City 149-150, 152, 154
失業に関するマサチューセッツ委員会 Massachusetts State Committee on Unemployment 148
失業保険 Unemployment insurance 145-147, 244, 247, 254-260, 282, 294, 296, 413(注 23)
自動車労働委員会(ALB) Automobile Labor Board 278-282
自発的離職率 Quit rates 64, 67-68, 156, 178, 213-214, 220, 309, 326
社会保障法 Social Security Act 302
若年雇用 Youth employment 119-120
従業員関係 employee relations 332, 337-338
従業員代表制 Employee representation 224, 230-232, 234
従業員持株制 Stock ownership plans 22,

85, 240-241, 244, 265-266, 280
熟練解体　Deskilling　133-134, 138, 142
熟練労働者　Skilled workers　45-46, 54-61, 63-66, 85-86, 101-104, 132-133, 241, 261
手工訓練　Manual training　101-107
ショー　Shaw, Mrs. Quincy Agassiz　108, 113
生涯経歴動機　Life-career motive　123-124, 127, 130
商業会議所　U.S. Chamber of Commerce　253-254, 257
昇進制　Promotions　3, 10, 123, 130-135, 192, 197-200, 234, 248, 283, 291, 296-297, 310-313, 326, 339
譲歩的交渉　concession bargaining　340
職業カウンセリング　Vocational counseling　113-125
職業教育　Vocational education　99, 101-107, 115-118, 122, 129
職業訓練総合法　Comprehensive Employment and Training Act　338
職業指導　Vocational guidance　99-134, 137-138
職業指導全国会議　National Conference on Vocational Guidance　116
職業紹介所　Labor exchange　145-146
職種名分類辞典　Dictionary of Occupational Titles　311
職長監督連合　United Foremen and Supervisors　306
職長組合　Foremen's unions　306-307, 320-321
職長クラブ　Foremen's clubs　230, 275, 306, 320
職長訓練　Foremen's training　97, 229-230, 232, 274-278, 306, 311, 318, 320, 399(注 70)
職場委員会　Shop committees　22, 184
職務階梯　Job ladders　132-135
職務格付け　Job classification　193-196, 198, 238, 280
職務記述書　Job description　192
職務評価　Job evaluation　18, 280, 298-299, 313-314, 322, 389(注 39)
職務分析　Job analysis　18, 129, 192-194, 197-198, 208, 388(注 35, 36)
ジョーンズ　Jones, Edward D.　171, 185, 187-188
シルヴァー・ベイ会議　Silver Bay Industrial Conferences　94, 225, 304
人事考課　Merit rating　198-200, 299-300
人事調査連盟　Personnel Research Federation　227, 253, 304, 396(注 53)
人事リサーチ　personnel research　333
人的資源　human resources　338-340, 342-344, 351-352, 426(注 29), 427(注 34)
心理コンサルタント　psychological consultant　333
垂直的仕事分担　vertical job loading　331
スチュードベイカー社　Studebaker Company　159, 213, 241
ストライキ　Strikes　57, 62, 69, 85, 96, 109, 159, 178-179, 183, 185, 195-196, 214-215, 220, 241, 262, 269
ストーン　Stone, Katherine　132-134, 390(注 45)
スミス＝ヒューズ法　Smith-Hughes Act　131, 207
スリクター　Slichter, Sumner　50, 69, 131, 159-160, 163, 170-171, 197, 213, 216-217, 248, 325
製造業者クラブ　Manufacturers' Club　195
生命保険　Life insurance　242, 265
世界産業労働者組合(IWW)　Industrial Workers of the World　159
セツルメントハウス　Settlement houses　108, 369(注 2)
セネット　Sennett, Richard　345, 347
ゼネラル・エレクトリック社　General Electric Company　103, 180, 187, 196, 201, 224, 236, 253-255, 272, 280, 318
ゼネラル・モーターズ社　General Motors Corporation　31, 221, 224, 264, 274, 276, 278, 288, 295-296, 317, 332, 336
全国企業内訓練協会(NACT)　National Association of Corporation Training

226
全国企業立学校協会(NACS)　National Association of Corporation School　103, 138, 158, 165, 220, 226, 369(注 4), 388(注 35)
全国教育協会(NEA)　National Education Association　105
全国金属産業協会　National Metal Trades Association　49, 217, 253, 298
全国雇用管理者協会(NAEM)　National Association of Employment Managers　181, 188
全国産業協議会(NICB)　National Industrial Conference Board　228, 236, 239, 242, 254, 259, 265, 304
全国産業復興法(NIRA)　National Industrial Recovery Act　268-285, 296
全国児童労働委員会　National Child Labor Committee　121
全国市民連盟(NCF)　National Civic Federation　94, 152-153
全国職業指導協会(NVGA)　National Vocational Guidance Association　116, 124, 128
全国職長協会(NAF)　National Association of Foremen　230, 306
全国職長クラブ評議会　National Council of Foremen's Club　275
全国人事協会(NPA)　National Personnel Association　226-227
全国製造業者協会(NAM)　National Association of Manufacturers　104, 212, 217, 234, 254, 259, 261
全国鋳造業協会　National Founders Association　49, 217
全国復興局(NRA)　National Recovery Administration　12, 268, 273
全国労働委員会(NLB)　National Labor Board　269
全国労働関係委員会(NLRB)　National Labor Relations Board　269-270, 284, 287
戦時産業局　War Industrial Board　187-188
戦時人的資源委員会(WMC)　War Manpower Commission　309-311
センシティヴィティ・トレーニング　sensitivity training　331
戦時労働局(NWLB)　National War Labor Board　184, 196, 202, 309, 312-316
先任権(労働者の)　Seniority of workers　17, 56, 58-59, 62, 236, 239-240, 246, 248, 263-264, 279, 281-282, 291-292, 296-297, 312, 326, 346
選抜試験　selection test　330
全米自動車労働組合(UAW)　United Automobile Workers　315, 337
専門職業家主義(プロフェッショナリズム)　Professionalism　92-94, 167-173, 322, 334
造船労働調整局　Shipbuilding Labor Adjustment Board　184-185

タ　行

体系的管理　Systematic management　72-81, 165
大統領緊急雇用対策委員会(PECE)　President's Emergency Committee on Employment　253, 257
大統領失業救済機関　President's Organization on Unemployment Relief　257
態度調査　Attitude surveys　160, 300, 330-332
ダグラス　Douglas, Paul H.　52, 103, 122, 124, 162, 220, 254
タフト＝ハートレイ法　Taft-Hartley Act　321
団体交渉　Collective bargaining　55, 183-184, 268-269, 273, 309, 316, 332
団体保険　Group insurance　240, 243, 314
知能検査　Intelligence tests　191, 310
中間管理者　middle management　333-334, 340
懲戒　Discipline of workers　60, 201-204, 283, 316-318
地理的移動(労働者の)　Geographic mobility of workers　67-69, 326-327

賃金・雇用保証プラン　Guaranteed wage and employment plan　53, 295, 315-317
デイヴィス　Davis, Phil　109, 113
ティード　Tead, Ordway　140-141, 148, 163, 172, 205, 222
テイラー　Taylor, Frederick W.　77-81, 88, 139, 141-143, 150, 169, 196, 343
テイラー　Taylor, Graham　93, 109
テイラー協会　Taylor Society　141-143, 183, 227, 243, 252-253, 255, 264, 304
出来高仕事　Piecework　50-51, 58, 76-78, 196, 238
鉄鋼労働組合　Steelworkers union　289, 315
デニソン　Dennison, Henry S.　113, 140, 147-148, 223, 236, 253
デニソン・マニュファクチュアリング社　Dennison Manufacturing Company　129-131, 135, 181, 194, 198, 206, 219, 235, 244-245, 255, 391(注 57)
デューイ　Dewey, Davis R.　144
デューイ　Dewey, John　105, 370(注 12)
問屋制　Putting-out system　43-44
トインビーホール(ロンドン)　Toynbee Hall　108-109
同一賃金法　Equal Pay Act　338
同一労働同一賃金　Equal pay for equal work　56
特別協議委員会(SCC)　Special Conference Committee　223-226, 229, 232, 239, 241, 258-259, 261, 270, 274, 304, 405(注 27)
徒弟制度　Apprenticeship system　9, 55-57
ドナルド　Donald, W. J.　221, 228
ドレイパー　Draper, Ernest G.　243-244, 252

ナ　行

ナショナル金銭登録機社(NCR)　National Cash Register Company　65, 83, 95-98
ニュージャージー・スタンダード・オイル社　Standard Oil of New Jersey　90, 201, 223-224, 232, 273, 301, 316
ニューヨーク工場調査委員会　New York Factory Investigating Committee　155
年金プラン　Pension plans　20, 85-86, 237, 240-243, 265, 279, 301, 314
年齢差別(雇用における)　Age discrimination　264, 281, 290-291
能率協会　Efficiency Society　140, 170, 375(注 6)

ハ　行

ハーヴェイ　Harvey, Lena　95-96
パーキンス　Perkins, Frances　251-252, 403(注 5)
ハーシュマン　Hirschman, Albert O.　353-354, 428(注 50)
パーソン　Person, Harlow S.　143, 170
パーソンズ　Parsons, Frank　110-115, 129
パッカード・モーター社　Packard Motor Company　187, 207, 212, 244, 320, 391(注 57)
パートタイム雇用　Part-time employment　21, 256
ハナス　Hanus, Paul　113, 128, 140
ハルセー　Halsey, Frederick A.　76
半熟練労働者　Semiskilled workers　5, 132-133, 179, 381(注 55)
ビークス　Beeks, Gertrude　85, 93-95, 97
ヒックス　Hicks, Clarence J.　90, 92-93, 167, 223-225, 304
ヒューマン・リレーションズ　human relations　331, 336-337
平等雇用機会法　Equal Employment Opportunity Act　338-339
ヒルマン　Hillman, Sidney　182, 383(注 73)
ファイヤストーン・タイヤ・アンド・ラバー社　Firestone Tire & Rubber Company　159, 178, 203
フィッシャー　Fisher, Boyd　130, 161, 164, 172, 181-182, 184, 187-189, 226-227, 396(注 51)
フィラデルフィア雇用問題検討協会　Phila-

delphia Association for the Discussion of Employment Ploblems　154
フィレーン　Filene, A. Lincoln　109, 113, 127, 253
フィレーン　Filene, Edward A.　116, 270
フーヴァー　Hoover, Herbert　243, 251-252, 257, 260
フェイス　Feiss, Richard　140, 151
フォード・モーター社　Ford Motor Company　157-158, 198, 213, 247, 259, 261, 309
付加給付　Fringe benefits　294, 314-315, 348, 420(注 103)
福利厚生事業　Welfare work　16, 81-98, 137-139, 165, 186, 224-225, 231, 236, 239-243, 265-268, 280, 301, 314-315
袋小路職　Blind-alley jobs　122, 124, 131, 134-135
不熟練労働者　Unskilled workers　58, 62-66, 86-87, 134, 176, 178, 212
婦人服縫製工組合(ILGWU)　International Ladies Garment Workers Union　247
婦人労働組合連合　Women's Trade Union League　109
婦人労働者　Women workers　66, 84-85, 87-88, 146, 176, 386(注 19), 387(注 27)
フランケル　Frankel, Lee　138, 147
ブランケンバーグ　Blankenburg, Rudolph　148, 154
ブランダイス　Brandeis, Louis A.　109, 111, 146-147, 170
プリムトン印刷会社　Plimton Press Company　80-81, 142, 181
ブリュエーア　Bruere, Henry　93, 152-153, 245, 252
ブリュエーア　Bruere, Robert　140-141, 205
ブルーカラー従業員　Blue-collar employee　7-8, 16-21, 256, 329, 336, 338, 340, 344, 350
ブルームフィールド　Bloomfield, Meyer　108-110, 112, 115-116, 119-129, 131, 143, 147, 154, 163, 167, 171, 181, 185, 201, 203, 205-206
ブルワー　Brewer, John M.　120, 123-125
分業　Division of Labor　73, 79, 138-139
分権化　decentralization　316-317, 334, 341, 344
兵器省一般命令第 13 号　Ordnance Department General Order 13　183-184
ベヴァリッジ　Beveridge, William H.　145
ホキシー　Hoxie, Robert F.　81, 139
募集(労働者の)　Recruiting of workers　47-49, 158, 176-177, 310
ボストン職業局　Vocational Bureau of Boston　113, 116, 126, 131
補足的失業手当プラン(SUB プラン)　Supplementary Unemployment Benefit plan　316
ホプキンス　Hopkins, E. M.　129, 164
ホワイトカラー労働者　White-collar workers　7, 18-19, 75, 329

マ　行

マコーミック　McCormick, Cyrus, Jr.　182, 221
マッキース・ロックス・ストライキ　McKees Rocks Strike　62, 69
ミッチェナー　Michener, C. C.　91-92
民族のレッテル　Ethnic stereotypes　48-49, 122
無断欠勤　Absenteeism　65, 158-159, 177, 185, 309
メイヨー　Mayo, Elton　330
メトカーフ　Metcalf, Henry C.　137-139, 222
持ち家プラン　Home ownership plans　85-87, 241
モラール(労働者の)　Morale of workers　158-161, 248, 280, 330, 380(注 50), 381(注 60)

ヤ　行

雇い入れ政策　Hiring policies　47-49, 55-56, 79, 97, 155-156, 164-165, 190-192, 280, 310
ヤング　Young, Arthur H.　221, 223, 225-226, 228, 240, 242, 273, 279

友愛組合　Friendly Societies　86
US スチール社　U.S. Steel Corporation　75, 85-86, 95, 176, 212, 236, 240, 261, 273, 314, 366(注 31)
US ラバー社　U.S. Rubber Company　224, 226
有給休暇　Paid vacations　240-242, 265, 301, 314, 329

ラ　行

ライン管理者　Line management　236-237, 283-284
ラヴジョイ　Lovejoy, Owen　121, 125
ラーキン　Larkin, J. M.　226, 258
ラッセル・セージ財団　Russell Sage Foundation　146, 155, 219
ラフォレット委員会　La Follette Committee　271, 304
利潤分配制　Profit-sharing plans　7, 12, 15, 17, 19-20, 22, 81, 85, 157, 240-241, 243, 266, 280, 301, 314, 349-350
離職率　Separation rates　157, 213
リーズ　Lees, Morris　141, 236, 253
リーズ・アンド・ノースラップ社　Leeds and Northrup Company　205, 244-245, 255
ルイソーン　Lewisohn, Sam　228, 243
ルーズヴェルト　Roosevelt, Franklin D.　252, 269, 282
レイオフ　「解雇とレイオフ」の項を見よ
レイリー　Reilly, Phillip J.　131, 181
レサーソン　Leiserson, William M.　232, 267, 269
レスコーヒア　Lescohier, Don D.　212, 244
連邦従業員全国組合　National Federation of Federal Employees　196
連邦職業教育局(FBVE)　Federal Board for Vocational Education　131, 181, 188, 193, 206, 398(注 62)
労使関係カウンセラーズ(IRC)　Industrial Relations Counselors　274, 288, 298, 301, 304, 321
労使関係部　Industrial relations department　229, 397(注 57)
労働安全衛生法　Occupational Safety and Health Act　338
労働移動　Mobility of workers　2, 65-69, 213, 326-327
労働異動　Turnover　2, 66-67, 138, 155-166, 178-179, 185, 197, 214, 220, 326, 381(注 60, 61), 382(注 63), 424(注 7)
労働騎士団　Knights of Labor　62
労働経済学　Labor economics　40, 325, 327-328
労働時間　Hours of labor　268, 282, 292, 405(注 24), 406(注 37)
労働市場　Labor markets　35, 175-179, 209-216, 325-327
労働者略奪(追いはぎ)　Scamping　177
労働生活の質(QWL)　quality of working life　336-337, 342
労働生産性　Labor productivity　177, 211, 220, 309
労働疎外　Worker alienation　137-143
労働仲裁　Arbitration　60, 274
労働不足　Labor shortages　175-178
労働倫理　Work ethic　37, 65, 99, 101-102, 138-139, 157-159, 177
労務監査　Labor audit　142
ロチェスター・プラン　Rochester Plan　16, 253

ワ　行

YMCA　Young Men's Christian Association　89-93, 139, 225, 230, 275, 304, 307, 320
ワークシェアリング　Work-sharing　17, 53, 59, 61, 256-260, 263, 282, 292-295
ワグナー法　Wagner Act　283-284, 287-288, 290, 299, 307, 322
渡り者　Floaters　156-157, 178